谨以此书，献给中华人民共和国成立70周年，献给具有伟大创造精神、伟大奋斗精神、伟大团结精神、伟大梦想精神的中国人民，献给勤劳勇敢、自强不息追求美好生活的华夏儿女。

中国生活记忆

第三版

MEMORIES OF CHINESE LIFE

新中国成立70年民生往事

记录点滴生活　彰显社会进步

钱跃　陈煜　编著

中国轻工业出版社

图书在版编目（CIP）数据

中国生活记忆：新中国成立70年民生往事 / 钱跃，陈煜编著. —3版. —北京：中国轻工业出版社，2019.8
ISBN 978-7-5184-2534-1

Ⅰ.①中… Ⅱ.①钱… ②陈… Ⅲ.①社会生活－中国－1949-2019－摄影集 Ⅳ.①D669-64

中国版本图书馆CIP数据核字(2019)第126085号

策划编辑：刘忠波　　责任终审：张乃柬　　版式设计：锋尚设计
责任编辑：刘忠波　蒴　鑫　　封面设计：王超男　　责任监印：张京华

出版发行：中国轻工业出版社（北京东长安街6号，邮编：100740）
印　　刷：北京富诚彩色印刷有限公司
经　　销：各地新华书店
版　　次：2019年8月第1版第1次印刷
开　　本：787×1092　1/16　印张：23
字　　数：400千字
书　　号：ISBN 978-7-5184-2534-1　定价：78.00元
邮购电话：010-65241695
发行电话：010-85119835　传真：85113293
网　　址：http://www.chlip.com.cn
Email：club@chlip.com.cn
如发现图书残缺请与我社邮购联系调换
190201Z1X301ZBW

写在前面

中华人民共和国成立以来的70年，我国人民的生活，发生了巨大的变化，从衣食住行用等日常生活的变迁，到其他物质生活、精神生活、文化生活的丰富，无不折射出社会的进步。《中国生活记忆》着力于从点滴的生活反映巨大的进步。在结构上，自1949年共和国起始之年至2018年，实行“计划单列”，将其中的时光按50年代、60年代、70年代、80年代、90年代、新千年和新时代依次展开。每个年代的开篇，都有一个概括性的年代特征和生活记忆关键词；每个年代的结束，都有一个承上启下的过渡语。书中选取的，都是那些能够触动人们记忆深处的生活中的小事，比如50年代的“列宁装”“布拉吉”、粮票和上海弄堂里的给水站，60年代的“红宝书”、弹弓、斗鸡，70年代的八个样板戏、小人书、36条腿和“三转一响”、爆米香、鸡毛换糖和喇叭裤，80年代的红裙子、假领子、迪斯科、邓丽君和“大哥大”，90年代的“一步裙”、踏脚裤、“菜篮子工程”、生猛海鲜、股票和超市，新千年的“肚兜”、唐装、房奴、超级女声和“动车组”“蜗居”“苹果”“单独二孩”，新时代的微信红包、共享单车和获得感……希望这些“鸡毛蒜皮”的生活点滴，能让经历者感叹，重新拾起对过去生活的记忆；能让后来者了解，美好的生活原来是这样奋斗出来的。

目录

20世纪·1949年

20世纪·50年代

20 世纪 · 60 年代

20 世纪 · 70 年代

20世纪·80年代

20世纪·90年代

21世纪·新千年

21世纪·新时代

站起来

20 世纪

1949 年

一张白纸　百废待兴

1949年10月1日，首都北京30万军民在天安门广场集会，隆重举行开国大典。毛泽东宣读中央人民政府公告，向全世界庄严宣告中华人民共和国成立。

当整齐的战机编队从天安门广场上空呼啸而过时，整个庆典现场一片沸腾。

直到这天为止，中国人民解放军空军还没有正式建军，解放军的战机此前也极少在作战中露面，绝大多数人甚至根本不知道解放军已经拥有了自己的战机和飞行员，并且还成立了具备空战能力的飞行队。

在开国大典筹备初期，本来只决定安排9架“野马式”战斗机参加受阅飞行。但是9月上旬，当朱德、周恩来等中央领导在南苑机场观看完飞行表演后，朱总司令用激励的口吻试探道：“能不能再多几架飞机？什么飞机都行。”于是，又有两架“蚊式”战斗轰炸机、三架刚修复的运输机、一架通讯机和两架教练机加入了受阅飞行队。军委航空局最后敲定，10月1日那一天，将有17架飞机通过天安门上空。这几乎是当时人民空军的全部家底。

开国大典当天，为了显示人民空军的力量，第一批8架战斗机在一架教练机的带领下，飞过天安门，之后兜了一个大圈，再次飞过天安门，给人的感觉是共有26架飞机。连在场的外国记者也没能看出个中奥秘，他们在随即发出的报道中声称“一共有26架飞机参加了编队飞行”，并惊呼“中共一夜之间有了自己的空军”。

天安门城楼上的领袖、贵宾，以及广场上的约30万民众，都为初次目睹解放军战机的凌空英姿而倍感振奋和鼓舞。

另一个令人瞠目的事实是，在当时受阅飞机当中，有4架P-51型战斗机竟然全副武装，带弹飞行。这在世界阅兵史上没有先例，也是绝对禁止的。事隔多年，当时担任飞行队领队的邢海帆道出个中缘由：“开国大典是在解放战争尚未结束的特殊情况下举行的，敌情十分复杂，如果敌机来袭，我们再落地装弹，那就晚了。”

2018年珠海航展中国空军以全新阵容盛大亮相，歼-20隐身战斗机、运-20大型运输机进行编队飞行表演，展现部队建设成果，彰显中国空军作战能力向前又迈进了一大步。中国空军歼–10B矢量推进验证机在珠海航展开幕式上进行了首秀，这架歼–10B装备中国国产涡扇10B矢量发动机，首次表演了著名的普加乔夫眼镜蛇机动。2018年11月11日上午，4架歼–20带弹飞过珠海机场上空，庆祝人民空军建军69周年。11月23日，中国空军在其官方微博发布了大国新佩剑歼-20C、歼-16和歼-10这三款“明星战机”的同框图片，引起广泛关注。

新中国刚一成立便遭到美国的“对华贸易管制”，禁止向中国输送包括军火、钢铁、

1949年10月1日，毛泽东在天安门城楼上庄严宣布中华人民共和国中央人民政府成立

车船在内的战略物资。工业残破不全，不成体系，重工业不值一提。仅有的黄金外汇全被蒋介石运走了，能创汇的只有为数不多的农副产品、土特产、原料矿产。农业产值占国民经济的80%，靠天吃饭，靠人力畜力，靠铁锨木犁，生产力低下而不稳定，天公稍不作美就闹灾。从《1981中国经济年鉴》公布的1949年国民经济主要数据中，可以推算出年度人均值：生活在1949年的中国人，每人每天只能得到0.572千克粮食；0.013千克（13克）油料；0.017千克（17克）肉；0.0023千克（2.3克）水产品。1949年，全国各地旱、冻、虫、风、雹、水灾相继发生，尤以水灾最为严重，被淹耕地约1亿亩，灾民约4000万人。新诞生的中华人民共和国，在经济基础极为薄弱的情况下进行“战后经济恢复工作”，国家十分贫穷落后，人民群众的生活条件相当恶劣。一穷二白，百废待兴，这是当时新中国的真实写照。勤劳勇敢的中国人民，就在这一张白纸上，用他们的双手和汗水，自力更生，艰苦奋斗，发展经济，重建家园，创造了一个又一个伟大的奇迹，画出了最新、最美的画图。

20 世纪 50 年代

50年代，百废待兴。

老百姓的衣食住行，朴素简单如当时一首民谣所唱：“四个兜的中山装，小米高粱吃得香，几户人家一个庄，走亲访友靠步量。”

革命的激情，心中的理想，引领着50年代人们的生活，他们工作繁杂但鲜有怨言，生活清苦但很少牢骚，遇到困难也不气馁。虽然他们曾经砸掉家里的铁锅去大炼钢铁，虽然他们对粮食亩产几十万斤似信非信，但他们对幸福生活的向往，无可厚非。

直到现在还有人感叹：50年代，多单纯啊。

毛泽东主席和周恩来总理当年都穿中山装

中山装取代了西装

新中国刚成立时，人们在服装上还保留着民国时期的样式。城市市民一般穿侧面开襟扣的长袍，妇女穿旗袍。农村男子一般穿中式的对襟短衣、长裤，妇女穿左边开襟的短衫、长裤，有的还穿一条长裙。衣服面料多是机织的“洋布”、粗棉布、麻布。

50年代以后，穿衣打扮与革命紧紧联系在一起。西装和旗袍渐渐被看作资产阶级情调，在人们的生活中逐渐消失了几十年。男人开始以中山装为主装，不再穿长袍马褂；女人穿对襟袄，不再让旗袍“裹足不前”。特别是中山装，成为中国男人最庄重、最常见的服装。

孙中山曾经阐述过该服装的思想和政治含义：衣服外的四个口袋代表“四维”（即礼、义、廉、耻）；前襟的五粒纽扣和五个口袋（一个在内侧）分别表示孙中山的“五权宪法学说”；左右袖口的三个纽扣则分别表示“三民主义”和“共和”的理念；衣领为翻领封闭式，表示严谨的治国理念；衣袋上面弧形中间突出的袋盖呈笔山形，代表重视知识分子；背部整片无拼缝，表示国家和平统一之大义。

共和国领袖毛泽东就特别喜欢穿中山装。开国大典时，新中国的领导人第一次在天安门城楼上集体亮相，毛泽东和他身边的领导人穿的就是中山装。

于是，受革命的感召和对共产党干部的崇敬，中山装在一些青年学生当中受到追捧。新中国成立之初的50年代，谁要是拥有一套毛料中山装是令人羡慕的事情，而在中山装的右上口袋插上一支甚至两支钢笔，则是有知识、有文化的表现。

穿着列宁装的青年，列宁装是 50 年代知识妇女和女干部最常穿的服式

这种服装及其衍生变化后的服装，成为80年代以前中国民众的主要服装样式。直到今天，中国的领导人在一些重要场合也会穿中山装。

列宁装

新中国成立之初，南京有童谣唱道："一进堂屋亮堂堂，房里摆的大花床，姑娘穿的花衣裳，小伙子穿的'列宁装'。"

新中国成立伊始，苏联服装便成为当然的革命象征，深深地影响着城镇居民。"列宁装"一度成为最流行的服装。

新中国成立后，实行干部"供给制"，机关、学校、企业定制的制服都是列宁装。街面上的裁缝铺也开始接受来料缝制列宁装。

"列宁装"，因列宁在十月革命前后常穿而得名。一张大翻"燕子领"，双排扣，左右各三颗纽扣，略微收腰，腰间固定一条宽布带。冬装就将领子收拢扣上，能保暖，夏装领子翻开，很飒爽。若是女性，将里面的衬衫领翻到外面，很难得地为自己找到了一个展现女性妩媚的机会。

"列宁装"开始本是男装上衣，在中国却演变出了女装，并成为与中山装齐名的革命"时装"。穿上"列宁装"这种公认的"苏式"衣服，显得既款式新颖又思想进步，"列宁装"一时成为政府机关女干部的典型服式，因此也被称为"干部服"。

纯毛华达呢中山装，这种服装是当时的中国男人的正装礼服

标准的列宁女装

这款服装后来成了无数中国女性崇尚、青睐的“时装”，穿“列宁装”、留短发是那时年轻女性的时髦打扮，看上去朴素干练、英姿飒爽。至今很多人的记忆里，还留有当年穿列宁装的父母年轻时的英姿。中国第一个女拖拉机手梁军、第一个女火车司机田桂英，都曾是“列宁装”的模特，劳模的示范，带动了时代的风尚潮流。

苏联电影中的列宁装是毛呢面料，中国当时的“列宁装”却都是清一色的蓝布、灰布、黑布，彰显了那个时代艰苦朴素的风气。

上海著名配音演员苏秀在《我的配音生涯》一书中回忆难忘的“列宁装”：

***

> 1949 年 5 月上海解放了。那时我虽然已经有了一个孩子，但实足年龄尚不满 24 岁。看着满街红旗，听着那令人振奋的腰鼓声，我是多么羡慕那些剪着短发、戴着蓝布帽、穿着蓝布列宁装的女干部啊！我渴望自己也能那样地穿着，渴望着走到社会上去，渴望着工作。
>
> 其实，我在广播剧团很受重用，工作得很快活，可心里总以自己不是国家干部为憾。觉得既然不是国家干部就不能去穿那象征干部身份的列宁装。所以当我在报上又看到北京电影演员表演艺术研究所（即北京电影学院前身）招生的时候，我就又去应考了。

***

“列宁装”穿在叶琳琅饰演的女特务王曼丽身上，更让人难忘。在一部以抗美援朝为背景的反特片《铁道卫士》中，叶琳琅扮演的女特务王曼丽是一个潜伏的特务，“列宁装”，直发，单布鞋，而并不是观众印象中女特务常有的花旗袍、烫发头和高跟鞋，难怪观众印象深刻。

多年后，步入老年的叶琳琅在江南某农村拍摄《香魂女》的时候，被许多围观的农民给认了出来，大家在指指点点地小声议论着她是王曼丽。快人快语、为人豪爽、充满喜剧细胞的叶琳琅来了个现场发挥，她不无幽默地拱手抱拳，连声说道：“是我，是我，刚从监狱里放出来。”一席话，逗得大家开怀大笑。

年轻姑娘爱上工装裤

1956年以后，随着对生产资料私有制经济的改造完成，国家建立了社会主义集体经济和社会主义全民所有制经济。剥削阶级已经消灭，工人阶级地位较高。

年轻姑娘穿工装裤成为一种荣耀，那不仅代表自己已然成为工人阶级的一员，还表明自己进入了全民所有制的工矿企业。因为一般来说，只有大型全民所有制企业才会定期发放劳动布工作服，而工装裤就是其中最重要的一款。

工装裤选用的布料是藏蓝色、结实耐磨的纯棉劳动布，款式为背带式长裤，胸前有一口袋。极少数头脑活络的爱美姑娘会偷偷将工装裤宽松的裤腰往里缝上几针，隐隐约约掐出个腰身来。

在工装裤里面配一件红白小格子或者蓝白小格子长袖衬衫，下班之后在厂里洗完澡，将湿漉漉的头发高高挽起，端个脸盆，脸蛋红扑扑地从厂里走出来，这种形象让很多没能进厂的女孩羡慕，让更多男人悄悄地心怀爱慕。

那个年代的女工不会知道，世界上第一条工装裤是一名美国犹太人发明的。天生具有经商禀赋的李维在1853年用搭建帐篷的牛津布，为一位西部淘金者裁剪出一条长裤，这就是世界上第一条工装裤，当时它被工人们叫作“李维氏工装裤”。如今，这种工装裤已经成了一种世界性服装——Levi’s牛仔服。

国际大牌明星艾薇儿、麦当娜等人的低腰工装裤，钉上水晶、亮片，臀围稍收，腿部开始放宽松，到裤脚口有宽宽的翻边，被她们穿出了性感和华丽，透出了大牌范儿。

50年代与女工们的工装裤相配的，除了上身的长袖格子衬衫，还有头上的圆顶有前檐的工作帽，脚底是黑色布面露白边的手工布鞋。如今工装裤成了性感的代名词之一，在搭配上比长裤更讲究，视觉效果奇异的高跟鞋搭配法是它的制胜法宝，一双跟部纤巧且高10厘米以上的金色高跟鞋、一件蔽体值最小化的吊带背心，让穿着工装裤的女人魅力十足。

男工装（左），女工装（右），这种工装裤宽松肥大，便于劳动，再配上白色毛巾、蓝色解放帽，在工人阶级领导一切的时代里，这种工人装束是十分时尚的

“布拉吉”：舞会的灵魂

1955年5月17日上海《青年报》刊登了署名“启新”的文章《支持姑娘们穿花衣服》，文章认为，现在有条件可以打扮得美丽一些了，然而姑娘们的服装大都还是“清一色”，有的姑娘全身一色蓝。我们不但要把国家打扮得像一个百花盛开的大花园那样，也要把姑娘们打扮得像一朵鲜花、一颗宝石一样。文章最后呼吁：姑娘们，你们大胆地穿起花衣服来吧！1956年1月，中国美术家协会上海分会举办了花布、丝绸、织锦图案展览会，引起了极大的关注，其中有不少鲜艳丰富、健康而富有生命力的花布图案，如红枫小菊、小玫瑰等，深受人们喜爱。1月10日上海《青年报》报道了这次展览会，并再次提出：

***

姑娘们，别老是穿得灰溜溜的，穿得漂亮些，把自己打扮得和鲜花一样。

***

当电影《护士日记》中的女护士简素华哼唱着“小燕子穿花衣，年年春天来这里”时，看过这部影片的中国男性，也为这位有点小资情调的美丽护士所倾倒。1956年，人们的生活一天天好起来，流行的色彩也从蓝色、灰色变得丰富多彩了。从苏联传入的连衣裙“布拉吉”成为最受欢迎的服装：宽松的短袖、褶皱裙、简单的圆领、碎花、格子和条纹，腰际系一条布带。“布拉吉”本是前苏联女子的日常服装，50年代，在中国大众的视野中，多是苏联画报、期刊和电影，那里面人物的着装和专门开辟的时装专栏间接影响着中国大众，身穿“布拉吉”的援华女专家则成了大众直接模仿的对象。当苏联女英雄卓娅穿着飘逸的“布拉吉”就义时，“布拉吉”成为一种革命和进步的象征，也因此成为50年代最流行的女性服饰。电视连续剧《金婚》里的小学教员文丽，就以一身布拉吉引领了厂区家属的着衣时尚。大街小巷、建设工地，上至知名女性、社会名流，下至基层女工，都曾穿过“布拉吉”，甚至幼儿园的小女孩也会有一件属于自己的“布拉吉”。“布拉吉”在女性之中几乎人手一件。一群年轻的女孩子，脸上写满笑容，身上洋溢着青春的活力，满怀着革命的激情，她们梳着油黑的大辫子或刘海齐眉的短发，穿着五颜六色的“布拉吉”，嘴里唱着流行的歌曲，上学、上班、开会、集会、游园，投身于新中国百废待兴的建设之中。

50年代的中国大城市盛行周末舞会。那时的舞会正规、优雅，而布拉吉就是那种温馨浪漫的舞会上的灵魂。后来，由于中苏两国关系恶化，“布拉吉”的名称不用了，但“连衣裙”（即“布拉吉”的意译名）一直沿用下来。

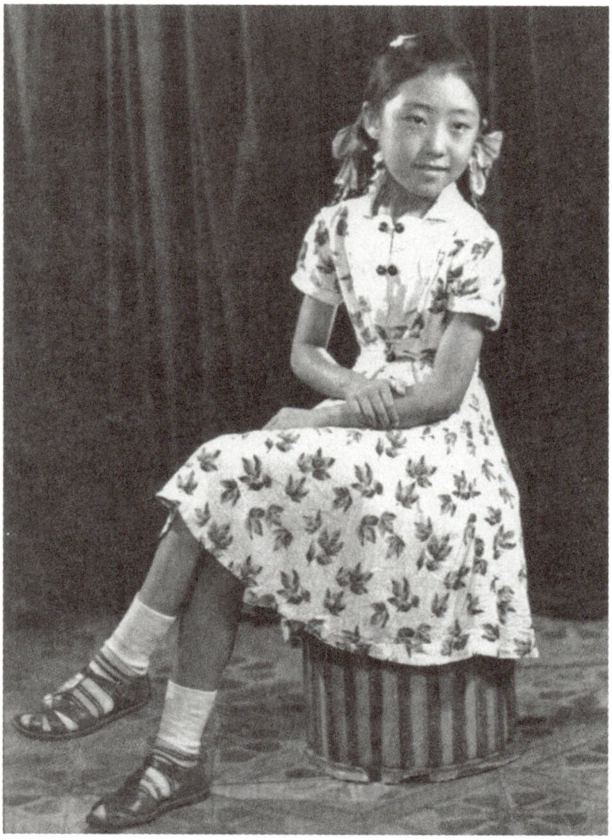

穿布拉吉的漂亮女孩，神情洋溢

"九二米"和"八一面"

1950年3月，政务院决定改变粮食加工标准，提倡食用"九二米""八一面"，并规定，一切粮食公司商店只许出售粗米粗面。

所谓"九二米"，就是指100千克糙米碾磨出92千克白米；所谓"八一面"，就是指100千克小麦碾磨出81千克面粉。这样可以保留较多谷粒糊粉层和谷胚，营养价值相对较好。政务院这一规定，初衷是为了减少浪费，增加口粮。当时初算了一下，如果人人都吃"九二米""八一面"，全国一年可节粮八亿斤。八亿市斤粮食，至少可以养活200万人。

1950年4月8日的《人民日报》，刊登了《谈"标准米"》一文：

***

> 过去大家所习惯的粮食加工标准，只顾到米的白净美观，却不知道（或者是轻视了）这种过分把米碾得白净以后，米里原来含有很丰富的营养素，同时也就是我们身体所迫切需要的养料，竟被一再碾磨而弃之尽尽。真是所谓"弃其精华，留下糟粕"，在爱吃白米的南方人中，就常生一种叫"脚气病"的，就是因为白米中缺少了维生素乙1（Vitamin B_1）的缘故。

***

1950年4月14日上海《青年报》，刊登了倪章祺的文章《人人吃九二米》。文章介绍说："九二米的营养价值是不是比精白米低呢？我们说，非但没有低，反而要高得多。"文章最后呼吁："九二米是最合理想的标准食米，我们青年应该积极协助政府向社会进行宣传，说明它对节省粮食消耗、增进身体健康的作用，劝大家都吃九二米。"

粮票发行：中国进入"票证时代"

50年代初，我国粮食短缺。政务院于1953年10月发布命令：全国实行粮食计划供应，采取凭证定量售粮办法，粮票出现了。

1953年11月1日，北京市首次发行面粉购买证，上面写着"遗失不补，过期无效"。

1955年10月实行粮食以人定量供应后，粮食部发行“全国通用粮票”，俗称“满天飞”。后来每个省有了自己的省粮票，俗称“吃遍省”，某些市还有自己的市粮票，俗称“本地吃”。之后，食用油票、布票也相继面世。全国2000多个市、县都分别发放和使用了各种商品票证，进行计划供应。此外，一些较大的厂矿、学校等也印发了各种票证。

从此，票证范围之广、地域之宽、品种之全、时间之长、数量之多，在世界上极为少见。除了买“红宝书”(《毛泽东选集》)不用票，买其他东西基本要票。

城镇粮食的凭折定量供应始于1955年，国家规定居民口粮按照劳动差别、年龄大小及不同地区的粮食消费习惯，确定9个等级的供应标准。在这种物资奇缺的时期，被称为“宝中之宝”的粮食，以这种方式被国家严格控制。

但每个城市都滋生出倒卖粮票的地下黑市交易市场。将粮票换成人民币，全国粮票价格最高，省票次之，市票最便宜。因为同样一张粮票在不同地区倒卖的价格不一样，城里和城外，镇上和县里，都存在差价，于是很多人偷偷摸摸地干起了这边收购、那边倒卖的“投机倒把”勾当，抓到了可是要被扭送派出所、粮票也会被全部没收。

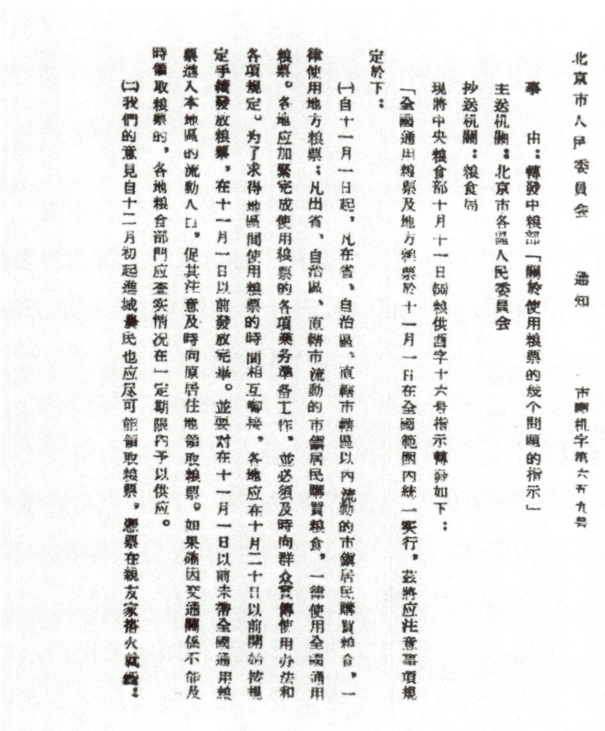

北京市人民委員会　通知　市府机字第六五九号

事　由：轉發中粮部「關於使用粮票的幾个問題的指示」

主送机關：北京市各區人民委員会

抄送机關：粮食局

現將中央粮食部十月十一日(55)粮供酉字十六号指示轉發如下：

「全國通用粮票及地方粮票於十一月一日在全國範圍內統一實行，茲將应注意事項規定於下：

㈠自十一月一日起，凡在省、自治區、直轄市轄區以內流動的市鎮居民購買粮食，一律使用地方粮票；凡出省、自治區、直轄市流動的市鎮居民購買粮食，一律使用全國通用粮票。各地应加緊完成使用粮票的各項業务準备工作，並必須及時向群众宣傳使用办法和各項規定。为了求得地區間使用粮票的時間相互啣接，各地应在十月二十日以前開始按規定手續發放粮票，在十一月一日以前發放完畢。並要对在十一月一日以前未帶全國通用粮票進入本地區的流動人口，促其注意及時向原居住地領取粮票。如果確因交通關係不能及時領取粮票的，各地粮食部門应查实情况在一定期限內予以供应。

㈡我們的意見自十二月初起進城農民也应尽可能領取粮票，愿意在親友家搭火就餐！

1955年10月21日，北京市人民委员会转发中粮部关于使用粮票的几个问题的指示的通知

1954 年，北京市政府粮食局印制发行的面粉购买证

从1958年春节开始，对猪肉、牛羊肉、鲜蛋、红白糖、粉丝等8种副食品实行凭票定量供应。汉民等每月每人供应猪肉6两，牛羊肉5两；回民每月每人供应牛羊肉1斤4两；红白糖各4两，鲜蛋2个。6两肉两筷子就夹没了，却是一人一月的定量，真是少得可怜。所以那个年代肉食店营业员最吃香，大家都想跟他们搞好关系，以便于在买肉的时候能弄到肥肉，有点儿油水解解馋。

50年代，粮票的出现，标志着后来整整实行了40年的商品票证制度的开始，小小粮票，几乎陪伴了那个时代的所有中国人。

新中国第一部户籍制度颁布

1953年，第一个五年计划之后，为了努力实现工业化，工厂新招收了几百万工人。但是，中央政府发现，这些新工人中的许多人实际上是寻求非农就业的农民，于是下令禁止国有工厂继续从农村招收工人。并且，政府开始控制农村“盲流”进入城市，从此，“盲流”一词特指那些在城市工作但没有城市户口的农民。

1955年6月22日，国务院正式颁布了《关于建立经常的户口登记制度的指示》。文件要求，全户或个人迁入或迁出县级行政区时必须向县一级政府报告和领取迁移证。

不管怎么说，1958年以前，中国的户籍管理制度并不严格，人们还可以相对自由地迁徙。1958年1月9日，新中国第一部户籍制度《中华人民共和国户口登记条例》颁布，确立了一套较完善的户口管理制度，包括常住、暂住、出生、死亡、迁出、迁入、变更等七项人口登记制度。这个条例以法律形式严格限制农民进入城市，限制城市间人口流动，在城市与农村之间构筑了一道高墙，城乡分离的“二元经济模式”因此产生。

小小一册户口簿，为什么有如此大的束缚力？户口的作用与它被赋予的其他功能有关，户口与劳动用工、住房、教育、社会福利等公民的权益挂起了钩。

户籍制度在“大跃进”期间受到严重干扰。1957—1959年“大跃进”期间，中国的城市人口占全国人口的比例从15%增加到20%，国营企业工人从1957年的1500万人增加到1960年的3900万人。“盲流”可以在城市找到工作，但有没有粮食就完全是另一回事了。“大跃进”之后，经济受到破坏，严重的饥荒横扫中国大地，特别是边远的农村地区。1961—1962年国民经济调整，800多万工人和50万干部，连同他们的家属，下放到农村。从此以后，维持严格的户籍制度再也没有动摇过。

户籍制度维持的是城乡差别。路遥的小说《平凡的世界》里的主人公孙少平的个人经历与爱情悲剧，就是因为“泥腿把子与公家人之间的鸿沟”，因为城乡二元对立。但是在50年代的国情下，实行这种户籍管理制度实属无奈之举。

曹杨新村：新中国的人民新村

50年代国家财力不足，很少新建房屋，通过实行“国家经租房”政策，对私房实行社会主义改造。改造的方式之一就是“国家经租”。政府通过“经租”把私房充公，租给干部职工，收取低廉的租房费，再从租房费里拿出20%～30%给予房主。

一座新中国成立前大户人家的院落，呼呼啦啦搬进二三十户人家，每户至少五六口人挤一间，没有厕所和厨房。厕所可能在院子外面，几十户人家共用一座。厨房靠自己动手搭个简易棚，或者很多户合用一个灶披间，挤挤挨挨，很有点“七十二家房客”的感觉。

面积二三十平方米的屋子，到了晚上，三代同堂的几口人怎么睡？很多50年代出生的人，都还记得兄弟姐妹好几个睡在一张大通铺上的情景。

农村经过土改，农民已经做到“耕者有其田，居者有其屋”，但大部分农民还住的是草房。农村的房子一般是土墙草顶，为使其牢固结实，在山区墙基一般用石头砌成，平原地区如果能用砖砌已经算是很好的了。墙基一般离地面二三尺高，用砖往往是五层、九层或者十一层。还有条件好一些的村庄，不仅墙基用砖，四个角也用砖砌成砖柱，一直垒到屋檐，老百姓称其为“砖垛子”。同时门窗的边沿也用砖砌，叫作“镶门镶窗”。草房的房盖结构，一般是在柱上架梁，梁上架檩，檩上架椽，椽上铺笆。条件稍微好些的上海农村，大多是传统砖木瓦顶平房和竹架草屋。

50年代的城市中也有少量新建房屋，这些新建居住区一般在厂区附近或者就在单位之内，考虑到职工就近工作、就近生活的需要。这时候的新建民居，除平房外，大多数是四层左右的小楼，屋顶较高，达3米左右，有的高达3.5米，窗户却很小，不够敞亮，居室通常是大间套小间，没有厅，只有一个狭窄的过道，这是借鉴了苏联住宅的模式。

当时工人的住房，尤其是大城市工人住房困难受到特别的关注。1952年，上海为执行毛泽东数年内解决大城市工人住宅的指示，专门成立了工人住宅修建委员会。当年，第一批住宅21002户完工，以当时的家庭成员平均每户5人计算，可解决10万人的居住问题。但其实这些远远不够满足需求。

修建于上海西郊的曹杨路一带的“曹杨新村”，1952年4月竣工，占地200亩，可以容纳1002户，建有合作社、医疗站、公共浴室等设施，风景优美，处处花草林木，小桥、流水、人家，浑然一体。6月25日，上海市沪西各厂先进工人搬入“曹杨新村”新工房。29日举行的庆祝会上，上海市副市长潘汉年到会祝贺。

“曹杨新村”作为新中国新建的第一个人民新村，承载了太多的政治和历史意义，先后接待了来自世界各地多个国家的首脑、政要和旅游团队。

一时间，“曹杨新村”在中国成为令人羡慕的新式住宅的代表，是无房户梦想中的天堂。

“大杂院”“排子房”：解决城市住房困难

1951年，老舍先生创作的话剧剧本《龙须沟》，描写了北京天桥东边一条有名的臭水沟，在新中国成立后经过国家治理变得干净，使得这里居民的生活跟着也发生了翻天覆地的变化。许多年以后，这部剧被日本一家艺术研究机构认为是老舍先生最好的一部剧作，它用小人物的命运，体现大时代的变化，没有说教意味。

与龙须沟一起率先被北京政府改造的，还有破烂不堪的和平里。北京政府在这两处新建了住宅区，同时在东郊和西郊，也建设了配套住宅，大部分是独门独户，建筑面积在50平方米左右。

20世纪50年代，北京城里最常见的住宅是四合院。如今散落在市区的名人故居和王府一般都是比较正宗的四合院，如恭王府。近年来北京的高楼大厦越建越多，四合院已经不多见，现在只在二环路还有两片较完整的四合院区，再过些年恐怕只能在影视剧里一睹它的尊容了。

四合院的典型特征是外观规矩，中线对称。正宗四合院一定要有正房、东西厢房和中间庭院。讲究的四合院除了大门，还有第一进院、大堂、第二进院、书屋、住宅等，两侧有厢房。各房有走廊和隔扇门相连接。

1958年的“大跃进”和“人民公社化”运动开始之后，四合院也进行了公有化尝试。

当时北京城里的四合院多是私人拥有产权，北京全市约有房屋120万间，其中92万间都是私人产权。北京的城市建设，使得一大批农民工到了北京转为城市户口，但他们没有房子，都住在单位临时盖的集体宿舍里。四合院的公有化尝试，给许多面临结婚生子的外来务工青年打开了方便之门。

四合院按人口多少分配面积，一般人家都分到一间房，少数人家分到两间房。这样一来，一个四合院里就住进了七八户、十来户，有的四合院甚至住进了几十户人家。他们将厨房安置在庭院里露天烹饪，走到胡同底去使用几十户人家合用的唯一的一个公共厕所。

比四合院差一些的住宅是排子房。“排子房”也叫“兵营式住房”。据说，这种坐北朝南、成行成排的房型，是清康熙年间用来给八旗子弟兵和他们的家属们临时居住的。由于这种房型节省材料、便于管理、向阳保暖，那时被广泛采用。

这种房排与排的间距大致三四米，没有独立的厨房、厕所等生活设施，每间14～16平方米。有的把中间一间前后隔开，配给左右邻间，就形成了两个一间半的“刀把房”，前间朝阳，后间只有北向的后窗。

这种房子进深短，一开门室内一览无余。大多数人家用“阳光换厨房”，挡住自家向阳的前窗盖起小厨房，由于终日难见阳光，室内大多“黑糊糊、油腻腻”。通常一排房或几排房才设一个公用自来水龙头，“排子房”把门的首户大多是公共厕所，卫生条件差，老街坊们管这叫“闻着味儿回家”。

北京市第一个危改示范区——德保危房改造小区

“挑水师傅”和“自来水站”

50年代之前，中国绝大部分城市没有自来水，人们饮用水及生活用水，大多靠地下井水和江河湖泊水。很多城市有卖水车，甚至有挑夫用扁担挑着河水一路叫卖。

从50年代开始，为了保障饮水安全，防止传染病，大部分城市开始生产自来水，铺设进入城市的自来水管。但那时的自来水管不可能铺进每一户人家，于是就在全市范围内设立几个自来水供应站。每个自来水站有数个水龙头，龙头一开，水就自来，所以叫它自来水。若是家里没有能挑水的男人，从自来水站到家里水缸之间的距离，就需要挑水师傅完成。两个木桶一担子自来水，需要付给自来水站一分钱，付给挑水师傅的力气钱也是一分钱。准女婿上门，第一件事就是揭开水缸盖子看看，需不需要挑水。

而在上海这个最洋派的城市，1928年就有了自来水和冲水马桶。但是在1949年之前，上海市内棚户区中还有100多万人用不到自来水。

新中国成立后，上海全市在没有自来水的地区陆续设立给水站。早期的给水站大都设在棚户区内的中心位置，砌有一个大水池，里面储满了水，用水高峰时人们可直接从池子里取水，以减少排队时间。但更重要的是这池子具有消防功能。棚户区大多弄堂狭窄，消防车无法进入，一有火灾，这池子便是居民灭火的救命之泉。

上海的给水站

上海居民对公用给水站，都可以讲出一大串故事。一大早大家都要抢着用水，人多的时候要排队等，后来有人就用铅桶、脚桶之类的东西放在池边替代排队，有时候排队要排到弄堂里，弄得不好还会吵起来，甚至打起来。遇到天冷，自来水管子冻住了，就要用开水去浇龙头。冻得厉害时，开水浇也浇不开，只能等冰慢慢化开再用。有时自来水管子被冻得爆裂了，水没有了，大家连饭也不能烧。结冰时，地上很滑，年纪大的人弄得不好就会摔跤。

再到后来，大家用上了洗衣机，有人把洗衣机搬到自来水龙头旁边，接上管子就洗起来。没有洗衣机的时候，大家要洗东西就把脚盆放着接好水在边上洗，一个一个挨着用。有了洗衣机后，大家天不亮就争着把洗衣机往龙头边上放，排在后面的人就难免有意见。

对许多上海居民来说，每一天的生活几乎是从给水站开始的。黎明到来之后，人们陆续走出家门，洗脸漱口，洗菜倒马桶，在一声声亲切的寒暄声中，每个人几乎都先先后后地要到给水站来走上一趟。休息日和节日里更是热闹，洗衣洗菜，家长里短，给水站俨然已是社会的一个小小缩影。

1999年6月，位于卢湾区丽园路713弄内的上海最后一座公用给水站被拆除。

有轨电车

“交通基本靠走”是20世纪50年代中国大部分地区交通状况的真实写照。

50年代的农村，不但绝大多数人没有乘过汽车，甚至很多人连汽车都没见过。在某些国产电影里，一些农村小孩见到汽车欢呼雀跃，跟在汽车屁股后面追，那不是夸张而是确有其事。在北方一些偏僻的山沟里，种地、赶集和拉庄稼都要靠人背驴驮。谁家里要是有一头驴，相当于现在的人家里有一辆富康小轿车。骑在毛驴上哼小曲是一件很美的事，旁边的人只能眼巴巴地看着。驴背的两侧挂着驮笼，可以运东西，虽然速度慢些，但减轻了人力。

骑驴是50年代最好的交通工具。人们出远门时就骑毛驴，出外买卖东西也靠毛驴，人生最重大的事情——结婚，必定要用到毛驴，就像现在的人结婚一定要有很多辆轿车。接媳妇的时候，首先将毛驴简单打扮，给驴面两边、驴的尾巴都绑上红布条作为装饰，再在驴的鞍子上放上被子单子装饰一番，之后就赶去新媳妇家了。

牛车和马车是相对大型的运输工具，普通人家没有，一般的生产队里作为公共财产拥有一二辆。

在北京、上海、广州这样的大城市和一些省会城市，公共汽车虽然不断增加，但受各方面条件的限制，城市居民还不能完全依靠公共汽车出行。

1949年前后的北京公共汽车都是有轨电车，一共只有十几条路线。到了50年代中后期，就有了60多条线路。50年代，北京新组建的公共汽车第三保养场，位于广安门内王子坟胡同与北线阁之间的地方，与老义利食品厂毗邻。在第三保养场里运营和停放的，都是50年代从捷克进口的大型柴油车，车身长，容积大，车窗视野好，自身的动力性能强（动力为140马力），而且是长盛不衰现在仍然流行的“斯柯达（SKODA）”牌。到了1959年前后，捷克厂家在斯柯达的基础上生产出性能更优越，乘坐更舒适，驾驶更便捷的“斯柯达克罗莎”大轿车。当时“斯柯达克罗莎”轿车刚到北京，进入第三保养场交付使用的消息传出，不少北京市民赶去观看，一时人满为患，有的车窗玻璃甚至都给挤碎了。进口原装的钢化玻璃也是新玩意，那时候的人不喊“钢化玻璃”这个学名，而称之为“玻璃砖”。“玻璃砖”价格很贵，弄碎了可赔不起。所以售票员在人多拥挤时，就会骄傲地喊：“千万别挤啦，您赔得起这玻璃吗！”

在上海，1958年以前，有轨电车有8条线路，无轨电车有10条线路，公共汽车共有49条线路。

50年代的公共汽车不像现在车次间隔的时间这么短，一辆接一辆开得这么密，那个时候，一两小时才缓缓驶来一辆公共汽车。

行驶在老北京长安街上的有轨电车

有意思的是，北京的有轨电车没有“5路”，而上海的有轨电车没有“4路”。

1955年，上海公共汽车票价分为5分、1角、1角5分和2角四档；无轨电车票价分为4分、7分、1角、1角3分四档；有轨电车票价分为3分、6分、9分、1角2分四档。对于很多人来说，公共汽车票还是有些贵。

1956年5月11日上海《青年报》报道了一件事：4月，一团支部在上海西郊公园举行一次主题会，支部书记通知大家：明天集体乘公共汽车去。当时有很多人提出意见说：“我们有脚踏车，可以直接去，在公园门口等你们。”可是支部书记强调说：“我们要培养集体主义精神，一定要集体乘公共汽车去，骑脚踏车去就是没有集体主义精神。”

写这封信的是住在上海市眉州路底西方子桥的王仕成，他怎么也想不通：“我们都是还没有走上工作岗位的自学青年，经济比较困难。可是自己有了脚踏车却不能骑去，一定要出钱乘汽车，否则就说没有集体主义精神，我认为这样理解集体主义是不对的。”

1950年，北京开始实行公共汽车“月票制”，随后很多城市也出现了公交月票。

哈尔滨市第一张月票是电车月票，出现在1952年，价格为2.4元/月，但如今票样一张无存。当时，谁会想到若干年后月票会被取消呢？到了90年代之后，很多城市发现月票使用上的弊端，假月票和借用人家月票的情况非常普遍。很多城市的公交系统因为月票每年导致上亿元的亏损。2007年1月1日，北京取消了公交成人月票卡、学生月票卡和公交地铁联合月票卡，成为最后一个取消月票福利的城市。

“周末舞会”：城市人的潮流生活方式

你一时想不起法国著名摄影师马克·吕布是谁不要紧，但你一定看过那张闻名世界的照片：一位穿着工装裤的油漆工正在为埃菲尔铁塔刷油漆，他的四肢舒展，优雅如舞蹈。马克·吕布是50年代首位获准进入中国拍摄的西方摄影师，后来多次受到周恩来总理的邀请来到中国。1957年左右，他在北京拍摄了一张照片，是北京一位普通的工厂职工的结婚舞会。舞会场地像是工会办公室，或者是工厂夜校的教室。在照片上，男性穿着灰黑的人民装和干部装，女人在她们的棉袄外面套了一件花罩衫。尽管是婚礼，但人们的表情都很严肃，甚至呆滞。前景中有三对男女，他们虽相拥而舞，但没有眼神的交流。左边一对，男的无精打采，头发梳理得相当整齐，女的抿起嘴把脸转向另一侧，好像在想心事；右边的两位，我们只看到一个男人的后脑勺和脖子那儿露出的一截花格围巾，他的女舞伴似乎正在走神，目无表情地斜视着画面外的一个什么东西；中间一位小伙子低垂双目，好像连话都不想说，而那个握住他手的姑娘，略有羞涩之意，只有她的表情，保留了一点鲜活的可以捉摸的人的情感。那时候，大城市几乎各个单位都要举办“周末舞会”。这种“周末舞会”也几乎成了50年代城市人最具吸引力的一种文化生活方式。

舞会要求非常严格，参加舞会的人的仪表与着装都要整洁。男同志头发不能太长，必须剃过胡须。衬衫领扣、袖扣都要扣好，热天也不能穿西装短裤。女同志不能披肩发，裙子长度必须过膝，或者穿长裤，除文艺工作者化淡妆外，一般都不化妆，展现一种健康的自然美。

在舞会进行中，场内秩序井井有条。比如，跳快三步，必须朝一个方向转，因而舞场里大家的动作整齐划一，体现着那个时代的集体主义精神。跳舞的人脸上可以稍稍有点愉悦表情，但又绝不能流于轻佻。

一些青年人参加舞会、上舞台，也想化化妆。1956年5月11日上海《青年报》介绍了怎样化“青年妆”：

***

化妆开始先擦上些凡士林，塞住毛孔，就可以上底彩了。底彩一般用棕色加肉色，嫌黄时可添上些嫩肉色。

打好底彩后，就画鼻子。一般用大红油彩加黑眉笔或黑眉膏（黑油彩太稀容易滑掉）。画鼻子时，不能给人有线的感觉，要中间深，渐渐往两边淡下去，使人看上去是个柔和、自然的立体。

***

在介绍了画眼睛、画眉之后，文章继续说：“接下来是上面颊红，它的作用很大，可以利用它来改变脸型。……男同志在打面颊红时（红色加点棕），要擦得淡些，女同志要鲜艳些。”

在那个年代，这就叫化妆了。

1956年某一天的《人民日报》，对上海的舞会提出批评：“举行舞会的风气，目前在上海的工厂、机关里颇为盛行，出现了一些不健康的倾向：铺张浪费者有之，贪污腐化者有之，聚众斗殴者有之。”

据调查，国营上海广播器材厂等三个工厂其中有两个厂自己都有不小的场地，但举行舞会却要去租用大舞场。他们几乎租遍了原来上海出名的跳舞场所，什么四姐妹舞厅、爱而林舞厅、大沪书场……都有过他们的足迹，排场大了要花钱，于是就采用卖舞票的办法，票价由1角、2角甚至卖到6角、8角，有时竟出现了“黑市”，贪污票钱的事，当然也随之出现。

到了60年代国家经济困难时期，中央下文明令禁止举行舞会。

温情脉脉的互助储金会

50年代，很多家庭有好几个孩子的情况非常普遍。当时没有口服避孕药，只有几种操作麻烦、效果也不是很有保证的外用避孕手段。即使有些夫妻不想多生孩子，也无法跟良好的生理功能相抗衡。

而且，那时候对人工流产的规定也非常严格。如果本人不是因为健康原因，或者医学上认为的必须停止妊娠，而是由于自身工作、学习上的需要或子女过多想要实行人工流产，机关干部须经该机关的人事部门负责人批准，市民则须经街道委员会证明，医院才会施行人工流产。

1956年出版的一本宣传避孕的小册子，就从一对普通夫妻的烦恼引出这个话题。丈夫是机关职员，妻子是纺织厂工人，孩子越生越多，他们的生活也从刚结婚时的轻松愉快，渐渐演变到烦累不堪，靠工资养活几个孩子和父母，怎么精打细算都觉得吃力，经常还没到月底财务上就青黄不接了。

这个家庭的生活状况在当时很有代表性。新中国成立初期，国家经济非常困难，人们的收入很低，不少家庭入不敷出，生活艰难。在这种情况下，积极倡导开展互助互济，解决彼此间的困难，就显得非常重要。于是，职工互助储金会便应运而生了。

职工互助储金会，是在工会的组织下，以厂、段、站为单位组织，动员职工在自愿的原则上入会，每人每月缴纳工资的百分之几，组成互助会的周转基金，随着入会时间的延长，互助基金的数额也越来越大。职工个人缴纳的互助金永远归自己所有，只是作为入会工友遇到临时性困难的时候，用以向互助会申请借款之用。还款日期预先也有约定，一般是一个月、一季度、半年。还款的时候可以是借款人用现金归还，也可以委托发工资的人从工资里按月代扣。如果借款工友家里发生重大经济困难，本人实在无力归还，行政和工会等组织就会出面救济，但不会拿互助金当作救济金使用，所以互助储金会对于入会职工来说，是没有风险的。

除了在钱财上工友们互助，遇到工友家中有婚丧嫁娶、修葺房屋、搬家等劳动力不足时，工会和互助会就会组织别的工友前去帮忙。

1957年的工会章程明确把领导储金会和家属委员会作为基层工会的工作任务，可见储金会在当时的功用。

1957年前，国家也比较注重家属的家内劳动。1958年“大跃进”开始，国家动员家属走出家庭，在社区组建的小型工厂或是男职工所在的企业里从事辅助性的生产劳动。“大跃进”结束后，家属工作的重心重新回到家内劳动。但是到了1964年，单纯地作为“私”的家庭劳动在国家话语中消失了，但是，国家仍然表彰职工家属集体性的生产劳动。

比如，因为城市副食供应不足，当时很多工矿企业有自己的农场，很多女性家属在农场从事农副业生产，如豆腐坊、养鸡场、食堂、菜地和缝纫社等，逐渐形成了单位体制下的男工女农的模式。

社区互助也是家属工作的一个重要内容，也使家属的家内工作有别于传统的妇女职事，具有了集体主义性质。从劳动的内容上看，家属的家内劳动与传统妇女的劳动没有很大的区别，但因为劳动的空间从家庭扩展到了社区里弄，于是这种劳动的性质也就完全不同。

那个时候，哪位妇女被评上模范家属，是很光荣的一件事。评选标准最重要的一条，就是邻里互助。那时候的邻里互助，不是慈善性质和个人美德，而是一种集体主义精神。邻里互助包括劳力互助和储金会的经济互助。劳力互助主要是社区里孩子老人、生育生病时的相互照料。

50年代，人与人之间充满一种集体主义精神的暖融融的情谊。

中华人民共和国第一部《婚姻法》实施

50年代的婚姻，打上了很强烈的革命色彩。这是新婚夫妻之间的留言（黄新原：《真情如歌》，中国青年出版社，2007年2月第一版）：

***

灵芝同志：望你经常回忆自己幼时贫苦生活，保持自己艰苦朴素的优良作风；更望你永远保持努力学习的精神，争取做一个布尔什维克式的中国共产党员。

你的爱人，良。

于 1952 年 10 月 15 晚。

***

1950年5月，共和国第一部法律《婚姻法》颁布实施。

60 年代的结婚照、结婚仪式均富有时代特征

《婚姻法》的第一条就开宗明义地宣告："废除包办强迫、男尊女卑、漠视子女利益的封建主义婚姻制度。实行男女婚姻自由、一夫一妻、男女权利平等、保护妇女和子女合法利益的新民主主义婚姻制度。"

《婚姻法》对最低婚龄作了规定："男二十岁，女十八岁，始得结婚。"

《婚姻法》里还有一条，大致意思是：由于战争离乱，那些进城的军队干部，只要和自己的原配三年没有通信，就可以单方面提出离婚。同时，军婚受到前所未有的保护。

电视剧《激情燃烧的岁月》中，英雄团长石光荣看上了欢迎解放军的秧歌队里的城里美女褚琴，于是两人成为夫妻。这是新中国成立初期相当普遍的一种恋爱模式——"先结婚后恋爱"，组织上为你安排了最好的生活方式。

《婚姻法》还规定："男女双方自愿离婚的，准予离婚。男女一方坚决要求离婚的，经区人民政府和司法机关调解无效时，亦准予离婚。"

正是因为新婚姻法有了这条规定，才使得众多妇女从不幸的婚姻家庭中摆脱出来。

《婚姻法》是年轻的共和国送给公民，特别是年轻男女公民的一份厚礼！然而，1950年的婚姻革命并没有持续多久，转眼间三大改造完成，社会主义革命高潮到来，使离婚成了"资本主义腐朽性"的象征，谈情说爱成了资产阶级情调，《婚姻法》不再被谈起，人们改口说："爱情的基础是政治。"

由于《婚姻法》在有些地方执行不力，产生了严重的社会问题。据1953年2月3日上海《青年报》报道，由于《婚姻法》在华东不少地区未能很好地贯彻执行，目前妇女和青年男女因婚姻问题而被杀、自杀的现象十分严重。据各地不完全统计，浙江省57个县、市在1952年1月到7月，因婚姻问题而被杀、自杀的达438人，据山东即墨、胶县的11个区统计，半年内自杀的50人中，青年即有37人，滕县专区自杀、被杀的166人中青年即有86人。其中尤以妇女占绝大多数。

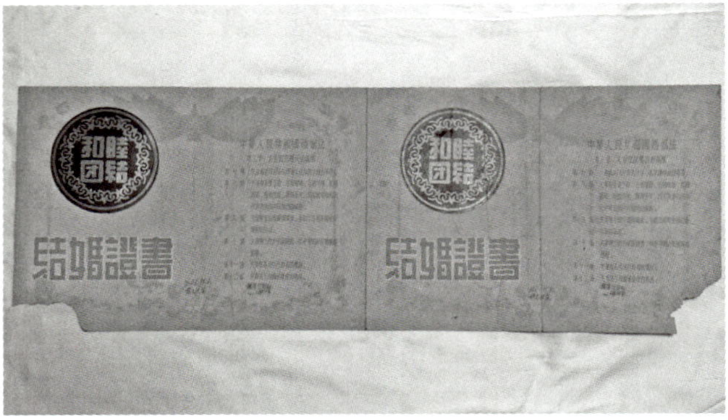

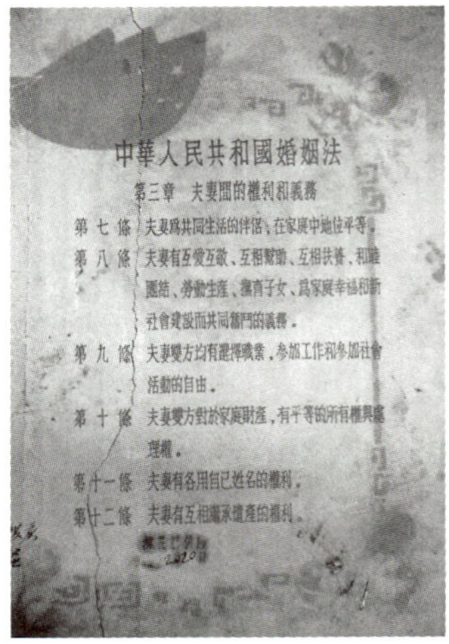

50 年代的结婚证具有强烈的革命色彩

公共澡堂

50年代，在城市中经常可以看到孩子们在街上挥动小红旗，喊着“叔叔阿姨听我言，不要随地乱吐痰，吐痰要罚五毛钱”。

动员全民讲卫生，养成良好的卫生习惯，也是当时新的气象。

1951年7月20日上海《青年报》刊登了黄承国医师的文章《你爱洗澡吗?》文章鼓励身体允许的人们洗冷水浴。

***

> 天气热了，我们出汗更多，假如不经常洗澡，我们身上就会变酸发臭。洗澡能使你的皮肤清洁，除去污垢，少得皮肤病，又能促使身体里血液循环旺盛，增强身体对疾病的抵抗力。

***

但洗澡也不是一件容易的事。1956年7月6日上海《青年报》刊登《洗澡可到老虎灶》一文，透出了洗澡的困难：过去，上海首都旅行袋厂工人洗澡很困难，22个人只有一只脚盆洗澡。一到晚上，由于有的人要去读书，也有人要去开会，因此，大家都抢着脚盆要洗澡，弄得争吵起来。开始，行政上认为厂里经济困难，没法解决，后来和大家商量，就决定向老虎灶买水筹，洗盆汤。洗澡问题解决了。

文章里所说的“老虎灶”，是上海俗语，其实就是专卖开水的店，一般也兼营盆汤和低档茶馆。老虎灶兴起于上海小刀会时期。以前开水店的添燃料处设在墙外，墙上有两个小窗口，可以看见灶内的情况，如同虎眼；烧水处的炉膛口开在正前方，如同虎口；灶尾有一根高高竖起的烟囱管，如同虎尾，因此被形象地称为“老虎灶”。

50年代随处可见的老虎灶，如今已经难觅踪迹。

***

> 1958 年，安徽有个澡堂成了全国的亮点。“农村妇女第一次进澡堂洗澡”成了移风易俗和讲卫生的双重新闻。年初，该公社规定：社员要半个月集体洗澡一次，同时定下男女社员不同的洗澡日期。但轮到女社员洗澡时，谁都不肯进澡堂。公社领导派出妇女积极分子挨家挨户动员，又让生产队女队长和下放女干部带头，最终把女社员都请进了澡堂。从此，澡堂几乎天天挤满洗澡的妇女。这件事听上去确实有点一刀切味道，但讲卫生本身，谁也不能说有错。（**黄新原：《真情如歌》，中国青年出版社，2007 年 2 月第一版**）

***

四联美发店：调上海理发师组团进京开店

50年代，妇女浓妆艳抹的现象基本上看不见了，她们的发型变化比较大，比较多的是梳短直发，头发后梳，或辫子梢扎上橡皮筋，朴素利落。

上海中青年妇女流行剪发，很少梳髻，少数老年妇女主要梳圆髻，或梳简便的道士髻。此外，还流行波浪式长发盘梳的几何形花纹的风凉髻。

辫子更是上海青年女子的主要发型，式样比较单一，以朴素为美。束发也是她们的基本发型之一。女孩常把头发分成两束扎于脑后，形似发辫。

1950年以后，烫发进一步面向劳动妇女，上海著名的理发店如南京、新新、华安、百乐、沪江、紫罗兰等店的理发师设计了不少新发型。

***

1956 年春末，一趟火车由上海开出，车上有 100 多位上海理发业的同行。这些同行来自当地最有名的四家理发馆：华新、紫罗兰、云裳、湘铭。随车托运的还有这四家理发店烧水的锅炉、理发的椅子、别头发的卡子、磨推子的油石等等一应家伙什儿。36 小时后，那趟列车将这四家理发店由人带家什，送达了北京。

上海四家理发店进北京，是在周恩来总理亲自安排和过问下成行的。上世纪 50 年代，北京城正处在大规模的建设当中，传统的服务业跟不上时代的发展。这样，1956 年一大批上海的老字号集体迁到北京。华新、紫罗兰、云裳、湘铭四家理发名店就是其中的一拨儿。

四家理发店的师傅们进京头一个月就是四处转转、玩玩，捎带考虑一下新店的选址。据说，最初的打算是，四家理发店在京城东南西北各安一家。可是，俩月过去了也没找到合适的地儿。实在没办法了，都说东单理发馆的地方不错。当时负责接待四家美发店的就是东城服务公司，正管东单理发馆。于是，一句话下去，东单理发馆立马腾地儿。这东单理发馆的地界不错，正对着东安市场，而且面积大，一溜 20 多米 3 个大门脸儿。最后决定，四家联合成立一家大型理发店，名字就叫“四联”，也就是四家联合之意。

上海这四家名理发店在当地单拿出来一家都是响当当的，更甭说四家合到一块儿办的四联理发店了。那会儿，京城有点名儿的理发馆剪个头四毛钱，到四联理发八毛。不过，四联确实贵有贵的道理。早年间，京城理发也就是刮个脸、修个面，基本都是为男性准备的。解放以后，京城理发行里技术确实落了伍，连会使推子的都没几个。等到四联一开张，全国独一份的 10 把美国进口理发椅已经成了人们谈论的话题，更别说师傅从上海带过来的新潮发型了，单是一手拿滚刷、一手吹风的手艺就够看头了。当年上海理发行里，讲究的就是吹风造型、手法细腻、样式新颖。顾客理了发出来，看起来活泼、精神、利落。这烫发、吹风的手艺直到今天都是四联的招牌。

虽然价格比其他地方贵一倍，就冲着这手艺，四联没多久就火起来了。那时候，到四联理发不排个队，都让人觉着新鲜。四联老师傅康邦章记得“四联”刚刚开业的时候，每天早上开门之前门口就排起大队。有一年临近春节他们更是早上5点钟就开始开门做生意，一直忙到夜里2点才下班。夜深了，师傅们也回不了家，只好到附近的“清华池”忍一宿。可是，刚躺下没半个小时，就被叫起来了。原来，“四联”门口的队伍已经排到米市大街了。“东城区委一看这可不行，赶快开门吧！”于是，康师傅他们只得睡眼惺忪的，又干起来。后来，他才知道，原来北京人有正月里不剪头的习俗。康师傅笑着说：“那个

中华老字号——四联美发店

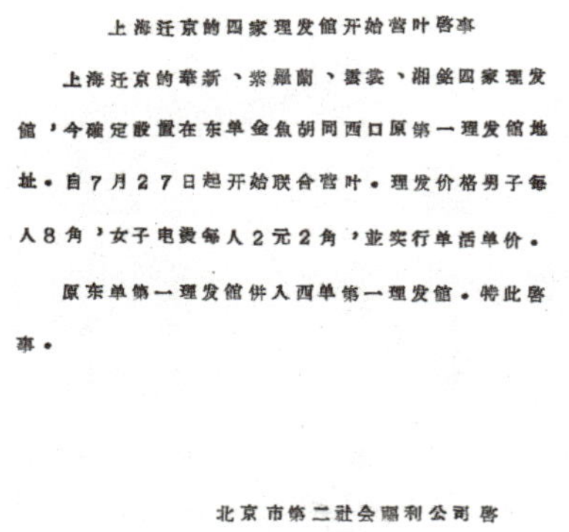

上海迁京的四家理发館开始营叶启事

上海迁京的華新、紫羅蘭、雲裳、湘銘四家理发館，今確定設置在东单金魚胡同西口原第一理发館地址。自7月27日起开始联合营叶。理发价格男子每人8角，女子电烫每人2元2角，並实行单活单价。

原东单第一理发館併入西单第一理发館。特此启事。

北京市第二社会福利公司启

北京市第二社会福利公司关于上海迁京的四家理发馆开始营业的启事

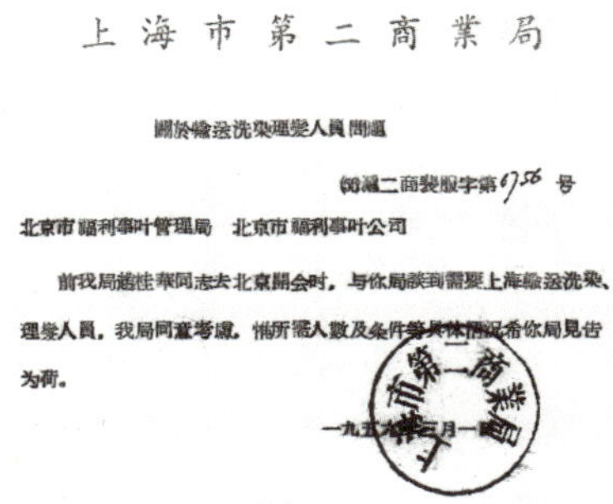

上海市第二商業局

關於輸送洗染理髮人員問題

(56)滬二商裝服字第1756号

北京市福利事叶管理局　北京市福利事叶公司

前我局趙桂華同志去北京開会时，与你局談到需要上海輸送洗染、理髮人員，我局同意考慮，惟所需人數及条件等具体情况希你局見告为荷。

一九五六年三月一日

上海市第二商业局关于输送洗染理发人员问题给北京市福利事业管理局、北京市福利事业公司的函

月我挣了120多块钱，都超过处长了。”（吕英博：《四联美发：师傅稳定手艺稳定》，2008年4月13日《经济观察报》）

***

土改“斗地主”：“周扒皮”源于小说《高玉宝》

生于20世纪六七十年代的你，还记得小学班上那个叫“周扒皮”的男生吗？在微信同学圈里，如今的“周扒皮”已是一个大腹便便，早过不惑之年的微秃中年男人。

关于“周扒皮”的来历，需要从1950年大规模的土地改革运动说起。

当时，土地改革的总路线和总政策是：依靠贫农、雇农，团结中农，中立富农，有步骤、有分别地消灭封建剥削制度，发展农业生产。

参加过土改的作家邵燕祥回忆，我们的工作团里，有一支中央戏剧学院的劲旅，一路文娱活动很热闹，至少普及了一首配合土改发动群众的《谁养活谁》：

***

谁养活谁呀，大家来看一看，没有咱劳动，粮食不会往外钻。耕种锄刨，全是我们下力干；五更起，半夜眠，一粒粮食一滴汗。地主不劳动，粮食堆成山呀堆成山。

谁养活谁呀，大家来瞧一瞧，没有咱劳动，棉花不会结成桃。纺纱织布，没有咱们做不了；新衣裳，大棉袄，全是我们血汗造。地主不劳动，新衣穿成套呀穿成套。

谁养活谁呀，大家来想一想，吃穿和住的，全是我们出力量。咱和地主，怎么生活不一样？不是咱种上粮，地主早就饿断肠。到底谁养活谁，大家想一想呀想一想。

***

老乡们以为我们既然在北京就能常看见毛主席，因而关切地问：“毛主席的生活好吧，能赶上富农了吧？”

邵燕祥还回忆，在没收、征收阶段，有一个地主寡妇曾经大哭大闹过。那是因为土改积极分子说她“转移”即藏匿了“浮财”，她说没有，于是僵持不下。我看她带着一个十几岁的女儿面对一大群人的指斥围攻，双方都不好下台，便提出让男人们退出，让积极分子中的妇女们继续追查。后来好像软硬兼施都不奏效，没有搜缴出什么值钱的物件。（邵燕祥：《1951年：到甘肃参加土改》，《温故》第九期，2009年4月7日）

土改，在人们的印象中是诉苦和斗地主。

1955年4月20日，中国青年出版社首次出版了单行本的自传体小说《高玉宝》。书中讲述了一个小孩子在一家周姓地主家备受剥削，最后走上革命道路的故事。

小说的第九章，叫做《半夜鸡叫》。在这个故事里，绰号“周扒皮”的地主，为了让长工早起干活，半夜钻进鸡笼学鸡叫，最后反被长工们戏弄。《高玉宝》在国内外有二十几个版本，仅中文版印数就高达450多万册，并被改编为24种连环画和12种文艺演唱形式及戏曲书籍，其中尤以上海美术电影制片厂1964年拍摄的同名木偶片影响深远。

“周扒皮”的绰号，以及“半夜鸡叫”的刻薄举动，最终成为中国千千万万地主的形象。

全国土改有先有后，但基本在1952年完成。这次中国历史上最大规模的土地改革，摧毁了两千多年的封建土地所有制，使3亿多无地少地的农民，无偿获得大约7亿亩土地和其他生产资料，免除每年交给地主的700多亿斤粮食的地租，从而极大地调动了农民生产积极性，促进农业生产发展。据统计，1952年全国粮食产量比1949年增长42.8%。

1951年4月，上海市郊龙华区梅陇乡农民庆祝土改完成，兴高采烈地烧毁土地契单

资本家工商业公私合营

50年代的中国人，经历了“一化三改造”。“一化”即社会主义工业化。“三改造”就是对农业、手工业实行合作化，对资本主义工商业实行公私合营。

资本主义工商业的社会主义改造，从1954年至1956年底全面进行。中央电视台法治频道主持人劳春燕曾回忆，她的外公世代从医，在绍兴上大路开了一家药房，叫致大药栈。新中国成立前，致大药栈在绍兴城里也算数一数二的大药房了。新中国成立后公私合营，外公从药店老板变成了一名普通的药店倌，也被命令去改造，和其他改造对象一起住在绍兴城里唯一的一座教堂里，每天挑河泥。年幼的妈妈去给他送饭，发现他的腿都肿了，一掐一个小坑，原来是得了浮肿病。

一些公私合营的资本家，意识到工商业改造已是大势所趋。也有一些人开始对前途感到茫然，终日惶惶不安，顾虑重重，心甘情愿把家产献出来的毕竟是少数。有的资本家是“白天敲锣打鼓，晚上痛哭流涕”；也有的说“多年心血，一朝付之东流；几声锣鼓，断送家财万贯”。

正当上海资本主义工业的公私合营搞得如火如荼时，北京市也在加紧推进资本主义商业的公私合营。1954年，北京选择大有粮店、稻香村食品店、同仁堂国药店、六必居酱园等10家较大的、具有传统特色的资本主义零售商店进行公私合营试点。8月27日，同仁堂公私合营大会召开，公私双方在协议书上签字。

上海工商企业庆祝公司合营

1956年1月10日，北京市已全部完成对资本主义工商业进行和平改造任务。图为茶叶店全行业实行了公私合营，人们敲锣打鼓地进行庆祝

实行定息之后，原先拥有100万元资产的资本家名义上还拥有100万元的资产，实际上只拥有100万元产生的利息。除个别情况外，统一定为年息5%，这个比率略高于当时的银行利息。从1956年1月1日起计息。这个办法保持七年不变。到了1963年，又决定延长三年，一直到“文化大革命”，1966年9月才停发定息。国家先后以“四马分肥”和定息的方式，作为和平赎买的代价，向资本家支付了30多亿元，超过了他们原有的资产总额。

对资本家进行“和平赎买”，通过国家资本主义形式，将所有制改造与人的改造相结合，努力使剥削者成为自食其力的劳动者，这是共和国一大创举。

全民炼钢

在余华同名小说改编的电影《活着》里，有一个场景是大炼钢铁“成功”了，到镇里去报喜。镇长指着这块“钢”，很振奋地说：“可以做成三个炮弹，去解放台湾。”福贵（葛优饰）对儿子有庆说：“鸡长大了，就变成鹅，鹅长大了，就变成羊，羊长大了，就变成牛，牛长大了，就实现共产主义了，天天吃肉，天天吃饺子。”

***

“夜晚，列车在原野上奔驰，不时从成群成列的高炉旁穿过，旺燃的火焰呼呼作响，映红了漆黑的夜空。”

“千百万钢铁大军开进荒山野岭，唤醒了无数沉睡的山岗。爆破手们在常年寂静的山谷里，点燃了开掘的雷管、炸药 ；无尽的矿石、煤炭，像流水一样涌向炼铁、炼钢炉前。”

“千万条道路赶筑起来了，条条通向矿山和熔炉。火车加快了运行的速度，船只乘风破浪地急驶，都在为钢铁奔忙。”

***

这是当年《人民日报》记者写下的《沸腾的日日夜夜》，真实地记录了全民炼钢的狂热场面。1957年11月，毛泽东曾提出要用15年左右时间在钢铁等主要工业品的产量方面赶上和超过英国的口号。在“ 以钢为纲，全面跃进”的口号下，钢铁生产指标越提越高。

一切为“钢铁元帅升帐”让路。一时间大江南北，高炉林立，人山人海，热火朝天。

这就不难理解，为什么1958年出生的男孩，很多人的名字里都有“钢”字。

全国遍地都是炼钢铁的土高炉。工厂、部队、公社、机关、学校，连外交部都办起了炼钢炉、炼铁厂。不管男女老少，不分外行内行，所有人都成了钢铁工人。没有煤的地方，就砍树烧炭；城里没有树木，就烧家具、床板。没有铁矿石，就砸锅子、鼎锅。建土高炉没有砖石，就拆祠堂、庙宇，毁围墙、宝塔。北京王府井大街两边人行道上的砖头，一夜之间，不翼而飞，都到土高炉上去了。

往常宁静的学校也沸腾起来了，学生放下了手中的书本走近高炉。长年操持家务的妇女也出来了，把铁锅、铁锄送作炼钢的原料。

1958 年 10 月，上海蓬莱区清流街道用土法炼钢

由于采取了许多非常措施，至1958年底，全国用在钢铁战线的劳动力超过了一亿，参加大炼钢铁的人力超过了全国总人口的六分之一。经过几个月的蛮干，加上相当程度的浮夸，到年底，宣布钢产量达到1108万吨，生铁产量达到1369万吨。但合格的钢只有800万吨，合格的铁也只有900万吨，有些则完全是废品。

大炼钢铁对生态环境和物质资源造成了严重的破坏和浪费，进一步造成了群众生活的严重困难。轻工业产品的生产品种和产量也大幅度减少，直接导致人民生活日用品供应极其紧张。

广播体操：影响力堪比广场舞的流行运动

中国人大概很少有没做过广播体操的。在学校、工厂和机关，或早上、或午休时间，或每年的广播体操比赛上，你一定做过。60多年前，每个大中城市万人齐做广播操的场景，至今还是留在几代人心目中共同的温暖回忆。

1950年底，新中国第一支体育代表团从苏联考察回来后，考察团唯一的女性杨烈，向上级主管部门提交了创编一套全民健身操的申请报告。一年以后，中华人民共和国的第一套广播体操正式颁布。1951年12月1日，中央人民广播电台第一次播出了广播体操的音乐。从此，全国各地到处可以看到热火朝天的全民齐做广播体操的场景。一大早，人们振奋了精神从被窝里爬起，一时间大街小巷变成了场面壮观的运动场。

当年，法国、埃及和伊朗三个国家的代表团，专门来中国考察工人做广播体操的盛况。当面对成千上万人步调一致地做广播体操的场面时，他们立即感受到了社会主义蒸蒸日上、欣欣向荣的热火劲儿。

从此以后，国家每隔几年就推出一套新的广播体操已经成了一种不成文的规定并延续下来。

1952年6月，毛泽东发出号召：发展体育运动，增强人民体质。

1954年7月，第二套广播体操正式公布了。第二套广播体操由苏联专家帮助设计，带有些洋味。一些妇女做操时，让她们弯腰踢腿下蹲，很不好动员，往往是害臊脸红，唧唧喳喳，笑成一团。有的怕难为情，称病不出，有的说得给孩子喂奶去。但那时的领导很认真，很严格，都把她们从家里“轰”出来做，光站队就得半天，还得点人数。

1957 年，第三套广播体操宣传海报

小学学生正在上体育课，做广播体操

运动员等级证书

***

1957 年，第三套广播体操正式公布，《人民日报》特意刊发了消息“第三套广播体操公布了”。文章的记载颇为有趣：“中共中央高级党校 90% 以上的学员坚持做广播体操，并且由原来的每天两次改为每天三次，据今年上学期 220 名学员填表调查，有 67 人体重增加，少则一公斤，多则六公斤，13 个胖子的体重则有所减轻；29 人反映食欲增加；41 人反映睡眠良好或好转。”（**《广播体操：长达半个世纪的全民健身记忆》，2008 年 7 月 15 日《北京日报》**）

***

第二套广播体操推行的同时，中国还实行“劳卫制”，全名叫“准备劳动与保卫祖国体育制度”。这也是学习苏联的。

“劳卫制”的检测项目很多，包括田径、体操、举重等，这些项目贯穿着速度、力量、耐力、灵巧，是对人的身体素质的全面锻炼。“劳卫制”的等级分三档，即少年级、一级、二级。少年级和一级比较容易通过，二级比较困难，一个学校大约不足50%的学生能通过。过了二级就是运动员标准。

一些当年在校园里求学的学子，还能记得参加“劳卫制”的情况。早晨，同学们自觉早起，迎着晨曦，围着学校后边的大操场一圈一圈地跑，有的在田赛区练习投掷、跳高、跳远和双杠，男生女生相互比赛。下午课外活动时间，操场上同学们更是生龙活虎，体育老师来回忙碌着，手里端着讲义夹，按照同学填报的项目，一个项目一个项目地进行测试。

只要通过了一级、二级“劳卫制”测试标准，就能得到两枚奖章和两份证书，如果能通过三级运动员的测试标准，又能得到一枚奖章。从三级运动员开始，就算是“国家”级的了。成绩再好点，可以评上二级、一级运动员，再好就是“体育健将”了。这在当时是非常了不起的事。

为了彰显学生通过“劳卫制”锻炼的成绩，“劳卫制”有证书、证章。凡通过一个级别检测都能获得一张精美的证书和一枚证章。证书和证章是健康的标志，每个通过“劳卫制”的学生都非常珍惜。三个级别的证书大小一样：64开对折，宽7厘米，高9.4厘米；纸质相同但颜色有别：一级证书主色为黄色，二级红色，三级紫红（证章各级主色同证书）。证书封面印有“劳动卫国体育制度证明书”和“中华人民共和国体育运动委员会制发”，上方饰以劳卫制证章图案；封底有勉语“努力锻炼身体，使自己成为优秀的祖国保卫者和社会主义建设者!”；封内页是整张证书，内文：“×××同志，参加劳卫制×级测验及格，特发给证明书一张，以资证明”，落款：“中华人民共和国体育运动委员会”，上印直径5厘米的朱红公章；底端为日期；左右两端饰有8幅体育运动图案。

“劳卫制”锻炼活动不仅强壮了身体，更重要的是同学们在一起，感受到新中国团结、乐观、向上、健康的生活氛围。虽然当时生活还比较困难，体育器材比较简陋，可是同学们锻炼起来，充满乐趣。50年代后期，中国和苏联在意识形态方面发生分歧，加上接踵而来的三年困难时期，粮食与副食品严重短缺，国家实行“休养生息”政策，学校的体育运动大多减少或停止，“劳卫制”也不了了之。1964年，中央正式废除“劳卫制”名称，取而代之的是《国家体育锻炼标准》。

扫盲运动

新中国成立之后，教育资源收归国有，人们有了基本的生活保障，终于可以把自己的孩子送去上小学了。但是，6亿人口中还有4亿多文盲，要改变这一现状，首先要做的工作就是扫盲。

“黑格隆冬天上，出呀出星星。黑板上写字，放呀么放光明。什么字，放光明？学习，学习二字我认得清……”1950年代，这首《夫妻识字》曾在大江南北风靡一时。那时，无数人就是唱着这首歌，走进了扫盲班的课堂。

1951年，中国人民解放军西南军区文化教员祁建华经过刻苦摸索，独创了《速成识字法》。这是一种借助注音字母的辅助作用，利用汉字字形、字义、字音相同与相异的不同特点，来提高识字速度的方法。1951年，西南军区在1.26万名干部、战士中试行《速成识字法》，取得了喜人的效果。一般只要15天时间，就能识字1500个以上，能读部队小学课本3册，能写短稿。某野战军采用这一方法，于1952年3月底彻底扫除了文盲。

1952年4月23日，政务院文化教育委员会举行颁奖典礼，奖励发明者祁建华的杰出贡献。4月26日，《人民日报》发表社论，号召各地“普遍推行速成识字法”。扫盲运动的第一次高潮迅速形成。

山东省莒南县高家柳沟村是一个仅有300多户农家的小山村。解放初期，全村只有9个人识字。扫盲运动开始后，高家柳沟的学习班先从社员的名字学起，然后逐步学到土地、农活和各种农具的名字。每天晚上学员们都集中起来学习，白天劳动间隙，识字班还办到了田间地头。经过两个半月的学习，参加学习的115名青年，有19个能当记账员，92人能记自己的工账，不能记账的只有4人。毛泽东看过高家柳沟记工学习班的事迹后，把这篇文章的题目改为《莒南县高家柳沟村青年团支部创办记工学习班的经验》，收入《中国农村的社会主义高潮》一书，并写下了800多字按语。

扫盲采取能者为师的方法，亲教亲，邻教邻，夫妻互教，小孩教父母，有的地区还实行“双包”，即“师包生”“夫包妻”。扫盲教师每天教学员几个汉字，下次上课还要复习，就像当时的顺口溜说的：多读多练，多和生字见面。为了把更多的迫切要求学文化的人组织起来，多种多样的学习方式被创造出来：工厂的“车间学校”、煤矿的“坑口学习小组”、农村的“地头学习小组”、妇女的“炕头学习小组”等。有的地方的扫盲班规定十不准：不早退，不迟到，不打闹，不嬉笑，不抽烟，不戴帽，不唠嗑，不睡觉，不织毛（活），不看报。

三好学生

1953年6月30日，毛泽东在一次谈话中说："我给青年们讲几句话：一、祝贺他们身体好；二、祝贺他们学习好；三、祝贺他们工作好。"这大概是日后"三好"的由来。

1955年2月10日，教育部公布的《小学生守则》第一条提出："努力做个好学生，做到身体好，功课好，品行好，准备为祖国服务，为人民服务。"同年5月13日公布的《中学生守则》第一条也提出："努力学习，做到身体好、功课好、品行好，准备为祖国为人民服务。"

1957年2月，毛泽东提出："我们的教育方针，应该使受教育者在德育、智育、体育几方面都得到发展，成为有社会主义觉悟的有文化的劳动者。"从此，由"三好"演变成的德育、智育、体育这"三育"教育方针，影响深远。从那时开始，"德、智、体"全面发展便成了评选"三好学生"的"国家标准"。

2012年3月，81岁的沈鹏发起停止评选三好学生的提案。既是编辑出版专家又是著名书法家的沈鹏认为，三好生的评比弊多于利，三好生成了重点中学录取的必要条件或优先条件，背后的利益链滋长了腐败。他明确表示，评三好学生已然不符合教育规律。这份由沈鹏担任第一提案人的提案已经得到多位全国政协委员的支持，新闻出版界共有13位政协委员联名参与。

针对多位全国政协委员联名发起的停止评选"三好学生"的这份提案，教育部发言人续梅在2012年3月4日表示，教育部并未对"三好学生"评选作出统一规定，也没有设置全国、全省性质的此类奖项，无论实行或废止，教育部都不干涉学校决定。"无论什么奖项，我们的目的是一样的，就是鼓励学生健康发展"，续梅表示，"三好"只是一种鼓励形式，无论什么形式，只要面向全体学生，只要符合教育规律，教育部都是鼓励的。而这种奖项，也需要随着时代发展不断创新。

首次全国性工资改革：定级后梅兰芳只拿336元

1956年，牵动着全国各界数千万人利益的是中国第一次全国性的工资改革。6月16日，国务院通过《关于工资改革的决定》。它奠定了此后中国长达30年之久的劳动工资制度的基础，对新中国"吏制"产生了深刻影响。从此"级别"成为中国除农民以外各类社会人群政治经济生活排序的重要标准。

新中国成立之初，供给制与工资制并存。至1955年，国内经济形势继续好转，新一轮工资改革也应运出台。国家决定先行在国家机关及所属事业单位废除工资分，改行货币工资制，从而拉开全国工资改革的序幕。

***

毛泽东住中南海的房子也要按规定交付房租。1955 年实行工资制后，毛泽东的家庭开支主要为 9 项，其中主食 450 元 ；副食 120 元 ；日用开销 33 元。这一标准一直持续到 1968 年，日用开销才增长至 92.96 元。这种生活标准已经超出毛泽东（404.8 元）和江青（243 元）工资的总和。说明毛泽东的家庭和中国普通百姓的家庭一样，工资收入主要用来糊口，吃饭占家庭支出的绝大部分。（《建国初全国工资等级无统一体系吃顿西餐两块》，2007 年 9 月 30 日《新闻午报》）

***

该文还记载，这次工资改革，建立了国家机关、企事业单位等几大类分配制度，其中党政机关实行职务等级工资制，把干部分为30个行政级；企业工人分为8个（个别工种为7个）技术等级，专业人员，如工程技术人员、教师、医务工作者、文艺工作者也都相应有了自己的等级系列。且各系列之间大致可以互相换算，如文艺一级相当于行政8级；高教8级相当于行政17级等。

与此同时，依据各地的自然条件、物价和生活费用水平、交通以及工资状况，并适当照顾重点发展地区和生活条件艰苦地区，将全国分为11类工资区。规定以一类地区为基准，每高一类，工资标准增加3%（如浙江属二类地区、安徽属三类地区、北京属

著名京剧表演艺术家梅兰芳先生

六类地区、上海属八类地区、广东属十类地区、青海属十一类地区等）。工资区类别越高，工资标准越高。定级标准采用一职数级、等级线上下交叉的做法，依据职务，参考德、才和资历进行评定。大致为正部级3～5级，如当时茅盾是文化部长，定4级；副部级5～8级，周扬当时是中宣部副部长兼文化部副部长，定6级；正局级8～10级；副局级9～12级，等等。定多少级拿多少工资。最高工资与最低工资之间的比例，约为21∶1，全员工资水平有了较大幅度的提高。

当时的知识界、文化界，也都愿意“收名定价”于此次定级，如梅兰芳，定级前的保留工资为1100元，却甘愿评为文艺一级，只拿336元。关肃霜评级时，自请评为文艺二级，工资从800元直降到约280元。

实行工资制后，作家可以在文艺级与行政级之间自由选择。如果选择文艺级，比行政级工资高，但有不少人却选择了行政级。这除了当时“克己”的时代氛围所致外，还有一个原因，即选择行政级别可以按级别看文件、听报告，甚至决定能否订阅《参考消息》，以及享有高干医疗待遇等。如赵树理，是行政10级，拿209.9元，而他同时可以评文艺二级，可拿约280元，赵树理选择了行政级。

这次评级，像冰心、张天翼、周立波、艾青等一批作家，都被评为文艺一级。大学教授在此之前其实都有级别，但同样重视此次评级。陈寅恪、梁思成、冯友兰、季羡林、钟敬文等被评为一级。全国当时共评出一级教授56名，评审极为严格，有的全省只有一个一级教授，有的省一个都没有。

而如吴宓、陈子展、黄昆等各学科“泰斗”级学者，仅评为二级教授。季羡林是一级教授，每月工资345元，加上中科院学部委员的津贴100元，共445元。而吃一次莫斯科餐厅，只需1.5～2元，汤菜俱全，有黄油面包，还有一杯啤酒。

50年代，是纯真的年代，简朴的物质生活，伴随着革命的激情和火热的理想，但更革命、更火热的生活，却是在60年代，不过国家和人民也为此付出了很大的代价。

20世纪 60年代

上山下乡
军装
小兵张嘎
工业学大庆
农业学大寨
红宝书
小裤脚
斗私批修
斗鸡
雷锋
大字报
蜂窝煤
欧阳海
焦裕禄
筒子楼
绣花
代食品运动
刻剪纸
高价商品
特需供应

60年代，是英雄人物辈出的年代，他们作为榜样的力量，一言一行都被灌输到人们的日常生活中。但60年代，中国人民经历了生活的苦难——饥饿，生活必需品的极度匮乏，“三分天灾，七分人祸”，当“左”倾错误占据上风，当日常生活异化为政治生活，“文化大革命”终于爆发，整个民族都为此付出了代价。

特需供应

1960年11月9日，中共中央发出指示，对在京高级干部和高级知识分子在副食品供应方面给予照顾，相关方案和意见原则上也适用于全国各地区。

***

一、特殊供应办法，分为以下三类（自十一月起根据中央指示，党内照以下标准再减半，纸烟不减）：

第一类，副委员长、副总理、国防委员会副主席、政协副主席、最高人民法院院长和最高人民检察院检察长，供应标准是：每户每天肉一斤，每月鸡蛋六斤，白糖二斤，甲级烟两条。

第二类，人大、政协在京的常委，国务院各部、委的正、副部长，正、副主任，高法副院长、高检副检察长，人大、政协的副秘书长，各民主党派中央的主席、副主席，在京的高级知识分子中的一级人员，以及党政群同上述职务相当而名义不同或者工资级别在七级以上的其他人员，供应标准是：每人每月肉四斤，白糖二斤，甲级烟两条，鸡蛋三斤。

第三类，全国人大在京的党外代表和全国政协在京的党外委员，国务院各部委党外的正、副司局长和党外的国务院参事，各民主党派在京的中央常委，在京的党内外高级知识分子中的二、三级人员，以及党政群同上述职务相当而名义不同或者工资级别在十一级以上的其他党外人员，供应标准是：每人每月肉二斤，白糖一斤，甲级烟两条，鸡蛋二斤。

以上三类，鸡蛋一项均看货源情况，少的时候少供应，没有的时候不供应。

***

经济困难时期，各地政府对部分特需人员的副食品供应，都给予了特殊照顾。比如对运动员，凡是达到国家“运动健将”一级水平的，在京比赛期间，每位每天供应鲜肉4两。据考证，当时享有这一待遇者仅两位：陈镜开（举重）、穆祥雄（游泳）。

特需供应，是特殊困难时期的无奈之举。

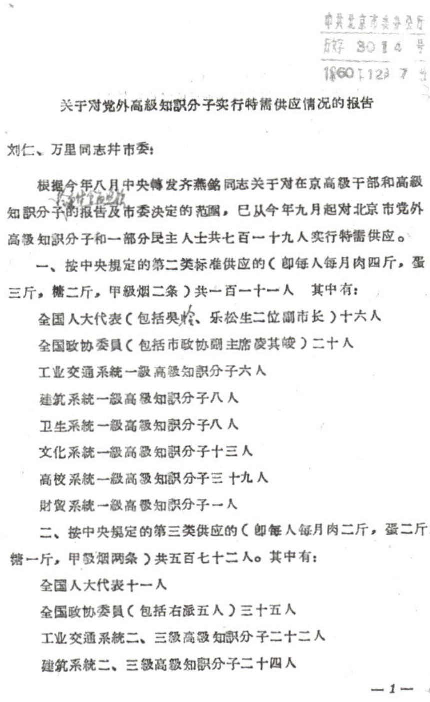

关于对党外高級知識分子实行特需供应情况的报告

刘仁、万里同志并市委：

根据今年八月中央轉发齐燕銘同志关于对在京高級干部和高級知識分子的报告及市委决定的范圍，已从今年九月起对北京市党外高級知識分子和一部分民主人士共七百一十九人实行特需供应。

一、按中央規定的第二类标准供应的（即每人每月肉四斤，蛋三斤，糖二斤，甲級烟二条）共一百一十一人　其中有：

全国人大代表（包括吳晗、乐松生二位副市长）十六人

全国政协委員（包括市政协副主席虞其峻）二十人

工业交通系統一級高級知識分子六人

建筑系統一級高級知識分子八人

卫生系統一級高級知識分子八人

文化系統一級高級知識分子十三人

高校系統一級高級知識分子三十九人

財貿系統一級高級知識分子一人

二、按中央規定的第三类供应的（即每人每月肉二斤，蛋二斤，糖一斤，甲級烟两条）共五百七十二人。其中有：

全国人大代表十一人

全国政协委員（包括右派五人）三十五人

工业交通系統二、三級高級知識分子二十二人

建筑系統二、三級高級知識分子二十四人

—1—

1960 年 12 月 7 日，贾星五、廖沫沙关于对党外高级知识分子实行特需供应情况的报告

1962 年 5 月北京市蔬菜票（拾天）票样

1962 年 2 月北京市菜票（拾天）票样

1963 年 4 月，北京市副食品商业局两周岁以下儿童食品补助票票样

1963 年 3 月，北京市高级脑力劳动者补助香油、食油购买票票样

浮肿病人补助鲜鱼

1959年10月31日，北京市副食品商业局、市公共卫生局发出《关于修订对病人肉食、鸡蛋、蔬菜供应标准的通知》，其中规定，对产妇给予一次性补助，鸡蛋2斤、肉2斤、红糖2斤。1960年6月1日起，对献血人员每次输血200毫升以上一次性补助肉食1斤、400毫升以上一次补助肉食2斤。对托儿所、幼儿园、街道儿童每人每月补助食糖1斤、鸡蛋0.25斤、糕点、饼干1.5斤、奶制品2斤。从1961年1月起，对浮肿病人每人补助鲜鱼2斤。

1960年副食品货源进一步紧张，如在北京，猪、牛、羊肉到4月15日的全部库存只有361万斤，仅能维持1个月的定量供应（居民每人每月4两）。针对这一情况，在主要副食品实行凭证（票）按人（户）定量供应的基础上，又大幅度地增加了凭证凭票定量供应商品的范围，达到了21种。除肉、蛋、食糖以外，又增加了肉罐头、熟肉以及干货制品（折合顶肉量，凭肉票供应）、糖果、糕点、饼干、奶制品、露酒、干菜、鲜菜、鱼、海味、干鲜果、酱、调料、食盐、豆制品、淀粉、粉条和粉丝等。这一年凭证凭票商品销售额已占副食品零售额的29.3%。

1961年肉、禽、蛋库存急剧下降，紧张达到极点。如肉食货源，只能保持特需供应，对居民所发肉票无货兑现，从4月起，用生、熟肉、鸡鸭、鱼及其罐头制品等折合顶肉量供应。由于后续货源无望，从1961年6月至1962年2月，对居民平日不得不停发肉票。鸡蛋除供应部分特需、病人、产妇、托儿所等，对居民的平日定量亦无法保持，基本上停止了供应。

北京市二商局干部高智勇对这一段困难时期北京的副食品供应作了详细的回忆：

***

居民凭证供粮改为凭票供应。凡是在京有正式户口（所谓“吃商品粮的”）每人按月发放粮票。粮票分为：粗粮票，面粉票，大米票……粮食定量依年龄大小，因人而异，从婴儿降生的3斤、少儿6斤、儿童8斤……至成人21斤不等。其中面粉供应占总定量20%，大米占10%，其余供应粗粮——玉米面、白薯干，有时即高粱面儿、鲜白薯等杂粮。

婴儿发给奶证，每日两瓶，每瓶半磅。满周岁的，供应1瓶，再掺兑“代乳粉”。代乳粉票和婴儿糖票，每月各发一张。凭票到指定商店可购代乳粉1斤（由黄豆粉、大米粉及少许奶粉掺兑而成）和黄砂糖2两（古巴产的）。

***

粮票自然炙手可热。1961年1斤北京市粮票黑市价格3元（当时生产第一线的工人80%以上月薪为三四十元），1斤全国通用粮票黑市价格4元，1斤北京市面票黑市价格5元。

1960年猪肉货源急剧减少，到当年7月起已无鲜肉可供应居民，即月市场投放陈年肉罐头顶替鲜肉供应。数张票集中起来可买到一盒（听）罐头。

1961年起，将原发放的每张肉票面额最多3两削减为2两。同年4月，用库存的鸡、鸭、鱼罐头顶替鲜肉。6月到年底，对居民停止供应猪肉。

据官方统计：1961年北京市人均肉食消费量是8两半（全年），是有史以来北京居民消费水平最低的一年。但仍远远高于其他兄弟省市。（统计数字见《北京副食品商业志》2002年版）

生活用品限量供应，凭票购买

60年代许多东西要凭《北京市居民副食购货证》购买，比如，冬贮大白菜每户供应数斤、十余斤不等；食糖每人每月供应2两；食盐每户每月供应1斤；芝麻酱逢三节（春节、五一、国庆）每户供应1两（50克）、茶叶1两（低档），茶叶自1959年起被划为“国家二类物资”，市场罕见；逢年过节还有粗粉条2两，粉丝1两，花椒半两、大料半两、木耳半两，黄花半两，碱面儿半两，皆按户供应。

花生和瓜子一年“品尝”一回。每逢春节光临，每户居民凭证供应花生半斤（含皮）和瓜子2两（熟）。直到1965年以后，才由每户居民每年供应半斤改为每人供应半斤和瓜子2两。

食油供应按在京正式户口，每人每月发放油票一张。凭此票可购食油三两，品种以豆油或棉籽油（当时叫卫生油）居多。花生油则在年、节期间少量投放市场。

此外，春节每户额外增发“节日补助油票”一张。凭此票可购香油（芝麻油）1两。

稀黄酱每月每户凭证供应半斤（无包装，自备器皿），超过十口人的“大户”增加半斤。每户每月发糕点票和饼干票各一张。凭票购买糕点半斤和饼干2两，同时另加收北京市粮票4两（全国通用粮票不行）。（以上内容参考《北京市困难时期商品供应追记》《炎黄春秋》2007年第8期）

1960年，蔬菜被正式划为“国家二类商品”。对居民实行凭票限量供应，凡是在京有正式户口的，每人每天供应鲜菜2两（100克），但品种不限。萝卜、土豆、白菜等任择其一，但以土豆居多。另外还发放有少量的“葱票”，持票可购买少许葱、姜、蒜等，主要由“居委会”安排，重点是照顾基层革命军烈属。但有时出现凭票也无菜可买的情况，仍可持票买到腌菜或咸菜（腌酱菜也凭票供应）。

三年经济困难时期，为保证人民生活基本需要，上海市区商业部门发放的各种商品供应票证多时达53种，141个票面。按人或按户分配的票证，由粮店代发。

1966年，中国经济刚从三年严重自然灾害的打击中恢复，轻工业出版社（今中国轻工业出版社有限公司）出版了14万字的《大众菜谱》。旨在通过这本菜谱，为老百姓家庭做饭当个参谋。书中收入各地经济实惠的大众化菜肴264种，这也是当时全国的第一本大众化菜谱。由于那时人们的生活水平较低，饮食结构也不尽合理，菜谱中收集的菜肴数量有限，烹饪方法也带着那个时代的特色。这样一本封面设计简单、内容并不丰富的大众菜谱，却受到老百姓的热烈欢迎，截止1981年8月，合计共印刷190多万册。此书确立了中国轻工业出版社以美食图书为基础的生活图书强社的地位。

为了分配有限商品，北京还发放过：肥皂票、火柴票、烟筒票、铁炉子票、铁锅票、铝壶票、生炉子用的“劈柴票”和“炭煤票”。还有大衣柜票、大木箱子票、木床票、圆桌票、闹钟票、手表票、电灯泡票、缝纫机票、自行车票等。这些票都是一次性的，按票面规定的数量购买。据不完全统计，北京市1961年凭票供应物品达69种，还不包括凭证的。

1961年底，北京又发行“工业券”。从此，除凭证和凭票之外的商品皆凭券供应。工业券发放是在职人员按其工资收入比例，平均每20元工资配一张券。购买范围较广：毛巾、毛毯、毛线、手帕、电池、轴线、铁锅、铝盆、铝饭盒、搪瓷面盆、搪瓷口杯、搪瓷便盆、线手套、铁壳暖水壶、竹壳暖瓶、运动鞋，雨伞、棉胶鞋、缝衣针、缝衣线、油布雨衣、夹胶雨衣，人造棉制品，尼龙内衣裤、皮鞋、闹钟、收音机、腰带、刀剪、进口刀片、各类箱包、巧克力糖块及定量之外的香烟、茶叶、白酒等。

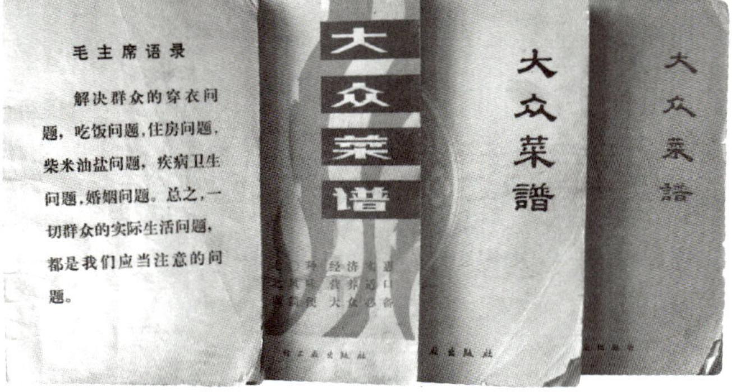

《大众菜谱》书影，那时的图书扉页前一般都要有一插页，印着某一段“毛主席语录”

城里供应紧张，农村更困难。由于办“人民公社”，社员被迫吃集体食堂，淳朴的农民响应党的号召，把自家铁锅、铁勺等家伙无偿捐献出来，投入高炉熔炼，大炼钢铁。1961年公共食堂办不下去了，各家农户不得不重起炉灶，但又买不到铁锅等炊具，纷纷涌入城里寻购。然而，市区的商品几乎全都凭证或凭票供应，农民根本买不到东西。

由于票证太多，什么票买什么，很难完全记得住。有时临时公布几号票证买什么，复杂得很，老百姓要花很多精力打听。商品短缺，票证奇多，造成当年中国市场一大特色——排队。人们上街，只要见到排队，先不问卖什么，赶紧先排上队再说。白排一通也是常有的事，眼看快排到了，突然东西卖完了，只好沮丧回家。只好再等下一次排队的机会，怕再也买不到，浪费了票证。

1962 年菜票，1963 糕点、饼干票，1964 年补助油票和大麦面票

1961 年北京市衣着购买票（左），1960 年北京市胶鞋票（中），1964 年北京市新年肉票（右）

后来，人们把《文化大革命就是好》的歌词，改成：

无产阶级文化大革命，

嘿，九十号！九十号呀，九十号，九十号！

烟号票，酒号票，

豆瓣儿豆粉全要票。

肥皂一月买半块，

火柴两盒慢慢烧。

妈妈记，娃娃抄，号票不能搞混了。

原歌词中的“就是好”，改为谐音“九十号”，这真是苦涩的幽默。

高价商品政策

1961年3月4日国务院财贸办公室下发的一份正式文件称：

***

“各省、自治区、直辖市人委：

近来对外宴会上吃花生米的现象相当普遍，北京吃，其他地方也吃……根据总理指示，请各地今后举行对内对外宴会及其他特殊供应时一律不要供应花生米。”（摘自1998年7月18日《北京青年报》）

***

1961年1月19日国务院副总理陈云提出：“现在供应紧张，应该‘两条腿走路’，即有些商品可以实行凭证分配的办法，有些商品应该是只要有钞票就可以买。”

对少数商品实行高价政策，是从高级糕点、糖果开始的，扩大到饭馆、商店等许多方面。

1961年2月，国务院确定，在3月底以前，把高价糕点的供应范围扩大到全国一切大中小城镇；把高价糖果的供应范围扩大到全国所有的城市和乡村。高价糕点和高价糖果，一律不凭证，不限量，充分供应。实行结果，全年销售高价糖果4.1亿斤，糕点3.9亿斤，共回笼货币33亿元。（《中华人民共和国经济大事记》，中国社会科学出版社，1984年10月第一版）

“高级饭馆”出台之前，国务院财贸办公室专门组织人到北京王府井著名的老字号

"萃华楼"饭庄，调查炒肉片的成本和价格。

北京的餐饮业（各类餐馆、饭庄）奉市委之命于1960年7月30日实行就餐收粮票制度。仅保留少数高档饭馆，不收粮票，但实行高价销售，有东安市场内的东来顺、王府井大街路东的萃华楼饭庄、西单北大街的曲园酒楼、王府井大街北口路东华侨大厦内的大同酒家约18处，欲到这些高级饭馆用餐者须提前一日在饭庄门前预约，领取"号牌"，次日凭"号牌"入座用餐。每日"号牌"数额有限。

1962年2月，李先念副总理指出：继续实行高价商品，今年侧重在农村，不是所有的农村都搞，而是哪个地方票子多，就在哪个地方多卖高价商品。

同月，陈云提出：尽力保证城市人民的最低生活水平。办法是：分几步做到城市每人每月供应三斤大豆；每年供应几千万双尼龙袜子；拿出四千万到五千万元的高级副食品，用来扩大高价饭馆。（《中华人民共和国经济大事记》，中国社会科学出版社，1984年10月第一版）

1962年4月1日、4月20日、5月15日，国家先后对茶叶、自行车、酒、手表、砂糖等商品实行高价政策。

1962年的高价商品，扩大了品种范围。除了西藏云南外，全国都推开。2月推出高价自行车。当时的平价车，每辆160元左右；河北定价为每辆650元，广东定价为每辆590元。河北按此价格推销十多天，共售出4292辆。因此，中央决定从4月起在全国农村普遍推开，同时在城市停止平价销售。从6月起城乡均销售高价自行车。

3月推出高价钟表。钟的高价比平价平均提高1.5倍，表的高价比平价平均提高1.73倍。4月推出了以下品种：高价茶叶，比平价提高3倍左右。高价针织品，比平价高3.09倍。提高酒类销售价格，目的在于回笼货币和促进节约粮食酿酒。从4月20日起在全国范围内推开。

对外宾、外侨设专门商品议价供应。提价的幅度，名酒（包括全国名酒和地方名酒）提得高些，大体比平价增加4～5.7倍，如贵州茅台，原价每斤2.97元，提高为16元，增加4.4倍；辽宁千山白酒，原价每斤1.2元，提高为8元，增加5.7倍。露酒次之，大体提高1.6～3.3倍，如山东金奖白兰地，原价每瓶3.53元，提高为15元，增加3.2倍；吉林通化葡萄酒，原价每瓶1.14元，提高为3元，增加1.6倍；啤酒再次之，大体提高0.8倍，如青岛熟啤酒，原价每瓶0.38元，提高为0.69元。高价卷烟，比平价高4倍左右。

5月推出照相和照相材料提价。照相提价50％，印照片提价100％，胶卷提价75%～125%，胶片提价150%；不分城乡一律按此价格执行。从1962年下半年起，国家的高价政策逐步回落。（以上内容参考陈明远：《1960—1965年的高价商品出台》）

另据上海吴淞区志记载，1964年高价商品从16种减少为13种，物价普遍下降，上海牌半钢手表每只从100元降为80元，永久牌自行车每辆从185元降为173元。1965年市场价格继续稳中有降，至年底取消高价供应，与1963年相比零售物价总水平下降3.85%。

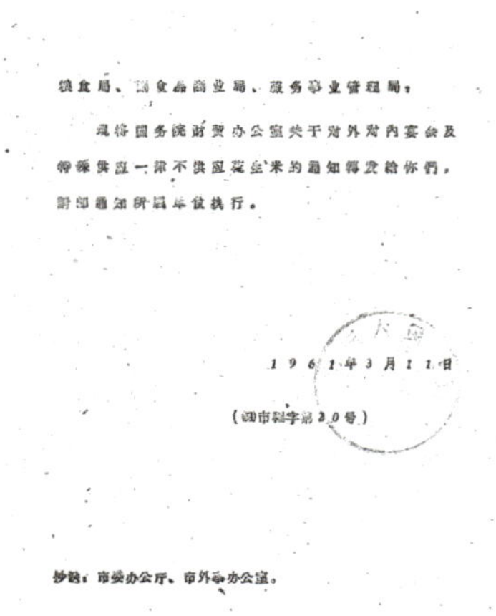
粮食局、副食品商业局、服务事业管理局：

现将国务院财贸办公室关于对外对内宴会及特殊供应一律不供应花生米的通知转发给你们，请即通知所属单位执行。

1961年3月11日

（[illegible]市秘字第20号）

抄送：市委办公厅、市外事办公室。

北京市人委办公厅转发国务院财贸办公室关于对外对内宴会及特殊供应一律不供应花生米的通知

地方国营茅台酒厂出品的茅台酒。国酒茅台有“五星”和“飞天”两种商标，本图为五星商标，商标图案由金色麦穗和红色五星组成。麦穗在外，五星居中。为有利于外销，经原国家轻工部批准，茅台酒商标于 1958 年改为“飞天”商标，图案借用在西方社会影响很大的敦煌“飞天”形象，寓意茅台酒是外交友谊的使者

此后，根据经济形势的好转和集市价格的回落，又陆续调低了高价商品的价格。到1965年底，高价商品只有高级针织品一种，1969年退出高价。

新三年，旧三年，缝缝补补又三年

60年代物质生活极为匮乏，体现在衣着上：“新三年，旧三年，缝缝补补又三年。”家里小孩子多的，没有那么多新衣服，“新老大，旧老二，缝缝补补给老三。”那时穿带补丁的衣服，随处可见，即使穿得不能再穿的衣服，也被用来拆了当补丁、纳鞋底。艰苦自有艰苦的办法。

上海服装鞋帽公司寿吉生，介绍拆洗缝补、整旧如新的方法：大改小、旧翻新，比如退色的卡其衣裤、棉袄，翻一个面，又是一件很好的衣服；衬衫领子、袖口破了，换一条新领子，补一补袖口，又可穿一个时期；裤脚破了改短裤，长袖破了改短袖；裤脚嫌短，可以放长；裤后磨破可以改制成裙子、拉链衫或者两用衫。

***

在很多人家的箱底里，都积压了一些式样古老的衣服，这也可以拿出来加以利用。一件男式呢绒长衫可改一套中山装，也可以改制一件长大衣、二件两用衫、二条男式西裤或者一件派克大衣等 59 种服装。一件绸的或者夏布长衫，可改男女西裤各一条。一件老式马褂，可改一条男式裤子。一件中式裤子，可

改成一件香港衫，旗袍裙或男女西裤。一件旗袍可改拉链衫、裙子、男女西裤、小孩连衫裙等几十种服装。一件小腰身短大衣，也可改成一件两用衫等等。（1960年8月10日上海《青年报》）

***

1960年党中央决定：减少民用棉布供应。布票按人头发放，凡是在京有正式户口的（吃商品粮的）每人全年4尺5寸，实际只够打补丁用。当时的拆洗缝补业总有做不完的活儿——无论您送去多么破旧不堪的衣物都能补好、做上。打一块补丁，除了收钱，还要按尺寸大小收取布票。

1964年后，情况稍缓，发放布票略增。除布票外，还发行过棉花票、绒衣票、汗衫票、背心票、裤衩票、胶鞋票、棉鞋票……有段时间，买缝衣线也收布票，一寸布票可买一小团。生了小孩的妇女，发给“油布票”一张，凭票可买到三尺油布。油布，是一种特殊的布，表面经涂桐油或荏油浸过，可以防水。五六十年代特别时兴一种油布钉鞋，鞋面就是用这种布做成的。

1969年3月4日，中央就当年城乡居民棉布分配问题发出通知，规定按人口平均的棉布基本定量为16尺1寸，比上年增加7尺1寸；各省、市、自治区的调剂用布，规定平均每人1尺，比上年增加5寸。买蚊帐布减收布票。这一年，全国居民每人平均棉布消费量达到21尺6寸，比上年增加6尺。（《中华人民共和国经济大事记》，中国社会科学出版社，1984年10月第一版）

五六十年代，衣料多用平阳布、劳动布、斜纹、咔叽、灯芯绒、府绸。只有过年，才会有新衣裳。

一开始，是大人拿布票去商店剪布，然后送到裁缝店里让师傅去做。在商店的某个角落，有一个木头做成的高高的台子，是那时的“收银处”，高台上面有许许多多的线，这些线连接到商店店堂里的各个柜台，顾客买了东西后，售货员就把票证、钞票什么的一起夹在挂在线上的铁夹子里，铁夹子就“嗖”的一下滑到“收银处”去，等那边结算好了，再“嗖”的一下子滑回来，整个交易过程就是这样。过年前，乡下的人进城镇置办年货，那些铁家伙更是“嗖——嗖”地在头顶飞来飞去，场面异常壮观。

做好或买回家的新衣裳，一般是在大年三十晚上拿出来，挂在床顶的木架子上。小孩子常常躺在暖暖的被窝里，无限遐想地看着它，有时候还坐起来就近细细地瞧，忘了外面是冰天雪地，寒气逼人，心里就想着明天一早能穿上它走亲串户，几乎是一夜无眠，舍不得睡觉，就盼望着天快快地亮起来。第二天，少不得早早地起床，也不再死命地赖床了，赶紧穿上新衣裳，吃上一碗奶奶和妈妈年三十晚上做的汤团，跑到外面去和小伙伴玩去，其中一个大的竞争项目就是：比谁的衣裳好看。

蓝制服样式源于中山装，是 60 年代最常见的男子服饰

60 年代身着工装的女工

小裤脚

1964年5月17日，在上海南京西路高美服装店，一位顾客同营业员发生了争执。争吵的起因是女顾客要求把一条灰色的华达呢裤子改成“小裤管”——类似于今天的所谓“西裤”。

营业员在接活的时候就申明：裤脚过窄的裤子我们是不能做的。

女顾客试样时发现，果然没有按照她的意图改裤脚，便再次要求改小。营业员说：“再改小就要形成包屁股的小裤脚了，这种奇装异服是不受欢迎的。”顾客很生气：“给我做的裤子式样不称心，你们没有满足消费者的需要。反正我付钱你交货，定做就是为了称心如意，你们有什么理由拒绝呢?”营业员义正言辞地说：“社会主义商业不能制作有害社会风尚的商品。”顾客反问：“难道我做一条小裤脚裤子就影响社会风尚吗？做一条小裤脚裤子就是资产阶级思想吗?”

的确，在那个时代一般人的心目中，今天看起来普通的西裤却是典型的“奇装异服”。

60年代，孩子们冬天多穿棉袄棉裤，套制服外罩。无论胖瘦，人人臃肿，看上去身材都差不多。后来出现一种制服式棉袄，将棉袄和罩衣合二为一，但臃肿依旧，且拆洗麻烦。倘若为了硬充帅哥而不穿棉衣冻着，则被称为“要单儿”。

还有一种叫“懒汉鞋”的布鞋，后来又称“片儿鞋”，十分流行。这种鞋廉价、方便，松紧口，提上就走。最流行的，是黑布面、白边、白塑料底的懒汉鞋，俗称“白边儿懒”，以天津产的“天津便”为最好。上了中学，萌发了点招摇心劲的孩子，将这种鞋视为追求对象，一旦穿上了它，其他款式的懒汉鞋就不在眼里了。

冬天都穿着条绒面的五眼棉鞋，俗称“北京棉”，区别在于鞋底。和“懒汉鞋”一样，白塑料底最流行，下雪时孩子走路爱打“出溜滑”，这种鞋脚感特滑溜。

口罩属于当年的高档生活品系列，很多人其实也不正经戴，或者舍不得真戴，而是把口罩塞进上数第二和第三个扣子之间的衣襟里，带子留在外面。这在当时是一种不容忽视的时尚标志，其功能近似于今天男人的领带或女人的首饰。

孩子都难免毛糙，丢三落四，经常是人已经走在上学的路上了，忽然发现没戴口罩，那是一定要回家去取的，否则，这身衣裳再时髦，也差着行市。口罩带子竟成为一种最时髦的点缀，反衬出孩子穿着上的单调。

60年代中期以后，人们在秋冬的棉衣外面，罩上一件前翻一字领、小西服领、上肩、五个扣的布上衣。这种衣服被称为“迎宾服”，大约是因为它可以用作接待外宾等重要场合，很像男人的中山服，只存在领式和口袋儿上的变化。

这种所谓的“迎宾服”，不罩棉袄时也可作春秋两季的外衣。在60年代中期至70年代中期的十余年中非常流行，后来已显得土气，但在中老年妇女（特别是部分女教师、女干部）中一直流行到90年代中后期。

中青年女装。春秋两用衫，配深蓝色女裤，
这是 60 年代极为普遍的女装

军装：60年代的流行服饰，“狂不狂，看米黄”

整个60年代，大体是军用服装在领导时尚的潮流，当年一度流行的顺口溜中，有一句为“狂不狂，看米黄”，指的也是军装。

戴军帽、穿“国防绿”上衣或一身“国防绿”，脚上穿“片鞋儿”，背“军挎”，把二六“燕把”链套转铃八成新的自行车车座拔到顶，手挂钢丝锁。这副打扮，今天叫“酷”“潮”，用那个年代的词来形容，叫“份”“狂”。

现在的影视作品里那个年代的孩子，人人一身军装。其实“文革”前期，孩子的穿戴并非以军上衣独领风骚。院子里的半大孩子结伙骑车出行时，部队大院是一身绿，地方大院是一身蓝。倘是两类院子相邻或相对，这种对比尤其分明。孰优孰劣，没有公认的判断。

后来，从军成为时髦的就业方式，不独军队子弟，地方大院孩子参军的现象越来越普遍。军装这才跟着走红，成为一种社会化的“学生装”。当“文化大革命”战鼓擂响的时候，人们认为解放军战士是经过严格的政治审查的，解放军服饰形象成了最革命、最宝贵、最纯洁、最可信任的象征，可以想见当年军服的感染力是惊人的。

“红卫兵”绿军装，是“文革时期”年轻人特有的时装，当时的青年男女均以穿军便装为荣。穿着时腰扎腰带，左臂戴红袖章，胸前别毛主席像章，配军帽、解放鞋和军挎包

先是军人子弟翻出父辈的军服，一身绿军装加褐色皮腰带，显得格外神气。在他们的倡导下，全国各大专院校乃至所有的中等学校陆续成立了红卫兵组织，小学也不甘示弱，纷纷成立了红小兵组织，工人、农民开始成立“赤卫队”，一时“全民皆兵”。

找不到真正军服的红卫兵小将就去买军绿色的制服，通称军便服。这种衣服当然不够正规，纽扣是全塑的（真正军扣是塑料面后装铜环），但上面也印有“八一”两个字，形同于解放军军服纽扣。尽管这样，穿上也很神气，因为它暗示着装者出身好，是国内高人一等的公民。如若出身不好，或是所谓“黑五类”，是无权穿用哪怕是仿制的军服的。

“全民皆兵”的另一个重要内容是民兵操练，其中有一个运动是“拉练”，即“拉出去练一练”的模拟行军。这时，工人、知识分子和在校学生都以一身军装为荣，不穿军便服的穿蓝、灰色制服，但也戴绿军帽，背后一个打成井字格的行军背包，再斜背一个“军挎包”和水壶，军挎包的带子上系一条白毛巾，脚穿胶鞋，一时成为城乡一景。

这种人人穿军装的时代，随着“四人帮”垮台及改革开放的到来才逐渐淡化。

（参考华梅：《中国服装史》，中国纺织出版社，2007年）

崇拜英雄的年代

在电影《阳光灿烂的日子》里，孩子们偷看“内部资料片”，一群人在屋顶上唱《莫斯科郊外的晚上》……

然而，这并不是60年代人典型的精神与生活状态。

1964年8月15日，上海《青年报》刊登了振新理发店学徒谢桂女的来信，说她刚做学徒时，衣着很朴素，用钱也很节俭，每月16元生活补贴费用不完还有储蓄。但是，时隔不久，就有一个资产阶级分子经常对她说：小谢，你为啥这样做人？年轻时候不打扮打扮，难道老了再打扮吗？他还时常诱她到他家里去吃饭、白相（玩耍）。就这样，她思想上渐渐地起了变化，开始羡慕起资产阶级的生活方式来。老布衣服不愿穿了，头发也“飞”起来了，工作时懒懒散散，打烊时间未到就去整理服装，准备去逛马路……

最后她自我剖析道：“我深切地体会到，一个年轻人，一旦思想上放松了警惕，心思用到吃穿打扮上，资产阶级思想就会乘虚而入，自己就有可能被阶级敌人争夺过去。我自己走过的一段弯路，就是一次深刻的教训。”

***

1968年5月28日上午，在上海市25路无轨电车上，爱国小学教师段东红后面座位上一个中年妇女，对着小孩唱着一首外国歌曲《宝贝》。段东红听了感到很刺耳，就猛地起身向中年妇女严厉指出："这支歌不能唱了，你知道这是什么歌吗？"车子上有好几位乘客支持他的意见，都说《宝贝》是资产阶级靡靡之音，现在居然还有人散播，这是阶级斗争的反映。也有个别乘客不同意这一看法，认为把对孩子哼哼歌曲说成阶级斗争，提得太高了。

正在大家争论不休的时候，车上一位售票员说："我坚决支持这位同志的意见，这的确是两个阶级、两种思想斗争的反映。"

这时，另一个乘客气呼呼地责问售票员："我问你，那个女同志是好人，还是坏人？要是好人，怎么是两个阶级的斗争，你和谁斗争？"

一位工人模样的乘客接上去说："不对，这是思想感情问题，她为什么喜欢唱这种软绵绵的歌曲，《祝福毛主席万寿无疆》不就是很好的歌吗？我们就是爱唱，要天天唱，为什么她却爱唱资产阶级的歌呢？"（**1968年5月4日《文汇报》**）

***

60年代是崇尚英雄的时代，从那个时代过来的人能脱口说出一大串英雄人物的名字。在60年代里，你也许经常会看到这样的情景：在火车上，在汽车站里，在公园里，一些青年男女手里捧着一本厚厚的书在看，他们看的是《青春之歌》《烈火金钢》《平原枪声》《苦菜花》《林海雪原》《三家巷》《艳阳天》，或者是苏联的《钢铁是怎样炼成的》。

在60年代里，你也许还记得这样的场景：一家人围坐在一台收音机旁，收听里面播出的"长篇小说连播"节目，他们深深地被收音机播出的小说吸引，那情景有点像如今一家子坐在一起看电视连续剧。当然，那时中国大多数普通家庭还买不起收音机，很可能是一台收音机摆在院子里，几家人围坐在一起听。那时候除了奢侈一些看场电影，听收音机成了许多平民百姓的最重要的文化享受。如果谁家要是买了一台好收音机，远比现代人买一台电视机下的决心要大得多。

1965年，中央人民广播电台播出金敬麦朗诵的《欧阳海之歌》时，很多人围在收音机旁听得如痴如醉。

“红卫兵头”：60年代的潮流发型

1964年5月2日，《天津晚报》发表了署名“董春燕”的群众来信《我烫“新式”发型为何被人议论》，信中写道：

***

我是一个青年女工，平时喜欢打扮打扮，烫个“新式”发型，或做一件时装，可是有些人背后对我冷言冷语，说什么怪模怪样，看着不顺眼，等等。我认为发型的多样性，是人民生活提高的具体表现。我想，爱美之心人人都有，特别是我们年轻人，总不能都梳辫子或剪短发吧。

***

同日的《天津晚报》发表了另一篇天津钢厂共青团干部马金安的来信《我们要什么样的美?》，他说：

“我们厂有的青年，留着油光光的‘燕尾式’大背头，也有的青年人留着小黑胡，穿着打扮怪模怪样的。这些人，把许多精力都用到了这方面，以致生产、工作、学习没放在心上。许多工人说他们在追求资产阶级生活方式……曾经耐心地劝说他们，团组织也在不断地帮助和教育他们。……上述情况虽然是少数，但应该引起我们的注意。”

“文化大革命”开始，稍微时髦的发型就被指责为“封资修”“腐朽”生活方式的表现，走在大街上，会被红卫兵强行剃头剪发，稍有不服，就会被剃成“阴阳头”游街示众。红卫兵，男生大多剃成一寸长的短发平头（简称“寸头”），显得勇猛威武。女生大多短发或小辫，显得“英姿飒爽”。

女红卫兵的“红卫兵头”，一般是将辫子剪短至颈部，用织毛巾的竹针在头顶把头发从中间向两边分开，划线分出刘海，再用尺子划一道整整齐齐的横线，剪刀沿横线剪过，刘海便齐刷刷挂在脑门儿。接下来将一分为二的头发，一遍遍分别梳至头顶，最后用橡皮筋将头发紧紧箍成两把坚挺的刷子，再把两根“刷子”辫底部剪齐。

这种“刷子”发型的流行，源于毛泽东在天安门城楼第一次接见红卫兵时给他佩戴红卫兵袖章的北师大女附中的宋彬彬。毛泽东对她说：“不要文质彬彬嘛，要武嘛。”她随即改名为宋要武。她的“刷子”发型被称为“红卫兵头”，也流行全国了。

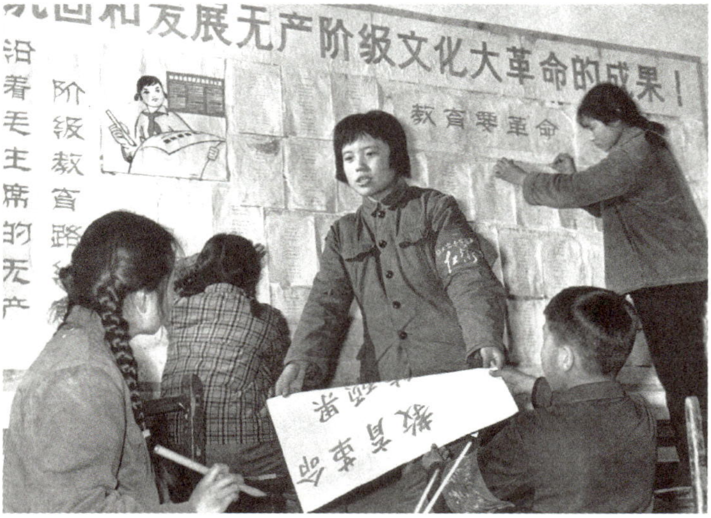

红卫兵宣传队。女孩的发型均为铁姑娘造型，有的梳着辫子，有的剪成齐耳短发。男孩则为平头短发

不在国内销售口红

北京西单商场化妆品组的李淑琴，熟悉化妆品知识，热心帮助顾客挑选，像胭脂，她就介绍母亲们给孩子买朱红的；当肤色红黑的少数民族姑娘来了，就介绍她们使紫红的，以便显得更加健美。对于夏天要买“雪花膏”的男顾客，她就介绍买“杏仁蜜”，说这种雪花膏，里边有点杏仁油，擦起来不太白也不太香，清爽不油腻。

地安门百货商场化妆品柜台售货员郭晴霄，受到李淑琴的影响，渐渐也成了明星营业员，对化妆品的认知不亚于今天的美容教主。

她自己并没有用过化妆品，她的知识是向顾客学来的。碰到演员来买货，她就跟她们询问口红、眉笔之类的使用体验，只几个月的工夫，她就了解了200多种化妆品的特性、功用和使用方法。有了本领，服务质量也就提高了，受到了顾客的欢迎。地安门百货商场的售货员们都公认她是“服务标兵”。她认为：“群众要求生活越来越美，化妆品的花色品种越来越多，我还需要不断学习哩！”

没想到，一到60年代，口红等化妆品渐渐为“革命”所不容。

1966年9月23日，中共中央批转国务院财贸办公室和国家经济委员会《关于财政贸易和手工业方面若干政策问题的报告》，其中规定：呢绒、绸缎、烟、酒以及劳动人民的舞台、银幕需用的化妆品，还要继续生产和销售。商品的品种不要轻易取消。口红这类高级化妆品，不要在国内销售。(《中华人民共和国经济大事记》，中国社会科学出版

社，1984）

买不到口红，爱美的女性也有招。

凤仙花，又叫指甲花、小桃红。采几片凤仙花的花瓣，与明矾一起捣碎了，覆盖在嘴唇上，轻轻抿几下，唇色立马就变得鲜艳欲滴，但是要小心别给人看出来了。

在学校里，遇到孩子们演出，老师会拿出一张红纸，用水沾湿了，让孩子们张开嘴，咬住，抿几秒钟，把嘴唇染红。

筒子楼

“筒子楼”，就是那种楼道中间有着长长的走廊，走廊两边有一个接一个十几平方米的小单间，卫生间和厕所在楼道的尽头供大家公用的那种房子。每家每户从国家那里分到一间，两三代好几口人住在一起。“筒子楼”是颇具中国特色的一种住房样式，是中国那个年代住房紧张的产物。曾经有无数的中国人在筒子楼里结婚生子，上演了自己的人生悲喜剧。

【修建“筒子楼”的缘起】

1957年，建筑师倪欣木主张“降低标准，先解决市民住房难”

那个时代，工商业的复苏和城市基础设施的建设，使大量人口拥入济南，而百废待兴的济南又一时无力修建充足的住宅。在一份1957年济南市政协委员倪欣木的发言材料中，这样写道：“近年来……居住建筑事业成为城市建设中的一个中心环节。为了节约人力、物力、财力，全国各地已普遍采用住宅的标准设计。但目前的标准设计标准高、面积大、类型少，不能满足广大职工的使用要求，从而造成分配上的困难和使用上的不合理。例如，几户合用一个厨房，几代人同住一室等情况。为此建议省里的领导，利用我省下半年设计力量有余的机会，编制几套适合于我省各地区使用的小面积住宅的标准设计，类型可分为二层普通住宅和简易平房住宅……”

倪欣木先生为著名建筑设计师，建于1954年、被列为省级优秀建筑的山东师范大学校内文化楼，便是他的代表作之一。从倪欣木的发言可知，当时住房紧张状况是比较突出的，因而，连身为建筑师的他都主张降低标准、先解决市民住房困难的问题。他所提倡的“二层普通住宅”，或许就是最初的“筒子楼”。

【“筒子楼”里的另类幸福】

凭着一间“筒子楼”里的蜗居“矮丑矬”将“班花”娶回家

“我小时候，就住在大明湖边的红砖筒子楼里，那是我爸爸单位分的房子。虽然楼道里整天烟熏火燎的，早上起来还得排队上厕所，可那时候，能住楼房的人是很有优越感的。从我们楼上往北能看到大明湖，往南能看到那些平房院子里的人的活动。这种优越感或许就来自一种居高临下的感觉吧。其实，我们住的房子一点也不比平房面积大。”在省城一中学任教的宋老师说，他住的筒子楼几年前拆迁，现在已经变成了大明湖新区中的一块水面。不过，他挺怀念当时的岁月，满筒子楼的住家都挺和睦，到邻居家写作业或蹭顿饭吃是经常的事。（2012 年 6 月 26 日《生活日报》，记者王倩）

对于一家子来说，住十多平方米的房子，很拥挤。由于面积有限，整个楼道里塞满了无处堆放的杂物，走廊的灯泡发出昏黄的光，一进楼道总能闻到煤油和说不清的味儿，四周一片黑黢黢。

几十口用一间厕所，平时想洗澡都不行。厕所公有，厨房公用，下水道堵塞，臭水倒灌，用煤炉做饭，你家今天吃了二两肉，我明天就去做鱼。筒子楼里没有隐私，听着邻居家的吵架声做着自己家的事，筒子楼的生活多少显得有点无奈。

“筒子楼”就像是一个和谐的大家庭。“爷爷，你烧的开水开了！”说话的同时，邻居顺手就会从炉子上帮你把壶提下来。“大姐啊，你家这菜炒得真香啊！”“馋啦？一会儿到我屋里来，添双筷子就成。”“那我不客气啦，待会儿就过来！”走廊里，这样的对话随时会响起。

整个楼道在做饭时间都被葱花味、锅碗瓢盆的声响充满，有一种快乐安宁的氛围将人包围，让你感觉自己处在一个融洽的大家庭里。哪家有婚丧嫁娶，别家都会随礼帮忙，遇到难处，还会给你实实在在的精神宽慰。

岁岁年年、年年岁岁，狭小的“筒子楼”里上演的一出出令人感怀的事儿，永远地留在一代人的心里。

安化楼：中国早期的“酒店式公寓”

北京曾经有三座“人民公社”楼：西城区的福绥境大楼、东城区北官厅大楼，还有就是崇文区的安化楼。

安化楼——因建于拆毁的安化寺之上而得名。1960年5月竣工入住，曾经是北京最著名的“楼盘”，也曾被称为中国最早的“酒店式公寓”，还拥有北京最早的社区会所。

安化楼的主体有9层，附属楼有8层，建筑面积近2万平方米，这在当时属于相当大规模的建筑物，大楼竣工时曾经轰动一时，那个时候几乎没有人不知道这个公社大楼的。

刚建成的安化楼中，每层都有5盏大型玻璃吊灯，4扇玻璃大门，把长长的走廊空间进行了有机分割。将近3米宽的楼道，转角处的一些大空间除了用来堆放一些杂物之外，就是晾衣服的好地方，因为宽敞，能直接通风采光。

安化楼当年的结构充分体现了“公社化”的原则，房间里没有厨房等生活设施，所有的生活服务设施都在大楼的一层，那里是公共大食堂和开水间。平时居民们工作日都在单位就餐，孩子也都送到托儿所，所以很少有人到楼下食堂就餐。食堂的工作人员都会在周六晚上挨家询问居民们晚餐和第二天是否订餐。订餐者想吃什么就在食堂准备的小本本上写下来，然后食堂的服务员会把饭菜送上门去，再把各家空的暖水瓶取走，打满开水再送上来。

入住安化楼，不仅要有身份，还要有足够高的收入。1962年入住大楼的居民中，大部分的月收入都差不多200元，而分给他们的两居室当时的房租是十几元，相当于北京市一个普通工人一个月的工资，也因此被称为当时的“高干楼”。

在北京的历史上，安化楼是第一座安装了电梯的居民楼，在大楼中心的电梯间，有两部电梯，最早的电梯，是有拉手的单开门。在大楼东侧的楼梯旁，原本设计预留了另两部电梯的位置，但是后来为了节约经费，就没再安装。

那时候附近的孩子都到安化楼乘电梯，电梯内部空间不到3平方米，除去电梯管理员和她的桌椅、电暖气的空间，最多也就能容纳五六个人。于是，远近的大人小孩儿都会来看看，小孩们更是把这儿的电梯当玩具了，刚上了9层，就又跑到8层等着往下坐。当时，很多人觉得安化楼就像是出差时候住的宾馆一样高级。

虽然当年没有为这幢楼设计厨房，但却设计了比较宽敞的卫生间，还打算给家家户户都装上浴缸，虽然后来因为没有钱放弃了这个计划，但最初是预留了浴缸的位置的。

1964年，各楼层尘封已久的食堂被装上了煤气，变成公共大厨房，住户集中在这里做饭。厨房里面靠墙是一排炉灶，可以想象家家户户挨着做饭炒菜，肯定是很热闹的景象。（参考方璐：《北京最后的公社大楼》，2005年7月1日《新世纪周刊》）

蜂窝煤炉子

60年代，农村烧草烧柴火，城市则是烧蜂窝煤。冬天，没有暖气，要生炉子取暖。快入冬，先要去买那种铁皮烟筒，然后自己装烟筒，装炉子。

生炉子取暖并不是一件容易的事情，点火，要先拿一张报纸塞在炉膛里面，报纸要揉皱，上面放一块引火的草炭，在草炭上面再放蜂窝煤块。然后用火柴在下面点着报纸，报纸快烧完的时候引着草炭，草炭再引着煤，这样一步一步把炉子点着。这个过程烟雾很大，往往弄得满屋都是浓烟。

点火不是很难，所以学会并不难。难的是，炉子生着之后保持它不灭，还要达到取暖的目的。

许多人都有过这样的经历：每天从早上开始的顺序是：（1）起床打开炉子，撤炉灰，把煤添上，15～20分钟后封炉子；（2）下班回来，打开炉子撤灰，加煤，等新加的煤燃烧旺盛时，就大概到了晚上8点了；（3）享受2小时稍微暖和的时刻，就要封炉睡觉了。这样，室内晚上最高的温度，也就在10～13℃。

但是，事情不是这样简单，炉子灭了的事情经常发生。

使用蜂窝煤，最担心的是一氧化碳中毒，也就是老百姓俗称的“煤气中毒”。

每到送煤的师傅给各家各户送煤的时候，大家都会很客气地倒茶送烟，为的就是希望能够给自家送一些干的蜂窝煤，因为刚做出来的煤很湿，很不好点，而且还容易产生煤气（一氧化碳），所以每到这个时候大家对送煤的师傅都很客气。当然，街坊们也都很体谅那些送煤师傅，一车煤几百斤重，一个人又要拉又要搬的，要是赶上几个院子深的就更累了，往往是深秋的天气，搬完煤却出了一身的透汗。挣的都是辛苦钱，所以大家能送点什么也就送点什么了。

一般情况下，这蜂窝煤被送到家之后还需要在院子里吹上几天，直到差不多干透了才会全家总动员地一起搬到自家盖的小煤池或者窗台底下，再在上面盖上一层塑料布并压上几块砖或者瓦什么的，才算大功告成。因为一冬天就靠这些煤了，谁也不希望下雨的时候给淋湿了。

一些会过日子的家庭会把煤炭买回来自己动手做蜂窝煤。这样不仅保证了亲自挑选的原料煤不掺假，还能省不少钱。做蜂窝煤的机器，是一个长一米左右的手提铁架子，下面焊着一个蜂窝煤模子，将煤炭装进模子，用脚将模子上面的盖子往下踏紧，然后一个成型的蜂窝煤就会从模子下掉出来，落在地上。当一排排、一行行蜂窝煤站成一个方阵，一家人咧嘴笑了。此时，惟愿老天保佑，两三天别下雨，把蜂窝煤晾晒得干干的。

1965年11月，第一座供应民用液化石油气的灌瓶站在北京西郊建成，并率先向北京

60 年代，液化石油气进入寻常百姓家。（选自《气贯京华》上卷）

一些居民区域发展用户。据有人回忆，当时一罐煤气是2.7元，议价是每罐3.2元。

在中国大部分城市，直到20世纪70年代末80年代初，才渐渐用上在当时看来很高级很先进的液化煤气罐。

“飞鸽”“永久”接新娘

1936年，日本退伍军官、财阀小岛和三郎，在天津第四区小孙庄靠近周公祠的盐坨地老闸口一带的二百余亩地上，划线上桩，建起四五间厂房，装备了百余台日本制造的旧机器，招募200多名工人，挂起了“昌和工厂”的牌子。这家工厂生产自行车车架、车圈、前叉、曲柄、轮盘、泥板和三套轴等自行车主要零部件。然后，加上从日本运来的零件，组装成26英寸深绿色自行车，取名“铁锚”牌。小岛和三郎的“昌和工厂”每月生产900辆这样的自行车，这也是在中国出现的最早、最大的自行车厂。

1949年1月天津解放之后政府接管了“昌和工厂”。新中国成立后，该厂被正式命名为“天津自行车厂”。

1950年7月5日，10辆样品车造出来了。为了比拟它结实、轻快、漂亮的特点，工人们亲切地称它为“飞鸽”，上级也批准将这种车正式命名为“飞鸽”牌。从此，新中国

第一个全部国产化的自行车品牌诞生了，1951年1月又正式淘汰了“中字”牌自行车，将“飞鸽”牌自行车成批地投放市场，年产自行车6890余辆。

“二八大杠”指28英寸的自行车，也是飞鸽牌自行车最早的特有型号，车架杠子可以坐人、放东西。特别适合三口之家前面坐孩子，后面坐媳妇。

50年代，一辆飞鸽牌自行车的价格是八十几元，而一位普通工人的工资，也就三十元左右。所以，买一辆自行车要一家人攒大半年的。

50年代，自行车还是很稀少的消费品。到了60年代之后，自行车才在人们的生活中占据重要位置，缝纫机、手表、自行车被列为三大件，成为一个家庭富足的象征。人们谈论“飞鸽、永久”，不亚于今天人们谈论“大众、奔驰”，谁家的自行车丢失了，公安局、派出所会立刻侦破。在以轿车为高官专属的年代，自行车是百姓的自豪。

60年代，28锰钢车、半锰钢车成为自行车里的紧俏货，像永久13型、17型，凤凰18型等，都是大链套、电镀单支架、电镀后车架、转铃，即所谓原装“高配置”。和这几款车相媲美的是天津产的飞鸽大链套，但支架是黑漆把、后轱辘架起来的那种，铃也不是转铃。这几款车是当年最先进，也是最新潮的自行车。

可是，在那个商品凭票供应的年代，若是手中没有票，即便有钱也没法拥有一辆“永久”自行车。一辆普通自行车价格在120元左右，最好的PA13型车价格则要更高一些，而在黑市上一张“永久”自行车票竟然要卖到将近100元。那时，谁家有张车票，就会像一阵风一样在邻居间迅速传开。谁要是新买一辆锰钢车更属于爆炸性新闻，其震撼力相当于眼下谁做了一笔大生意，弄不好家里就会成了邻居们免费参观的展览厅。当时，许多人因买不起或买不到“永久”车，甚至选择买一堆“永久”车配件来自己组装成车。

至于外国自行车，因为没有正规的进口贸易渠道，市场上根本见不到，但也不是绝对没人见过。像英国生产的凤头、三枪，日本生产的富士等，在大街上偶而飘过，准能够闪瞎人眼，那都是新中国成立前甚至“二战”时期的旧货。三枪牌自行车，商标就是

拥有一辆“名牌”自行车并不是所有人都能做得到的

三杆枪，据说，它的材料来自第一次世界大战战后剩下的武器。

在60年代的城市，娶媳妇的时候用两三辆“永久牌”接新娘子，那就算排场够大的。不过，说不定没一辆是自己的，都是借来的。

自行车接新娘，直到70年代也是这样：

***

> 嫁妆除了床是用手拉车装的，其他的都是壮汉用肩膀挑的挑、扛的扛。新娘子坐的是自行车（路近的就走路，当时用自行车接新娘子是最时尚了），“驾驶员”就是自行车车主。当时的农村，一个村子要借6辆自行车都很困难，俞志民向外村借了3辆自行车。接新娘子的自行车最好是名牌的“永久”“凤凰”，就像现在要用“宝马”和“奔驰”一样。（《30年间的婚礼变化》，2008年12月8日《诸暨日报》）

***

北京地铁1号线：中国第一条地铁

1965年7月1日上午9时，北京地铁一期工程开工典礼在京西玉泉路西侧两棵大白果树下举行。市长彭真主持，党和国家领导人朱德、邓小平、罗瑞卿等出席了开工典礼。杨勇讲话，提出了地铁建设三条原则：“地上服从地下，交通服从战备，时间服从质量。”会后，年近八旬的朱德拿起扎着红绸的铁锹，为北京地铁一期工程破土。

不过，出于战备工程的保密考虑，开工典礼当天，组委会只邀请了新华社、《人民日报》等少数几个新闻单位参加，并明确表示地铁开工典礼的消息不登报，只作为内参保留。

北京地铁一期工程，就这样神秘地开工了。当时路上车辆很少，施工并没有对交通造成多大影响。

1969年10月1日，第一辆地铁机车从古城站呼啸驶出。经过四年零三个月的紧张施工，北京地铁一期工程建成通车了。虽然比原计划晚了一年多，但总算赶在新中国成立20周年的时候完成了。

由于是战备工程，并且在设备调试和管理调度上都缺乏经验，在1969年10月通车以后，地铁只是小范围接受参观性质的乘客。想乘坐或参观地铁，都需要持单位统一领取

1969 年 10 月，北京第一条地铁基本建成，总长 23.6 公里，设计日运量 150 万人次。
图为地铁列车。地铁参观券（图中）

的参观券。当时地铁是北京一景儿，不少外地单位都组织人来参观，一队一队的人马，前面还专门有人解说。而且地铁站还划分了级别：北京站、前门站都是甲级站；古城、苹果园站则是丙级站；剩下的大都是乙级站了。

有人收藏了一张当年地铁开通的车票。这张票为蓝色，票上写有“北京地下铁道参观券”字样。票身左侧还写有毛泽东的“最高指示”：“精心设计，精心施工，在建设过程中一定会有不少错误、失败，随时注意改正。”

这句话是1965年北京提出修建地铁的报告后，毛泽东给当时的北京军区司令员杨勇的批示。

1971年1月15日，地铁公主坟至北京站路段开始试运营，票价1角。

两年后，试运营线路扩大到苹果园至北京站。1972年底，北京地铁由原凭证出售地铁票改为免证件出售地铁票，单程票价仍为1角。可别小看这1角钱，当时一斤肉也就一两角钱，一般工人的月收入只有几十块钱。因而，乘地铁在当年绝对是高消费。

1角的地铁票价持续到1987年底。

南京长江大桥

作为20世纪60年代中国经济建设的重要成就之一，南京长江大桥虽然比武汉长江大桥建成稍晚，但它的象征意义更浓烈，兼具政治、经济和战略上的意义，素有“争气桥”之称。

活动式栈桥轮渡于1933年最终建成通航，这种方式需要将过江列车按节拆分，乘船摆渡的情形一直延续到解放后。在新中国成立后，长江天堑成为了制约京沪铁路运力的重要瓶颈。出于打通京沪铁路，形成连通华北与华东的经济大动脉的需要，国务院最终在“一五计划”末期提出了修建南京长江大桥的计划。

1956年5月，铁道部设计总局大桥设计事务所承接了南京长江大桥的设计任务，于同年12月完成了草测，并由铁道部大桥工程局接手后选择了宝塔桥方案。方案不仅考虑了建设铁路、公路两用桥的目标，还对桥下可通过万吨级海轮的要求也进行了考虑。1959年开始了前期长江南北两岸的引桥部分和专用铁路、公路线路的工程建设。

然而不同于在苏联专家协助下建造的武汉长江大桥，南京长江大桥在开工之初恰逢中苏关系破裂之际。苏联专家已经撤出中国，建桥所需的优质钢材也被苏联断供，大桥的修建只能靠中国人自己想办法。

南京段的长江主要指安徽马鞍山采石矶到江苏镇江之间的这一段江面，地形呈肚兜状，水深流急。此处的江面宽度平均1500米，最窄处也有1100米，水深平均15～30米，最深处超70米，流速每秒3米，地质条件极为复杂，每一个桥墩的底下都是不同的地质条件，在南京长江大桥的100多个桥墩身上，各有不同的技术难题。工程人员在缺乏技术指导的情况下，硬是凭着敢想敢干的精神，用土办法和技术改造完成了设计施工。

国产钢材在苏联援助撤销后也顶了上来，“共和国钢铁工业长子”——鞍山钢铁挑起了这个重担。钢铁工人和桥梁设计人员一样，改造不适应生产桥梁钢的锅炉，生产供应了总计约6.6万吨的优质钢材，解决了材料紧张的问题。最终，大桥工程使用各种钢材6.65万吨，混凝土38.41万立方米。工程总造价为28757.7万元，其中，正桥工程13151万元；桥头建筑1687.7万元；公路引桥2579.2万元；回龙桥175.7万元——请注意，这可是20世纪60年代的人民币。

在整个建设期间，除去技术施工上的难度，来自于外界的影响也使得整体工程进度一波三折。

1959—1961年正值三年经济困难时期，工程开工不久便面临着被迫停工的局面。工人精简，工程下马，经费被压缩到每年不超3000万元，只够日常开销的维持。后来经周恩来总理特批，大桥工程才得以继续招工、购买设备。南京市也为生活物资供应提供了全力的保障。

到了1964年9月，大桥工程又遇到了秋汛洪水带来的严重危机，5号和4号桥墩悬浮沉井的锚绳先后崩断，自重6000多吨的沉井在激流中作最大幅度60米的周期性摆动。大桥面临着全部推倒重来的巨大危险，靠着建桥工人在洪水中连续抢修近两个月，最终才使大桥转危为安。

两年后，“文化大革命”开始了，大桥建设更是受到波及。建桥职工分为两派展开内斗，工地陷于瘫痪。最终是南京军区司令许世友派部队进驻工地调解两派矛盾并参与施工，最终使得建设工程得以继续。

在大桥建成之前，每天都约有上千名南京市民在工地现场参加义务劳动，建设热情高涨。也正是在这种一方有难，八方支援的氛围下，历经艰难的南京长江大桥最终于1968年12月公路、铁路双线通车后，宣告正式完工。

建成后的大桥上层为公路桥，长4589米，车行道宽15米，两侧各有2米多宽的人行道。下层为双轨复线铁路桥，宽14米、全长6772米，连接津浦铁路与沪宁铁路干线，使得原来火车依靠轮渡过江的时间从1.5小时缩短为2分钟。

为了考验大桥的承载能力，许世友司令亲率118辆坦克从南京花旗营至北桥头堡，一字排开检压南京长江大桥。坦克每辆间隔50米，整个车队延绵10公里，成为了大桥建成以来最壮观的一幕。

南京长江大桥是新中国经济建设开始自力更生的一个典范。这座大桥还为中国人创造了世界最长的公铁路两用桥的世界纪录，在国际上扬眉吐气了一把。

对于南京市民来说，这座与其生活息息相关的大桥的影响则要更加细致贴切。

1968年9月30日，当第一列火车通车时，5万余人挤上大桥，甚至桥下的路上、树上都是围观的群众。同年12月28日，公路桥通车时，南京城万人空巷。数十万人涌上桥头，据说，仅仅是庆祝时挤掉的鞋子就装了两卡车。

大桥的形象在之后的几年不断出现在政治宣传的海报中，在茶杯上、铅笔上、鞋子上、镜子上、香烟上、自行车上都有图印，成为了中国现代化的标志和南京的城市名片。南京老一辈市民的名字里往往出现“长江”和“大桥”，就是这份热爱的具象化体现。

2016年10月28日22点整，南京长江大桥最终进入了近27个月的全封闭维护，2018年12月29日重新开放通车。象征新中国工业自主的大桥，终于迎来了新生。

南京长江大桥，无论经历几次的翻新，它承载的这些理应铭记的时刻都不会被遗忘。（摘自汗青：《南京长江大桥是如何炼成的？》）

“我们这里不收小账”

60年代，人民生活很艰苦，很少有什么机会去旅游。旅游的概念，基本上局限在接待外面的客人。早在1956年，海外华侨、港澳同胞回国探亲旅行的人数日益增多，全国各主要城市相继成立华侨旅行服务社。随着中国外交活动的开展，1956年、1957年中国国际旅行社先后与苏联、东欧、蒙古各国以及23个西方国家的旅游机构建立了业务联系，开始接待自费的外国旅游者。在前期，如1957年，苏联、东欧各国的旅游者占总数95%，直到20世纪60年代中期，如1965年，才转变为以西方游客为主，占总数80%以上。然而，每年外国旅游者入境总数仅为四五千人。1964年11月2日，中国旅游事业管理局召开第一次旅游工作会议，确定：1965年接待8000人，到1969年达到4.5万人。五年可收入4300万美元。（《中华人民共和国经济大事记》，中国社会科学出版社1984年10月第一版）

60年代发生过这样一件事：一天，上海华侨饭店来了两位老太太，她们是从新加坡回国的，服务员刘丽蓉走过去热情招待。临走时，她们便把找的零头2元多送给刘丽蓉，说："大姐，这是点小意思。"刘丽蓉告诉她们，如今国内早已不收小账了，请她们收回。不料这一来，引起了老太太好多话。她说："在新加坡，在香港，是什么都要小账的，饭店收小账，旅馆收小账……连上厕所也要给小账。"她又说："记得国内过去也是收小账的啊！"

刘丽蓉说："那是解放以前的事了。"

"是啊，是解放以前。"老太太说："可你们现在招待得这样好，又连这点'小意思'都不肯收，倒真使我们过意不去呢。祖国真是变了样！"

确如老太太所说，小费在中国也有着一段历史，在过去，小费也叫"打赏"。但在新中国，特别是在"斗私批修"的60年代，即使有人给，但谁肯收小费呢？

十万个为什么

60年代初，大型科普读物《十万个为什么》出版发行。此后，这套书又多次修订再版，累计印数超过一亿册，成为家喻户晓的小百科全书式的科普读物。

这套书提供的科技知识，深深印在小读者的脑海里，使大家终生受益。读了《十万个为什么》后，许多人明白了，我们身边有许多不知道的事情等待我们去观察和思考，我们生活中也少不了各方面的常识，如为什么要多吃水果？狗为什么会对陌生人叫？为什么刷牙时会出血……

世界上最大的花是大王花，它靠散发臭味来吸引蚊虫、苍蝇传播花粉；蜂鸟是世界上最小的鸟，鲸鱼并不是鱼；天上的星星有不同的亮度，浩瀚的宇宙里有很多类似地球的行星，木星虽然很大但密度很低。《十万个为什么》让许多人知道了科学就是力量，知识就是财富。这套书像知识丰富的老师，不少人就是从读这套书开始对科学技术产生

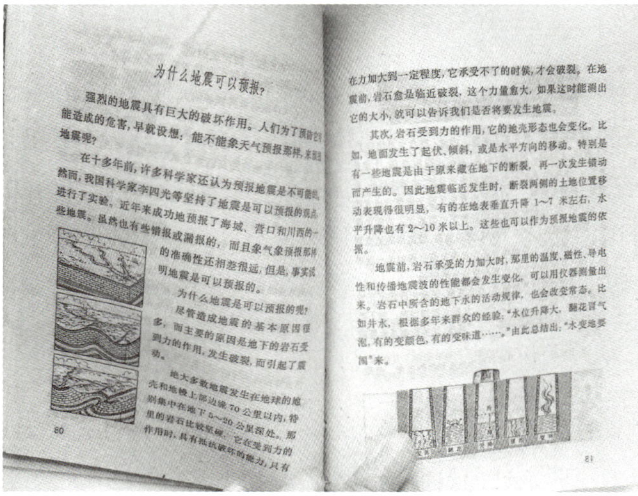

为什么地震可以预报？

强烈的地震具有巨大的破坏作用。人们为了预防它可能造成的危害，早就设想：能不能象天气预报那样，来预报地震呢？

在十多年前，许多科学家还认为预报地震是不可能的。然而，我国科学家李四光等坚持了地震是可以预报的观点，进行了实验。近年来成功地预报了海城、营口和川西的一些地震。虽然也有些错报或漏报的，而且象气象预报那样的准确性还相差很远，但是，事实说明地震是可以预报的。

为什么地震是可以预报的呢？

尽管造成地震的基本原因很多，而主要的原因是地下的岩石受到力的作用，发生破裂，而引起了震动。

绝大多数地震发生在地球的地壳和地幔上部边缘70公里以内，特别集中在地下5～20公里深处。那里的岩石比较坚硬，它在受到力的作用时，具有抵抗破坏的能力，只有

80

在力加大到一定程度，它承受不了的时候，才会破裂。在地震前，岩石愈是临近破裂，这个力量愈大，如果这时能测出它的大小，就可以告诉我们是否将要发生地震。

其次，岩石受到力的作用，它的地壳形态也会变化。比如，地面发生了起伏、倾斜，或是水平方向的移动。特别是有一些地震是由于原来藏在地下的断裂，再一次发生错动而产生的。因此地震临近发生时，断裂两侧的土地位置移动表现得很明显，有的在地表垂直升降1～7米左右，水平升降也有2～10米以上。这些也可以作为预报地震的依据。

地震前，岩石承受的力加大时，那里的温度、磁性、导电性和传播地震波的性能都会发生变化，可以用仪器测量出来。岩石中所含的地下水的活动规律，也会改变常态。比如井水，根据多年来群众的经验："水位升降大，翻花冒气泡，有的变颜色，有的变味道……。"由此总结出："水变地要闹"来。

81

图书《十万个为什么》

浓厚兴趣，并选择考理工类大学、走上科学技术之路的。

儿时的经历，相信许多人都有：如果考试成绩好，就可以得到一件想要的礼物——一套《十万个为什么》。记得一共有14本，有的科目分上下两册，封面都是红黑相间的图案，它们装在一个大纸盒里，喜欢随手抽出一本来翻看。似乎除了数学那一本，天文、地理、医学、动植物、化学和物理的那些内容到现在仍然非常实用。

1960年，还在北京大学化学系念大三的叶永烈应邀试写了5篇《十万个为什么·化学册》。等到1961年6月《十万个为什么》出版的时候，全书900多个问题他写的占了300多个，叶永烈还收到了每个问题5块钱的稿费。

2013年，上海少儿出版社出版了第六版《十万个为什么》。4500个问题，768位科技工作者参与解答，已经是著名作家的"叶永烈"的名字赫然在列。这一次他回答了"牛奶里为什么要加入三聚氰胺"等新问题。

韩寒在许多场合都说：其实《十万个为什么》是我看得最多的，看了《十万个为什么》以后，你就想什么都问"为什么"了，它也是有帮助的。很多人不去问"为什么"，就觉得"应该是"，而我老是想问"为什么"。

工业学大庆，农业学大寨

毛泽东于1964年发布指示："工业学大庆，农业学大寨，全国学人民解放军。"

工业学大庆，农业学大寨，刻在那一代人的记忆中。

1963年底，中国开发了大庆油田，不仅结束了中国人靠"洋油"过日子的时代，更

大庆红旗飘

工业学大庆。图为铁人王进喜

培养出一支有组织纪律、能吃苦耐劳、能打硬仗的石油工业队伍。始于1964年初的工业学大庆运动，即号召当时的工人阶级发扬“大庆精神”，为了工业的发展而苦干，不为名，不为利，不依靠外国，自力更生，在冰天雪地里疯狂劳动。

这一运动中最出名的是“铁人”王进喜，连同他的一句名言：“有条件要上，没有条件创造条件也要上。”

大寨是山西省昔阳县大寨公社的一个大队（相当于现在大寨乡下属的大寨村），全村位于山西东部太行山区环境气候恶劣的区域，包括“七沟八梁一面坡”的石山。以陈永贵、郭凤莲等为带头人的大寨人，战天斗地，艰苦奋斗，治山治水，在七沟八梁一面坡上建设了层层梯田，在山顶上开辟蓄水池，所谓“万里千担一亩田”，改变了靠天吃饭的状况。

“农业学大寨”的号召发出后，干部群众齐上阵，迅速掀起了持久的、大规模的以治山、治水、改土、修“大寨田”为主、全面加强农业基本建设、改造落后的生产条件、大打农业翻身仗的群众运动。

因极“左”思潮泛滥，学大寨运动有滥用民力瞎指挥、不讲科学大会战等错误，造成了很不好的后果。

焦裕禄

60年代英雄人物最多，雷锋、焦裕禄、王杰、欧阳海，南京路上好八连，以及草原英雄小姐妹。

这些英雄，都打上了那个时代的烙印：革命觉悟、艰苦朴素、集体主义，当然，还有爱学毛主席著作。

1966年2月，新华社播发记者穆青、冯健、周原撰写的长篇通讯《县委书记的榜样——焦裕禄》，焦裕禄的名字，传遍了中国。这是曾让习近平为之流泪的报道。那年，习近平13岁。谈起这段往事，习近平曾说："我当时正上初一，政治课张老师念了这篇通讯，我们当时几次都泣不成声……"

在2014年党的群众路线教育实践活动中，习近平总书记选择河南兰考作为自己的联系点。焦裕禄精神犹如一座丰碑巍巍矗立。他说："我们这一代人都深受焦裕禄精神的影响，是在焦裕禄事迹教育下成长的。我后来无论是上山下乡、上大学、参军入伍，还是做领导工作，焦裕禄同志的形象一直在我心中。"他深情地吟诵了自己1990年写的一首词《念奴娇·追思焦裕禄》：

***

中夜，读《人民呼唤焦裕禄》一文，是时霁月如银，文思萦系……
魂飞万里，
盼归来，
此水此山此地。
百姓谁不爱好官？
把泪焦桐成雨。
生也沙丘，
死也沙丘，
父老生死系。
暮雪朝霜，
毋改英雄意气！
依然月明如昔，
思君夜夜，
肝胆长如洗。
路漫漫其修远矣，
两袖清风来去。
为官一任，
造福一方，
遂了平生意。
绿我涓滴，
会它千顷澄碧。

一九九〇·七·十五

***

电影《焦裕禄》剧照

1962年12月，焦裕禄被调到兰考县，先后任县委第二书记、书记。在带领兰考县人民封沙、治水、改地的斗争中，焦裕禄身先士卒，以身作则；风沙最大的时候，他带头去查口，探流沙；大雨瓢泼的时候，他带头趟着齐腰深的洪水察看洪水流势；风雪铺天盖地的时候，他率领干部访贫问苦，登门为群众送救济粮款。他经常钻进农民的草庵、牛棚，同普通农民同吃同住同劳动。

1964年5月14日，焦裕禄被肝癌夺去了生命，年仅42岁。他临终前对组织上唯一的要求，就是“把我运回兰考，埋在沙堆上，活着我没有治好沙丘，死了也要看着你们把沙丘治好”。

焦裕禄逝世时，他的夫人徐俊雅才33岁，上有孩子的奶奶、姥姥两位年迈老人，下有6个尚未成年的孩子，最小的孩子焦保刚才3岁多。一家9口人全靠徐俊雅每月50多元的工资和每个月13元的抚恤金艰难度日，生活很拮据，但徐俊雅始终牢记着丈夫临终前的遗言：“我死后，你会很难，但日子再苦再难也不要伸手向组织上要补助、要救济。”

焦裕禄女儿焦守云始终记得这样一件事：“有一次母亲为了给我们改善生活，到街上去买鸡蛋。鸡蛋贩子接过母亲递来的10元钱，说找不开，你等一下，我换开钱就回来找给你。母亲就在原地等他回来，哪知等了好久，却不见那小贩的踪影。回到家来，母亲伤心地哭了好几次，10元钱，在当时可是一家人一星期的生活费啊！”日子过得清苦艰难，孩子多，吃饭是头等大事，穿衣就顾不得许多了。焦守云回忆：遇到孩子们没衣服穿的时候，母亲就流着泪把父亲穿过的旧衣服找出来，然后再用剪刀、针线把衣服改小，母亲边做活边流泪。在她的记忆里，自从父亲去世后，母亲连一件像样的衣服都没穿过。（参考周斌：《追忆焦裕禄夫人徐俊雅》，2005年8月31日《大河报》）

龙梅和玉荣：草原英雄小姐妹

1964年2月9日早晨，达尔罕茂明安联合旗草原上飘着雪花，11岁的龙梅和9岁的玉荣代父出门放牧。快到中午，天气突变。西北风卷起大雪漫天狂舞。羊群顺着风拼命逃窜，姐妹俩拦堵不住，只好跟着羊群奔跑，越跑越远。因极度疲乏，姐妹俩在冰天雪地里睡着了。深夜，龙梅冻醒一看，羊群、妹妹都不见了。她爬起来，一路走一路喊，走了两三里，才找到玉荣和羊群。姐妹俩护着羊群，同风雪搏斗了一天一夜，已走出了70多里。

第二天拂晓，她们离白云鄂博车站不远了。这时玉荣丢了一只毡靴，光着左脚。姐姐便要脱下自己的毡靴给她穿上，这个情节，后被移植到芭蕾舞剧《草原儿女》中，成为70年代难得的感人画面。

在白云鄂博火车站，出来迎接客车的扳道员王福臣，看见了龙梅，连忙把她带进扳道房，用雪替她搓揉两只冻僵的手。龙梅渐渐暖和一些，断断续续吐出几个字来："我的妹妹，在石坡下，已经没靴子了……"

经过一场抢救，两人终于醒了。龙梅立即问矿区党委书记："我的羊还在不在?"书记回答说："羊没事，你放心吧!"龙梅和玉荣的事迹，很快传遍了草原，传遍了全中国。

草原英雄小姐妹

学习雷锋好榜样

在新中国成立以来的历史上，从未有过任何一个形象像雷锋那样，以其强大的人格和魂丽的人生持久地温暖着人心。

1963年3月5日，《人民日报》发表了毛泽东的题词："向雷锋同志学习"。从此全国开展了学习雷锋的活动。

雷锋是人民解放军沈阳部队工程兵某部班长。1939年12月出生于湖南省望城县（今长沙县）一个贫苦农民家庭，自幼成为孤儿。1957年加入共青团，1960年参军，同年11月入党，不久任班长。1962年8月15日，雷锋不幸因公牺牲。

雷锋最打动人的记忆有这么几方面：

一是他的出身特别苦，令许多人印象深刻的，是他劳动时被地主婆砍了几刀。

二是他的艰苦朴素，穿的衣服和裤子补了又补。

三是他的乐于助人，经常把省下的钱寄给需要的人。

四是他的"钉子精神"，当时说是"革命的螺丝钉"，60年代的雷锋首先是作为一个军人形象出现的，"服从命令是军人的天职"，他的"钉子精神"无疑带有超常的军事主义色彩。

五是他的《雷锋日记》。他的日记是否被润色过，并不重要，重要的是，他的日记，曾激扬了整整两代人养成写日记的习惯，甚至影响了一代人的文学修养。

他日记中的"人的生命是有限的，但为人民服务是无限的，我要把有限的生命，投入到无限的为人民服务中去"，曾经激励了不少人。

雷锋的话题，没有停息过。

30多年后，电影《离开雷锋的日子》第一次全面披露了雷锋牺牲的经过：一个英雄死于一场事故。雷锋死得太平常了，不如我们所常常设想的英雄的牺牲那样壮丽。

随着真相的披露，人们还知道：事实上，雷锋并非一个禁欲主义者。他的遗物居然也有当时的奢侈品——手表；一件保养得很好的皮夹克，这说明雷锋的节俭有一部分用在个人的喜好上（而并非全部行使民政部门职能——赈济灾民）。这种喜好明显带有年轻人追求新潮的特点。后来还有消息披露，他甚至还有一次未来得及完成的爱情。

歌曲《学习雷锋好榜样》，许多人都唱过：学习雷锋好榜样，忠于革命忠于党，爱憎分明不忘本，立场坚定斗志强。

北京日报

BEIJING RIBAO

中国老挝友好协会在京成立

向雷锋同志学习

毛泽东

全国24个大型煤矿喜传捷报

一二月份生产计划超额完成

中国政府和巴基斯坦政府联合公报

巴基斯坦政府代表团回国

学习雷锋

1963 年 3 月 5 日，北京日报刊登的毛主席题词：向雷锋同志学习

电影《 雷锋》剧照

60 年代，北京掀起了向雷锋同志学习的高潮。图为北京市女六中（今第 156 中学）的学生正在阅读雷锋生平事迹

60年代的婚姻：提亲聘金是4元，聘礼是2斤糖

有一本上海人婚照图册记录了上海人结婚服饰的变迁：20世纪五六十年代，新人衣着如平常穿戴一样朴素，还流行“四个一工程”，也就是备一张双人床、一只热水瓶、一个脸盆、一个痰盂就可以结婚了。

一位1965年结婚的女同志回忆，当年结婚的时候，男方来我家提亲，聘金是4元，聘礼是2斤糖。婚事确定下来后，结婚那天就由丈夫骑着单车到我家来载我，我带着衣物、脸盆、桶等“嫁妆”就这样嫁到他们家，中午的时候丈夫家摆了一桌菜，“宴请”亲友，办理了结婚证，这样我们就算结婚了。

60年代的爱情和婚姻，不得不简单操作，低调进行。1964年12月19日，上海《青年报》报道上海市儿童医院陆续有两个女青年结婚。在结婚的当天，一个新娘身穿紧身的连衫裙，唇涂口红；另一个新娘则耳环垂肩，项套锁片，戴着白纱镂空手套的手，还添上一只手镯。由于这两个新娘的打扮较为突出，在青年中间引起了议论。

60年代的爱情和婚姻，还被赋予了许多革命的色彩。

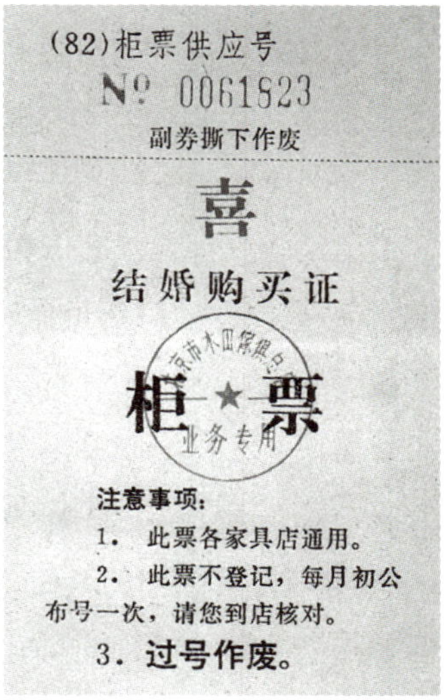
(82)柜票供应号
№ 0061823
副券撕下作废
喜
结婚购买证
柜★票
注意事项：
1．此票各家具店通用。
2．此票不登记，每月初公布号一次，请您到店核对。
3．过号作废。

结婚购买证——柜票

1964年9月19日，上海《青年报》报道了上海光学仪器厂青年叶佩君的婚礼，是在宿舍俱乐部里举行的。屋子正中高挂着一幅毛主席的像，墙上还挂着同志们送的对联，上面写着："创业成家，三十而立……"新婚夫妇这天晚上同往常一样穿着各自的衣服，胸口戴一朵大红花。婚礼开始，新婚夫妇先恭恭敬敬地对毛主席像鞠躬行礼；接着，厂团委书记和同志们作热烈祝贺。祝贺的同志们还纷纷以节目助兴，有的唱歌，有的说相声。最后，在新郎新娘合唱《社会主义好》的歌声中，婚礼结束。

那时，城里的人们结婚大都在晚上进行，因为白天得用来干革命工作。基本程序是：新郎、新娘共唱《东方红》或《大海航行靠舵手》；学两段毛主席的"最高指示"；向毛主席像三鞠躬；向家长三鞠躬；新郎、新娘互相鞠躬，也是三次；向来宾敬礼；分发喜糖（当时的硬水果糖是0.96元1斤）；婚宴基本上是没有的，大多是请帮忙的人吃碗面条，面条里须放两个鸡蛋。

在农村，情况稍有不同。

唱《东方红》、学语录、向主席像三鞠躬这些程序基本上相同，不同的是，农村是讲究"做席"的。那时候的"席"很简单，买点猪头、猪下水，用圆白菜炖，熬白菜、萝卜时加些肥肉和肉皮，这两样菜往桌上一端，再打上2斤散装白酒，就算是一"席"了，这样的"席"在那时被称作"半荤素酒席"。

在农村还讲究"随份子"，最少2角钱，最多2元钱。出到5角钱，全家就可以一起吃一顿荤素席。

除了随份子，还有送贺礼的。贺礼主要是三大件：脸盆、暖瓶、毛巾或被面。当然，除了这三大件，在很多地方，尤其在城市里，人们的贺礼还有毛主席像章和石膏像。石膏像是毛主席去安源的那种。

未婚夫妻的定情物也带有浓烈的革命色彩：双方互送毛主席像章和《毛主席语录》（俗称“红宝书”）。

除此之外，如果条件允许，女方会买一两斤毛线，织成毛衣送给男方。而男方送给女方的则大多是素色手绢和笔记本。笔记本的扉页上总要写一些“乘风破浪”“共同进步”之类的革命性言语。

到了“文化大革命”，婚姻中男欢女爱的感情成分完全被阶级斗争所淹没。“亲不亲，线上分”——阶级不合，观点、路线有异，夫妻便会反目，便会互相斗争，互相揭发，一个小家庭，也要严格地划清界线。“文革”时期“情爱”是禁区，却不妨碍男婚女嫁。只是，那个时候人们谈婚论嫁时，首要的标准是看出身，看成份。工人和贫下中农成份是硬杠杠，共产党员是最佳配偶。地、富、反、坏、右分子或他们的子女，即使男子高大英俊，姑娘貌美如花，也常常是俊男娶丑妇，靓女嫁恶夫。

“文化大革命”时代，社会舆论否定“男女情爱”，甚至抹杀两性区别。把男女的关系简化为“同志”“战友”“阶级关系”“铁姑娘队”“女子采油队”以及“不爱红装爱武装”，男女服饰混淆，试图用政治观念图解两性间的关系。

“红宝书”：毛主席语录记心中

60年代特别是“文化大革命”中，有一个时期无论办什么事都要先念一句语录。

有一位老太太去买菜，售货员说：“‘为人民服务’，你买什么？”老太太说：“‘愚公移山’，我买萝卜。”说着她就在大筐里挑起萝卜来。售货员见她挑来拣去，很不耐烦，就在一边说：“‘要斗私批修’！”老太太头也不抬，继续挑着，口里念叨着：“万万不可粗心大意！”

那时，背“红宝书”中的毛主席语录，不但是赶时髦，而且也是生活需要。理发买菜，辩论吵架，都用得上，谁背得熟、背得多，理就在谁这边。

有人掂起一根黄瓜，问售货员：“‘斗私批修’，多少钱一斤？”

对方答：“‘毛主席万岁！’一毛五。”

有人买扒鸡，先交了钱，售货员把鸡递出来，同时说一句：“翻身不忘共产党！”

顾客一心垂涎扒鸡，没言语，只顾伸手接鸡，不想售货员把鸡果断收回，又厉声重复一遍。顾客恍然大悟，急中生智说：“吃鸡不忘毛主席！”才得到扒鸡。

一位老太太买豆腐乳，售货员不接钱，而是说：“要斗私……”老太太说：“闺女，我不要豆腐丝，要豆腐乳。”售货员瞪眼嚷道：“要斗私……”

旁边一人看不过，帮老太太应答一句："……批修！"

售货员这才卖货。

《毛主席语录》是毛泽东著作中名言警句的选编本，因为最流行的版本用红色封面包装，又是红色领袖的经典言论，所以"文化大革命"中被普遍称为"红宝书"。经历过"文化大革命"的人无不知晓"红宝书"。那时，人们饭可以不吃，觉可以不睡，但"红宝书"不可不带，连结婚送礼也必少不了一本"红宝书"。

仅"文化大革命"几年之内，国内外就出版了用50多种文字印成的500多种版本，总印数为50余亿册。在当时，全世界30多亿人口，男女老幼人均1.5册有余，被国际上公认为"20世纪世界上最流行的书"，"世界上读者最多的书"。"红宝书"里面的许多警句并未过时，如"没有调查就没有发言权""谦虚使人进步，骄傲使人落后""放下包袱，开动机器"等，这些警句已经影响了中国几代人的成长发展和思想变迁。

早在60年代初，邓小平就说：现在的主要问题是把毛泽东思想用得庸俗了，什么东西都说成是毛泽东思想。例如，一个商店的营业额多一点就说是毛泽东思想发展了，打乒乓球也说是运用了毛泽东思想。1959年容国团得世界冠军后，邓小平说过这样的话：打乒乓球打赢了说是毛泽东思想胜利了，打输了呢？能说是毛泽东思想失败了吗？不能这样简单化、庸俗化。对于把毛泽东思想简单地归结为"老三篇""老五篇""红宝书"等做法，邓小平很不赞成。

当年曾创世界出版纪录的"红宝书"如今已所剩无几，存世量极其稀少。正因为如此，"红宝书"已成了许多收藏家们极力寻找的"文物"，其在文物市场上的价格不断攀升。21世纪初，一本1964年出版的《毛主席语录》在著名的苏士比拍卖行拍卖时，居然卖出了折合人民币12余万元的高价。（《毛主席语录》红遍全国的背后，2009年3月26日《天天新报》）

毛主席像章

毛主席像章，也成为那个年代的装饰物，为了表忠心，全民佩戴它。书店、商店如果到了毛泽东像章，立即发布"特大喜讯"。人们奔走相告，但不能说去买，而是说"敬请"。

请人帮忙办事，最好的礼物也是送像章。有人为了表示忠心，戴了几枚，大街上时常可见戴十几枚的，最多有戴三百枚的，前胸铺满，胸前挂不下，可向双肩和头部蔓延，但不能向下超过裤腰带。极个别的为了表示忠心，把像章别在胸前肉上。

最初的像章只有指甲盖大小，后来越做越大，居然做到直径80毫米的“大轮船”像章，跟烧饼大小差不多，上端是毛泽东头像，下面是一艘乘风破浪的轮船，背景是红太阳。还有直径200毫米的，大得无法用别针佩戴，只好用红绸带吊在脖子上。除了像章，还有毛主席画像和雕像，雕像一般用陶瓷、石膏作材料，家家必备，敬神一般供着。

“早请示，晚汇报”，是那时一个重要的形式，就是早晨一起来，向毛主席请示当天的工作；晚上向毛主席汇报一天的活动。当然不是直接到中南海向毛主席请示汇报，而是对着毛主席画像或雕像，或对着“红宝书”。比如开饭时，孩子们饿狼般围拢过来，家长内心酸楚，但嘴上还得说：“现在学一段毛主席语录。”孩子们咽下口水，齐声念道：“伟大领袖毛主席教导我们，节约粮食问题，一定要抓紧，忙时吃干，闲时吃稀，并加以红薯、土豆、杂粮……”“要节约闹革命。”

1967年1月4日，《人民日报》报道：广东恩平县社员罗仙，违反了生产队公约，把自己的鸡放出来，吃了队里的谷。社员把这一情况告诉了罗仙的丈夫郑栋。当天吃晚饭的时候，郑栋对家里人说：“咱们先学一段毛主席语录，再吃饭。”然后叫他的一个儿子领读。儿子读一句，大家跟一句：“白求恩同志毫不利己专门利人的精神，表现在他对工作的极端的负责任，对同志对人民的极端的热忱……”罗仙虚心地接受了批评。郑栋见妻子认识了错误，高兴地说：“今晚我们结合实际学习毛主席语录，学得好、用得好。现在咱们开始吃饭吧！”

毛主席像章不仅是装饰物，更重要的是代表忠心

60 年代，人们拿着红宝书照相表示对毛主席的敬仰

忠字舞

60年代的中国，能算得上舞蹈的，就只有忠字舞了。

忠字舞，是“文化大革命”时一种狂热地表示对毛泽东忠心、忠诚的一种集体舞蹈，流行时间约在1966—1968年间。中共“九大”以后，特别是林彪出事后，渐趋衰微。

较为典型的是以《大海航行靠舵手》《敬祝毛主席万寿无疆》《在北京的金山上》《满怀豪情迎九大》、毛泽东语录歌等歌曲为伴唱、伴奏。忠字舞舞蹈动作粗放、简单、夸张，大多采取象形表意、图解化的表现手法。主要动作设计有：双手高举表示对红太阳的信仰；斜出弓步表示永远追随伟大导师毛主席；手指怒指地面表示彻底砸烂资产阶级；紧握双拳表示要将革命进行到底……跳舞时手里通常以《毛主席语录》（红宝书）或红绸巾作为道具。忠字舞的动作近似于广播体操，但又非常单调、机械。舞蹈者全身心充溢着朝圣的庄严感，情绪激荡。但舞蹈动作粗糙、僵硬、稚拙，缺乏美感。跳舞者不分男女老少，不分白天黑夜，在车间、操场、码头、街头、田间……每天早晨，随处可见跳“忠字舞”的人群。

忠字舞因此也成了一个时代的象征。

例如：“敬爱的毛主席……我们有多少知心的话儿要对您讲”，舞者双手按着自己

那时广播播放的都是嘹亮的革命歌曲。《大海航行靠舵手》《敬祝毛主席万寿无疆》等歌曲风靡中国

毛泽东思想宣传队深入安城煤矿一线慰问演出

胸部；“我们有多少热情的歌儿要对您唱”，舞者两手放到腮帮，仰头望，手指呈放射状地一闪一闪；“千万颗红心”，两手的拇指和食指合并，画成一个心的形状比在胸前；“要献给您”，舞者单腿的脚尖跳跃着，另一条腿不断后踢，双手把那个心形向右上方一下、一下地送上去。游行时的忠字舞方阵动辄成百上千人，前后相连可达上万人、队伍绵延数里，同时载歌载舞前进，有时竟持续十多里路、好几个小时。跳一会儿，步行休息一会儿，交替行进。其场面、规模之庞大，气势之磅礴，狂热亢奋，史无前例。举行“早请示、晚汇报”仪式和庆祝性的游行时，都要表演这样的舞蹈，有点类似于80年代、90年代的中老年健身舞。无需特别的舞蹈基本功和专门训练，易学易会。

红卫兵串联

1966年8月18日，毛泽东第一次接见红卫兵和革命师生之后，红卫兵和学生，响应号召，进行全国性串联。这次大串联，参与人数之多、范围之广，空前绝后。

1966年9月5日，中央正式通知，各地红卫兵串联乘车免费，生活补助由国家开支。也就是说，大串联的交通、吃饭、住宿统统不要钱。有这等好事，于是大学生、中学生，还有些小学生，本已停课，没有了作业、考试，全身轻松，一门心思加入大串联洪流，“经风雨、见世面”去了。

为此，各地纷纷建立红卫兵接待站，管吃、管住、管交通，一阵大乱，不堪重负，不久只得提倡步行串联，上海就有“二十名小将步行四十六天历程三千里到毛主席身边（北京）”，其实参加步行串联的人数很少。

1966年8月20日起，就有红卫兵来上海串联。到9月，红卫兵如潮水般地拥入。据不

红卫兵串联时期使用的乘车票

完全统计，开始的50多天，就拥入了近38万人。最多的一天来了1.4万人。如上海交通大学，在册学生4000余人，一度住进串联者7000余人。

北方10月下旬已入冬。有红卫兵在北京串联后，想到哈尔滨看北国风光。尽管在北京凭证件借到军大衣，火车到达哈尔滨，下车没出站，又回到车上。实在太冷，集体向南方迁移。

在这些红卫兵大串联人群中，一般可分为如下几种类型：一、天真革命型；二、接受教育型；三、煽风点火型；四、到此一游型。

比如接受教育型，都是沿着中国革命前辈的足迹，重走长征路、到韶山、到瑞金、到井冈山、到延安。

比较多的是到此一游型：即免费旅游型。这些人是串联大军中的大头。一般先到北京接受毛主席接见，游完了古都名胜古迹，再到清华、北大抄几张大字报，算是完成了串联。但在北京，有首都红卫兵纠察队管着，有时会下驱逐令："革命的欢迎，不革命的请回。"于是结伴散向各地进行后补串联。北方的串联者向南方，南方的反其道行之。每晚到各地红卫兵接待站，吃饱喝足后，自然形成串联信息交流中心：哪里好玩、哪里景点多、哪里吃得惯、哪里人客气……一番商量，权衡利弊，就向下一站出发。不少串联者跑遍了大半个中国。天寒地冻中跑回家里，像个流浪汉，一身虱子。他们是大串联的最大受益者。

1967年2月相关部门发出通知强调：全国步行长途串联已停止。

大串联，在历史上留下荒唐而又苦涩的记忆。

开门办学：学工，学农，学军

"文革"中有个词叫"开门办学"，即学生走出校门进行学工、学农、学军劳动。

各校都有校办工厂和农场等"三学"基地，每学期一次，每次二到四周，学校正常的课程体系及教学秩序被搅乱。

秋收时节学习政治

田间实习的青年学生

当然，对于一些不大想上课的顽童们，可谓乐事一件，“三学”期间可以不在教室里上课，不受课堂纪律的约束，没有作业，也没有考试，还可以暂别校园“闯荡”社会。因此，每到安排“三学”活动之时，那些不大喜欢学习的学生无不欢呼雀跃、兴奋至极。

有的学生，被分到电机厂，学习操作冲床，冲压电机配件和绕线，有的被分到机床厂，学习车、钳、铣、刨、磨。

学农支农，打着背包下生产队，插秧种田，与农民同吃、同住、同劳动；有的搬到园艺场，学习果树嫁接、培育树苗；有的学开手扶拖拉机，犁、耙、耕、种；有的是在学校农场，开畦整地、种菜施肥；还有被安排在学校饲养场喂养生猪。

后来有人觉得，通过学工、学农、学军，促使学生从小就参与更多的社会活动，接触到了更多的社会知识和劳动技能，对日后培养团结互助、吃苦耐劳和自理、自立、自信、自强的意志品质，有着积极的影响。但更多的人认为，开门办学搞成形式主义，让年轻人荒废了学业。

知识青年上山下乡：一次大规模的城乡人口流动

1968年12月，毛泽东下达了“知识青年到农村去，接受贫下中农的再教育，很有必要”的指示，上山下乡运动大规模展开，1968年当年在校的初中生和高中生（1966、1967、1968年三届学生，后来被称为“老三届”），全部前往农村。

知青被人们欢送踏上远去的列车的时候，是一身军绿色服装，有军帽但无帽徽、领章，胸前一朵鲜红的大花，垂下的绢条上印着“光荣”两个字。

知青们不仅自备军帽、军挎包，还要在“军挎”上郑重地绣上鲜红的“为人民服务”五个大字。军服已经普及，神秘感便转移到军服的真假之上，发展到极端时，马路上常有突然的“抢军帽”事件发生，当然这必是被识货的人看出是真军帽。

“文革”中上山下乡的知识青年总人数达到1600多万人，十分之一的城市人口来到了乡村。这是人类现代历史上罕见的从城市到乡村的人口大迁移。全国城市居民家庭中，几乎没有一家不和知青下乡联系在一起。

上山下乡的目的地很多，包括云南、贵州、湖南、内蒙古，黑龙江等地。政府指定“知识青年”劳动居住的地方，通常是边远地区或经济落后、条件较差的县。这一做法很快就成了既定政策。在当时，有一部分青年是“满怀热血”地投入到这场运动中，所谓“满怀豪情下农村”，“紧跟统帅毛主席，广阔天地炼忠心”。一些人为表示扎根农村的决心，甚至咬破手指写下血书；有的到天安门广场、烈士纪念碑前宣誓；有的不顾父母劝阻，从家里偷出户口簿办理迁移手续。

但更多城市青年是被强制离家、迁往农村的。与其在城市的生活相比较，知青们普遍感觉在农村生活很艰苦。

“上山下乡”的知青当中，大部分是到农村“插队落户”，但还有一部分虽然也是务农，过的却是“生产建设兵团”的准军事化生活，他们的状况与“ 插队知青”有很大不同。

知青在贫困的农村地区，当然无法继续接受正常的知识教育，文化生活也几乎没有，但他们干农活也很卖力，为建设农村、建设边疆出大力、流大汗。

许多知青甚至付出了生命。1970年，广东生产建设兵团围海造田，遇到台风袭击，为保护拦海大堤，兵团战士手挽手跳入海中，筑成一道人墙。台风大潮过后，海面上浮起数百具男女知青肿胀的尸体。

昆明知青魏九龄，为抢救其他人的生命，毅然用嘴吸吮蛇毒，不幸中毒身亡。

进入70年代以后，开始允许知识青年以招工、考试、病退、顶职、独生子女、身边无人、工农兵学员等各种各样的名义逐步返回城市。

1979年一二月份，上海发生部分知识青年要求返沪回城请愿活动，其中2月5日至6日，发生部分青年在铁路上海站共和新路道口坐轨拦阻火车事件。

1978年10月，全国知识青年上山下乡工作会议决定停止上山下乡运动并妥善安置知青的回城和就业问题。1979年后，绝大部分知青陆续返回了城市，也有部分人在农村结婚“落户”，永远地留在了农村。

1969年，原南京五中66届高中毕业生任毅，在江苏江浦下乡时，目睹知青普遍的情绪低落、茫然和惆怅，熬了一夜，谱写出《我们家乡》：“告别了妈妈，再见了家乡，金色的学生时代已经一去不复返……沉重的修地球是我的命运……”

这首歌曲在全国知青中迅速传开，有人模仿列宁评价《国际歌》的口吻说：“凭着这首《知青之歌》，你可以在全国知青中找到朋友，找到吃，找到住。”

后来这首歌竟传到苏联，并被改称为《中国知识青年之歌》，国内随即将其定为反动歌曲。1970年2月，任毅被捕入狱，后来被判处有期徒刑10年。

许多知青由于人生轨迹的改变，永远失去了受教育的机会，也失去了其他机会，他们在90年代的下岗潮中更是首当其冲。知青插队务农的同时，也以自己仅有的一点文化，担任大队夜校、耕读小学、大队小学教师，丰富了农村的文化体育生活。一些曾经参加上山下乡运动的人后来经过自己的努力成为了作家，如史铁生、叶辛、梁晓声、张承志、张抗抗等，他们都曾以自己的亲身经历创作了知青文学。

知青和另外有着投身艰苦奋斗经历的人们，认同年轻时经受艰苦生活磨砺，是人生的宝贵财富，对自己有极大的好处，同时有利于国家，有利于民族。

北京市东城区欢送知识青年下乡

毛主席和知青在一起

“跟毛主席干一辈子革命”成为当时青年的终身梦想

1969年年初，15岁的习近平来到黄土高原的延川县文安驿公社梁家河村，直到1975年10月离开。这七年，他在这片黄土地上同乡亲们打成一片，一起挑粪拉煤，一起拦河打坝，一起建沼气池，一起吃玉米“团子”。他后来深情地说：“七年上山下乡的艰苦生活对我的锻炼很大。最大的收获有两点：一是让我懂得了什么叫实际，什么叫实事求是，什么叫群众。这是让我获益终生的东西。二是培养了我的自信心。……”

“赤脚医生”

1968年9月，当时中国最具有政治影响力的《红旗》杂志发表了一篇题为《从“赤脚医生”的成长看医学教育革命的方向》的文章，9月14日，《人民日报》刊载。

“赤脚医生”的名称走向了全国。

“赤脚医生”是农村合作医疗制度的产物，是农村社员对“半农半医”卫生员的亲切称呼。“赤脚医生”指一般未经正式医疗训练，仍持农业户口，一些情况下“半农半医”的农村医疗人员。

当时“赤脚医生”来源主要有三部分：一是医学世家；二是高中毕业且略懂医术病理的人；三是一些上山下乡的知识青年。

电影《春苗》剧照。影片讲述的是一个女赤脚医生为农民服务的故事

“赤脚医生”为解救中国一些农村地区缺医少药的燃眉之急做出了积极的贡献。1975年崔嵬导演的影片《红雨》，谢晋导演的影片《春苗》，同样写的是当时的“赤脚医生”的故事。

影片对“赤脚医生”这一“新生事物”的歌颂与跟“走资派”作斗争的内容紧紧联系在一起，体现了“文革”时期艺术作品普遍具有的特点。但影片对“赤脚医生”热忱为人民群众服务的品质的表现还是相当出色的。

到1977年底，全国有85%的生产大队实行了合作医疗，赤脚医生数量一度达到150多万名。

1985年1月25日，《人民日报》发表《不再使用“赤脚医生”名称，巩固发展乡村医生队伍》一文，“赤脚医生”逐渐消失。根据2004年1月1日起实行的《乡村医生从业管理条例》，乡村医生经过相应的注册及培训考试后，以正式的名义执照开业。赤脚医生的历史自此结束了。

跟今天发达的医疗水平相比，当年农村的医疗条件可谓简陋之极，那人们为什么要怀念“赤脚医生”？

“赤脚医生”最能满足当今贫民患者普遍的悬壶济世梦想。

更重要的是，赤脚医生是真正为穷人服务的天使。行医的精神内核是什么？是诚意，是真心！赤脚医生虽然没有洁白的工作服，常常两脚泥巴，一身粗布衣裳，但却有最真最纯最热的为人民服务之心。而朴素实用的治疗模式，满足了当时农村大多数群众的初级医护需要。

现在，我国卫生人员队伍规模持续扩大，素质不断提高。2017年，全国卫生人员总计117.5万人。中国医疗卫生事业的发展，是一个从“赤脚医生”到“业内专家”、从“乡村诊所”到“专业医院”的巨变过程。

烟标游戏

1964年10月31日，上海《青年报》刊登沪东造船厂戈燕清的来信：最近，我在里弄里发现有一些青少年，三五成群地蹲在地上掷骰子，赌香烟盒。我叫他们不要这样，他们回答说：“我们在学校里天天来，老师也没有说什么；家里爸爸也没有讲不好，要你管？”据了解，目前还不只我们一条里弄里的孩子玩这种东西。

60年代男孩们炫耀的方式——赌烟标、集糖纸，一直延续到70年代，孩子们藏在抽屉里发黄的烟标、糖纸，还有一切散落在生活理想里的风景，如今看来，都是那么的美好。谁会想到，当年在抽屉里捂得密密实实的烟标，现在已是收藏的大热门，据说爱好者全国就有好几百万。

六七十年代，作为一种游戏，烟标可不是拿来欣赏的，对孩儿家来说，它只有一个显著的作用：一决输赢。而且，那时谁也不说烟标，只喊“烟盒”或“烟皮”。

烟皮的赌法，是按照香烟的价钱以决先后，烟盒价钱贵的孩子先玩，同样是把烟盒折叠成长条式，中间弯成拱形，两张叠在一起，如果没有跌翻，可以用手扇一次，如还是没有翻过来，就该下家玩了。输赢完全是转瞬间的事。

那时最贵的烟就是“长中华”0.72元，“短中华”是0.62元，接下来是“牡丹”0.54元、“红塔山”0.52元、“群英”0.48元、“恒大”0.45元、“春城”0.38元、“三七”是0.37元，遵照这个次序，来决定先后秩序。后来流行一顺口溜，反映了香烟的价格差异：

***

高级干部抽“牡丹”，中级干部抽“香山”，工人阶级二毛三，贫下中农“大炮”卷得欢。

***

“工人阶级二毛三”，是说当时的“海河牌”香烟是0.23元一盒。

这个按照价格顺序比下来的秩序并不是绝对的，有人某次突然拿出一张“红炮台”烟盒，大家谁也不知道它的价格，但从上面的繁体字看，就明白它的“资格”是很老的，这其实是上海公私合营时代的产品，大家一致同意它的价格超过了“大中华”，是可以“通吃”的品牌，但鉴于烟盒已经烂了，必须打折扣，只能与“大中华”的价格相等。还有孩子拿出铁听的“中华”，大家认为这不能算正宗的烟盒，不予流通。

那时烟标牌子可真是多，上海产的“大前门”“红双喜”；北京产的“天坛”；香港产的“庆宝”；河南产的“三喜”“双峰”……孩子们把脑袋聚在一起，忙得不亦乐乎，那高兴劲儿简直没法提。

绣花与刻剪纸：女孩子们的娱乐消遣

20世纪60年代，在女孩子中间很流行绣花。

那时候，绣花要先找别人借来绣样，然后到文具店买坐标纸，用圆珠笔将绣样一点点扩展到坐标纸上，然后去买彩色绣线，按照坐标纸的比例，将图案绣到布上。

拥有绣线的颜色越多，越让人羡慕。绣线是花很多时间慢慢配齐的。面对绣样配色这一关，很能考验一个人的审美。颜色既要鲜艳，搭配出来还不能俗气，一种颜色也可以呈现出多个层次，造成渐变的效果。总之，门道多了。

另外，坐标纸很难买，有时候去好几次文具店才能买到，圆珠笔点图案也很难，点错了，那张图就不能用了。那个年代，女孩子们主要绣一些枕套、桌布、玻璃杯上的盖布等家里的小物件，最大的绣品工程是蚊帐上那个床帘。

最有名的绣样是“喜鹊闹梅”和“金鱼戏水”。若是有闺蜜结婚，女孩就会绣一对枕套送给他们。采用上面两个图样中的哪一个都可以，都很吉祥。

60年代，在孩子们中间还悄悄流行起了刻剪纸，而且立即就风靡了全国，不论男孩女孩都很喜欢。

当时使用的工具，一般是大人用过的单刃或双刃刮胡子刀片，还需要准备一块垫在桌子上的玻璃，纸张是彩色油光纸，也就是蜡光纸，有大红、粉红、橘红、深蓝、湖蓝、黄色、深绿、草绿、紫色、白色和黑色，最受欢迎的是黑色和大红色，最不受欢迎的是粉红色和白色。蜡光纸很贵，一般小作业本大小一张要2分钱。几乎所有的文具纸张店都有卖的，因为买它的孩子不少。

刻剪纸之前，先把人家已经刻好的剪纸铺在玻璃上，反盖你自己的一张油光纸，用粗芯铅笔反复涂抹，把这个凹凸的纹样拓下来。

当时社会上流传的刻剪纸花样“文革”气息浓郁，如向日葵忠心、毛主席等伟人形象以及八个样板戏，除此之外，也有些民族妇女头像。孩子们必刻一套红色线路图案，包括韶山冲毛主席诞生地、井冈山黄洋界反围剿处、遵义会议会址、延安宝塔山、北京天安门放光芒，还有马克思、恩格斯、列宁三人并列的侧脸四分之三像。

当年的剪纸都用刀子刻，先刻里面琐碎的，再刻外面的，最后再用剪子铰。衬垫先用玻璃，后用木板、硬纸板。用玻璃做衬垫容易刻破刻断。蜡光纸那么贵，所以要小心刻，最怕完成了大部分，却在接近大功告成的时候不小心刻断了一根线。

刻好后的剪纸夹在书里，在同学之间相互比较和传阅欣赏，有时候也可以拿来以物易物，换取别人的某样东西。

《小兵张嘎》带热了弹弓

1963年12月7日，上海《青年报》报道：有的人把铁丝弯成“小手枪”，把火柴头当火药装在上面，在别人耳朵边放得砰砰响。这不但会伤人耳朵，而且也浪费了火柴，甚至会因此引起火警。

“小手枪”和弹弓的风行，与60年代影片《小兵张嘎》深入人心有关。

歪戴破草帽，手拿木枪，身穿白褂，光着脚丫。他只有13岁，擅游泳，能爬树，会摔跤，爱咬人。机灵鬼透，野气逼人……他就是小兵张嘎。

60年代，大人都在忙着上班干革命，没人管束的男孩子更顽皮，天性中有股张力，弹弓自然成了他们百玩不厌的玩具。大概是看电影《小兵张嘎》的次数多了，欲望便升腾了起来，抄着家伙自己做起弹弓来。最好能找根“丫”字形的树杈，把皮剥了去，再不成用硬铁丝扎一个，舞起来晃眼，更来劲儿。之后找来些皮筋，或者剪一截废旧自行车内胎，在树杈上固定，绑好，那弹弓就成了形。

总觉得那会儿麻雀特多，刚做的玩意便派上了好用场。不过鲜有射下来的，那鸟儿也不是吃干饭的，你在树下刚摆好造型，它们便翘着屁股扑棱棱飞走了，没准还扔你俩粪蛋儿。

没办法了，人小的时候特虚荣，那女孩子眨巴着大眼睛，满脸渴盼地看着你，再不亮一手，真得黑了脸打个地洞钻下去。于是就雄赳赳地对着小鸡小狗开练，胡同太窄，它们撒不开腿，套个文艺词，那场面真叫“死伤无数”。自然的，四邻的玻璃窗也不能幸免于难，劈劈啪啪，玻璃渣子迸了一地，经常唬得那些大爷瘫坐在地上：“咋整的，这晴天里还落冰雹了！”

更多的时候是左手握一把弹弓，右手还揣了支水枪，左右开弓，说得形象点，叫作“小米加步枪”。

有篇博客这样写道：

***

> 对于我们来讲，皮筋就是做弹弓（北京话绷弓子、弹绷子）用的。
>
> 弓架子通常有两种，铁丝撅的和树杈削的。铁丝的粗细要适中，细的没力量，粗的你又撅不动。大概和圆珠笔芯的粗细差不多。还记得那种红把的钳子吗？如果你选择树杈，那是另一种风格了，如同音乐，前者是重金属，后者便是乡村民谣了。形状像英文字母“Y”，用刀削好后再用1000目砂纸打磨，做好后你有一种兴奋感，如同贾宝玉看到了薛宝钗那对雪白浑圆的膀子。

电影《小兵张嘎》剧照。影片播出后，小主人公嘎子的对敌武器“弹弓”成为男孩子的新宠。直至今天，许多农村仍有很多男孩子把它作为必备的玩具

弹弓充满了童年的记忆

弓弦也有很多种，我的弹弓用的是皮筋，就是最常见的那种，商场卖一分钱一根。一般情况是每边五环，两边十环。假如你的力量大些，每环用两根皮筋就好了。我那时力量很大，大家都叫我牛皋，所以我用三根皮筋每环！不过代价也高，我的一把弹弓要用 30 根皮筋，市价 3 角，可以买 6 根小豆冰棍了！没钱的孩子可以找来自行车的废旧里带，用剪刀铰成皮筋，这通常被人耻笑，如同你用木头的弓架一样。见过医院的听诊器吧，那种橡皮管子也能做弓弦，不过做出来很难看！

弹兜通常是用皮子和皮革做的，有黑色和红色两种，铰成椭圆型，一边铰一个窟窿。我的都是从皮鞋厂附近的垃圾堆里拣的，如获至宝，可以和同学交换玻璃球、洋画、小豆冰棍、方宝等！……

***

“斗鸡”：男孩子们的战斗

不过，就刚勇的男孩子而言，斗鸡是课间首选的玩乐。斗鸡也叫“撞拐子”，是最能体现男儿气概的战斗。斗鸡是采用金鸡独立式，一只脚盘起来，用手抓住脚脖子，膝盖就是打倒对手的利器。可以两人决斗，也可以分帮对垒，双脚接触地面为输。这个游戏很考验体力和平衡力。

孩子的想象力是无穷的，那个时代谁也不懂武术，甚至连这个词都没有听说过，但一些孩子会突然跳起来，猛扑向对手的胸部，完成一个高难度的“飞膝”动作。多年以后，我在观看泰拳表演时才发现，“飞膝”原来是泰拳的杀手锏。

在分帮对垒中，身体好的孩子往往是大家争夺的筹码，他们必须以一当五，即使如此，胜利者一般都是拥有大个儿的一帮，很多个子小的，对手根本还没有触到，就自动把腿放下来了。

现在有人模仿周星驰在《大话西游》中的著名台词说：“曾经有一个膝盖摆在我面前，可是我撞不倒他，人世间最痛苦的事莫过于此了。如果上天让我再来一次，我会选择从旁痛下杀手。”这话令许多有斗鸡经历的人哈哈大笑后又禁不住潸然泪下。

1962年3月31日上海《青年报》：向爱好“斗鸡”游戏的朋友进一言。

***

近来，许多初中同学很爱玩“斗鸡”的游戏（玩这种游戏的人各自跷起一足，单足跳跃相互碰撞，碰撞时跷起的一足落地为输）。玩这种游戏，在一般情况下，并没有什么不好。但是，如果选择不适当的场合、时间，在楼梯上或水门汀上大斗特斗；不注意安全和纪律，悄悄地偷撞别人，或故意撞在别人腰眼上等，往往容易发生伤害事故。这样不但对自己没有什么益处，还会影响他人身心健康。

玩“斗鸡”游戏的时候，一定要注意安全和纪律。

***

现在，这种游戏变成了体育项目，比赛还上了电视。

60年代的生活，艰苦在先，狂热在后，政治、革命，不断地干预人们的衣食住行。“文化大革命”持续到70年代，终于将国民经济引向崩溃的边缘，人民生活改善甚微，依旧贫穷艰苦。国家和人民经受着严峻的考验。

20 世纪 70 年代

70年代，是一个转变的时代。乘坐飞机的限制松动了。70年代最重要的事，是“文化大革命”的结束，中共十一届三中全会的召开，中国进入了改革开放新时期。国家出现了转机，人民的动荡生活结束了，开始了全新的生活。

“内有的确良”

在清一色粗布衣服的70年代，“的确良”如一股清风闯进人们的生活，代表着时髦和前卫。“的确良”的流行一直延续到了80年代。在那个时代拥有一件“的确良”衬衫如果算不上时髦，起码也是一个“洋气”的必不可少的砝码。

“的确良”即对苯二甲酸乙二酯，一种化纤布料，通常用来做短袖衬衫。照现在的时尚观念来看，它既不环保，又不舒服，也不算太漂亮，夏天透气性差，不吸汗，而且一碰水就容易走光，然而当初怎么穿都不皱、不破，印花颜色鲜亮的“的确良”，让沉浸在灰暗色系十几年的中国人顿时眼前一亮。

谈恋爱阶段，男士给女朋友送条“的确良”裙子，不亚于现在一只限量版卡地亚手镯，女人们会经常把“的确良”衣服拿出来，在邻居面前摆弄，显示男人对她的关心。除了赶时髦之外，这种布料风靡背后，是百姓用最简单的方法实现对美的需求。

胡斐在《30年小事史　每个人的30年》(载于2008年11月26日《新周刊》)中生动地写道：

***

关于的确良这种布料在中国受到的万人空巷式追捧，有一个段子可以说明问题。话说当年四川很缺的确良，一个小伙子一天看见大街上卖的确良布，就排了队去买，想给自己做件衬衣，轮到他的时候，只剩下一尺布了，他十分为难，售货员说："你买不买？不买下面的谁要？”小伙子一急，就买了，回家只好做了条内裤。他心想："这多冤呀，谁知道我也穿了的确良啊？”就干脆在外裤上做了个牌子，上书“内有的确良”。一日内急，就找到个公用厕所，将牌子先解下来挂在门上，出来的时候，发现厕所外排成长龙，都在问："怎么等了这么长时间还不卖呀？”

***

“的确良”，解决了大多数人家的布票不够用的问题——它太耐穿了，谁能轻易把的确良穿坏呢？而且有些店家扯“的确良”不是以一尺布票抵一尺的，而是买十尺只收五尺布票的对折——既满足人们最基本的温饱需求，又能最大限度地满足人们极度渴望的“情调”。

的确良布料在 70 年代只有时髦的女孩子才能穿上

20 世纪 · 70 年代

70 年代初一家三兄妹。那个年代仍旧物质匮乏，商品都须凭票购买。孩子们的衣服、鞋子几乎都是由妈妈拿旧衣亲手裁剪、缝制的。如上图左一哥哥的小军装、右一姐姐的衣服和上面的小花儿以及最小的妹妹的毛衣都出自心灵手巧的妈妈之手

穿春秋衫的女孩

作家苏童曾经写道：

***

70 年代的女性穿着蓝、灰、军绿色或者小碎花的上衣，穿着蓝、灰、军绿色或者黑色的裁剪肥大的裤子。夏天也有人穿裙子，只有学龄女孩穿花裙子，成年妇女的裙子则是蓝色、灰色、黑色的，裙子上小心翼翼地打了褶，最时髦的追求美的姑娘会穿白裙子，质地是白“的确良”的，因为布料的原因，有时隐约可见裙子里侧的内裤颜色。这种白裙引来老年妇女和男性的侧目而视，在我们那条街上，穿白裙的姑娘往往被视为“不学好”的浪女。

浪漫的恋爱和隐秘的偷情在那个年代也是有的，女孩子有时坐在男友的自行车后座上，羞羞答答穿过街坊邻居的视线。

***

厚底鞋、喇叭裤：70年代的新潮服装

厚底鞋与喇叭裤可以说是70年代最流行的服饰，也成为这个时代的象征。

喇叭裤将人臀部与腿部的曲线清晰地勾勒出来，成为女性魅力的直接展现，加上厚厚的鞋底，让女性看上去越发的纤细、苗条。并有高高在上，营造出可望而不可即的效果。喇叭裤，动摇了这个东方大国数十年着装上的整齐划一和单调乏味。

喇叭裤，也叫喇叭口裤。这是一种低腰短裆，紧裹屁股；裤腿上窄下宽，臀部和大腿部剪裁紧瘦合体，而从膝盖以下逐渐放开裤管，使之呈喇叭状的一种长裤。裤长一般盖住鞋跟，走起路来，兼有扫地的功能。

喇叭裤原为水手服，裤管加肥用以盖住胶靴口，免得海水和冲洗甲板的水灌入靴子。从1960年开始为美国颓废派服式，后于60年代末到70年代末在世界范围内流行。中国敞开对外大门时，恰值喇叭裤在欧美国家接近尾声但仍在流行的时候。穿着喇叭裤时上身须紧瘦，从而出现了A型着装形象。中国青年几乎在一夜之间接受了喇叭裤并迅疾传遍全国。

喇叭裤是一种所向披靡的时尚，谁要是穿一条喇叭裤在街上走的话，那就和现在裸奔的效应一样。喇叭裤加长发、戴蛤蟆镜的男青年形象几乎成了不正经、不三不四、流里流气的代名词。

当年喇叭裤在街头的出现引起过许多人的反对和抵制。但是引领时装新潮的，从来都是以青年人为主。人们从海外电影中受到影响，将裤腿悄悄放开，体现了一种青年人“后文革时代”叛逆的性格。虽然喇叭裤作为一种“怪服装”出现，但是它却打破了之前中国服装的“统一制”，这必然得到喜欢自我表现的年轻人的喜爱。喇叭裤开始流行的时候马上就被禁止，说不许穿喇叭裤，喇叭裤是代表虚幻的、没落的、腐朽的，但是已经有很多人认为这跟思想意识没有关系。

当时《中国青年报》写了一篇文章论证，根据中国唐代壁画飞天，中国舞蹈人物不都穿着喇叭裤吗？文章论证说这个喇叭裤是源于中国的，不是西方的，是我们民族的。这样，不让穿喇叭裤的人就不好说什么了。

在电视剧《与青春有关的日子》里面有这样的一个镜头，警察追捕一群穿着喇叭裤的年轻人，并下令用剪刀把他们的喇叭裤全部给剪破了，这就是典型的一个街头压迫的事例。

歌手艾敬在她的《艳粉街》里记录了这一幕：有一天一个长头发的大哥哥在艳粉街中走过，他的喇叭裤时髦又特别，他因此惹了祸，被街道的大妈押送去游街，他的裤子已经扯破，尊严已剥落，脸上的表情难捉摸。

伴随喇叭裤的流行，鞋底也越来越厚。夸张的程度令人瞠目结舌，甚至引起趣闻。当警察追捕一名穿厚底鞋的女子，而她无法脱身时，居然大声威胁：“如果你再靠近，我就要从鞋上跳下去。”

皮尔·卡丹亮相北京

1978年，第一个国际顶尖时尚品牌，悄然来到中国，它叫范思哲。

1979年春天，在北京民族文化宫临时搭建起的“T”型台上，新中国第一场时装表演上演了。

从没有过类似经验的中国，以十分慎重的态度应对，入场券被严格控制，只限于外贸界与服装界的官员和技术人员进入。

法国国际服装设计大师皮尔·卡丹和他的12名模特上演的这一场时装秀，它挑战了国人的审美观念，一个崭新的职业也在这个时候诞生。

皮尔·卡丹对中国的情谊，源于一幅挂毯。1976年，中国轻工产品博览会在巴黎举行，手工编织的挂毯《万里长城》，令皮尔·卡丹心驰神往。他斥巨资买下这幅挂毯。此后，皮尔·卡丹开始了进入中国市场的运作。当时的中国尚未真正打开国门，皮

1981年，皮尔·卡丹中国行

尔·卡丹进入中国市场的念头不断被朋友们“泼冷水”：“中国没有时装，中国人不会给你一分钱！”

皮尔·卡丹回答他的朋友们：“一个拥有约10亿人口的国家，给每个人钉10个扣子，就是一百多亿。”

但皮尔·卡丹没有来钉扣子，他选择了中国的丝绸，运用他的设计，让中国人第一次看到了模特。

事实也并没有像“泼冷水”的朋友说的那样。随着中国改革开放的推进，皮尔·卡丹在中国发展得很顺利。

1981年11月，“皮尔·卡丹”品牌时装正式进入中国市场。

法国《费加罗报》1985年7月27日报道，中国模特儿来巴黎为皮尔·卡丹作表演。这是中国模特儿第一次被允许出国。5月，这8位姑娘同其他25名男女一起在工人体育馆激起了阵阵掌声。那是皮尔·卡丹在中国举办的第4次时装表演。1.5万名热情的观众欣赏了这位高级时装设计师1985—1986年度的最新作品。但是，胸肩过于袒露、紧身裙大腿部分开衩太高……这些东西在看台上引起了惊讶和反感。

继皮尔·卡丹之后，日本和美国的时装表演队也相继来到中国进行表演。见识了几场外国时装表演之后，中国人迈开模特步，开始装扮起来，中国式的时尚大戏也开始上演。

防空洞：70年代的“地下城市”

20世纪70年代，数以亿计的民众参与到挖防空洞的运动中，全国挖洞的总长度超过万里长城。

1969年3月和8月，苏联边防军在中苏边境袭击中国边防部队，引起了中共中央的警惕。8月，中共中央成立了中国人民防空工作领导小组，周恩来作为领导小组组长，号召广大群众“备战、备荒、为人民”，加强防空工作。到了10月，林彪以“加强战备，防止敌人突然袭击”为由，发布《紧急指示》，要求全军进入紧急战备状态，“靠山、分散、隐蔽”成为了当时建设重点工程的重要指导方针。遁入防空洞，正是“隐蔽”的一大法宝。

“深挖洞、广积粮、不称霸”这句耳熟能详的批语，是毛泽东关于大修防空洞的一句最著名的指示。早在1956年2月，毛泽东就表示：“地下防空室，这笔钱不能省。”70年代，在全国70多个重要的大中城市里，数以亿计的民众迅速掀起一场轰轰烈烈的“深挖洞”群众运动。

防空洞的开挖工作，当时由有关部门统一负责规划实施。各单位、街道办事处及居委会组织人力参加，作为全民性义务劳动的一项“政治任务”。

1969—1973年，是“深挖洞”的第一个阶段。当时只对面积有要求，每人半平方米。挖的简易防空洞覆盖层为2米，只能防弹片。工人、干部、学生，各行各业人民群众都被发动起来，拿起锄头、铁锹和斧子等工具就往地下挖。大院、住房、办公楼、商店，都成了挖防空洞的地点。有人回忆说：“企业车间的机床要转到地下去，所以要在地下挖洞。除了单位，家里和学校也要挖，上班的职工下班回来自己挖。回来后，不光要挖自家的，街道上还有街道的公用工程。”

所挖的防空洞里面一般是1米宽、2米高、顶部呈拱型。由于洞内地方窄小，挖的时候都是一二个人在里头用锄头或铁锹挖，挖了一段时间后，便由其他人将挖下来的泥块搬出洞外。挖泥比较辛苦，因此，只能轮流上阵，日夜开工，就算不停地挖，每个洞口的开挖进展，一天也只能挖1～2米深。每挖到一定的长度后，由泥水工匠用水泥红砖将两边墙壁砌成拱型加固。防空洞里面每隔一段距离都安装有照明电灯，方便人们施工和进出。

那时，小孩子们都喜欢到防空洞劳动干活，因为洞里面有纵横交错的洞口，像迷宫一样，尤其在夏天，里面非常清凉。当时，参加挖洞的人根本不会考虑到安全问题，大家都认为自己是在完成一项“神圣”任务。因为在那个年代，家庭成分和表现不好的人是不会被安排来挖防空洞的。

1974—1978年，“深挖洞”工程向永久性发展。新挖的工程必须达到能防小型炸弹直接命中的要求，洞深8米，覆盖层不少于4米。同时对原有工程进行加固，要求能够防水、防火、防辐射。在经济困难、百废待兴的年月里，“深挖洞”运动受到了重点支持。原首都人防办副主任张一民回忆：“挖洞的经费根据城市人口多少决定，国家每年拨给北京两千万元。”

1971—1978年，全民“深挖洞”运动开展得轰轰烈烈，全国挖洞的总长度超过万里长城。1974年12月25日，时任美国驻京联络处主任的乔治·布什参观了大栅栏地道网。他沿着台阶式的地道口进入了地下，被巨大的地下工程所震惊。地面陪同人员跟他解释说：“先是各家挖各家的，然后连通起来，男女老少齐上阵，一起干，最后成了这个样子。”

地震棚与石库门

1976年7月28日，唐山大地震瞬间爆发。离唐山仅数百公里之远的北京，震感强烈。不久之后，北京的原本条条通衢的大路边见缝插针地搭起了简易的棚户——地震棚。

1976年初冬，地震棚纷纷加固加厚，苇箔、黄泥、砖头（或单砖）为墙，稻草、油毡铺顶，柴木为简易门窗。是年冬，凛冽的西北风穿透苇箔的摇撼和呼啸留在了许多北京人的记忆中。直到1977年以后，地震余波渐渐退去。

在农村，许多地方也搭起了“地震棚”。

70年代，农村的住房没有多大变化。上海作家王安忆曾写过一篇文章《房子》，回忆她70年代插队期间关于房子的故事。她去的地方是安徽淮北一个叫作“五河”的地方。她所到的“大刘庄”，被外庄人视为一个富庄，其标志为“青砖到顶”的房子。过了有相当一段日子以后，王安忆才明白房子是分有很多等级的，最差是土坯房，然后是底下砖上面土坯，至于砖的高度则表明着富有的程度，在大刘庄，最好的房子是青砖到顶，却没有一幢瓦顶的房子。

上海住房大概算是全国最困难的了，三代人住在12平方米的一间房，包吃包撒，并非罕见。一般情况，上海人多住在市区弄堂狭小拥挤的“石库门”房子。上者，有“新式弄堂”“公寓”等；下者，还有大量的“棚户”，就是最简易的小房屋。

典型的传统弄堂“石库门”房子的结构，大致是这样的：

底层：有前门和后门。前门进去，是一个小天井，4～6平方米。然后进入“客堂间”，20～28平方米不等。一般比较阴暗潮湿。再深入，经过楼梯和小卫生间，到达厨房，6～8平方米。厨房有后门。

上一道楼梯，到达“亭子间”，6～10平方米，朝北，阴冷。再上一道楼梯，到达二楼“房间”，面积与“客堂间”相等。

再上一道楼梯，就到了一个小晒台，也就是“亭子间”的房顶。再上一道楼梯，是“三层阁楼”，三角斜顶，“老虎窗”，人能够站得直的面积大约12平方米。

这样的房子，原始的设计，是一家人居住。“客堂间”会客，二楼“房间”是卧室。“亭子间”和“三层阁楼”堆放杂物。结构和现在的“联体别墅”相仿。

相对于“棚户”，这还算天堂了。如果男孩子住在“棚户”区，谈恋爱都大大的有问题：女方家长一般都要极力反对。当时人们说，你看到一位打扮时髦妖娆，举止似乎相当高傲的女孩子，很可能就是住在“棚户”区的，她一般不会让人知道自己住在那里，很可能吹牛说住在淮海路某公寓！

于是，你在“石库门”房子的厨房，会看到好几套煤气灶台，不少白天各自上锁，

中国共产党一大会址就是一座石库门建筑

怕邻居偷着用。还有各自的点灯开关。烧饭时候，抢占水斗洗菜淘米等，难免磕磕碰碰。互不相让就会造成“邻里纠纷”。再“升级”，就找人来打架，砸东西。（以上参考纪琮：《十年细事漫录——文革时期的上海商品供应》）

外滩：情侣们的天堂

70年代的上海，没什么娱乐场所，每家每户的居住环境非常拥挤，恋人们去得最多的也就是电影院了。通常的约会模式是：公园门口见了面，就一前一后地到电影院看电影，一般是等到电影开映后，才各自前后分别入场，买电影票时故意要后排靠边的座位，既避人耳目，又便于出入。当影片将要结束时，两人便趁黑暗赶紧起身离开。他们的行为，有点像新中国成立前地下工作者接头。

然后男孩送女孩回家，在黑乎乎的路上拉拉手，接个吻。

住房困难，青年男女的约会，省钱的方式是逛马路。去公园约会，是很浪漫，但经常被戴红袖章的管理人员拿着手电筒乱照一通，极端的还会被纠察队员当成“流氓”抓起来，告诉单位来领人。再一个去处就是去外滩。那时候，外滩的那道防汛墙被称为情人墙，整个外滩夜里几乎清一色情侣，黑乎乎的外滩就是情侣们的天堂。

在外滩的凳子上坐着谈恋爱——那是上海著名座无虚席的“情人角”。一般不成文的游戏规则，是每张凳子上背靠背坐上两对。于是有传说，最后的结果，有对角线交错谈成功的。

恋爱成熟了要结婚，需要单位负责分配房子。一般，单位先调查男女双方原来居住的房屋面积。如果比较宽敞，不予分配。但可以出证明，让房管所帮助“间隔”分开。如果具备条件可以分配到一间8平方米的“亭子间”作为婚房，就可以拥拥挤挤放进一套新家具和箱笼、缝纫机、马桶等物，床上堆叠摆放10～20床五颜六色的被子。当时算是十分荣耀，万分幸福的了。新婚之夜，洞房里首先要大费力气的活计，是把床上这堆被子搬开摆放到地板、沙发等合适的地方……

那时，产权房是稀有的，基本都是租赁公房。精明的上海人率先打起了相互换房的主意。

一到星期天，卢湾区的淡水路，徐汇区的跳水池对面，浦东的文化馆，普陀区的西宫，杨浦区的东宫和各区的工人俱乐部等都成了换房的聚集地，摩肩接踵、熙熙攘攘，每个人手里都有一块硬纸板，写着自己住房的情况和换房要求，然后守株待兔。邻近的电线杆贴的也是换房的小广告。

“上只角”（市中心）的小房子可以换取“下只角”（距离市中心较远）较大的房子。利用结构差距，较小的新式里弄可以换取的较大旧里弄的房子。当时浦西的一个阁楼可以换取浦东的一套合用的工房。“宁要浦西一张床，不要浦东一套房”就是这个时候流传开来的。

这种“自助式”的换房，得到政府的默许。不仅可以解决住房困难、缩短上下班时间，政府还不用花一分钱，何乐而不为？

没有烦琐的程序，没有盖不完的章，没有税收，只要单位开上一份证明就可以到房管所办卡了。

外滩留影。70年代的外滩成为无数追求美好生活青年的天堂

没有一平方米商品房的供应，也没有福利房分配，从三年自然灾害到“文革”结束后的十几年的时间里，上海市民基本就是利用自助式的“住房交换”，自我调剂，度过了住房最困难的年代。

发往北京的可口可乐

可口可乐于1979年进入中国市场，当然，进入得有些周折，因为这种饮料曾长期被认为代表“西方资本主义生活方式”。

新中国成立后出生的中国大陆老百姓，只在电影里见过可口可乐，而电影里的可口可乐又总和美国兵联系在一起。朝鲜战争之后，可口可乐的形象已经不单是饮料那么简单了。当时的中国还不可能接受可口可乐这个代表西方生活方式的产品。根据历任中粮多个要职的刘昌玺在《中粮志》中回忆：

1978年十一届三中全会前，时任中粮油进出口总公司总经理的张建华建议将可乐引入中国大陆，当时的外经贸部部长李强表示同意。

根据中粮总公司的安排，在香港五丰行的协助下，首批3000箱瓶装可口可乐于1979年底由香港发往北京。

房煜在《可口可乐：1979的开放标签》一文中，详细回顾了可口可乐进入中国市场的不易。

可口可乐当时的销售对象严格限制在来华工作、旅游的外国人当中，销售地点主要

70年代，乌鲁木齐市可以接待外宾的百货商店。图中的外宾来自巴基斯坦

是友谊商店。今天位于北京建国门附近的友谊商店，对于普通中国人来说已无任何神秘可言，如今在这家商店的一角还可以买到可口可乐，现在的食品部经理说，他只听说1979年的可口可乐大概是4角钱一瓶。

但在计划经济年代，友谊商店就是奢侈品的象征。很多媒体在回顾可口可乐进入中国的历程时，都认为从1979年起，可口可乐只能在友谊商店及涉外的旅游宾馆卖，是中方提出的强制条件。

不过，也有中国人提前喝到了这种洋饮料。据报纸记载，家住西城的周月明老先生的二儿子是外交官，用外汇券在友谊商店买了可口可乐和进口糖果招待来家作客的朋友，结果这些“新鲜零食”让客人的眼睛都直了，羡慕不已。

作家苏童在回忆70年代的水果和冷饮时，写出了孩子们流着口水的馋嘴相，即使那些水果和饮料是那么的单调与粗陋：

***

街上水果店的柜台是比较特别的，它们做成一个斜面，用木条隔成几个大小相同的框子，一些瘦小的桃子，一些青绿色的酸苹果躺在里面，就像躺在荒凉的山坡上。

糖果店的冷饮柜已经使用多年，每到夏季它就发出隆隆的欢叫声。一块黑板放在冷饮柜上，上面写着冷饮品种：赤豆棒冰，四分；奶油棒冰，五分；冰砖，一角；汽水（不连瓶），八分。女店员在夏季一次次怒气冲冲地打开冷饮机的盖子，掀掉一块棉垫子，孩子就伸出脑袋去看棉垫子下面排放得整整齐齐的冷饮。他会看见赤豆棒冰已经寥寥无几，奶油棒冰和冰砖却剩下很多，它们令人艳羡地躲避着炎热，待在冰冷的雾气里。孩子小心地揭开棒冰纸的一角，看棒冰的赤豆是否很多，挨了女店员一通训斥，她说，看什么看？都是机器做出来的，谁还存心欺负你？一天到晚就知道吃棒冰，吃棒冰，吃得肚子都结冰！

***

样板戏：8亿人8年的文化生活

70年代初期，中国人民的生活，特别是文化生活，被八个样板戏包围了。后来的人概括为：八个样板戏被八亿人看了八年。

这八个样板戏是：

京剧：《沙家浜》《红灯记》《智取威虎山》《海港》《奇袭白虎团》；舞剧：《红色娘子军》《白毛女》；交响音乐：《沙家浜》。

八个样板戏更是大众中的大众与经典。主人公清一色的刚烈，男主角都没有老婆，女主角都不见丈夫。往往是拳头捏紧，嘴一抿，而后大义凛然地开唱，连摇头晃脑都极具革命性。妆容前所未有地同化，而脸谱则精简得让人惊骇。

八个样板戏的普及程度，连后来的文艺作品都很难超越，这当然与特定的政治气候有关。八个样板戏中的许多台词，经历过那个时代的人，至今难忘，比如《红灯记》中李玉和唱的“穷人的孩子早当家”，李铁梅的“我家的表叔数不清，没有大事不登门”。

《沙家浜》中，大家最喜爱的仍然是阿庆嫂与胡传魁、刁德一之间的“智斗”。“智斗”这场戏，充分展示了阿庆嫂的风采，她不但具有一个地下工作者所应有的机智和敏锐的斗争经验，同时也具有开茶馆的老板娘所应有的八面玲珑、左右逢源的处事作风。

***

垒起七星灶，铜壶煮三江。
摆开八仙桌，招待十六方。
来的都是客，全凭嘴一张。
相逢开口笑，过后不思量。
人一走，茶就凉……

***

这一段脍炙人口的唱段，传唱至今，久演不衰。

内蒙古某边远旗县排练的芭蕾舞剧《红色娘子军》到乡镇苏木巡回演出时，突然发生状况：买不到女演员套在腿上的半透明尼龙丝袜，那时，这种丝袜本来就产得少，人们嫌其暴露性强，有资产阶级味道，都不敢穿。大家最后讨论，领导决定用红墨水涂在腿上，既代替尼龙袜，又避免过分暴露，跟尼龙袜性质相似，女演员一律在腿上涂满红墨水上场，但见场上一片红腿翻飞，如同女巫作法，成了红腿娘子军。

后来对样板戏的争论，也没有断过，肯定者有之，反对者有之。一些人还是非常喜欢样板戏的，原因就是听熟了；巴金则说，在听到样板戏重播的当晚，做起“文化大革命”的噩梦。

《红灯记》剧照

《沙家浜》剧照

《智取威虎山》剧照

《中国电影新闻简报》

“罗马尼亚电影又搂又抱，朝鲜电影又哭又笑，阿尔巴尼亚电影莫名其妙，越南电影飞机大炮，中国电影新闻简报。”

这是人们对70年代影片的生动概括。

城市里一般是集体组织观看，一些青年通过看电影谈恋爱、找对象，台词都很熟了，看电影是为了消磨时光。

那时候，城市和农村都流行放映露天电影。在农村，看一场露天电影可是一件大事，人山人海的，许多人翻山越岭，几十里路赶去。夕阳西下，放映员就已经将幕布撑好，大家争着将板凳靠近放映机的位置。放映员在调焦的时候、或者换片子的时候，一些人将手对着投射灯直挥，手影照射到幕上，很得意。碰到放映员深夜从其他地方放完影片后再来连放，那大家更是盼望得直伸脖子。

观众很多，几乎将银幕四面围住，后边的爬到房顶、树上、电线杆上，常有不小心摔伤的。有的人到银幕背后从反面看，没办法，正面人太多。

也有小青年在看电影的过程中，一帮一帮地打群架、逞威风。

那时朝鲜影片《卖花姑娘》放了一遍又一遍，看的人眼圈发红，“男的要带两条手绢，女的要带四条手绢”。

放正片子之前，少不了新闻纪录片，一般都是尊敬的西哈努克亲王和莫尼克公主。这些“新闻简报”放好后，才是当天的“主菜”——影片上场。

有时候，在电影放映过程中，银幕会突然黑上几秒钟，内行的观众就会发出惋惜的慨叹：“被剪了！被剪了！”

作家叶兆言回忆：

***

记得那时候公演的外国电影，只有苏联的《列宁在十月》和《列宁在一九一八》，以及阿尔巴尼亚的几部电影。有一部阿尔巴尼亚的儿童片叫《勇敢的人们》，其中有个镜头是一群小孩去河里游泳，一个少女只穿着胸罩和三角裤，这个一闪而过的镜头在当时很激动人心。黑暗中不知谁喊了一声，于是一片唧唧喳喳。《列宁在一九一八》中有一小段《天鹅湖》舞，有些人买了票，反复看，只要那半分钟的《天鹅湖》一结束，就立刻堂而皇之地退场。

***

上海联合院线负责人吴鹤沪回忆：

***

在“文化大革命”正如火如荼的日子里参军当上了一名电影放映员，有一天，放映《列宁在一九一八》，影片中有两组镜头是无法删剪的，一组是特务在剧场密谋刺杀列宁的镜头，长镜头中总有天鹅湖作背景，特务窃窃私语的特写与四小天鹅欢快的芭蕾舞步交替闪现，声画是不一致的，营造出紧张气氛；另一组是为防不测，列宁在瓦西里家的客厅里席地而睡，脑袋底下枕着几本无聊的书本，瓦西里的爱妻指着熟睡的列宁将头靠在丈夫的肩上，进而相拥相吻。按领导的指示精神，每当放到这两组镜头时，放映员必须准确无误地用手挡住镜头，银幕上不能出现小天鹅穿超短裙赤裸大腿跳芭蕾舞和瓦西里夫妇相拥相吻的画面。毫无疑问，我这个放映员也只能不折不扣地执行，几场电影下来也就做到“准确无误”了。(《六十年代记忆》，中国文联出版社，2002 年)

***

日本电影《望乡》《人证》和《追捕》

1978年，揭露50年前日本少女被卖到南洋当娼妓的辛酸史的日本影片《望乡》在中国上映，引起的反响远远超过了日本国内。

1978 年《望乡》海报。电影《望乡》是根据日本女作家山崎朋子的文学作品《山打根八号娼馆》改编的，当时很多人都是反复看两三遍的。电影故事引发了国内人们对人性的思考以及各种思想的激烈碰撞

一些人看到一部公然描写妓女的影片上映，勃然大怒，在大街上贴出大幅标语，要禁止和批判这部“黄色电影”。结果有关部门又剪掉了一些镜头才重新放映。

在当时的中国，确实有很多人抱着看一场“黄色”电影的心态买了票，却在被主人公阿崎婆深深感动之后走出了影院。

后来还有一部日本影片《人证》，同样吸引了中国观众。有人为了看片中一闪而过的光屁股撒尿的镜头，而反复观看影片。但更多的人，则为影片中妈妈为了维护自己的名望、亲手杀死自己的儿子的情节所震撼，他们几乎从来没有看过一部对人性挖掘得这么深的影片。影片的主题歌《草帽歌》，以女主人公八杉恭子的黑人儿子焦尼的口吻唱出，深沉、哀婉的歌声表达了儿子对母亲的眷恋和失去母爱的悲哀：

***

妈妈你可曾记得，你送给我那草帽，很久以前失落了。

***

另一部引进的日本影片《追捕》，毫无争议地占据了中国观众的心。影片中高仓健凭着硬汉形象，把当时充斥中国荧屏的以唐国强为代表的奶油小生们，一举打入冷宫。

此后经常听见寻找男子汉的呼声。上海人民艺术剧院演出了话剧《寻找男子汉》，以一个大龄女青年在现实生活中苦寻“真正男子汉”不得的故事，发出了“男子汉啊，你究竟在哪里”的呼唤。而留着披肩长发，穿着皮靴，外表清纯，内心如火的真由美，成了中国男青年的第一代梦中情人。

片中的经典对白流传至今：

***

“跳啊，跳啊，朝仓不是跳下去了吗，唐塔也跳下去了。”

***

1979年5月，复刊不久的《大众电影》在第5期封底刊登了英国影片《水晶鞋与玫瑰花》中王子与灰姑娘在欧洲中世纪华丽宫殿中接吻的剧照。

接吻照片的刊登，引发了风波。

一位读者写给《大众电影》的信中称：“万没想到在毛主席缔造的社会主义国家，经过‘文化大革命’的洗礼，还会出现这样的事情。你们竟然堕落到和资产阶级杂志没有什么区别的程度！”

《大众电影》书影。图为 1964 年《大众电影》第 2 期，封面为李炎，他在影片《夺印》中扮演“何书记”。《大众电影》杂志从侧面见证了中国电影不屈不挠的旺盛生命力，以及中国电影人对艺术的执着追求

小人书：点燃了多少孩子的梦

70年代的小人书，通俗但不低俗，很有品位。记得小时候的四大名著，历史故事，诗词歌赋，很多知识都是来源于小人书。

“小人书”又叫“连环画”“ 小画书”，在生于70年代的人们的童年记忆里铭心刻骨。《三国演义》《水浒传》《西游记》《岳飞传》《杨家将》这些小人书，常常是很多小孩子星期天打发时间的好东西。

那时候绘制小人书的作者水平就是高。小人书的画面大多都很丰富和精彩，基本上有两种，一种是绘制的，一种是电影。这种电影的小人书很神奇，其实就是一个个的电影剧照，下面有文字说明。可能因为印刷条件和成本的限制，这种书除了封面是彩色的以外，内容都是黑白的。

小人书中最流行的是《西游记》《封神演义》这样的神话故事，还有如《三国演义》《水浒传》等根据名著改编的小人书，这类书很多都是系列的。一本小人书的售价从几分钱到几角钱，那时候购买小人书绝对是个很大的开支，于是小人书的阅读主要靠传阅，从这家借到那家，再从那家转回这家。许多人都有收藏小人书的经历。那时，把买来的或者借来的小人书放到一个纸箱子里，不少人能够收藏20本以上。遇到好的书就不想还给别人。

街上有“小人书屋”，可以花钱借书看。可能是一间很小的屋子，里面有一排排的长条凳，屋里装了日光灯管，可也不怎么舍得开，所以屋里总是黑乎乎的。门口，有一张大板子，上面贴满了小人书的封面。你可以从中选择你想看的一本，报出编号，交一分钱，拿了那本书坐到长条凳上面去看。若是一本比较厚的小人书，可能就需要两分钱。

在物质和精神生活极端贫乏的那个时代，小人书让很多人的童年有了最鲜活的记忆，在今天有了无可比拟的幸福感觉

孩子们手中的钱太有限了，很多人连一分钱都没有，所以只能想办法。最好的办法就是两三个人一起去，如果每人都有一分钱，每人看完自己的那本，再交换人家的，一个人就可以看三本。如果一分钱也没有，那就只好眼巴巴地等人家看完了，拿给自己看。

手抄《第二次握手》

“十年浩劫”时期文艺作品十分贫瘠，导致手抄本在“地下”涌动，著名的手抄本包括《少女之心》（又名《曼娜回忆录》）、《一双绣花鞋》（原名《在茫茫的夜色后面》）和《第二次握手》。许多读者因传抄这些小说而受到批斗，乃至被以“流氓罪”劳动教养。

《少女之心》算是典型的色情小说，讲述的是女主人公、一个名叫“曼娜”的漂亮女人和表哥少华、同学林涛之间的三角恋情。此作最初大约流传于1974年。在当时精神空虚、文化禁锢、谈性色变的社会背景下，这个手抄本成了无数中学生、青少年的性启蒙读物。

手抄《第二次握手》，是一个时代的记忆。1963年2月，18岁的张扬，以自己舅舅的爱情悲剧为题材，写出了短篇小说《浪花》。从1964年起，他几经修改，扩充为中篇小说《香山叶正红》。1970年，小说改名为《归来》。此后，张扬因反对“文化大革命”入狱近三年。其间，《归来》逐渐在全国范围内以手抄本的形式传抄开来。1972年春，小说被北京标准件机修厂工人刘展新翻刻成油印本；因手抄本封面遗失，遂被改名为《第二次握手》。

《第二次握手》只是叙述了一个并不高明的爱情故事：药物学家苏冠兰和物理学家丁洁琼，年轻时曾真诚相爱。但他们的爱情，遭到了苏冠兰父亲的反对。后来，丁洁琼只身前往美国留学，参与了原子弹的设计制造工作；苏冠兰则由父亲包办，与医学专家叶玉菡结婚。新中国成立后，在周恩来总理的关怀下，丁洁琼毅然回国，留在国内参加建设。历尽爱情磨难的苏冠兰与丁洁琼也终于重逢，实现了“第二次握手”。

在那个只讲“革命”、不谈“感情”的年代里，丁洁琼说过的“一个人的一生，应该只有一次爱情，也只能有一次爱情”的名言，让整整一代中国人刻骨铭心。在那个知识分子被贬斥为“臭老九”的年代里，苏冠兰、丁洁琼、叶玉菡等正面知识分子形象的刻画，使无数饱受磨难的心灵得到了慰藉。小说中，对科学知识的推崇，对科学权威的尊重，对周恩来总理的歌颂，说出了当年许多人早就想说的心里话。

尤其是在那个用空洞的政治口号来代替丰富的人生的疯狂年代里，谈人生、谈爱情、谈理想的《第二次握手》，使当时别无选择的读者们眼前一亮。而小说中第二次握手之后，苏冠兰、丁洁琼、叶玉菡三人的关系该如何相处，更成为手抄本的读者们私下里津津乐道的话题。

现居新加坡的上海人SOUP，在自己博客的文章中回忆道：当年，他躲在“二楼一个完全没有窗的小阁楼里”，偷偷摸摸地抄完了这部小说。抄的过程中，“手酸、头酸、背酸、眼睛酸，反正什么都酸”。抄完后，“我还在扉页上自己画了一男一女握手的图，使这本手抄本更像是从书店买来的”。

1974年，出狱后的张扬又再次改写小说。小说被扩充为20万字的篇幅，并再次被传抄，终于引起了姚文元的注意。1974年10月14日，姚文元在一个电话里口头批示：“是一本很坏的东西，实际上是搞修正主义，反对毛主席的革命路线”。

1975年1月7日，张扬再次以“反革命罪”入狱，罪名是：“利用小说进行反党活动”。幸运的是，在当年的法院里，还有正直的法官。湖南省法院“张扬案”的主审法官李海初，靠着“拖”的办法，将案件拖到了粉碎“四人帮”之后，保住了张扬的命。

1979年1月20日，《中国青年报》在头版右上角以“手抄本《第二次握手》是本好书”为题，刊发了湖北省宜昌树脂厂工人李谦的来信，公开提出：“迅速调查《第二次握手》及其作者的情况，给予平反。并希望早日公开出版这本书。”李谦的来信，1998年被中国革命历史博物馆作为文物收藏。

在胡耀邦的关怀下，张扬终于得到了平反。（以上内容参考自《一部小说一个时代　我的手抄本〈第二次握手〉》，2007年3月11日《厦门日报》）

被指斥为“下流”的雕塑作品《猛士》

70年代末，在广州雕塑院的唐大禧，创作完成了雕塑作品《猛士》，作品还有一个副题——献给为真理而斗争的人。

这部作品，唐大禧选用一位裸体女子骑在奔驰的骏马上，集全身之力，引弓蓄势，猛然释放的一瞬间，旨在表现“文化大革命”中被残酷迫害的女英烈张志新。之所以用裸体少女，唐认为这样更显大无畏，也能体现对革命的赤诚、真诚和坦诚。而马，自然就是时代风云变幻的象征。

1979年10月，“广东省美术作品展”正式开展。在这次展览中，《猛士》获得了优秀奖。尤其是其裸体女子形象，直接引发了此后的大争论。

当时的观众对作品并不叫好。相当多的人认为其“下流”“出格”“不合国情”。也正是因为有这样的争论，《猛士》最终未能参加全国美展。同样是在1979年10月，由张仃、袁运生、袁运甫等艺术家共同创作的首都机场壁画宣告完成。其中，袁运生创作的《泼水节——生命的赞歌》，绘入3个沐浴的傣家女裸体，也一并展出。

民众的反应，颇为热烈。壁画出现后一个多月，首都机场门前的广场上停满了载客前来参观的大巴，人们拥进裸女人体壁画所在的餐厅，迫不及待地一睹究竟。

海外媒体称：“中国在公共场所的墙壁上出现了女人身体，预示了真正意义上的改革开放。”但是，时隔不久，袁运生与他的壁画便卷入风波之中。

有人戏言，当时，估计有人恨不能立即把画家袁运生当作高级流氓送进秦城监狱。

美术界中开始有人对画作中出现的裸体表示质疑，赞成者与反对者相持不下，争论逐渐升级，上升到了政治层面。《泼水节——生命的赞歌》中的三个裸体从此不得不披上一层透明的纱衣。

1982年，袁运生出国后，机场壁画前立起一堵三合板做的假墙封住浴女画面。直到1990年，这堵假墙才被拆除。机场壁画与袁运生的曲折命运折射着转型期艺术的处境与观念的变革。

据袁运生回忆，他选在一天下午，把这几个人体都画了。画完了以后，当时机场建设总指挥李瑞环看了，很开明，对这幅画没有吱声，说等小平同志看完了再说，一点儿都没有给他压力。后来小平同志看了很肯定，说：“我看可以嘛。”（中央电视台2007年1月16日节目《壁画背后》）

70年代的聘礼：36条腿和“三转一响”

70年代，聘礼或嫁妆俗称“老三件”，也就是自行车、手表和缝纫机。这既是为新人开始婚后新生活准备的生活用品，也是家庭生活水平的体现，所以有这“三件”的婚礼才“体面”。后来这三件被概括为“三转”，有些女方要求加上“一响”，即收音机。有的家里买不起缝纫机的，甚至要先借一台缝纫机来结婚。“三转一响”形成了当时公认的结婚必备品。70年代末期，结婚组成家庭的物质条件，表现为：36条腿和“三转一响”。

一个家庭有36条腿当然不是指有18口人，更不是说必须拥有一个家庭动物园，而是当时女性要求未来的新家必须有足够的家具。至于具体品种好像各地都不一样，有些地方把立在墙角的三脚架也算在内，一直没闹明白另一件腿数也为奇数的家具是什么。

按当时的生活条件，结婚时能备齐“老三件”已经高兴得不得了，条件好一点的家庭会买钻石牌手表、凤凰牌自行车和五羊牌缝纫机，这就是当时的品牌货。那时候谁要是骑一辆凤凰牌自行车，无异于现在开着私家车，总会让人艳羡不已。

1979年1月到4月，全国半导体收音机销售额比1978年增长了34.9%，由长期积压变成畅销。新郎俞志民和新娘孔绥红于1978年12月20日结婚，不妨看看他们当时的嫁妆：

***

订婚的时候，还有100元订婚聘金，媒人再把结婚的日期定下，结婚聘金也是100元。接新娘子的前一天，男方根据女方的要求准备好“三缸”，即一缸酒（一坛老酒）、一缸粽子（按女方亲戚的户数）、一缸猪肉（基本上是半头猪），先期送到女方家里，以便在第二天的喜宴中用。舅妈送了一幅被面，表姐送了一个暖水瓶……绥红一一记下，以备将来还礼。在当时，上了10元可都是重礼，是自家至亲好友才舍得送的。

娘家嫁妆的多少，不完全取决于男方聘礼的多少。依当时的“行价”，男方出的聘礼是100元的现金，外加几十斤的被棉、十几丈的布票，或几坛老酒。可娘家给的嫁妆至少得有一套圆件（木质的脚盆、马桶等）、床、八仙桌、椅子、凳子、面盆架、丁香柜、平面柜和箱子等木器，六条以上的新被，还有一些瓷器、锡器、新衣服等。为了在场面上好看些，女方的父母会千方百计地为出嫁的女儿挣面子，于是就有了一句戏谑的话：“养囡养强盗”。

嫁妆除了床是用手拉车装的，其他的都是壮汉用肩膀挑的挑、扛的扛。新娘子坐的是自行车（路近的就走路，当时用自行车接新娘子是最时尚了），“驾驶员”就是自行车车主。当时的农村，一个村子要借6辆自行车都很困难，俞

上海牌缝纫机

70 年代的半导体收音机

志民向外村借了 3 辆自行车。接新娘子的自行车最好是名牌的“永久”“凤凰”，就像现在要用“宝马”和“奔驰”一样。(《30 年间的婚礼变化》，2008 年 2 月 8 日《诸暨日报》)

***

上海货：70年代的国货品质

70年代，上海货，以品质、款式享誉全国，上海货，就是品牌。

那时候物资匮乏，而上海，作为我国轻工业最发达的地方，它所生产出来的东西如手表、缝纫机、自行车以及其他所有的日常用品，不但经久耐用，而且外观也很精美。上海货是一块“金字招牌”，钻石牌、宝石花牌手表，永久牌、凤凰牌自行车，上海牌、蜜蜂牌、标准牌、蝴蝶牌缝纫机，红灯牌收音机……无不是过去那个时代的骄傲。那个时候，国货就是指上海货，上海货走遍大江南北。

外地人只要到上海出差，总会买回一些家里用得上的东西，或者自己去不了，有朋友同事到上海出差，就会托人家帮忙买回一两件自己需要的用品。当年“带东西”的风气很盛，什么东西都是上海货好，你要这，他要那。出差一趟上海好似跑一回“单帮”。乘船的几乎没有一个人是空着双手的，不是手拎、肩背，便是肩挑。回到家里还顾不上休息，你一包、他一包地要赶快送去。

一位当时曾在供销社工作、1937年出生的肖汉木老人说：

梅花手表（左）。上海牌手表（右）

***

上海并不产烟叶，但有香烟之极品“中华”“熊猫”；上海并不牧羊，可全国的毛衣毛料又以上海为最。老人告诉记者，那时的“上海牌”“上海货”，成为千千万万中国家庭财富的象征，而名牌荟萃也曾是上海的辉煌和骄傲。还有上海的服装、麦乳精、奶糖、的确良、丝袜以及白球鞋，都是时尚生活的标志。那时能戴块手表，比现在有钻戒的人还得意。肖汉木当时就拥有一块“上海”牌手表，很长一段时间，戴的时候唯恐别人不知道，经常故意捋高袖管来炫耀。

肖汉木老人介绍，20 世纪 80 年代初，他有一个用旧了的印有“上海”字样的黑色手提包，给了在农村的表弟。表弟当时的神情是两眼放光，做庄稼的表弟有事无事便提着手提包四处招摇：“看到吗？上海的！表兄给我的。”就算把提包用破了，在田间地头劳作的表弟总爱用那个包装些种子等小玩意儿。

更多的市民有排队购买上海货的经历。

71 岁的程细香老人介绍，那时市区的“东方红五金交电”商店是她的最爱。老人兴奋得直摇头：“家里有了一张供应票，我就要去‘东方红’排队买东西。买过收音机、自行车，都是上海货。”

1974 年，张艳英和丈夫选择到上海旅行结婚。夫妻俩的结婚用品都是专门跑到上海去采购的。“那个年代男女恋人结婚前，有条件的都要去上海采购，或干脆叫旅行结婚，弄得像民政局结婚登记处设在上海一样。”住了一个多星期，用光了所有的钱，张艳英夫妇带回了大包小包的上海货。（**邹春生：《上海货，曾经的“金字招牌》，2009 年 3 月 17 日《东楚晚报》**）

***

上海产的奶糖是孩子们最钟情的食品，上海的的确良、灯芯绒，都是女孩子眼里朝思暮想的高档货。到了80年代中期，纺织品又有了许多款式：夹丝膨体纱、涤纶草绿府绸、薄形弹力袜、仿烤花大衣呢、真丝软缎被面……

上海货很吃香——新式上海牌汽车

计划经济凭的是计划供应，什么商品你没有一张领导签了字的或单位盖了章的条子，你是买不到上海货的。上海的香皂、毛巾、麦乳精，这些现在不起眼的东西，在那时绝对算宝贝。

全国人民都对上海货推崇有加：质量好、款式新、价格合理，几乎没有假货，上海货真正是金字招牌。确切地说，对“上海货”的钟爱，源于上海货的款式新颖，经久耐用，前卫时尚，更源于一种岁月的情结。

参桂补酒：第一条电视广告

翻开1970年1月14日《人民日报》第6版，有一则天然油石的广告：本产品经第一机械工业部磨料磨具磨削研究所鉴定。在介绍了产品性能及特点、适用范围、使用效果、形状、尺寸后，还有下面内容：

***

备有样本和合同计划供应表，函索即寄。欢迎签订合同，到期代为发运。零星需用全国各大百货商场和大中城市钟表零件专业商店均有销售。

密县天然油石厂

联系地址：河南省密县城内西大街北后街

电话：115

***

从1970年1月19日《人民日报》在刊登了三条工业产品广告之后，就再也没有看到商品广告了。70年代，所有的商品广告基本处于停顿。在报刊上只保留少量广告版面，一般用来刊登革命样板戏的广告，如1970年2月5日《人民日报》第4版，就刊登了这样的广告：毛主席革命文艺路线的伟大胜利，革命样板戏一九七〇年春节演出。

1979年1月14日，上海《文汇报》刊登了一篇由在上海广告公司工作的丁允朋撰写的文章——《为广告正名》。文中针对人们把广告和“摆噱头”“吹牛皮”“资本主义生意经”联系到一起的现象做出了修正。

1979年1月4日，《天津日报》登出了一则广告，主题是介绍天津牙膏厂的产品。蓝天高级牙膏占据了通栏中间的位置，约1/3，其余的版面被均匀分配给了其他几个产品。颇富戏剧性的是，天津牙膏厂这个中国广告的先驱后来推出的“蓝天六必治”牙膏的广告红遍大江南北，那句天津味十足的“吃嘛嘛香”还成为了当时的流行语，至今仍时有耳闻。

电视广告在这一年也开始出现了，3月9日的晚上，上海电视台转播了一场国际女子篮球比赛，然而令广大电视观众们无比惊讶的是，在比赛中场休息的时候，电视屏幕上竟出现了这样一幅画面——当时的著名男子篮球运动员张大维和他的伙伴们，在一场比赛后津津有味地喝着一种名为“幸福可乐”的饮料。在广告还是个新鲜事物的年代，这则电视广告在人们的眼中是如此的新奇，甚至还让不少正看着比赛起劲的观众们怀疑是不是电视台播错了节目。

不过幸福可乐并不是我国的第一则电视广告，“第一”应该属于“参桂补酒”。这则广告诞生于1979年1月28日（农历正月初一）下午3点05分，用16毫米彩色胶片摄制而成。这则长度为1分30秒的电视广告，距离1941年美国播出全世界第一则电视广告，时间已过去了整整38年。

“雷达表——现代化的手表”。

这是1979年3月15日《文汇报》第3版雷达表的广告。

恢复高考：统一考试，择优录取，报名费只要5毛

1977年8月，刚刚复出的邓小平提议召开并主持了一个科学与教育工作座谈会。就是在这次会上，他同意恢复高考制度。

9月19日，邓小平同教育部有关负责人谈话，提出“招生主要抓两条：第一是本人表现好，第二是择优录取”。

邓小平专门将拟定的招生办法“自愿报考，单位同意，统一考试，择优录取”中“单位同意”一条去掉。他说，“比如考生很好，要报考，队里不同意，或者领导脾气坏一些，不同意报考怎么办？我取四分之三，不要这一句。”他还说：“不管招多少大学生，一定要考试，考试不合格不能要。不管是谁的子女，就是大人物的也不能要。我算个大人物吧！我的子女考不合格也不能要，不能‘走后门’。”

10月12日，国务院批转了教育部《关于1977年高等学校招生工作的意见》。文件规定：凡是工人、农民、上山下乡和回城知识青年、复员军人和应届毕业生，符合条件均可报考。考生要具备高中毕业或与之相当的文化水平。招生办法是自愿报名，统一考试。

消息在中国飞快地传播着，像火一样在高粱地、橡胶林、稻田、军营和车间里蔓延，带给无数在文化的黑暗中挣扎的青年，尤其给身在农村的青年们一个巨大的希望。他们欢呼雀跃，奔走相告。正如有的群众说的，恢复高考像爆炸了一颗原子弹，震撼了整个中国大地。人们的命运和试卷再次联系了起来。一个通过公平竞争改变自己命运的时代到来了。

用考试取代家庭出身和社会关系成为选拔人才的依据，昭示着社会的思想结构回归正常的发展轨道，重新肯定了知识的价值，普通人再次拥有了把握命运的机会，在改变千百万人生命轨迹的同时，国家前途也被重新照亮。

据统计，当时报名要求参加高考的中国青年多达1000余万人，年龄也参差不齐，最小的只有十三四岁，最大的则有三十六七岁。

考生们觉得如果要考试，比方要印卷子，要评卷子，总要一部分钱，全靠国家拿也是很困难的。大家希望报名费能够定在一块钱。当时政治局讨论说，不要增加群众的负担，收5毛就行了。

由于准备工作来不及，1977年的高考由各省、自治区、直辖市命题，考试工作于年底进行，文理两类都考政治、语文、数学，文科加考史地，理科加考理化。新生定于1978年春入学。

这是世界教育史上规模最大的考试，而极富讽刺意味的是，面对如此庞大的应考队伍，偌大的中国，竟然无力提供足够的试卷纸张。

问题最终反映到邓小平那里，邓小平当机立断，决定将印刷《毛泽东选集》第五卷的计划暂时搁置，调配相关纸张，先行印刷考生试卷，历史由此出现了极富喜剧色彩的一幕。

1977年冬天，在邓小平亲自过问和布置下，关闭十年之久的高考考场大门终于重新打开。这也是恢复高考以来，唯一一次在冬天举行的考试，570万考生走进了考场，如果加上1978年夏季的考生，两季考生共有1160万人。迄今为止，这是世界考试史上人数最多的一次。

1977 年上海恢复高考时的场景。1977 年恢复高考制度，不但改变了几代人的命运，而且为我国科技的发展和经济的腾飞奠定了强大的人才基础

参加考试的人群年龄严重悬殊，长者已经年过而立，已婚或者已育，幼者才初开混沌，始醒人事。一些82届毕业生回忆，在当时，他们最爱开的玩笑之一就是，年长者对年幼者说“我都可以把你给生下来”。

南京师大文学院教授何永康回忆：我曾经教过一位33岁的78级学生，同学们都称他为“班级之父”。他告诉我，当他走向考场的时候，身后有4个儿女在向他招手，稚声稚气地祝爸爸考上大学……这一“历史镜头”应当永远印刻在中国教育的历史天空，让后来的青年学子更加懂得珍惜“春天的故事”，珍惜宝贵的学习机遇。(《30年见证：南京老教授讲述1978年高考阅卷经历》，2008年12月19日《人民日报》)

当年，也有大量的考生最后败下阵来，是时代而不是他们自己伤害了他们的命运。冬夏两季，共招生录取了40.1万多名大学生，只是参加考试人数的二十九分之一。

链接：1977年全国高考语文试题

一、给下面这句话注音，要标调（3分）将正确的答案填写到下面的横线上

对待同志要像春天般温暖。

回答下列问题将正确的答案填写到下面的横线上

1.指出下面句子中加粗的词属于什么词类（2分）

雷锋为人民服务的心最红

---

2. 指出下面复杂词组中的每个词组属于哪种类型（4 分）

恢复和发扬毛主席树立的优良传统和作风

分析句子成分（4 分）

为了实现共产主义的伟大理想，我要献出自己的毕生精力和整个生命。

分析多层复句的层次关系（3 分）

因为我们是为人民服务的，所以，我们如果有缺点，就不怕别人批评指出。

什么叫拟人的修辞方法？举出一例（4 分）

写出毛主席诗《七律・人民解放军占领南京》的中心思想（6 分）

钟山风雨起苍黄，百万雄师过大江。虎踞龙盘今胜昔，天翻地覆慨而慷。宜将剩勇追穷寇，不可沽名学霸王。天若有情天亦老，人间正道是沧桑。

将下面两段文言文译成现代汉语，标清题号（14 分）

1. 陈胜，吴广皆次当行，为屯长。会天大雨，道不通，度已失期。失期，法皆斩。陈胜，吴广乃谋曰："今亡亦死，举大计亦死；等死，死国可乎？"（7 分）

---

2. 夫夷以近，则游者众；险以远，则至者少。而世之奇伟瑰怪非常之观，常在于险远，而人之所罕至焉，故非有志者不能至也。（7 分）

作文 60 分

作文题：一、在沸腾的日子里；二、谈青年时代（二题任选其一）

崇拜陈景润和神童小宁铂

恢复高考前后，一句金言在社会上流行开来："学好数理化，走遍天下都不怕。"

1978年3月，全国科技大会召开，从此，知识分子从"臭老九"一跃而为"工人阶级的一部分"。特别是著名作家徐迟的报告文学《哥德巴赫猜想》，更是在那个科学的春天里激起了异乎寻常的反响，让无数中国人一下子记住了两个名字：陈景润和哥德巴赫。

“向科学进军”，成了当时最为响亮的口号。

1978年，整个中国的报纸、杂志、广播都在报道一个小孩：宁铂。

报道上说，这个13岁的神奇少年2岁半时能够背诵30多首毛泽东诗词，6岁开始学习《中医学概论》，并能使用中草药，8岁能下围棋并熟读《水浒传》，擅长古诗词，通晓天文、地理等百科知识。人们把这个聪慧过人、智力超群的第一位中国科学技术大学少年大学生，誉为“第一神童”“ 宁铂现象”。宁铂与方毅副总理下围棋的照片，宁铂率少年班同学仰望夜空、指点星象的情境，留在了很多人的记忆里。他的故事甚至成了手抄本题材，广为流传，影响了整整一代人。

1978年第一批中国留学生轰动美国

1978年12月26日，正处在圣诞假期中的美国迎来了一批特殊客人——52位来自大洋彼岸的中国留学生。

之所以特殊，是因为在此之前，由于中美长期敌对，两国学者已经相互隔绝了近30年。

第一批中国留学生的到来，在美国引起了不小的轰动。清华大学机械工程系教授柳百成，是首批赴美留学生之一兼领队。他回忆说，1978年9月得知中央决定派大批留学生出国学习的消息，那年他45岁，对此并不抱什么希望。

“我父亲解放前是上海的资本家，当时算出身不好。以前，我有过两次赴苏联留学的机会，但最后都被刷下来，就是因为背了这个沉重包袱。”他说。不过，让他没想到的是，不久系里就通知他参加考试。

时隔多年后，柳百成才慢慢了解到，他的这次出国机遇来自邓小平的一次谈话。

1978年6月，刚复出不久的邓小平在中南海听取教育部关于清华大学的工作汇报时说，“我们一方面要努力提高自己大学的水平，一方面派人出去学习，这样也可以有一个比较，看看我们自己的大学究竟办得如何？要成千成万地派，不是只派十个八个。教育部研究一下，花多少钱，值得。今年三四千，明年万把人。”

邓小平随后还说，“先把人给派出去，不要怕跑，跑10%、20%，还有80%。”

就这样，1978年8月教育部的报告得到了批准，各地的选拔工作随即也紧锣密鼓地展开。对于那年的选拔，柳百成把它形容为“连闯三关”，系里的初试、学校的笔试和最后教育部的统考。（参考蔡如鹏：《建交之前，我们出发》，2009年第3期《中国新闻周刊》）

1978年，中国政府和民间教育代表团纷纷出访美国、日本、加拿大等国，同时也接待了各国访华代表团，商谈互派留学生之事，并签订了一系列合作协定和执行计划。利用官方、民间、学术团体、友好人士等，开辟多种渠道增加派出留学人员。这一年，包括大学生、进修生、研究生在内的出国留学人员派出数量达到3000人。

随着留学生派出渠道的扩展和双边交流的增加，从1981年开始留学人员出现了单位公派的形式，同时自费出国留学也成为培养人才的一条渠道，这两种出国留学人员很快超过了公派留学人员的数量。

至2003年年底，我国累计有70.02万留学人员在100多个国家和地区求学、深造。（以上内容参考《中国教育报》，2004年8月20日第1版）

另据统计，改革开放至2017年底，我国累计已有519.49万人出国留学，其中374.08万人已完成学业，313.2万人选择在完成学业后回国发展，占已完成学业群体的83.73%。

小岗村大包干

中国的改革，从农村开始；农村的改革，从推行生产责任制发端。

1978年12月的一个夜晚，恰值中央工作会议和十一届三中全会期间，安徽省凤阳县小岗生产队的18个农民，相聚在茅草屋中，在当场写下的一纸字据上按下17个红手印和3个印章，代表全队20户人家（两家户主在外讨饭未归）。

字据写道：

***

我们分田到户，家家户主签字盖章，如以后能干，每户保证完成全年上交的公粮，不再向国家伸手要钱要粮。如不成，我们干部坐牢杀头也甘心，大家社员们保证把我们的小孩养活到十八岁。这18个农民是：关延珠、严立富、严立华、严立坤、严金昌、严家芝、严学昌、严立学、严俊昌、严美昌、严宏昌、严付昌、严家其、严国品、关友生、关友章、关友江、韩国云。

***

这份按满红手印的字据现藏于国家博物馆，馆藏号：GB54563，一级文物。

1980年9月中央召开的各省市自治区会议上，时任中共贵州省委第一书记的池必卿，根据贵州“地无三尺平，人无三分银”的情况，勇敢地提出在贵州打算全面推行“包

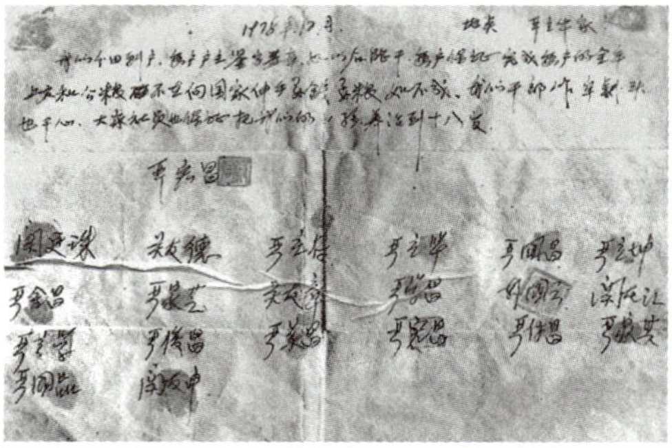

小岗村村民为包干到户按的手印和印章

产到户”。时任黑龙江省委第一书记的杨易辰立即表态：“我们不能搞那个东西。”池必卿针锋相对：“那你走你的阳关道，我走我的独木桥。”

两位省委书记的话上了会议简报，“你走你的阳关道，我走我的独木桥”，成了搞不搞“包产到户”之争的最形象的表述。

家庭联产承包制的兴起和推行，给中国农村带来了一场革命性的变革，是中国改革开放的标志性事件。

新闻联播

1978年1月1日，CCTV《新闻联播》开播，最早的主播是李娟和赵忠祥。

正如《南方周末》一篇文章评论写道：30年来，这是中国大陆知名度最广、全世界观众数量最多的电视栏目。尽管面临越来越多的质疑和压力，30年收视历史所形成的巨大惯性，依然推动着数以千万计的观众在每天晚上7点打开电视机，收看《新闻联播》。它是这个国家机器宣讲系统中最具象征意味的意识形态符号。它的永远不苟言笑的播音员，被称为国脸；时政新闻里不同级别领导人的出镜时间，被精确到秒；主持人服饰的颜色冷暖，意味着国家大事当天可能呈现的基调；节目形态和播音员人选的些许变动，就意味着政治格局的调整征兆；而“今天的新闻联播大约需要59分钟”，往往意味着有重大事件发生。

正是从1978年正式开播起，《新闻联播》就成了中国老百姓了解国内外大事的一个窗口。它的“中国政治、经济风向标”的地位，在中国人心中不可撼动。90年代，播音员张宏民一次穿着中山装登场，立刻在各国使馆中引起强烈反响。因为在他们看来，服装的改变可能意味着政治气候的变化。而事实上，张宏民不过是因为当天值班的播音员请假，临时“救火”的他没穿正装，才以中山装上阵。

《新闻联播》主播一举一动的变化，都会令人关注。

刘兰芳和《岳飞传》：欲知后事如何，且听下回分解

什么艺术可以使一座城市、几座城市或者更多城市万人空巷？那就是著名评书艺术家刘兰芳的评书《岳飞传》。那时人们的家里很少有电视机，最实用的传播工具是半导体收音机。1979年，全国都在听刘兰芳的评书《岳飞传》，可以说是中国说书史上一件空前的盛举。

改革开放初期，刘兰芳与爱人王印权编创的《岳飞传》一经问世，就曾创下了全国百余家电台相继播出、图书发行110万册的记录。伴随着《岳飞传》《杨家将》《赵匡胤演义》等剧目的播出，评书艺术是家喻户晓，同时也风靡到海内外。

她的评书讲的通俗易懂，绘声绘色的声音描述感觉像身临其境般，真实而扣人心弦，惟妙惟肖地演绎各色人物，只能用一个字形容——绝！

这一代人就是听她的评书成长起来的，每天放学第一件事是搬个板凳老老实实坐在收音机旁，听她讲《岳飞传》里的八大锤，现在回想起心里还直呼过瘾。当时，她所说的古代故事，不是为说古而说古，而是以古代民族英雄事迹感动我们。现在的“80后”“90后”如果回去问自己的父母，估计很少有人没听过刘兰芳的评书，她是我们当年最大的偶像，我们就是她忠实的粉丝。

1979年5月，单田芳重返书坛，在鞍山人民广播电台播出了第一部评书《隋唐演义》（《瓦岗英雄》）。此后，他先后录制播出了三四十部评书，风行大江南北、全国几十家广播电台。其中《天京血泪》在中央人民广播电台播出，听众多达六亿。

“欲知后事如何，且听下回分解”，让许多人在等待。

70年代孩子们的国民玩具和课余生活

滚铁环

70年代，滚铁环几乎是每个男孩子都具备的本领。活计倒很简单，用一根粗铁丝扭成的铁钩钩住铁环，就可以推动铁环来回滚动。

技艺高超的男孩可以让这只“风火轮”一直不倒，如果要经过一些不平路面和水坑的话，那就类似于一种简单而有趣的杂技了。有些男孩为了增加铁环声音的“威势”，还在铁环上加了几个细铁丝的小圈，这样一来，铁环滚动的声音就越发大了，就有点像

现在的汽车的警报声，旁人一听，立马闪出一条道来。

那时的铁环，最好的是榨油饼的铁箍，宽宽的边，且散发着淡淡的菜油香，可惜极难觅到。还有一种好的叫“锯齿铁环”，这要在城里去找，一般是托父母上街时到城里的工厂里找的，约有4毫米厚，2厘米宽，直径在40厘米，内圈有整齐的铁齿，一般是钢铸件，非常坚硬，声音也十分清脆，一般的铁环碰上它，就只有倒霉的份儿。

在黄泥路与青石巷里，孩子们在不知疲倦地奔跑，夕阳在他们身后沉沉而落，一群飞鸟从阴影尽处掠起，喧闹声惊醒了藤椅上的老者……

抽陀螺

与滚铁环同时上阵的游戏还有抽陀螺。陀螺也叫砣螺，有些地方反过来叫，称之为“螺陀”，常见的是梨形圆锥体，底下是尖的，可以用手指转动，也可以用细绳或鞭子抽动使其旋转。这是70年代男孩子最钟爱的了。

陀螺是古老的玩具，70年代，陀螺还有出售的，出自那时的农村木匠之手，做工相当漂亮。

那时谁拥有的陀螺越多，越好看，谁在同伴中的地位越高。一般孩子都拥有几个陀螺，多是自己用刀砍制的，有的还用油漆涂上颜色。那时的晒场、操场便成了过把瘾的地方，狠狠地抽动陀螺，飞快地旋转，一如转瞬即逝的童年。

那时候数斗陀螺最好玩了，几个争强好胜的男孩子三五一堆，比赛旋转的时间，看谁的陀螺抽得最远，最激烈的是两个陀螺相撞。最得意的是一个人可以同时玩几个陀螺，满头汗水疯狂地奔走在陀螺之间，不停地抽，就像一个颐指气使的暴君，在路人艳羡的目光中，觉得自己还真的飘起来了！

那会儿还有许多小女生胆怯地捏着衣襟围观，男孩子便威风地抖了起来，手中皮鞭“飒飒”作响。

陀螺游戏现在的孩子也在玩，但那时的陀螺还没有现在这样精致

跳房子、踢毽子和跳橡皮筋

70年代小女生们，爱玩“跳房子”，它在有些地方也叫作“踢田”。

那算是最廉价的游戏，只要一支粉笔、一块石子儿就可以搞定。小孩儿家在地上画出一个长方形，里面再分成8至10个小方格，就成了“房”或者“田”。

每人手捏一块小石板儿，俗称瓦片，往小方格（房内）扔瓦片时，必须站到线外，如果扔的瓦片压住房内的线，就算瞎了。二号再扔，扔准了，可用一条腿跳，另一条腿屈起来。一个房一个房地转一圈，然后，再继续扔，再跳……

在农村里往往不用瓦块，而是用田螺壳，把壳尖用尖刀刺个孔，然后用绳子串成一串。讲究些的城里女孩，以用完了的百雀羚搽脸膏的圆形铁盒代替瓦块。

跳房子运动量虽不算大，却锻炼平衡技巧。跳房子算得上女孩的强项，她们天生一副好身材，跳起来轻盈如燕。记得“房子”最高处是个半圆，里面画上湛蓝的天空。扎小辫的女孩，颠着脚尖一蹦一蹦，小辫子在肩头做着甜蜜的拍打，可爱交织着天真，那模样真是惹人疼。

没想到世事难料，后来竟出了个叫“跳房子”的乐队，有人这样感慨道：“我们感到困惑、不满、伤怀，我们怀念儿时的单纯，那童年模糊而天真的记忆让我们淡淡的愁绪随着日历纸一页页被撕去，随着跳房子我们回到那个与世无争的时代……”

踢毽子，在南方某些地区被称为“踢毽”或“打毽儿”，它可是女孩子们的绝活，男生只能望而却步。

毽子有几种做法，有的是用一块棉布、一枚乾隆或是康熙年间的方孔铜钱、几根花鸡公的羽毛做成的毽子，如今已极难见到了。女孩们可以踢半小时甚至更长的时间，不让毽子掉地，且能踢出许多纷繁古怪的花样来。这种玩法总让人联想到足球场上的“颠球”技巧。

毽子还有一种做法，那就是用一大团白纸，剪成5毫米宽、每根约20厘米长，中间用线捆扎而成的一个蓬松的纸花球，然后反复踢打。由于纸球下降速度比较慢，一般女孩都能够随心所欲地玩，但就没有踢鸡毛毽子那样好看了。她们喜欢寻刺激，不停地变着花样玩。比如，画一个小圈，只有20厘米的直径，要在3米开外把毽子准确踢进小圈，这得算高难度，但她们大都能准确地命中目标，让人觉得女孩的心思真是难以揣测。

70年代的女孩童年最热衷的游戏，莫过于跳橡皮筋了，她们一边唱歌一边跳，跳一级升一级，跳“死”了就换人。

一般五六个女孩跳前用“乒玲乓啷”分出两组，一组绑皮筋一组跳。也有一种情况，跳得最拿手的两人通过猜拳，逐一选择自己的队友，协调性差的就被落到了最后。两人做桩牵着橡皮筋，先从脚踝位置跳起，再升至膝盖处，腰部、胸部、脖子，最

跳皮筋永远是女孩子的最爱

后两手高高举起。

在中间女孩跳的难度越来越大，而且并不像跳高那么简单，跳过了事，还必须在同一高度跳出几种花样，才取得“升级”的资格，否则就算输，只得去做桩。通常分一关二关直至天关，边跳边唱歌谣，动作优美，婀娜多姿。十余年后小女孩们一个个出落得苗条匀称，多半跟当年跳皮筋有很大的关系。

那时最好的橡皮筋是圆皮筋，外面还有一层彩色布，但比较贵，绝大多数女孩的橡皮筋还是用废旧的汽车内胎剪出来的，不花钱嘛。

女孩一边跳还一边唱着自己也摸不着头脑的歌谣：“青山青水青少年，分别不知八三年”“小皮球、香蕉梨，马兰开花二十一”“大白鸡上草垛，没有妈妈真难过”……（摘自旷晨编著《我们的七十年代》，广西人民出版社，2004年）

丢手绢

丢手绢恐怕是70年代最温馨的集体游戏。

***

望着窗外那天真的小孩，猜想着我的童年旧时的期待。一片星光正悄悄地照来，可我的梦境却已不复存在，你是否给我一个拥抱让我像从前。仿佛听到一声亲切的呼唤，霓虹闪烁把一切都掩盖，陌生的背影让我盼望光彩。谁能够唱起那首古老歌谣，伴着我给我心中留下最后的洁白。丢丢丢手绢，轻轻地放在小朋友的后边，大家不要告诉他……这首《丢手绢》，勾起了许多回忆。

***

按照游戏规则要围成一个圆圈，然后推选丢手帕的人。被选中的人通常都不是很乐

丢手绢游戏现在仍是幼儿园里主要的游戏之一

意，他会恶作剧般拼命地跑起来，像断了线的风筝在你身旁绕啊绕。

四周的空气活了起来，大家心底多了份自然而然的冲动。旁边的人伸长了脖子，直勾勾地看着他。

那孩子便有些得意了，哪管得上那个年代营养跟不上，直转得屁股要掉下来他才肯把手绢丢出。如果是个男生，他十有八九会凭了这机会，把“绣球”抛在爱慕的女孩子身后，那种感觉真是妙不可言，心里暖暖的，像要飘起来了。

丢完后还不能马上刹住腿儿，得装着若无其事的样子，继续往前走。等那女生察觉出来，他早已两手空空，跑回原位憨笑着坐下。

女孩子便无可奈何，委屈地站了出来，给大家伙表演一个节目。表演些什么呢？她窘迫地低下头，两只竹笋尖似的小手被搓得发了白。最后，她灵光一闪，嘴角扬了一扬，低低地唱了起来：“小燕子，穿花衣，年年春天来这里。我问燕子你为啥来，燕子说，这里的春天最美丽。小燕子，告诉你，今年这里更美丽，我们盖起了大工厂，装上了新机器，欢迎你长期住在这里。”

待她扭捏地唱完，新一轮的游戏就又开始了。女孩子脑袋瓜儿往往比较灵光，玩这把戏可是她们的强项，她们还擅长虚张声势，什么时候丢的手绢，搞得神不知鬼不觉。

不过玩得过火了，真情便情不自禁地表露了出来，她会把手绢再丢回刚才捉弄她的男孩子身后。这样，喜欢她的男生又逮了个时机，笑眯眯地跑去捉她，游戏进行到此，就成了他们两人的相互周旋。

开始的时候，大家还是睁一只眼闭一只眼，闹久了便都有些恼恨，“快点快点抓住他”的合唱声也跟着弱了下去。

还有些时候，表演节目也成了件难堪事儿。有些腼腆的孩子，会木头一样站在原地，一言不发，几十双眼睛探照灯似的打量着他，憋急了他会突然放声大哭起来。

“丢手绢”还有一些旁人不能体味的欢娱：一帮人围坐在一起，只盯着一个孩子满场子跑，他手里拿着花手绢儿，每个人都能看到他丢给谁，而往往看不见他丢给自己，这象征着生活的隐秘和未知。而你稍微一疏忽，你便会输，但遇上你喜欢的人，又会暗暗地盼着她能把手绢儿丢给你，在这样的忐忑矛盾中，游戏也被推向了高潮。（摘自旷晨编著《我们的七十年代》，广西人民出版社，2004年）

70年代的小零食：爆米花

70年代，许多人只要见到拿着黑罐的老大爷来了，就欣喜不已，拿着一袋米就追上去了。

上海期货交易所的滕家伟先生，曾撰文回忆街上飘来爆米香：

***

“炒米花响罗”……

随着一阵阵错落有致的爆米机转动声响过后，紧跟着空中传来一声“砰”的巨响，刹那间，散发着浓郁的米谷香味，会随着风向飘洒开来。

在我小的时候，炒米花可算得上是一种时兴的消遣食品，就好像现在的小孩子们喜欢麦当劳、肯德基、哈根达斯一样。不过在当时，能吃上爆米花，确实是一件令人格外高兴的事。因为，这种消遣品往往只有在过年时，才能被尽情享用。因而，期盼吃炒米花，就如同等待过年。

那时，米是凭票供应的，常常能拿出一斤大米去爆炒米花的家庭算是很富裕的。同学谁家偶尔“爆”一下，小裤兜里装满炒米花去上学，那这个同学的脸上一定是喜滋滋的，脚步也一定是轻盈盈的。课间休息，瞧见他贪吃的模样，小孩子们都会投去羡慕的目光，无非是想得到一点点施舍。

如果家家都去爆炒米花，说明过年的脚步愈来愈近了。

***

那个时候，爆炒米花，可得排队等候大半天。大年初一给长辈说上一大堆讨口彩的好话后，长辈们会抓上一大把炒米花。

爆米花机，这笨重的、黑乎乎的机器，很亲切，意味着人多、热闹，不光好玩，还有好吃的。有时候还会跟在爆米花大爷的身后走村串户，看爆米花大爷熟练地生火、加柴、拉风箱、摇手柄，爆过几次后操作流程都能记下来，最爱听的是“嘣”的一声闷响，最爱看的是那一股夹杂焦香味的黑烟散去，“嘣”响的同时，小伙伴们会兴奋地尖叫，这也是一锅爆米花时间里最开心的时刻。

老人打开小小的煤炉，铲了一铲煤加在炉子里，又从编织袋里舀出两缸玉米倒进葫芦状的锅里，拧好盖子放在火上，接着就左手拉动风箱，右手转动着锅把，“咣当咣当”地劳作起来。

鸡毛换糖：温州商人从这里开始

摆“鸡毛换糖担”的常常是一个长得黑黑的老人，一副担子，两个竹筐，每个竹筐上放着一个有玻璃推盖的木头盒子，盒子里面是各样的小玩意，你得用一年来积攒下来的鸡毛、破布头什么的交换他的“琴糖”、小拉炮什么的，有时也会到处找一些破衣旧鞋、废铜烂铁，一般不会用钱买糖，大人都没有钱，何况小孩子。

每逢家里杀鸡，小孩子都会盯着鸡毛的去向，一般用一把草包好湿乎乎的鸡毛，晒干，存好，等候换糖的担子。

那时候，我们并不知道“鸡毛换糖担”是从哪儿来的，过完年，它又去了哪里，“鸡毛换糖担”的老人和他的那些小玩意——整件事都透着一股神秘的气息，好像真的和雪花一样，来自遥远的魔法世界。

有一个玩伴在家找不到废品，就趁他妈妈不注意，将他妈妈烘手的铜脚炉上的铜盖头偷出来换糖。可是，他前脚刚到“换糖佬”身边，他妈妈后脚就赶到，边骂他“讨债鬼”边夺下他手中的脚炉盖。就在玩伴伤心啼哭时，其他玩伴将自己的糖分一点给他，他破涕为笑。

1979年3月24日，时任中共义乌县委办秘书的杨守春在《浙江日报》第二版发表了《鸡毛换糖的拨浪鼓又响了》一文，该文写道：

鸡毛换糖也是个苦差使。人家在喝酒吃肉欢度春节，他们却带着干粮，迎风踏雪，爬山过涧。数十天时间过去了，吴厚财身上掉了几斤肉，但收了鸡毛400多斤，且质量好。同时，还收得其他猪、羊、鸭毛以及骨头、塑料和胶鞋等破旧二三十种，纯收入达300元以上。他们美美地盘算起来，有了这笔钱垫脚，加上生产队发的款，再养4只大肥猪，日子就好过了。隔壁邻居也说：“今年的吴厚财可真发了财。”

文章一经见报，仿佛在油锅里撒了把盐，争论很大，读者纷纷给报社写信。廿三里一带的群众说，文章写得很好，是一篇“为民请命的好文章”；有个县的工商干部则以单位出面，加盖公章致信报社，责怪报社把关不严。鸡毛换糖违反国家政策规定，属投机倒把行为，本应严厉打击，报社怎么还为他们“请功摆好”呢？（李艳：《30年前，他“摇”响鸡毛换糖第一声》，2008年12月17日《金华日报》）

改革开放前后，义乌农民的货郎担里增加了针头线脑、纽扣玩具等小百货，交易物品也由“鸡毛换糖”变成小百货买卖。一些专为货郎担在当地配货的小摊贩，开始在廿三里镇和稠城镇聚集形成小商品市场的雏形。

1984年10月，义乌县委、县政府正式提出要“以贸易为导向，贸、工、农相结合，城乡一体化，兴商建县”。

从1982年仅有459户小百货摊贩的县城马路市场，到2017年成交额高达1226亿元的中国小商品城，一个由“鸡毛换糖”演绎的源头故事，已被“世界超市”的宏大叙事所替代。义乌小商品成就大市场的草根逆袭，得益于顺应民心，释放民欲，焕发民力。（参考刘荒：《谢高华：改革者也是思想者》，2018年12月16日《新华每日电讯》）

“皮皮鲁”和“阿童木”

70年代末的中国大陆经历着天翻地覆的巨变。文革后百废待兴，改革开放刚刚开始，文化、学术、思想乃至大众娱乐方面的思潮也在激烈地碰撞着。

1978年12月10日上午，“童话大王”郑渊洁展开一张稿纸，第一次尝试着写童话。经过几天的奋战，《黑黑在诚实岛》完成，字数为13000字。从此，他踏上了童话写作之路。在《黑黑在诚实岛》完成三天后，十一届三中全会就召开了，中国拉开改革开放的序幕。

郑渊洁在访谈录中说道：“在我眼里没有坏孩子，孩子都是好孩子，只有差老师和差家长才能制造出差学生，因为他们最‘擅长’发现孩子身上的短处，最喜欢告诉孩子‘你不行’，而实际上孩子都是夸出来的。”

正是这样一种立足点，让郑渊洁得到了小朋友们的追捧。很多人还记得他的童话《罐头小人》，就反映了小学中的教育体制问题。故事讲述了学校把学生按成绩分为优等生、差等生进行分别对待的故事。这种做法不仅伤害了差生的身心健康，还使得优等生对差等生也产生了排斥与歧视。

郑渊洁童话通俗易懂，却内涵深刻，他批评社会的怪现象，批评应试教育对人性的扼杀。他用童话故事讽刺成人世界，用孩童的眼光看待世界的丑恶。

郑渊洁说过：“如果一个国家的孩子说大人话，办大人事，那么这个国家的大人说小孩话，办小孩事。”

在《病菌集中营》里，一群有组织的病菌在皮皮鲁的带领下专门去寄生于那些贪官污吏的体内，让他们生病住院，为自己的行为付出代价。郑渊洁用幽默诙谐的语言，天马行空的想象，创造出跌宕起伏的情节，对贪官污吏进行了讽刺。

郑渊洁笔下的皮皮鲁、鲁西西、舒克、贝塔和罗克，引领孩子们进入了一个个美好纯净的童话世界。

随着大众对资讯和娱乐文化的渴求越来越大，一些欧美的电影、电视剧动画片也被大量引进，很多在后来成为了影响一代人的经典，而《铁臂阿童木》也正是这些最早踏入中国大门的外国动画片之一。

中国正式引进和播出的第一部海外长篇动画为《尼尔斯骑鹅旅行记》，但它的影响力不及随后的《铁臂阿童木》。

说来也很有意思，《铁臂阿童木》最开始并不是被直接引进中国大陆的。1979年，当时也刚进入中国大陆市场没多久的日本电子品牌“卡西欧”（也有一说为日立或是东芝）将已经在日本家喻户晓的动画形象“铁臂阿童木”作为形象大使，次年12月，“卡西欧”向中央电视台免费赠送了《铁臂阿童木》，其附带条件是捆绑播放“卡西欧”的产品广告。80年代初期，卡西欧公司想在中央电视台做广告，由于之前从没有外国公司在中国的电视中做过广告，因此中央电视台也不知该如何处理，最后经过双方的协商签订了一个交换协议，中央电视台播出卡西欧公司的广告，而卡西欧公司则出钱购买了动画片《铁臂阿童木》的播放权在中央台播出。此时离阿童木问世已经30年。

《铁臂阿童木》引进之时，正是国内娱乐资讯与资源最为匮乏的年代，它的出现及时填补了人们文化生活的空白。大众尤其是儿童们对这一突如其来的卡通角色充满了惊喜与好奇，他那极度充满想象力的故事情节，瑰丽多彩的未来高科技社会，形色各异充满人性的角色，天马行空的战斗场面，对人类本性的批判与自省，都对当时的人们产生了巨大冲击力。在阿童木的世界中，好坏并没有被分割得泾渭分明，而是更多地从人类本身的精神世界、内心感情进行剖析，其对人物的刻画与描写都脱离了传统文艺作品的僵化模式，令人耳目一新。

20世纪70年代，国家和人民开始“触底反弹”。十一届三中全会后，中国进入改革开放和现代化建设的新时期，套用当时一首歌曲唱的，从那以后，“幸福的花儿竞相开放，我们的生活充满阳光”，人民群众迎来了充满渴望和生机的80年代。

20 世纪 80 年代

1980年全国每人平均消费粮食428斤；1980年全国平均每人用于购买穿着的零售额为42元。城乡人民棉布消费虽未达到1957年水平，但穿着的质量大有提高。1980年皮鞋零售量达1.69亿双，比1957年增长8倍。1980年全国平均每人用于购买日用商品的零售额为42.4元。购买自行车、手表、缝纫机、电视机等占用的零售额比重，由1952年的0.5%提高到1980年的24.5%。1980年底城镇每人居住面积为3.9平方米，比1952年的4.5平方米减少0.6平方米。据1980年统计，农村平均每人有房11.6平方米。80年代，始于这样一个并不富裕的基础。但改革开放，打开了人们通向未来的信心。

《庐山恋》张瑜换了43套服装

电影《庐山恋》，不仅完美地呈现出了庐山的景色，而且还出现了当时罕见的吻戏；女主角张瑜片中的服装，换了43套；当年的新人张瑜也凭这部《庐山恋》，成为80年代观众心中的“梦中情人”。

当时还让张瑜穿着泳装去扮演那个角色，张瑜后来回忆：有一点别扭，就我和小郭穿着泳装，那我就有点儿不好意思，所以我就一直用这个浴巾包着，后来那个摄影师说你这么老包着，我也不知道这个曝光度什么样啊，我这么一闪，赶快一盖，就那么保守，就那么不好意思，直到拍的时候，才把这个浴巾拿下来。

张瑜后来还回忆，其实，当时生活中的自己，穿得非常朴实，非常简单，就是那种有点儿像“列宁装”一样的衣服，然后下面一条蓝裤子，要不就是蓝的，要不就是绿的，大概也就是这样的，我并不是像戏里一样，穿的那么时尚，那么时髦。

***

某部政委下了一道“禁令”：凡是有爱情内容的影片，一律禁止到部队放映。不仅如此，他还要亲自审批每月影片上映计划，禁映了不少影片，如《他们在相爱》《爱情与遗产》《海之恋》《庐山恋》等。

《庐山恋》电影海报

一天，新到一部影片《不是为了爱情》，文化干事去请示政委能否上映。政委一听，“不是——为了——爱情，”就说：“好！不仅可以上映，而且可以多放几场，让大家都受到教育。”当这位同志从影片中看到一些他意料不到的镜头时，大吃一惊，立即下令放映室停映。（1980 年 10 月 24 日《人民日报》第 8 版）

***

1981年，中央电视台文艺部会议上，提出要把四大名著搬上电视荧屏，最先提上议程的是《西游记》和《红楼梦》。《西游记》历经6年拍摄，《红楼梦》也拍了3年，两部剧作相继于1986年、1987年播出，一经播出即造就了轰动一时的收视奇迹。

《西游记》拍摄团队走遍千山万水，足迹踏遍26个省（区、市），拍摄过程之艰难堪比唐僧师徒取经。而《红楼梦》剧组则完全像在进行艺术创作，他们请来红学大师周汝昌等担任顾问，来自全国各地的演员们一起生活，一起学习琴棋书画，做形体训练，研读曹雪芹的《红楼梦》原著，就是为了沉浸式培养角色气质。这几部电视剧后来重播过多少次恐怕数也数不清楚。在接下来几十年的无数个暑假和寒假里，人们总能在自己不断更新换代、不断变大变薄的电视机里，看到那些熟悉的面孔，演绎着熟悉的故事。

《血疑》引发的名人效应：满大街“幸子衫”“光夫衫”

1982年，随着日本电视连续剧《血疑》的播放，山口百惠和三浦友和一起，成为当时许多人最喜欢的明星。幸子身世之谜，大岛茂深沉的父爱，光夫执著不悔的爱情……沉重的故事却浸染了爱情的曼妙和轻盈，主人公成为中国的超级偶像。

当时，满大街“幸子衫”“幸子头”“光夫衫”“大岛茂包”不仅让个体户赚个钵满盆满，也让中国大众第一次明白了什么叫“名人效应”。

于萍在《〈悠长假期〉与“哈日”风潮》（载于《三联生活周刊》总316期）中回忆：

***

1982 年的《血疑》完全是今天青春偶像剧的套路。面孔青春的山口百惠饰演的幸子嘟着嘴，貌美如春日的铃兰。

短上衣“幸子衫”是时髦女青年的最爱，当时的报纸说：“日本电视剧《血疑》上映期间，有个针织厂积极组织生产一大批幸子衫，迎合一些青年人的弄

《血疑》主人公剧照

潮心理，结果所产商品，被抢购一空。”

一个身穿幸子衫苦兮兮站在风里的短发女孩，简直是当时青年男子在那冷酷世界中唯一的火苗。现在谁也不会再将短款针织衫叫作“幸子衫”，愁肠百转的爱情与歌声只在怀旧时一闪而过，唯一偶尔提起的只有已嫁夫生子的山口百惠，44 岁的昔日偶像，如今微有发福，美人迟暮。

***

红裙子正当红：不要太多情，不要假正经

20世纪80年代初，中国人开始意识到：穿衣服“出格”一些，不一定与意识形态的健康与否有必然联系。

1981年4月21日《北京晚报》报道，北京市友谊时装设计了一种新式样的连衣裙，玲珑俏丽、独具风格、美观大方，一上市就受到了广大妇女的青睐。

1984年拍摄的电影《街上流行红裙子》，反映的是纺织厂的女劳模与漂亮裙子之间的矛盾冲突，由当时的偶像级女星姜黎黎和赵静主演。银幕上的“红裙子”，是中国女性从单一刻板的服装样式中解放出来，开始追求符合女性自身特点的服装色彩和样式的标志性道具。

***

80 年代初上海大丰棉纺厂。来自乡下的女工阿香，听说上海的姑娘有比赛穿漂亮衣服的习惯，名为“斩衣”“斩裙”，便托卖服装的个体户“小铃木”买

排练交际舞时，好多女士都首选穿红裙子

来漂亮的红绸裙穿在身上，以此抗拒女工们讥笑她是乡下人。劳模陶星儿很喜欢这件红裙，悄悄往自己身上比试。阿香发现陶星儿穿起红裙十分漂亮，便邀她同去公园中“斩裙”。值班长却对袒露肩臂的红裙十分看不惯，陶星儿便悄悄为这件红裙加上白领白补贴。结果又被女伴们七手八脚扯掉了。

在同伴们的怂恿下，陶星儿终于与女工们一起来到公园中。她鼓起勇气，独自走在众目睽睽的人墙间，与五颜六色的各式裙衫大胆比美，把所有美衫美裙“斩”得落花流水。从“斩裙”中陶星儿感到心神舒展，开始觉察到旧观念对自己的束缚。

***

与红裙子同时，一部名叫《红衣少女》的影片一公映，立时成为时尚的标签，红衣风靡全国，连同片中一句经典对白：不要太多情，不要假正经。

1986年7月12日，《中国纺织报》在第28期第4版登载了一篇有关北京早期服装市场的稿件，题目是《北京流行黄裙子》。红裙子一统天下被迅速瓦解，女性着装进入了红黄并存的鲜艳时代。

“毛泽东的孩子们穿起了时装！”

1980年，中国第一本时尚类杂志《时装》在北京创刊。这年夏天，由北京橡胶厂设计的半高跟胶底女凉鞋投放市场，很快受到女性的追捧。

1981年中国大陆的第一支时装模特队成立，尽管当时只以“服装广告艺术表演班”的名义招生，但令举办者感到意外的是前来报名的人数是预计的4倍。三年后，这支表演队出访欧洲，引起了轰动。西方舆论惊呼："毛泽东的孩子们穿起了时装！"来自中国的时装旋风，带给世界一个开放的新形象。

1984年10月，北京中央美术学院、解放军艺术学院等10所艺术院校在《北京晚报》联合刊登启事，为美术系公开招聘模特儿。

这是建国以来第一次。

这项启事吸引了171个报名者，大多数是待业青年。在他们中要精选出20名女性和10名男性模特儿，年龄在17至30岁之间，每月固定工资40元，每小时造型时还可以得到津贴，预计每月收入可以超过100元，聘用合同以半年为期。

以前学校请模特儿都是靠教师学生介绍，自从经济政策允许发展个体户以后，找模特儿越来越难了，有关院校建议公开招聘，文化部同意了。

由于封建旧传统观念的束缚，做模特儿被认为是羞耻的。有些报名者不敢告诉父母，要求不要公开自己的名字。

1985年，一位年仅19岁的农村姑娘陈素华，在一个偶然的机会里，被女友介绍去南京艺术学院当人体模特儿。

陈素华赤身裸体给人画像，这在当地人眼里简直是邪恶。父母亲终于明白了女儿干的"丑事"，怒不可遏，不让她再出门去"丢人现眼"。乡村里，天天有人来看"新闻"。走到哪里，都有人戳着脊梁骨骂她。她终于被逼疯了，脱光了衣服往屋外跑。

93岁的刘海粟大师，知道陈素华被逼疯的消息后，特意寄了1000元港币。（天天：《蒙难人体女模特儿的畸型家庭》，1988年10期《家庭》）

比基尼的首次亮相

1986年11月，在深圳举行了全国第四届"力士杯"男女健美比赛，这是中国女子健美运动员第一次着装比基尼比赛服（包括两片相连的乳罩和一条三角短裤，俗称"三件头"），在一年一度的全国最高级的健美比赛中首次亮相。

***

大会组委会新闻宣传部黄序作部长25日午夜接受记者采访时说：这次比赛是由深圳市健身会根据最新国际规则提出方案，经组委会批准后举行的。男女比赛服装按国际比赛要求，女运动员要穿比基尼健美服参赛。"三点式"俗称不妥，容易引起人们的曲解。比基尼健美服是国际健美协会竞赛规则规定穿的服装，这和击剑运动员穿的击剑服，摔跤运动员穿的摔跤服一样，是比赛的需要，评分的需要，不应该有什么大惊小怪。（郭殿卿：《男女健美邀请赛日前在深圳揭幕》，1986 年 11 月 30 日《生活周刊》）

***

从深圳掀起的比基尼冲击波从南到北震撼着中国这块古老而又保守的土地，从此女子健美热迅速传遍祖国大地。这应了西方一句俗语："比基尼告诉我们生活中最美好的事物就是自由。"

1986年，上海舞剧院一团在杭州歌舞晚会上，身着三点式比基尼鲜红泳装的女演员出场表演了《健美舞》，出场时并没有引起观众的异常反映。事后有人指责不宜在舞台上"过于暴露"。

在我国，对于大部分女性来说，比基尼还只是一种只可远观的装束。海滩边，多是穿着相对保守的泳衣的女性

"美在花城"开选美先河

1985年初，广州市团委策划了一次选美活动，叫做"首届羊城青春美大赛"。这在新中国的大城市还是第一次。

2月3日晚7时开始的预赛，不仅要面试形体仪容，而且要笔试文化知识；不仅选女也选男。共有550多位俊男靓女参加初赛。通过了预赛的130多人于2月14日在广州少年宫参加初赛。参赛者有的当场要进行表演、唱歌、跳舞。

1985 年，广州“青春美大赛”男女选手们的合影

初赛之后，选美比赛突遭非议，官司一直打到北京去。老先生们议论纷纷，他们认为广州搞选美是资产阶级自由化，只讲穿着打扮，不要艰苦奋斗。

***

当时中国第一家中外合资的五星级大酒店——中国大酒店的公关经理常玉萍小姐主动联系我，并与主办单位谈妥独家赞助决赛的场地。她请来了香港的美容化装专家和发型专家来广州免费为参加决赛的十男十女扮靓。现在回想起来，那一次也是公关小姐、美容师、发型师这些新兴行业在中国第一次亮相。1989 年，广东电视台以常玉萍为原型拍摄的电视连续剧《公关小姐》曾风靡全国。

3 月 6 日，决赛在广州中国大酒店举行，选出五男五女为“羊城之星”。获得女子冠军的是谢若绮。她当时是白天鹅宾馆总台首席职员。在决赛中，她舞姿优美、歌声甜润、口齿伶俐，对司仪用英语提问也能对答如流，倾倒了全场近千名观众，也博得评委的赞赏。获得男子冠军的是汪子健。不过由于有关方面的干涉，这次选美的图片在内地不许见报。(**安哥 :《先锋国家历史》**)

***

1988年，广州电视台推出第一届“美在花城”广告新星大赛，被认为开内地变相选美之先河。同年，新丝路中国模特大赛始创，开中国模特业历史之先河。

尽管“美在花城”内容与目的完全符合选美活动的内涵，但在当时只是以“模特大赛”来冠名，没有出现“选美”字样。据“美在花城”大赛艺术指导委员会主任宁肖周回忆，对于这样一个类似破冰的活动，效果一度很令人担心。然而，出人意料的是，报名非常火，在15天的报名期内竟然有几千人报名参赛。当时的参赛要求是，年龄在18～25岁之间，未婚、未育，无犯罪记录等。

当时的评选标准主要在两个方面，一个是学历和特长，另一个是长相、才艺等，也包括对身材的要求，不过这一点被叫做整体表现。“那时也纳入了泳装环节，不过那时的泳装还比较土，不像现在这么时尚。”宁肖周说。（参考肖鸣镝、高巍《选美在中国从洪水猛兽到家养宠物》，2008年7月13日《华商晨报》）

“西服热”席卷全国：“中山装，再见”

1983年8月8日《工人日报》报道，西装短裤最近风靡上海，雪白的、米色的、浅绿的西装短裤，配上金色的腰带、中统丝袜、高跟凉鞋，成为上海姑娘时兴的夏装穿着。

1984年，上海一家照相馆的橱窗里还立有写着“这里出租西服”的牌子，以此迎合人们喜欢穿西服照相的爱好。

当时最著名的王开照相馆，才有婚纱、西服租借，在依旧流行中山装的70年代末和80年代初，在普通照相馆很难找到一件西服，有的新郎拍照时穿的西服还是新娘在婚前亲手做的，虽然领子看上去还有点皱皱巴巴，却已然成为时尚一族。

后来便有了“中国特色的西服”，但没有用领肩熨压机压过，所以穿起来总有一种马褂的感觉。而且看上去特滑稽的是，穿西服者总保留着袖口上的商标，脚上还是一双布鞋。1987年11月2日，中共十三届一中全会召开后，新当选的中共中央政治局五位常委，第一次集体穿西服亮相，掀起全国的西服热。

曾任《时装》杂志社社长周长青说，西装热开始逐渐遍及大江南北、城市乡村，西装大普及是对盛行多年的“老三装”的反动，其深层的原因是基于对政治体制改革的渴求。《时装》上转引了《东京新闻》上的文章标题：“中山装，再见”（参考《时装》1983年特刊）。著名设计师郭培回忆说，80年代刚从事服装设计时，她曾经设计了一款白色一粒扣西服，用的原料是9毛一米的库存桌布，生产出来后，“卖得那个好啊，卖时装就像卖大白菜一样。”机关里的干部，工地上的工人，市场上卖菜的……满大街，不分人群，到处都流行穿西服。“全社会都是白领了。”

但这个阶段人们不太会穿西装，在什么场合穿西装并不讲究，尽是皱巴巴的不成型。西装里还有垫肩。因为成品服装还比较少，加上也比较贵，一般都是到裁缝店去做。各种各样西装在服装店里冒了出来，每家裁缝铺都做西装，什么料子都能做西装，随便贴个商标就敢穿在身上。

西服开始走进普通人的生活

当时好多种衣服上都要放垫肩

那时男士喜欢把双排纽扣西装解开，裤子上爱挂一串钥匙。

***

1984 年春天，一位香港的亲戚写信给刘先生时，附上了一张生活照。“看到他身上穿的那件西装，我眼前一亮”，刘先生当时完全被照片上的花格子西装迷住了。一心想赶时髦的刘先生拿着照片找到一家裁缝店，花了 200 多元，做了一件花格子西装。

拿到西装后，刘先生却开始退缩了。“图案确实有点‘花’”，他父亲看到这么“花”的一件西装，也给刘先生做起了思想工作：“太不稳重了。”就这样，刘先生将西装挂好放进了衣柜。

1985 年秋天，他出差到广东时带上了那件西装，“不穿太浪费了，沿海地区肯定比我们这边开放”。一开始，刘先生还有些担心，到那边一看，人们大多衣着时髦，“我穿一件花西装，根本就不算什么”。刘先生说，那是记忆中穿这件衣服最坦然的一次。回到贵阳后，他又把西装挂好放回了衣柜。(**《一件花格子西装的故事》，2008 年 11 月 17 日《贵州商报》**)

***

原中国服装工业总公司总经理于宗尧回忆：那时的款式太一般了。1986年我去法国，我带了两套西服，还有一件上衣。到那觉得这衣服都没法换了，面料、款式、做工都不行，和人家的比太差了。于是就穿着那一套衣服待了好几天。第二年是带模特队去的。领队的女的在后台掉眼泪了，觉得跟同台表演的外国人没法比。那时候就感觉到我们衣服款式的落后。

假领子：讲的是个“面子”

假领子的发明，才是真正的原创产品。

鲁迅先生曾说：“面子是中国人的精神纲领。”

据说是时尚之都的上海人创造出了假领子，因为这个城市的人讲究“面子”，年轻人不穿件衬衫，总觉得不大对劲，尤其到了天冷的时候，光穿毛线衣，里面没有领子，就会变成难看的“和尚领”。

的确良假领

花格假领

假领子其实是真领子，但它不是一件真正的内衣服装，只是一件领子而已。它有前襟、后片、扣子、扣眼，只保留了内衣上部的小半截，穿在外衣里面，足以以假乱真，露出的衣领部分完全与衬衣相同，所以美其名曰“假领子”。

假领子用零头布做，不收布票，也便宜，像衬衫一样尺码齐全，非常受年轻人的青睐。有些人会备上好几条：白色的、灰色的、浅咖啡色的，轮换着穿。平常上班一般穿深颜色的，耐脏。里面穿一条假领子，外面是毛线衣，再外面是中山装，对着镜子一照，感觉还挺好。如果里面的假领子是红格子的，在那时候也算是很惊艳的一抹异色了。

而且假领子还要从上海南京路上买来的“上海货”才像样，因为上海产的假领子是树脂领，相当挺括。有了假领子，即使去相亲或者和女朋友见面，也不会心虚。但有一点要注意，房间里温度高了，额头上出汗了，可以脱去外衣，毛线衣万万脱不得的，因为里面的“假衬衫”就只有前面的两片布，后面一片布，再加两三个纽扣，还有两个布带套住臂膀，以防“假领子”向上“跑”出来。

如今有上海人甚至愿意出高价购买当年的假领子，只是物质生活飞速发展之后，作为过渡手段而退出舞台的假领子已经很少再有留存了，它属于集体记忆，属于谈资，属于见证。

如果你继续穿牛仔裤，将被拒绝录取

20世纪70年代末80年代初，中国的年轻人，开始迷上牛仔装、T恤衫、不戴胸罩等简便化的服装，并形成对抗传统文化的街头时尚。

曾任《时装》杂志社社长的周长青清楚地记得，80年代的一天，在周围人还穿着普通的灰蓝色中山装时，他看见妹妹穿着一条紧绷绷的牛仔裤回到家，裤子把大腿包裹得紧紧的，走起路来屁股一扭一扭的，他看见后非常生气。在周长青看来，那不是正经人穿的裤子。

当时，这并不是周长青一个人的想法。上海某大学在招收研究生时，曾对一名考试合格的学生提出要求：如果你继续穿牛仔裤，将被拒绝录取。

正如著名电视主持人李静所说，我们都是70年代生人，都有过穿上第一条牛仔裤，被骂着脱下来的经历。

1985年6月13日《工人日报》报道，随着牛仔裤的兴起，一种与牛仔裤相配套的女凉鞋应运而生。牛仔女凉鞋投放市场后，大受欢迎。

1985年12月6日《工人日报》报道，国外流行的巴拿马裤，最近在我国各大城市面世，迅速风靡全国，大有代替牛仔裤的趋势。

1985年，上海最大个体服装市场首次出现了苹果牌牛仔裤，售价是25～30元，当时买一条苹果牌牛仔裤可是要从新穿到坏的，因为太贵了。

1985年2月24日的《生活周刊》，刊登了署名“肖舟”的读者来信，信中说，我已28岁了，还没有女朋友。不久前，师傅给我介绍了一个对象，并悄悄地告诉我，约会那天，姑娘的父母要候在远处瞧瞧，让我到时衣服要穿得讲究些。邻居阿祥热情地建议我：“小格子呢的茄克衫配水洗牛仔裤是最流行的，活泼、富有时代气息，穿着能衬托出人的体形美。”我就决定这么装束了。没想到约会后，人家姑娘传话来，说我这一身打扮瞧着别扭，对方父母也说他女儿老实，怕和我不相称，第一次约会就这么告吹了。

牛仔裤

80年代，来自世界的时尚蜂拥而至，也悄然在中国人的服装上留下印记

军大衣：中国人的保暖神器

80年代中期，陡然又见中国民众在冬季来临时，不分阶层、不分男女、不分职务、不分老少地几乎每人一件军绿色军用式棉大衣。

究其原因，一是时髦青年进入舞场等娱乐场所后，需要着装单薄，而当时交通工具又以自行车为主，所以室内服装无法适应室外的寒冷气候，购一件裘皮大衣按当时的经济水平又很难做到。加之刚兴起来几年的防寒服衣身太短，不能保证腿部温暖，这时的权宜之计就是花上相当于一般月工资三分之一的价格去购一件价廉物美的军绿色棉大衣。

年轻人一旦率先穿起，军大衣就成了新潮时装。

或许是军大衣确实价格适中，又暖又轻，或许是中国人求同从众心理很强，一时各工作单位发放福利品时也常有军大衣。各级领导干部去工厂、农村视察、检查工作及劳动时，凡冬日总是以军大衣为外套的形象出现。再接着，离退休老干部、中青年医生和教师等也都以军大衣为现代、年轻、精力充沛且不脱离群众的象征。

这股军大衣风刮了近十年，直到90年代初期，皮衣大量上市，且低、中、高档价格能满足不同经济水平的着装者需求，人们才开始舍弃军装包括“军大衣”。（参考华梅：《中国服装史》，中国纺织出版社，2007）

军大衣

“五讲”“四美”

1981年2月，全国总工会、共青团中央等九个单位，联合向全国人民特别是青少年发出倡议：开展以讲文明、讲礼貌、讲卫生、讲秩序、讲道德和心灵美、语言美、行为美、环境美为内容的“五讲”“四美”文明礼貌活动。“五讲”“四美”，进入了国人的日常生活。

1981年2月12日的《中国青年报》报道，北京高校大学生以及全国有上进心的青年，都开始一窝蜂地研究美学，到处都能听到有关“美的本质”的讲座。和这些讲座一起风行的，是萨特、尼采、叔本华等西方哲学，在大学校园掀起波澜。

1981年5月1日《北京晚报》报道，北京王府井中国照相馆今年开设了生活摄影室，专门拍摄五寸彩色照片，几个月来深受群众欢迎。

1983年2月18日，上海《青年报》就如何看待青年美容问题，采访了著名整复外科专家、上海第九人民医院院长张涤生教授。张教授主张，仪表美应该大力提倡，心灵美更要着力追求。所谓心灵，才能手巧。后来张涤生院士一直认为：“心灵的美丽表现在眼睛、表情、一颦一笑、举止步态、修养、服饰以及语言、心态等诸多方面。美容外科医生能做的，只是表面的一部分而已。”并重申：“还是那句话，‘真中求美，美不离真’，才能让你得到身心健康的美。”

1985年2月14日《北京晚报》报道，北京绢花厂平均每日向市场销售三万元人造花，最高时达六到七万元。人们越来越注重审美。

“露美”：开在淮海路上的中国第一家美容院

1983年，在中国人刚刚告别黑、灰、蓝记忆的年代，“露美美容院”在上海市淮海路马当路口开张，当时的市妇联主任曾感慨，上海人的“黄脸婆时代”即将结束。

开业当天，美容院门口就排起了长队，全是闻讯而来的年轻姑娘们。日本NHK电视台、美国PBS电视台、瑞士国家电视台、法国、荷兰、联邦德国等一些国家和中国港澳地区的记者前来报道，发出惊呼：“爱穿蓝布衣的中国妇女，现在竟然排队做美容！”

“露美美容院”的名字，曾代表了一股美容热潮席卷全国，并作为“中国妇女生活方式解放的标志”，曾与上海证交所、和平饭店老年爵士乐队并称为上海改革开放的三个标志。

那时做一次全套美容要20多元，简易美容一次8元，这在当时的上海已经属于高消费，但仍然挡不住越来越爱美的人们。很多新婚夫妇甚至从浙江、江苏、东北慕名而来，当作是蜜月旅行中的一项安排。

作家程乃珊回忆说："当时的女人如果能一直在露美做头做脸，是一种身份的象征。那时的时髦女郎流行一句话，'阿拉是到露美做的美容。'"到1988年，露美就在全国开设了8家连锁店。

露美，2009年5月8日在铜仁路重新开张。（参考李祎：《上海第一家美容院今重新开业》，2009年5月8日《东方早报》）

1985年9月6日《深圳特区报》报道，深圳市人民医院开设的医学整形美容中心，吸引了不少男士光顾。

"人工乳房"手术需要300多元

***

> 一位纺织厂的青年女工打电话给上海橡胶研究所硅橡胶室的科技人员，说她自从装上了该所研制的"人工乳房"后，已经喜获佳偶，她邀请所领导喝喜酒。据橡胶所统计，一年多来，他们共为整容青年提供"人工鼻梁"一万多例，"人工乳房"400多例。（木危：《青年舍得向美容投资》，1986年8月24日《生活周刊》）

***

"人工鼻梁""人工乳房"的门诊受到青睐，进行"人工乳房"手术，需要300多元费用，这在当时，花费是比较贵的。可不少女青年并不计较价格，求治者仍然很多。

1983年1月，北京医科大学附属第三医院，著名外科专家王大玫教授主刀，张克莎成为中国首例变性人。张克莎，1962年出生于大连一个部队高干家庭，成长于长沙。20多年前，张克莎曾在广州军区总医院当兵，当时还是男儿身的"他"就公然留披肩长发，因外表女性打扮而被退伍办拒绝接收，后只身南下东莞石龙，混在女人堆里打工。

手术后，张克莎回到长沙，在友谊商店做售货员，可是却被人们当作怪物一样观看，后来她远嫁一个比她大30多岁的香港商人，想彻底割断过去，以女性身份隐居生活。在香港她做过很多工作，但是并没有逃出过去的阴影，被人拿她的变性史来敲诈勒索，她被迫远走台湾。

80年代的发型革命："菜花头"和"波浪头"

80年代初，大多数学生仍喜欢扎70年代普遍流行的麻花辫，而那些已经工作了的年轻女孩却纷纷剪掉了长长的大辫子，取而代之的是短短的卷发。有的留起"招手停"式的硬硬刘海，有的还将头顶的头发稍稍拱起后用发夹固定，据说这是"增高"的好手段，很受小个子女孩的欢迎。

当时一些年轻姑娘，硬是把长到腰际的头发剪了，竟然一点都不心疼。烫了一个流行的"菜花头"，觉得一下子时尚起来了。有些曾经烫过的"菜花头"，留长之后就成了浪漫成熟的中长卷发，也称"波浪头"，这个优雅的发型一时为女星们所喜爱。当时的《大众电影》《电影世界》等杂志封面上，龚雪等影星常以中长卷发出现。对卷发一往情深的人担心睡觉时头发被压直，还要在睡前用卷发夹把头发卷一卷。

当时为了省钱，许多人都不愿去理发店，而是买了发卷自己做，经常可看到头顶满头发卷的人走上街，成为那个年代的独特风景。《血疑》和《排球女将》的播出，让剧中两位日本女星的发型相继成为风靡一时的流行范本。把额角两侧的头发扎起小辫来，便能把有碍运动的披肩发变成运动感十足的"小鹿纯子头"，而幸子的小短发则至今都未过时。

1983年，内地第一次播放了香港电视连续剧《霍元甲》，剧中演员黄元申和梁小龙剪的那种前面有刘海、后面长及脖子的发型，开始流行于年轻人中。

80年代是港台剧在内地风靡的黄金年代，林青霞的中分直发作为经典的琼瑶女郎发型成为流行到今的清纯流派；那个年代比较经典的发型有"徐小凤头"和"肥肥头"，至今都是香港电视玩复古的范本。

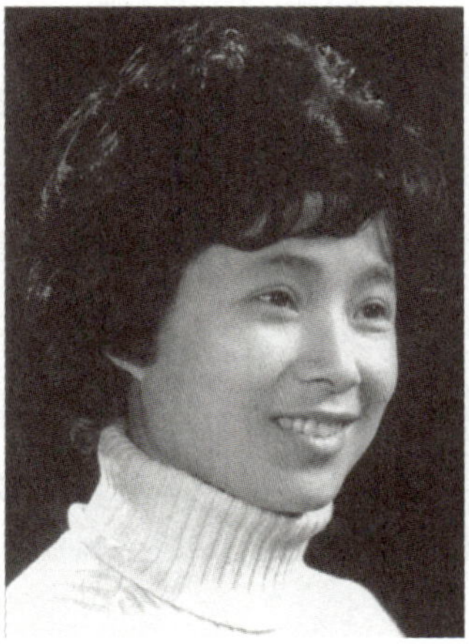

80 年代时兴烫发，《血疑》中的发型深受当时姑娘们喜爱

浪漫优雅的中长卷发

到了80年代后期，烫发逐渐普遍起来并开始有了不同的造型。大辫子渐渐消失了，取而代之的是一种呈向外爆炸型的烫发，整个头发都向外“爆炸”，走起路来满头都是卷卷儿在空气中抖动。

当时也有借助摩丝等超强力发胶打造的“钢丝头”。若干年后，湖南卫视出品的电视剧《丑女无敌》中的林无敌，就是这个发型。

泰丰楼饭庄率先实行先消费后付款

1980年2月9日，北京烤鸭店恢复“全聚德”老字号，预示着对商品品牌的尊重。1986年，京城出了独一份的豆花饭庄——力力豆花庄。

其他80年代恢复营业的老字号——1980年恢复的以“四做鱼”为特色的鲁菜馆致美斋；1983年恢复的以“霸王别姬”和“子龙脱袍”“炒米粉”为特色的湘菜馆等。

开业于光绪初年的泰丰楼饭庄，是旧北京“八大楼”之一。泰丰楼原址在前门外繁华的煤市街，1952年歇业，1984年恢复，1985年在全国第一家实行先消费后付款，对全国餐饮业产生了广泛影响。

“唱戏的腔，厨师的汤”，在传统烹饪技法中，汤对菜的味道至关重要。泰丰楼每天要用活鸡、肘子吊高汤，保证了菜品的自然鲜美和健康。

全聚德匾额

悦宾饭馆打卤面吃得外国记者两眼放光

1980年，北京第一家个体饭馆悦宾饭馆开业，随后，越来越多的饭馆出现在北京大街小巷。

1980年9月30日，北京内燃机厂炊事员郭培基出门上班前，帮爱人刘桂仙生了炉灶。下班时，他被眼前的景象吓呆了——自家被人群里三层外三层地围着，人都排出了胡同口，排到了五四大街上。老街坊扯了扯他的袖口，小声问他："你家饭馆都开了，你还上什么班？快回家看看，来了好多老外。"

当天中午，炉火一直没灭，刘桂仙便用仅剩的36块钱买了4只鸭子，打算烹饪出几道菜，让邻居们尝尝。结果，消息不胫而走，嗅觉灵敏的西方媒体记者蜂拥而至。郭培基进屋时，有三个外国记者没吃上开张头餐不愿意走。郭培基向邻居借了点面条，做了几碗打卤面，几名外国记者吃得两眼放光。

美国合众社记者龙布乐后来在他的报道里这样写道："在共产党领导的中国的心脏，美味的食品和私人工商业正在狭窄的小胡同里恢复元气。"

悦宾饭馆的名声还是越来越响。1981年春节，国务院副总理陈慕华、姚依林到悦宾饭馆拜年，鼓励郭培基夫妇"把买卖做大"。有了"大人物"的肯定，夫妇俩高兴地买了一麻袋鞭炮，让孩子们都放了，足足响了半个钟头。

《北京第一家个体饭馆店主讲述改革开放》(载于2008年11月25日《京华时报》)中记载：

***

陈林是悦宾饭馆的老主顾了。蒜泥肘子、锅烧鸭、五丝桶、扒白菜等悦宾的几道招牌菜，一直是陈林的最爱。在当时的北京餐馆，菜色少得可怜，不是每家都能做出这样的美味。

悦宾开张后不久，陈林从《北京晚报》的头版看到了这个消息，正在上高中的他央求父亲带他去排队尝鲜。至今他还记得，在那个下着雪的冬夜，一家三口在等了两小时后，终于能够挤在狭窄的角落里，点了三菜一汤——锅烧鸭、鱼香肉丝、扒白菜以及鸭架豆腐汤，杯碗碟堆了一桌子。父亲因为高兴，还特意要了一瓶 3 毛 9 分钱的啤酒。

"从没吃过那么好吃的菜。"陈林回忆着自己满嘴是油的幸福表情，重复当初在悦宾饭馆里的感叹。这顿饭花费了不到 4 块钱，相当于当时陈林家四天的伙食费。

这顿饭之后的很长一段时间，陈林在家吃饭都没胃口。在冬季的北京，桌上的主角永远是大白菜、土豆、萝卜、白薯。母亲会翻着花样搭配，每周还能吃两次鸡蛋、一次猪肉。

***

“如果我能在北京开马克西姆……”

1983年9月，距离翠花胡同不远的崇文门西大街2号，一家门脸并不起眼的法式餐厅正式营业。

这家名为马克西姆的餐厅是皮尔·卡丹在中国的第一笔投资，也是中国第一家中外合资的餐厅，中资方是北京市第二服务局。当时北京的西餐厅只有“老莫”、和平饭店、大地等几家，且均以俄餐为主。

经过9个月的装修，北京马克西姆餐厅几乎将巴黎的马克西姆复制了过来。当时任职于第二服务局的何之绂说，餐厅的壁画是法国古典风格，其中有不少不着寸缕的人体画。中资方就此上报文化局和公安局请示，结果这两家也拿不定主意该如何处理，一路上报至中央，一位副总理最终决定原样保留。

皮尔·卡丹在餐厅的开业仪式上说：“如果我能在北京开马克西姆，那我也能在月亮上开马克西姆！”餐厅从装饰、口味到服务，均是纯正的巴黎风格，只是人均200元的消费，在那个时代足以令月收入几十元的国人望而却步。（参考《北京第一家个体饭馆店主讲述改革开放》，2008年11月25日《京华时报》）

如今的马克西姆餐厅

义利快餐厅：音乐、西餐、轻曼的灯光

1984年4月20日，中国第一家西式快餐店“义利快餐厅”，在北京西单南口的西绒线胡同正式挂牌开张。

当时的市领导张百发前来剪彩。西方国家驻京记者闻讯而至，美联社记者采访后，发出的电讯稿将之比喻为“中国改革开放的又一次进行”。

“京城第一家西式快餐厅将于4月20日举行挂牌仪式，开始招待中外客人。”这是当时《北京晚报》的报道。消息一经透露，当天，义利快餐厅150平方米的店堂挤满了来宾，大家品尝汉堡包、火腿三明治、香浓咖啡……人们从北京的四面八方赶来，为的是体验一种从未有过的新鲜感；还有一些外地来京出差、办事的人，把这儿当成京城改革开放的一个窗口，从中学习一种精神。

张卉郑、德金在《中国第一家快餐店拆除　京城百姓告别义利餐厅》（2002年4月20日《北京晚报》）中记录道：

***

> 义利食品有限公司办公室主任王蓬回忆说，当时来得最多的就是知识分子，音乐、西餐、轻曼的灯光，这一切在当时最为时尚的东西立刻深入人心。义利快餐厅自开业的那一天起，几乎每日顾客盈门，座无虚席。当时经常来这里吃饭的顾客，大多是以衣着入时的大学生和文艺界、体育界、新闻界人士居多，也许这部分人最易于接受新事物。曾供职于新华社新闻研究所的郑德金仍难忘第一次到义利快餐厅就餐时的情景。回忆的表情充满了悠然神往之色。

***

义利工人在面包车间紧张忙碌

中国老字号义利生产的食品

那是该餐厅开业后的一天，走进餐厅，轻音乐扑面而来，空调机送来清新宜人的空气。餐厅店堂布置得典雅豪华，右侧是一排明亮的大镜子，使有限的空间变得开阔了。奶油色带花纹的高级装饰板镶嵌在四壁和天花板上，整洁的方桌和考究的坐椅排列有序，可调节的灯光，轻曼地洒在明净的水磨石地板上，给餐厅披上了一层温馨的色彩。

这里的新鲜玩意儿真不少：顾客洗完手，水池上就是一个小小的热风机，不到1分钟就可把手烘干；开票的服务员使用一台电子计算机，又快又准；取货处，顾客所要的食品都放在一个托盘里，端起来很方便；冷饮的杯子、小勺、吸管都是一次性的。”

肯德基和麦当劳

1985年4月20日《北京晚报》报道，北京市东城区华庆中式快餐每天从上午9点到晚上6点出售出六七千份，平均每分钟卖7盒。

1987年的一天，人们突然在北京前门看见一家餐厅，招牌上是一位一身西装、满头白发及山羊胡子的老头形象。后来才知道，这位老头是美国的山德士上校，餐厅的名字叫肯德基。

1990年10月8日上午，内地第一家麦当劳餐厅才在深圳市解放路光华楼西华宫正式开业。这家餐厅拥有500个座位。如今黄色的“M”标志在中国的大中城市随处可见。

***

肯德基开业当天，家住垂杨柳的冯恩荣10点钟就带着儿子张爽出门，她想让儿子去尝尝洋快餐的滋味，倒了两次车后到了前门。“到店门口一看，那队排的，愣是从店内一直排到马路上。”

“虽然下着雪，但门口排队的人群快要挤爆了，工作人员不得不打电话求助公安来维持秩序。最后公安出了主意，在外面排队，一次放几个人进去，当时队伍在外面绕了一圈，一排就两小时。”排了近两小时，母子俩终于从马路上排进了屋子里。在店门口，张爽对那个留着山羊胡子、和蔼可亲的山德士上校雕塑产生了兴趣，他好奇地把手伸向山德士大叔端着的炸鸡桶里。在他身后，穿着黑色和蓝色衣服的人们排成了望不到头的长队。张爽最喜欢的是包装食物的纸盒，对于一个小孩而言，唯一能让快乐延续的办法就是把包装盒都带回家。吃过饭后，他把纸盒还有纸杯子统统带回了家。回到学校，张爽作为第一个去吃肯德基归来的小孩简直恨不得在自己脸上画上“KFC”三个字母，他满脸通

北京三元集团有限责任公司与美国麦当劳合资兴办的麦当劳快餐店

红地向同学“布道”，还把一个纸质的饮料杯带来以供“朝圣”。所有的同学都痴痴地听着，口水咽下去，都能听到“咕咚”的回响。“我一看到这些漂亮的东西，就能再把那个美味的炸鸡味道在脑子里回味一遍。现在想来，这简直是我成长中最好笑的事情之一。”（《舌头的回忆：雪中排队两小时只为尝尝洋快餐》，2008 年 10 月 21 日《北京晚报》）

***

肯德基的成功也让其他的洋快餐看准了中国这个巨大的市场，必胜客于1990年在北京开设第一家店。1992年4月，北京的王府井开设了当时世界上面积最大的麦当劳餐厅，当日的交易人次超过万人。随后的几年间，洋快餐在中国得到了迅猛的发展，一些洋快餐品牌的分店在中国已经逾千家。

青少年开始以吃肯德基作为时尚潮流。甚至有新人选择在肯德基举办婚礼，完事还将包装盒带回家，摆在客厅的显眼处。

走过咖啡屋

80年代，有两首歌曲，让习惯于饮茶的国人，对咖啡发生了兴趣，并浮想联翩、欲罢不能。

***

一首是邓丽君演唱的《美酒加咖啡》：美酒加咖啡，我只要喝一杯，想起了过去，又喝了第二杯。明知道爱情像流水，管他去爱谁。我要美酒加咖啡，一杯再一杯。还有一首来自台湾的歌手千百惠演唱的《走过咖啡屋》：每次走过这间咖啡屋，忍不住慢下了脚步，你我初次相识在这里，揭开了相悦的序幕。今天你不再是座上客，我也就恢复了孤独。不知什么缘故使我俩，由情侣变成了陌路。芳香的咖啡飘满小屋，对你的情感依然如故，不知道何时再续前缘，让我把思念向你倾诉。

***

这里传递的咖啡信息，都不只是一种饮品，而是和失落的爱情联系在一起。在中国这样一个以饮茶为习惯的国家里，咖啡的消费很少。为了教育中国消费者接受咖啡饮料，雀巢在80年代就推出了“味道好极了”的广告语，宣扬一种悠闲的西方式文化及品位，这对当时的年轻人来说，既新鲜又极具吸引力。雀巢咖啡的品牌随即深入人心。

1985年3月31日的《生活周刊》，刊登了记者戴文妍的报道《咖啡为何紧俏》，其中写到：春节以来，上海市场上咖啡一再脱销。应该说，喝咖啡对于大部分中国人还没有成为一种嗜好。但是随着经济政策的开放，人民生活水平的不断提高，喝咖啡的人越来越多了，无怪乎商业系统的一位行家说：“这是好现象，从某种意义上来说，它可以体现一个国家的经济和文化水平。”

文中分析了咖啡紧俏的原因：

（1）招待亲朋好友过去往往是清茶一杯，麦乳精则算上乘了，现在却时兴以咖啡待客了。（2）热恋中的青年男女有60%上馆子已改成饮咖啡，以示其高雅。（3）洽谈生意，互通行情的双方都爱在咖啡馆内成交。（4）娱乐性的各种舞会上，咖啡已成为最热门的饮料。（5）大学里出现“咖啡热”的势头。有的学生自己煮咖啡，有的学校则有咖啡供应处。（6）本市许多电影院、文化馆、俱乐部、街道、商店都开设了供应咖啡的音乐茶座，全市约有200多家这样的茶室。（7）个体户开设咖啡馆的正在增加，据调查，他们买来4.80元一斤的咖啡，煮60杯，每杯0.40元，从早上8时到晚上11时，可售出清咖啡200多杯。

1987年8月30日的《生活周刊》魏智新报道：速溶咖啡上海年销500吨。咖啡热已风靡上海。

据统计，全国年销进口速溶咖啡1000余吨，上海就占了一半。购买咖啡的顾客中年轻人占70% ~ 80%。在年轻人看来，咖啡不啻是种时髦的饮料。许多青年喜用小巧精致

邓丽君柔和甜美的歌声，绵绵的情意仿佛荡漾在心间。许多年前，一代人被她的甜美歌声深深陶醉。许多年后，这一代人在她的歌声中迈向中年、老年

的咖啡杯，而且把咖啡冲得浓浓的、苦苦的，认为那才带劲。酒吧里说点悄悄话与咖啡开始流行的同时，酒心巧克力也得到人们的青睐。不过，那可算得上高级食品了，外面是巧克力，里面是白酒。“人生就像酒心巧克力，没准你会尝到哪种滋味。”许多人都记住了电影《阿甘正传》中的这句话。

麦乳精

麦乳精是一种以牛奶（或奶粉、炼乳）、奶油、麦精等为主要成分制成的速溶性饮品。80年代初期的礼品消费文化是“温饱型”，补品并不多见。尽管那时已有了“蜂王浆”之类，但人们走亲访友，送麦乳精还是最流行的。

有一篇博客《遥远时空中的超级无敌亲爱的麦乳精》写得很俏皮，但也让许多人感同身受：

***

今天翻杂志，看到“上海牌麦乳精”六个字，怀旧情绪油然而生。

80 年代末 90 年代初风靡中国的探望病人，长辈的必备礼品。

在那个零食匮乏的年代，我经常偷吃奶奶的麦乳精，并不知疲倦地发明了 N 种吃法。最喜欢干吃。

闭上眼睛我就能想起它的样子：胖胖的，上面有麦苗图画的黄色圆柱体里装着我亲爱的粉嫩嫩、颗粒状的麦乳精。

后来不知怎么回事，麦乳精就从国人的生活中消失，也从我的生活中消失了，我也很不厚道地慢慢忘记让我曾经无限 Happy 过的它。

今天我终于明白为什么到现在过年回家，奶奶和外婆为什么还总是把人家送给她们的奶粉、麦片之类的东西，硬塞给我。原来她们还记得那个爱吃麦乳精的孩子。

***

当时市面上比较多的，是“强化牌上海麦乳精”，相信许多人都有这样的经历：盼着家里人生病，探望的人总会带来麦乳精；一把一把地干吃，然后被父亲发现，然后挨打。

方便面：和你泡到永远

1985年1月2日《工人日报》报道，盒饭作为一种方便快捷的食品正悄悄在广州兴起，每盒价格最低为6角，一般为1元。

“就算以后你的脸变得像方便面，

我还是依然和你泡到永远，

我没有车，也没有钱，也不会说誓言，

我只有一颗爱你的心能坚持五百年。”

名不见经传的新人歌手肖飞以一首清新小品《方便面》一举闻名。

面条是日本人的传统食品。日本人虽然以爱惜时间闻名于世，但即使是在上班的时候，为了能吃到一碗热面条，他们宁愿在饭馆前排成一条长龙。这个现象被一家公司的经理安藤百福（原名吴百福，2007年1月6日因心脏病在日本逝世，享年96岁）注意到了。他想：“做面条太费时间，为什么不可以让它更简便呢？那样人们就不用排队了。”有了这样的想法，安藤百福马上开始试制方便面。

第一批方便面条便是今日老幼皆知“鸡肉方便面”，1958年8月第一次上市销售。

方便面在我国的发展始于1970年，中国第一袋方便面“诞生”在上海益民食品四厂。制造方便面的机器是中国自己制造的土设备，年产量仅200吨。进入80年代，从日本等国家和地区引进的100余条生产线在全国迅速开花。到1989年，全国方便面生产线已达280条，年生产能力达70万吨。1995年，年生产能力猛增到700万吨。

贫嘴张大民

80年代初住房太紧张。北京临街的地震棚渐渐拆去，但人们的住房需求继续膨胀。于是，院子里的地震棚经过翻盖、加固、扩大，从抗震救灾的一种自救设施变成了缓解住房困难的“小厨房”。

小厨房的无序增长使本来就紧张的居住环境更趋恶化，许多原来杂乱局促的大杂院里被小厨房挤占得只留下一条条仅供一辆自行车曲折通过的甬道。与此同时，地震棚的油毡、檩条、塑料布作为“战备物资”充塞了北京小院里的所有角落，小厨房打乱了院子的整体格局，高密度的生活空间、杂乱无序的人居环境磨薄了人们的处世涵养，造成了人们生活秩序的紊乱，一些邻里间争地盖房的摩擦、纠纷不绝，某街道派出所的民事纠纷档案中竟有85%以上是为了争夺“宅基地”。

为盖间小房儿被打破了头的张大民应该就是其中一分子。小说《贫嘴张大民的幸福生活》，讲述了一个关于小房子的故事：

***

张大民家的房子结构啰嗦，像一个掉在地上的汉堡包，捡起来还能吃，只是层次和内容有点儿乱了。第一层是院墙，院门和院子。院墙不高，爬满了牵牛花，有虚假的田园风光，可以骗骗花了眼的人，院门松松垮垮，是拼成一体的两扇旧窗户，钉着几块有弧度的五合板，号码都在，告诉人们它不是一般的木头，它是大礼堂的椅子背儿。推开院门，里面是半米深的大坑，足有 4 平方米。左边支着油毡棚，摞满了蜂窝煤，右边支着一辆自行车，墙上挂着两辆自行车，自行车旁边还挂着几辫儿紫皮蒜，蒜辫儿底下搁着一个装满垃圾的油漆桶。张大民家的人管这个填满了的大坑叫——院子。第二层便是厨房了，盖得不规矩，一头宽一头窄，像个酱肘子。这是汉堡包出油的地方。前后窗，左右墙，头顶上脚底下，全是黑的和黏的，怎么擦也没用。灯泡永远毛绒绒的，吊在电线上，像个长不大也烂不掉的瘪茄子。厨房的门槛不错，有膝盖那么高，水泥很厚，怪怪的像一道水坝。穿过厨房就进了第三层，客厅兼主卧室，10.5 平方米，摆着一张双人床和一张单人床，一张三屉桌和一张折叠桌，一个脸盆架和几把折叠凳。后窗不大，朝北，光淡淡的，像照着一间菜窖。最后一层是里屋，6平方米，摆着一张单人床和一张双层床，猛一看像进了卧铺车厢一样。墙上没窗户，房顶上有个窗户，白光直着照下来，更像菜窖了。这个多层的汉堡包掉在地上，掉在城市的灰尘里，又难看又牙碜，让人怎么吃它呢！

***

小说后来改编为电视剧，剧中一家8口挤在16平方米的小屋里，像是沙丁鱼罐头，让人喘不过气来，有些夸张地表现了北京普通老百姓对住房的要求。兄弟俩都结婚了还同居一室，双人床搭不了上下铺，只好中间拉上一层布帘；到最后实在没辙了，老大张大民发挥聪明才智，在自己家门前围着一棵树盖了间小房，于是丈夫在树这头，妻子在树那头。

这类讲述“住房紧张”的故事让观众看得心酸，生活就是这样无奈。

住在珠市口附近一条小胡同里的刘捷说，他们家有“四大怪”，叫做“床上床、车上房、腊月挂蚊帐、一夜不得翻身”。他家的住房仅有6平方米，就是搭起来的“小厨房”。走进刘捷的家，你会看到：一张双人床占去了房子的大半，两岁孩子的小折叠床横放在双人床的一端。刘捷自嘲说，这种“复式睡床”好处多多，方便，晚上孩子一有动静大人就醒，把尿、吃奶不用宽衣下床，欠欠身就全办了。但也有不足，大人床上动作一大每每就惊了孩子的“驾”。时间一长，两口子都学会了一夜夜不翻身，挺挺地睡，这种觉质量不高，醒来后总是腰酸背疼，歇不过劲儿来。这还好说，就怕过冬，屋子里的蜂窝煤炉距床头只半尺之距，烤的脸胀疼胀疼的，后半夜燥热难忍，喘不过气来，开窗换气吧，小屋子进深不足四尺，片刻就风打南墙、一屋子冰凉。为这，大人孩子频频的感冒、咳嗽。可怜天下父母心，刘捷夫妻很有创意地给孩子的小床上挂起了两层蚊帐用以挡风避寒。街坊万大妈心眼儿特好，冬日里，只要刘家星期天睡个懒觉，她准敲门叫醒：“孩子他叔，没事儿吧?”

“大妈，甭惦记，有气儿呢!”一段时间里，刘捷连着丢了两辆自行车，就买了一辆可以伸缩的旅行自行车，夜夜将它缩成二尺来长，或端放于书桌上或倒吊在两平方米大的小厨房的房梁上。刘捷说他最爱看《贫嘴张大民的幸福生活》，看着看着就一阵阵鼻酸，他说他就是张大民。他觉着《贫嘴张大民的幸福生活》犹如北京的小厨房的一份“使用说明书”，只有过来人才看得透、看得懂，可惜里边的调侃和噱头多了点儿，弄得好多没有这份经历的小年轻儿们当轻喜剧看了。只有刚刚从简易楼、大杂院、小厨房里走出来的人们才能真正懂得作品的深刻内涵。（步雄：走“两广”街，话老房子，2000年5月12日《北京日报》）

城镇居民个人可以购买房屋

国家加大了建房力度，特别是住房商品化在推进。

1983年6月5日，新华社报道，国务院批准《城镇个人建造住宅管理办法》。其中规定，凡在城镇有正式户口、住房确有困难的居民或职工，都可以向所在地房产管理机关提出建造住宅的申请，建造住宅的面积按正式户口平均，一般每人不得超过20平方米。

早在1980年4月，邓小平在一次谈话中就指出，城镇居民个人可以购买房屋，也可以自己盖。不但新房子可以出售，老房子也可以出售。可以一次付款，也可以分期付款，10年、15年付清。

《经济日报》记者谢然浩记述了80年代住房改革曲折过程：80年代前后，公有住房全价进行出售，由于当时的城镇居民收入水平实在太低，1981年底也就基本停顿了下来。

当时公有住房全价出售的房屋主要集中在新建住房方面，做法基本都是由当地政府统一建设房屋，再以土建成本价，直接面向个人出售。售房价格平均每平方米建筑面积在120～150元。一套住房的总售价大致相当于一个职工10～12年的工资收入总额，相当于每户职工家庭5～6年的工资总收入。

进入1981年，公有住房全价出售的试点进一步扩展到了全国60多个城市和众多县镇，除了新建住房出售试点外，也开始了公有旧住房的出售试点。

1982年4月，国务院同意在郑州、常州、四平和沙市4城市开始进行新建公有住房补贴出售试点。补贴的原则是，个人负担三分之一，职工所在单位和地方政府各补贴三分之一。售价仍以土建成本价为标准，每平方米建筑面积价格大致控制在150～200元。补贴之后，每套住房的售价中个人负担大致相当于一个职工3～4年的工资总和，或者等于职工家庭两年的家庭总收入。加上在售房时对职工采取的一系列优惠政策，如给予一次性付款的职工以20%的房价优惠，分期付款年限扩展20年等。

补贴售出政策调动了百姓购房的热情。

针对补贴出售公房存在着的问题，1986年3月，原城乡建设环境保护部在《关于城镇公房补贴出售试点问题的通知》中明确规定，城镇出售公有住宅，原则上按全价出售，要求各地迅速对不计后果，随意贱价出售旧房的做法进行坚决制止。（参考2003年7月31日《经济日报》）

随着改革的推进，老百姓居住条件在渐渐改善。1988年1月31日《人民日报》报道，在1987年“国际住房年”里，全国城镇建成住宅1.4亿平方米（不包括城镇农业人口建房），约有800万人住进新房。

位于西城区的建国后北京首批兴建的住宅小区

“宁要浦西一张床，不要浦东一间房”

作家陈丹燕在《那一年》（江西人民出版社，2004）中回忆：

***

男孩子要准备房子的家具，还有电器，那时候不过是冰箱、电视、录像机和录音机而已，但那时候男孩子的工资，大学毕业生也不过58块8角。那时候结婚，绝大多数人不得不和自己的父母住在一起，不过有自己的一间房间，房间通常都是小小的，一整套家具放进去，转不开身。结婚买商品房，那是万恶的旧社会的事情。所以，家里没有一间可以结婚的房间，就是许多男孩子成为老光棍的原因之一。

***

1989年2月5日的《生活周刊》报道：上海市200万户家庭，目前有10万户家庭急于调房。原因主要有，由于家庭内部矛盾而急于调房，生活不便需要调房。

“宁要浦西一张床，不要浦东一间房”，是80年代中后期的上海人的观念，当时的浦东刚刚开始开发，虽然新建造了一些比较宽大的住房，但是交通、出行、娱乐、购物等相当不便，几乎是没有的，包括政府机构。

浦西各个方面相当方便，唯一不方便的就是住房拥挤，往往是一家七八口甚至十几口住十几平米的石库门房子。到了80年代后期，光荣妈妈们的很多孩子到了结婚年龄，但是没有住房成了大问题结不了婚，当时上海市政府提倡开发和发展浦东，给予搬过去的人住房优惠政策，但是一些人还是不肯去，就使得“宁要浦西一张床，不要浦东一间房”成了流行语言，意思是只要在浦西有一块能睡觉的弹丸之地，就不愿往浦东搬。

与此相对应的也有广州名句“宁要河北（珠江以北）一张床，不要河南（珠江以南）一间房”。1992年10月13日，上海电视台刊播了一条消息：上海市民纷纷东迁浦东。报道说，到10月上旬，迁人浦东的市民达10万多户，计20多万人，为历年来最多。人们观念已开始发生变化，浦西和浦东面积同样大的房子对换，浦东居民还不肯呢。他们说，浦东发展前途大，将来肯定比浦西好。

邓颖超支持“港澳探亲游”

80年代前，很多中国人都没有“旅游”的概念。进入80年代，国内游逐渐兴起，但当时景点不多，北京、西安等名胜古迹多的地方成了少数几个热门的旅游城市。那时能去一次首都北京，在天安门前、长城上留个影，是非常了不起的，身边的人都会很羡慕你。

1982年8月，中国旅行游览事业管理总局更名为国家旅游局。

1985年，旅游产业第一部行政法规《旅行社管理暂行条例》颁布。

导游刘志回忆：

***

我刚当导游的时候，整个国家都很穷，导游也一样。开始接团时没有统一的服装，但领导要求大家都要把自己最好的衣服穿出来，以体现我们中国人的生活水平，为国争光。我找来找去，感觉自己最好的衣服也对不起客人，就去问朋友借了一件。我还记得是咔叽布的中山装。那时宾馆饭店少，基础设施也差，但是到桂林来旅游的客人基本都是满意而归。为什么，首先当然是绝美的桂林山水让他们震惊和心醉了，另外就是当时的环境特别好。（《讲述：我在改革开放之初当上了导游》，2008年11月24日《桂林晚报》）

***

这个年代，旅游还是新鲜事物

中国人最早的出境游起源于1983年，香港、澳门对内地居民开放旅游后，广东地区的“港澳探亲游”成为出境游的开始。

1983年11月15日，第一批中国公民共25人从广州出发前往香港旅游、探亲，香港媒体称之为“新中国第一团（出境旅游团）”。改革开放以前，中国几乎断绝了和外界的交往。这是后来成为中国人民对外友好协会名誉会长的邓颖超心中牵挂的一件事。广东省公安厅一位被派往香港粤海公司做旅游工作的处长冯万本，提出“香港游”，得到了邓颖超的支持。“香港游”顺应了历史潮流，一开张即供不应求，很快从每日一个团，每团25人，逐渐增加到每日12个团，每团48人，每个月1.7万多人。

然而，这一创举却引发了一起风波。当时，冯万本趁着到北京参加国际旅游会议的机会，把“香港游”向国家旅游局的领导做了汇报。然而，令他尴尬的是，这位领导却大发雷霆，质问冯万本：谁旅游谁出钱，这是举世公认的原则。你们怎么会想出这么一个怪招，要别人出钱，让你们广东人去旅游？这是什么旅游？说得不好听些，应该叫做“乞丐旅游”，世界上哪有这样的旅游？

广东潮州人黄乐杰始终记得20年前首次去香港的情景，当时他去香港探望多年不见的姑妈，让远亲近邻羡慕不已，纷纷托他捎带点“香港货”。“这个亲戚托我带一条金项链，那个朋友请我带个手表，还有人要我带些药。”（参考赖少芬：《从奢侈品到生活元素　旅游业见证国人生活变化》，2008年11月3日新华网）

骑着摩托很“拉风”

1981年，湖北农民杨小运，承包“分”得22亩4分田。由于精心耕种，细心管护，当年获大丰收。他向国家超卖万斤粮，这在当时湖北农村可是个了不起的数字。县里问他超卖万斤粮有什么要求，他想也没想就说：想要一辆上海永久牌自行车指标。

1984年10月29日《人民日报》报道，辽宁省金县湾里乡为本乡农村购进20辆运输汽车，每台售价两万多元。消息传出，许多想跑运输做买卖的农民踊跃购买，不到两小时，20辆汽车就卖完了，来晚的农民拎着钱包叹息不止。

广州70年代末期富裕家庭的“八大件”（摩托车、照相机、电视机、电冰箱、洗衣机、收录机、缝纫机、手表），已经不包括自行车，1978年后，广州街头出现私人摩托车，两年后，内地不发达地区的县城甚至乡村，也出现了摩托车的踪影：嘉陵摩托。1983年，最初引进的摩托车款是CJ70。

到了20世纪80年代，摩托车开始逐步成为了人们的新宠。那时，摩托车是家庭富裕的象征，骑着一台摩托车游走于大街小巷无疑会引来不少羡慕的眼光。“当时太扎眼了，我是乐山第一代玩摩托车的人。”李云生告诉记者，1980年，他托广州的朋友花1900多元买了一台免税的铃木牌50CC 摩托车。“那时骑摩托车，比现在开奔驰、宝马感觉还要好。”李云生笑着说，“那时候我觉得生活很富足，现在看起来总觉得自己也太容易满足了。”从摩托车开始，中国人的出行方式被大大改变。1980年后，摩托车开始逐步进入家庭，这是私家车走进百姓生活的序曲。（钟成甲：《私家车开进百姓家》，2008年8月12日《乐山晚报》）

电动摩托车，其实是摩托车的一种升级产品，采用了电能，注重环保。电动三轮车于80年代出现，后火爆城乡，但由于安全性差等因素，90年代末退出历史舞台。但坐上电动三轮车那种摇摇晃晃的感觉，至今让人们难以忘怀。

邓小平批示：“轿车可以合资”

1986年7月28日《上海汽车报》报道，全国私人拥有汽车已经达到29万辆，其中95%是货车。

80年代，全国汽车产量的控制权在国家计委手中，当时全国的汽车产量是22万辆，轿车产量只有4000辆，严重供不应求。

1982年，当时的中汽公司总经理陈祖涛（其父亲是原红四方面军政委陈昌浩），找到国家计委一位主任，提出要想办法发展小轿车，这位主任大为光火，称小轿车为资产阶级产物。“我看到他发火我也火了，我就问他，你平时上下班坐什么车？为什么你能坐小轿车别人就不能？”

激烈争吵并没有让陈祖涛放弃。不久后，陈祖涛等人通过各种渠道，将报告递到邓小平手里，想碰碰运气。1982年6月，邓小平在他们的报告上批上一行字：“轿车可以合资”。

国家逐渐放开了私人购车的限制。1984年2月，国务院发布了《关于农民个人或联户购置机动车船和拖拉机经营运输业的若干规定》，从政策上第一次明确了私人购置汽车的合法性。

在此背景下，1985年7月3日，上海举办了国内第一次国际汽车展，世界上73家汽车公司参加了车展，7月3日开幕当天2万观众涌入展馆，中国第一批车迷形成。

不过，当时部分主管部门领导仍对私人购车存有异议。社会上流传一种声音：私人买车后，石油资源不足怎么办？道路拥挤怎么办？

“那时候由各地物资局审批开票购车，有钱也买不到车，购车得先挂靠单位，以单位名义买车。”奇瑞经销商王长谦回忆说，有些“有路子”的人能通过关系在友谊商店买到外国使馆的二手车。

江苏镇江的杨先生1986年买了当地第一辆私家车，由于不知道如何管理，当地交警给他的车安上了一个摩托车的号牌。可笑的是，1978年他买摩托车时，上的却是自行车牌照。

80年代，即使有车也无法开，因为学车同样需要挂靠单位，没有单位证明不能参加驾照考试。直到80年代中后期，大量回城知青希望能够当上驾驶员，通过各种途径挂靠单位学车。由于学车人数陡增，车管所不得不采取限制措施，对各单位驾驶员人数以实际拥有车辆数为准，一辆车只能配备两名司机，没车的单位不允许学驾驶。由于学车热潮不退，80年代末90年代初，收费的专业驾校出现。（参考杨开然、关囡、石文夫：《改革开放30年汽车流变：从奢侈品到代步工具》，2008年11月28日《京华时报》）

1985年前后，北京吉普、上海大众、广州标致，三个有尝试性质的合资企业开始建立。其中上海大众比较典型。经过六年缜密的谈判，1984年10月，中德双方在北京人民大会堂举行隆重的合营合同签字仪式，上海大众应运而生。上海大众成立于1985年3月，是中国最早的轿车合资企业之一。上海大众在扩大自身生产规模的同时，坚持严格按照德国大众的认证实现零部件国产化，实现中国轿车制造和零部件体系的高起点，大大推进了中国轿车工业的发展。

1985年，桑塔纳在国内卖20多万元人民币，按照255的倍数，20万元相当于现在的

20万元×255≈5100万元！1990年4月，上海大众一期工程建成投产，达到年产6万辆整车和10万台发动机的生产能力。1991年2月，邓小平视察上海大众。1987年夏天，中央领导同志在北戴河的一次会议上，正式确定建立中国的轿车生产。“以一汽、二汽两个国有大企业为骨干，以合资的上海大众做补充。”

高速公路是一个国家交通现代化的一个主要标志。高速公路的拥有量，也成为衡量经济发达程度的一项指标。1984年12月，沪嘉高速公路开始在上海兴建，并于1988年10月31日建成通车。这是中国第一条全线通车的高速公路。

卡式录音机带热“家庭舞会”

80年代初，录音机开始在我国兴起。马路上常见留着长发、穿着喇叭裤、拎着录音机的“新青年”，他们是当时的时尚先锋，也是改革开放以后最早的“追星族”。到了80年代末90年代初，录音机进入千家万户。

1980年，在省会城市的公园、广场、街头等公共场所到处都能看见“露天舞会”，围观者成百上千，当时录音机刚进来，但很少人有，大家就用口琴、笛子、吉他和二胡这些方便的乐器伴奏。只要有广场的地方，不管坑洼与否，都有跳舞的人。

1980年6月14日，公安部、文化部联合发布了《关于取缔营业性舞会和公共场所自发舞会的通知》，要求“公园、广场、饭馆、街巷等公共场所，禁止聚众跳交际舞”。《通知》认为：“这类舞会给社会治安带来了不少问题。有些人舞姿低级庸俗，丑态百出，伤风败俗。舞场秩序混乱，流氓打架斗殴、猥亵侮辱妇女、偷窃财物和挤死、摔死人的事件时有发生。人民群众对此反映强烈，坚决要求政府予以取缔。”

卡式三洋录音机

封杀令出来后，办舞会的风向只有转移。随着卡式录音机的增多，家庭舞会开始兴起。街上跳的人少了，谁家宽敞，就到谁家里去跳。邓丽君的歌和一些二十世纪三四十年代的“靡靡之音”被争相翻录。当时一般年轻人都在家里跳，跳的是贴面舞、黑灯舞，年纪大一点的还有在街上跳的，就跳交谊舞。

杨佳薇在《曾经首家舞厅经理被“请”进公安局》（载于2008年11月28日《燕赵都市报》）中记录道：1983年前后，当时石家庄市独树一帜的高档酒店燕春饭店后楼的三层，有个1000多平方米的大厅，准备办一家经营性的歌舞厅。但准备开业的那天下午，却出了意外。饭店接到公安部门传票，让饭店的总经理到公安部门接受审查，追究开办舞厅的责任，并要求不能开业。刘少泉总经理到公安部门做了解释后一直在被看守着。当时公安部门也没有处理过类似的情况，不知道该定为什么性质，很多人在紧急地请示，被请示到的人也大都说拿不准。当请示到主管的市领导时，领导终于表态：有个场所大家在一起跳跳舞，活跃一下文化生活有什么大不了的，注意搞好安全措施就可以了。接到这样的答复，公安部门才放下心来，随即放人。1983年4月8日20时，燕春饭店经营性歌舞厅的首场舞会在鼓乐声中准时开场。客人们在此翩翩起舞。

现在的年轻人很难想象当年舞厅最火的时候是什么场面，连早场都是人挤人，比坐公共汽车还挤，有时候挤到根本没法放开脚步跳，人多得跟下饺子一样。那时去舞厅跳舞的客人各个年龄层次的都有，一般来说，早、中场的客人是年龄偏大的，可一到晚上，舞厅就成了年轻人的天下：交友的、谈恋爱的、图新鲜的……很多小青年去舞厅都是为了结识女孩子。在舞厅里，跳出感情成夫妻的有，跳出婚外情引起家庭动荡的也不少，所以舞厅里也经常会出现因为争舞伴的打架事件。

不过，在那个年代，舞厅在市民的生活中仍然属于高档次的娱乐活动，去舞厅跳舞也是一件特别“时尚”的事。喇叭裤、流行歌曲、长头发……所有当时的流行元素，都可以在舞厅里看到。

舞姿也成了舞会管理者关心的问题，全国数万家舞厅作了这样的规定：跳舞请勿贴面、贴胸、贴身。

风靡迪斯科

80年代初，迪斯科开始流行于年轻人中间，势如破竹。

迪斯科（英文Disco的译音），来源于美国黑人民间舞蹈和爵士舞，特点是膝部随节拍颤动，身体中段松弛，力量主要用在胯上和膝部的快速屈伸上。迪斯科自娱性强，形式多样，比较自由奔放。可以单人跳，也可以双人跳，没有固定的模式。

有人回忆，最初看到醒目的招牌“大富豪的士高”，还以为是“大富豪的——士高”，搞不清楚是怎么回事。

***

> 上了高中，我的迪斯科时代正式开始。寝室里唯一拥有录音机的刘伟同学为我们接触先进文化创造了良好的条件。但我至今仍认为我的迪斯科启蒙者是同桌女生，没有她的歌喉熏染，使我的心脏细胞活跃起来，迪斯科可能不会进入我的生活。“吼！吼！吼！跳个 Disco Queen”“摆摆手，摇摇你的头，所有烦恼都从你的脚下溜走”“跳跳探戈，跳跳哈索，不如来跳迪斯科。它花样最多”……迪斯科从开始流行到最后衰败，我都是一个忠实的迷恋者。（《从迪斯科开始》，2006 年 4 月 4 日《就业时报·休闲周刊》）

***

1985年，印度电影《迪斯科舞星》热映。蝙蝠衫、腥红的嘴唇，夸张的塑料耳环也成为青年在舞厅中最流行的打扮。片中歌舞场面令人兴奋，深得年轻人喜爱。“蹦迪”从那时起步。迪斯科获得了主流的认可，伴随着片中的那首歌：

吉米，来吧！

让我们手牵手，来跳跳迪斯科，

爱你在心里头，忘掉那忧和愁。

吉米，来吧！

青春时光多美妙，热情奔放多欢笑，

随着节奏摆摆摇，和我一起尽情跳。

1987年，中国引进了一部美国影片《霹雳舞》。当时的观众，立即被影片中这种不按人体正常规律旋转的舞姿深深吸引，随后在几乎每个城市的大街小巷，你都可以看到一个个少年戴露指皮手套、身着蝙蝠衫，头裹绷布，脚踩高帮运动鞋，一遍遍模拟擦玻璃或者外星人行走动作的情景，片中人物“旋风”“马达”俘获了更多青少年的心。

蝙蝠衫，绝对是那个年代的流行装。蝙蝠衫，是一种在两袖张开时仿佛蝙蝠翅膀的样式。具体为领型多样，袖与身为一体，袖窿无缝合线，下摆紧瘦。后又演变成蝙蝠式外套、蝙蝠式大衣和夹克等，袖子上端肥大，与衣身分开。

互教互学——每天清晨，当欢快的迪斯科舞曲奏响之时，四面八方的离退休老人便陆陆续续地集中在南苏州河河滨公园，学跳老年迪斯科。这是他们跳完舞后，互教互学的情景

卡拉OK“改变了亚洲的夜晚”

谭咏麟唱过一首歌曲：不管笑与悲，卡拉永远OK，伤心到半死，卡拉也会OK。

80年代后期，随着国门打开，起源于日本的卡拉OK流入内地。一到夜间，一台电视、两个音箱、几个麦克风就摆上街头，露天卡拉OK成为当时最流行的市民自娱自乐方式，一元钱一首歌。在一段时间里，露天卡拉OK，还成为陌生男女恋爱交流的方式。

1989年2月9日《文汇报》报道，当第一家黄楼“卡拉OK”夜总会半年前在上海市出现后，卡拉OK这一新颖的文化娱乐形式便很快受到群众的喜爱，并迅速风靡起来。

1991年7月，广州冒出了第一家夜总会——广州金嗓子卡拉OK夜总会。随着经济的发展，豪华卡拉OK厅也越来越多，露天卡拉OK逐渐退到城市边缘地带，消费人群也由城市青年变为外来打工者。

***

近两三年，我国一些地方悄然兴起了卡拉 OK 活动。

据文化部文化市场管理局副局长孟晓驷介绍，目前我国已有卡拉 OK 歌厅近万家。3 年前，北京几乎还找不到卡拉 OK 歌厅，现在已有 107 家，有激光视盘放送机 142 台。

卡拉 OK 虽已闯进我们的文化娱乐市场，但我们的歌曲及其视盘录像带的数量、质量到现在都还不能适应需要。卡拉 OK 使用的激光视盘绝大部分也不是国产的。开展家庭卡拉 OK 活动也有一些限制：组合音响、录像机，对大多数家庭来说仍然算是奢侈品；卡拉 OK 录像带 50 元左右一盘，每个家庭拥有量有限。（1991 年 5 月 21 日《人民日报》第 5 版）

***

1971年，卡拉OK之父井上大佑发明了世界上第一部卡拉OK机。美国《时代周刊》曾撰文指出“井上大佑改变了亚洲的夜晚”。

“黄金组合”王洁实、谢莉斯

1979年的夏天，王洁实报考中国电影乐团。当天考官正巧就是谢莉斯。当时团里急需一对二重唱，谢莉斯就推荐了音色圆润的王洁实和她搭档，并主动以音乐老师的身份带他演唱。

在当时流行音乐相对贫瘠的内地，王洁实、谢莉斯翻唱了台湾民谣的主力唱将叶佳修的作品《赤足走在田埂上》《外婆的澎湖湾》《踏着夕阳归去》等。这些歌曲像甜甜的清泉一般，滋润着人们的心灵，也给一代人留下了美好的记忆。

王洁实回忆说：“我们俩出第一张专辑是在1981年，专辑的名字叫《何日再相会》。现在看这张专辑包装稍显简陋，设计也不够精美，定价却很高，六块九。”就在看一场演出只要几毛钱的当年，《何日再相会》专辑卖出500万张。（参考刘畅：《王洁实、谢莉斯乐坛“常青”》，2008年11月30日《城市晚报》）

此后一段时间，风靡一时的校园民谣，唱出了青春的寂寞、浪漫、纯洁，唱出了青春的幻想、伤感、叹息，把我们带回到云淡风轻的年少时光。

“靡靡之音”邓丽君

70年代末80年代初，有人通过海外亲戚将邓丽君的歌曲带进大陆，有人是通过偷听台湾广播，更多的人靠着那时的“砖头收录机”一再转录她的歌曲。

邓丽君细致温柔的歌声，一首首诉说亲情、爱情、思乡或感叹人生际遇的歌曲，仿佛天籁。邓丽君的歌传遍大江南北，但在官方口径上，邓丽君却受到指责与攻击，“靡靡之音”“黄色歌曲”之类的帽子，都扣到了她的头上。

但邓丽君的歌声在大陆广泛传播时，她自己却浑然不知。

当时面对美国记者的采访，邓丽君拘谨地表示：“能在大陆走红，我没有什么特殊感觉，我一样是唱给自己同胞听。”至于把她的歌打入“靡靡之音”“黄色歌曲”之列，邓丽君只强调如果真的听她的歌会被罚，“那就别听了吧!”

邓丽君在大陆非官方渠道广泛流行，也开始影响到了官方文艺工作者。

1979年12月31日晚上8点，中央电视台在《新闻联播》之后播放了电视片《三峡传说》，时任中央乐团独唱歌手的李谷一演唱的《乡恋》随片一起播出。

《乡恋》优美的旋律以及李谷一类似邓丽君的气声唱法，一下子流行开来。

但《乡恋》被点了名，遭到官方批评。有的说，《乡恋》“同咖啡馆、酒吧间、歌舞厅、夜总会等资本主义社会的娱乐生活是一个味道”，还有的文章对演唱时离麦克风的远近，喘气次数的多少，用什么乐器伴奏一一提出商榷。

1983年，中央电视台春节联欢晚会，在时任广播电影电视部部长吴冷西的再三犹豫下，《乡恋》得以“解禁”。（以上内容参考《千封群众来信力挺“靡靡之音”》，2008年11月10日《新京报》）

北京乐评人王磊撰文说，从某种意义上说，邓丽君是内地原创流行音乐的启蒙者。20世纪80年代，“板砖”单卡收录机开始进入千家万户，磁带成为年轻人最喜欢的“时尚产品”，而先前被称为“黄色歌曲”的邓丽君，成为大众的最爱。无论是崔健还是唐朝，无论是成方圆还是张蔷，这些内地原创音乐的先行者，无不翻唱过邓丽君的作品。甚至可以说，邓丽君让内地听众知道了什么是流行音乐。

邓丽君的歌曲绝大多数都是情歌，这些歌曲唱尽了万千柔情，她用歌声把自己装饰成一束可人的玫瑰，自然而然地盛开并且凋谢。在一首首《小城故事》《甜蜜蜜》中，人们体会到了“革命友谊”之外的另类情感。这种感情在很多年里，被视为资产阶级的糟粕而不耻。它不再关心宏大的人类，只关心个体的细微之情，缠绵脆弱、刻骨铭心。

正是这种刻骨铭心和“离经叛道”，成为一代人的青春集体记忆，并开始思考生命和个体的意义。

崔健《一无所有》横空出世

1986年，在北京举行的“纪念86国际和平年百名歌星演唱会”上，崔健“平地一声吼”，一首《一无所有》横空出世。

崔健当时穿了一件颇像大清帝国时期的长褂子，身背一把破吉他，两裤脚一高一低地蹦上北京工人体育馆的舞台时，台下观众还不明白发生了什么事情。当音乐响起，崔健唱出了“我曾经问个不休，你何时跟我走……”台下变得静悄悄。十分钟后，歌曲结束时，在热烈的欢呼和掌声中，中国第一位摇滚乐人诞生了！

从此，崔健被誉为中国摇滚之父。

从此，《一无所有》在中国摇滚甚至流行乐的历史上，成为一个里程碑。在国外，摇滚乐其实就是通俗流行音乐的一种，然而在中国这个文化底蕴无比丰富的国度里，我们的摇滚，成了一种与流行乐截然不同的音乐。因为在国外，摇滚是主流，而在中国，摇滚普遍被认为是一种“另类”。

崔健和《一无所有》是一个符号，它告诉世人，中国也有世界级的歌手和摇滚乐。此后，摇滚乐蔚为大观，均得益于崔健的“平地一声吼”。

崔健说得好，《一无所有》的精神仍在延续，那就是敏感的质疑。

今天的社会，物质上的一无所有已不再光荣，许多人梦想成为中产阶级，但精神上的空虚甚至一无所有，大有人在。此时，重温当年崔健的一声《一无所有》，还是让人难以平静。正如一位乐评人所说，那时，崔健的歌是我们唯一相信的东西，他的爱情让

中国摇滚之父——崔健

我们温暖，他的愤怒是我们的不平，他的晦涩令我们拘谨，他的温柔是我们的声音。

《一无所有》标志着一个时代的心态。

***

我曾经问个不休，你何时跟我走，可你却总是笑我，一无所有。

***

以1987年《信天游》为标志，“西北风”的狂潮开始影响了一代人。“我家住在黄土高坡，大风从坡上刮过，不管是西北风还是东南风，都是我的歌我的歌。”《黄土高坡》成为“西北风”最广为人知的代表性作品。

“西北风”把眼光聚向沟壑纵横、沙丘起伏的黄土高原上，大自然赋予它空旷、奔放、高亢、悠扬的格调；它产生在土质瘠薄、雨量稀少、气候严寒的生产条件下，贫困赋予它苍茫、悲凉、激越、深沉的情怀。这些灼热粗犷的歌唱，像破碎的杨花飘落在我们肩头。它们卸下了一代人的苦难，延续成我们生命的一部分。

《我的中国心》和《冬天里的一把火》

***

河山只在我梦里
祖国已多年未亲近
可是不管怎样也改变不了
我的中国心

***

这首歌词非常简单朴素的《我的中国心》，在1984年中央电视台春节联欢晚会上，被身着中山装，戴着眼镜，貌不惊人的张明敏一唱，立刻风靡中国。《我的中国心》不仅唤起了国人的爱国热情，更拉近了全世界华人之间的距离。《我的中国心》一度被称为“除国歌外，每个中国人都会唱的歌曲”。

1984年春节联欢晚会的结束曲，是由乔羽作词、王酩作曲的《难忘今宵》，从此，这首歌曲成为晚会中的经典。

1987年春节联欢晚会上，身高1.90米、一看眼睛就知道是混血儿的费翔，先是文雅深情地唱了一首《故乡的云》，突然，他以一种特别的舞姿，像拉着绳子摆渡的姿势，挟带着台下的惊诧和掌声，唱了一首《冬天里的一把火》：

***

你就像那冬天里的一把火
熊熊火焰温暖了我的心窝
每次当你悄悄走近我身边
火光照亮了我

***

随即，费翔风靡大江南北，此前，他在广州太平洋影音公司录制的专辑摆在各地的音像商店里无人问津，但晚会后立即狂销160万盘。那时的商店门口常常可以见到大字广告：“费翔到货”或“费翔无货”。

费翔成为无数少男少女心目中的完美偶像。

《少林寺》引发功夫热

由中国大陆与香港中原电影公司首度合作拍摄的功夫影片《少林寺》，历时三年，可以说是一次前所未有的尝试，该片不但云集了上百位武术高手，而且也是第一次将真正的少林古寺搬上银幕。

这部经典的功夫影片1982年在中国大陆、中国香港和韩国公映后，引起了极大的反响，在大陆的电影票价还是一角钱一张的时代里，创下了上亿的票房神话，一夜之间，主演李连杰的名字也家喻户晓。此时，不满20岁的他在该片中充分展示了精湛的武艺才华，拳术、刀枪棍棒、软器械，尽数施展，令人大开眼界。

《少林寺》使李连杰成为幸运儿，他成为继李小龙、成龙之后的又一颗闪亮的中国功夫明星。

人们对李连杰版《少林寺》情有独钟，一是看到了一种真正的娱乐化的电影，而另一方面就是李连杰不着表演痕迹的武打真功夫，加之神秘的寺院古塔，清丽怡人的风景，出神入化的武术架势，使影片已经到了想不成功都不可能的境界。

《少林寺》的放映当时轰动了全中国，引发了前所未有的功夫热，甚至有很多的青少年去少林寺拜师学艺，更引发了青少年是否应该看武侠电影的讨论。

琼瑶热

1986年，以抗日战争为背景的电视剧《几度夕阳红》开播，琼瑶开始在内地势如破竹。随即，《烟雨濛濛》《庭院深深》《在水一方》等电视剧相继登场，都无一例外地获得了热烈反响。

有人认为，"琼瑶热"表明百姓的口味发生了变化。一段时间，社会上流行所谓寻找男子汉，但人们不久发现，一些成熟的、有头脑的"大女人"们，固然需要寻找男子汉，但对芸芸众生的诸如女小市民、女青工、女中学生、低年级大学女生一类的"小女子们"，心目中的"白马王子"并不是什么顶天立地的男子汉，而是那种你侬我侬、卿卿我我、情意绵绵的大少爷、小帅哥或文弱酸书生们。琼瑶，正好迎合了"小女子们"一把鼻涕一把泪地度过饭后茶余的精神需求。

"琼瑶热"所产生的再次"非男子汉化"在满足部分女性的精神需要后，不久又逐渐降温。直到数年后赵薇版的"小燕子"横空出世。

电影《少林寺》宣传海报

琼瑶电影《风铃，风铃》剧照

“朦胧诗”：面朝大海，春暖花开

朦胧派诗人是80年代一开始的大众偶像之一。1980年，全国许多刊物争相刊登北岛、舒婷等诗人的作品。

北岛的《回答》，标志着“朦胧诗”时代的开始：

卑鄙是卑鄙者的通行证，高尚是高尚者的墓志铭。

1980年8月，作家章明发表《令人气闷的朦胧》，文章把这些诗贬称为“朦胧诗”，“朦胧诗”的称法因此而来。

舒婷是“朦胧派”诗人中幸运的一个。她拥有数量最多的读者。《致橡树》是舒婷公开面世的首部作品，后来成为中学语文课本的必读篇目：

***

我如果爱你——
绝不像攀援的凌霄花，
借你的高枝炫耀自己；
……
我必须是你近旁的一株木棉，
做为树的形象和你站在一起。

***

不少人在婚礼上激情朗诵这首诗，表达自己对理想爱情的向往和追求。

1989年3月26日黄昏，著名诗人海子卧轨自杀，地点在山海关至龙家营之间的一段火车慢行道上。海子的诗，却永远地留在那一代人心里：

从明天起，做一个幸福的人
喂马、劈柴，周游世界
从明天起，关心粮食和蔬菜
我有一所房子
面朝大海春暖花开

“朦胧诗”和其他诗歌，后来渐渐不被关注了。

正如北岛在《波兰来客》中所写：话说回来了，那时我们有梦，关于文学，关于爱情，关于穿越世界的旅行。如今我们深夜饮酒，杯子碰到一起，都是梦破碎的声音。

宋世雄解说“郎平扣球！再扣！再扣！”

1981年11月，中国女排参加了在日本举行的第三届世界杯排球赛。经过了7轮28场激烈的比赛，11月16日，中国队以7战全胜的成绩首次夺得世界杯赛冠军。

首次夺冠，国人沸腾了。

这只是激动人心的开始。接下来几年，中国女排实现了“五连冠”，记不清让多少人高呼过。当时一提起中国女排，就让人想起“人生能有几回搏”的名言。

五连冠比赛，都是由宋世雄解说的，“中国女排+宋氏解说”甚至还一度成为了那个时期令人振奋的一股力量。

那时候听宋老师解说，一场比赛重复无数次“中央电视台，中央电视台，这里是中央电视台……”人们至今仍会记得当时宋世雄解说的开场白：中央人民广播电台，中央电视台，各位观众，各位听众，现在在……向您实况转播中美女排对抗赛。“郎平扣球！再扣！再扣！”

和当年中国女排的“五连冠”之路遥相呼应，日本电视连续剧《排球女将》，风行中国。以小鹿纯子为代表的一批排球女将以“晴空霹雳”“流星赶月”等带有魔幻色彩的打球技巧，使排球这项体育运动风行一时。她们的精湛球技与充满人性的友情故事，打动了无数观众的心。

中国女排的“五连冠”点燃了国人的激情，“发扬女排精神，振兴中华。”女排和国家振兴联系在一起，体育竞赛的胜利上升到民族精神的高度，中国女排成为中国人的模范和骄傲，更是中国在上世纪80年代腾飞的象征。那个时期开始，中国女排就成为了中国人的骄傲和精神动力，“女排精神”也在国人中广为传颂。九十年代中国女排陷入低谷，但顽强不屈的中国女排在新世纪开始走上中兴之路，2016年，中国女排在不被看好的情况下，发扬中国女排顽强拼搏、永不放弃的奋斗精神，在里约奥运会女排比赛中，多次上演以弱胜强、绝地反击的好戏，一路过关斩将，勇夺冠军，再一次让国人充分感受到了“女排精神”的伟大。直到现在，中国女排还是处于世界最顶级的强队行列，还在为中国广大球迷带来一次次的光荣和喜悦。

郎平曾说：“女排精神不只是赢得冠军，而是有时候明知道不会赢，也竭尽全力。是你一路即使走得摇摇晃晃，但依然坚持站起来抖抖身上的尘土，眼中充满坚定。”

中国女排"铁榔头"郎平

经典之声：译制片的配音

***

简·爱：你为什么要跟我讲这些？她跟你与我无关。你以为我穷，不好看，就没有感情吗？我也会的。如果上帝赋予我财富和美貌，我一定要使你难于离开我，就像现在我难于离开你。上帝没有这样。我们的精神是同等的，就如同你跟我经过坟墓将同样地站在上帝面前。

罗切斯特：简。

简·爱：让我走吧。

罗切斯特：我爱你。我爱你。

简·爱：不，别拿我取笑了。

罗切斯特：取笑？我要你。布兰奇有什么？我对她不过是她父亲用以开垦土地的本钱。嫁给我，简，说你嫁我。

简·爱：是真的？

罗切斯特：唉——你呀。你的怀疑折磨着我，答应吧，答应吧。

罗切斯特：上帝饶恕我，别让任何人干扰我。她是我的，我的。

***

这是邱岳峰、李梓为电影《简·爱》配的音。

80年代，人们借助收音机，听着苏秀、李梓、赵慎之、童自荣、曹雷、孙渝烽、乔榛、丁建华等一批上海译制片厂配音演员的声音，还有孙道临的《哈姆雷特》，还有尚

变形金刚擎天柱

华、孙敖等人的配音。

那个年代的人，至今仍记得他们的“绝配”。1989年，由上海电视台译制的美版95集经典动画片《变形金刚》在中央电视台播出，立即在全国掀起了一股“金刚热”。一方面得承认这是制作方的高超制作水准所致。但另一方面，则要归功于上海电视台完美出色的译制及配音。

时过境迁，中国步入90年代中后期，人们的观影口味也渐渐发生了变化。年轻人越来越青睐原汁原味的外国电影，译制片配音逐步成为了一种可有可无的附件。中国译制片配音已经渐渐走向衰落，但与之不同的是，中国的配音行业却在蓬勃发展，如今的配音服务已不是被几大译制厂包揽的年代了，在开放的互联网时代，专业性服务都在走向开放化和双向自由化。

潘晓讨论：人生的路呵，怎么越走越窄

有一本专著，将发生在1980年的“潘晓讨论”，称为“一代中国青年的思想初恋”。

署名“潘晓”的读者来信《人生的路呵，怎么越走越窄……》刊登在《中国青年》1980年第5期上。那一份沉重、幽怨、郁闷、诚挚和激愤，今天也令人动容。

人生的路呵，怎么越走越窄，可我一个人已经很累了呀，仿佛只要松出一口气，就意味着彻底灭亡。真的，我偷偷地去看过天主教堂的礼拜，我曾冒出过削发为尼的念头，甚至，我想到过去死……心里真是乱极了，矛盾极了。

今天我们都知道，根本没有“潘晓”这个人，潘，是北京经济学院二年级学生潘祎；晓，是北京第五羊毛衫厂的青年女工黄晓菊。

当时，《中国青年》杂志的编辑，分别向两人约稿，最后，从黄晓菊和潘祎的名字里各取一个字合成了“潘晓”这个笔名。

“潘晓讨论”，“热”了一个夏天。据6月9日的统计，不足一个月就收到了两万多件读者来信。

最初的大量来信在就人生的意义发言的同时，几乎都对这场讨论本身表示了强烈的感激和敬佩——

“全国多少青年和潘晓一样，在希冀着心灵的甘露，在渴望着点燃青春的火炬。”

“真实，有时虽然是丑恶的，但它要比那些粉饰和虚伪的东西有力一百倍！”

“一个诚实人的心声，能唤起一大群诚实人的共鸣！”

“谢谢敢写的人和允许发表的人！”

还有从全国四面八方寄来的许多钱和包裹，向“潘晓”这个“弱女子”献上同情和爱心。

时间进入了天气最热的七八月份，“潘晓讨论”也在这两个月里“热”到了顶点：邮局的“蹦蹦车”每天仍源源不断地运来读者的来信；越来越多的读者或打电话或直接找到编辑部要见潘晓；社会上甚至出现了一些被别人指认为潘晓和自己冒充潘晓的人；许多新闻单位的记者成天堵在编辑部提出直接采访潘晓的要求……

8月20日，中央电视台在《新闻联播》后播发了采访黄晓菊的专题报道。黄晓菊在亿万观众面前对那封信作说明，最后的表态很正面也很富于哲理，甚至也成为名言被许多人传诵：

***

“我们不能因为社会上存在着垃圾就像苍蝇那样活着！”

***

张海迪

1983年，张海迪，一位身残志坚的青年，成为人们学习的楷模。

张海迪五岁时因患脊椎管瘤，身体高位截瘫，三分之二肢体失去知觉和功能。她以惊人的毅力同疾病顽强抗争，做出了健康人难以做出的成绩。她自学医学知识和医疗技术，为群众治病达1万多人次；她还自学了4门外语，翻译了许多作品和资料。

1985年4月10日，张海迪在“青年思想教育研讨会”闭幕会上讲话

张海迪曾被日本NHK电视台评选为“世界五大杰出残疾人”、被新华社《环球》杂志评选为“环球二十位最具影响世纪女性”。

1991年张海迪在做过癌症手术后，继续以不屈的精神与命运抗争。她开始学习哲学专业研究生课程，经过不懈的努力她写出了论文《文化哲学视野里的残疾人问题》。1993年，她在吉林大学哲学系通过了研究生课程考试，并通过了论文答辩，被授予硕士学位。

在张海迪的房间里醒目地摆放着一张5岁那年站立的照片，从那时到今天，她再也没有站起来过，她曾无限伤感地说：“假如我知道一生中仅有五年的健康，我会不停地奔跑，永不停止；假若我知道我只能有五年的时间感受疼痛，我会每天多跌几跤，来享受疼痛。”

在很多人眼里，海迪从一个残疾小姑娘成长为一名中外闻名的作家，始终站在人生的高处优越地生活。然而海迪说：“我每天都是在充满着痛苦、绝望、沮丧和忧郁中生活、奋斗。”

她从不讳言死亡。有时，朋友们说起她的注重化妆，讲究衣着，海迪就半开玩笑地说：“今天我活着，说不定明天就去了，我可不想留给朋友们一个消沉丑陋的形象。”

李燕杰、曲啸的“心灵鸡汤”

***

李燕杰，这个当年和张海迪一起成为中国人心目中的励志楷模的人，到

2008 年已经做了 4000 多场演讲，拥有 720 个社会头衔，在 20 世纪 80 年代，如果你要寄信给李燕杰，直接在信封上写上“北京李燕杰”收就可以了。

1977 年，李燕杰的演讲在北京掀起“李燕杰旋风”，这股“旋风”随后又刮向全国乃至国外，被称之为“李燕杰现象”。读李燕杰为青年人演讲的励志报告，学张海迪身残志坚自学成才的精神在那个时代成为流行现象，李燕杰在北京、上海等地的演讲，人数最多的时候达到过一两万人，他的演讲一会儿能把人听哭，一会儿能把人听笑，而励志则是不变的主题，更被认为是“善于打开人们心灵的专家”，据说有个死囚在枪毙前要求跟他通话，死囚说，要早听了李老师的演讲，就不会去犯罪。（蒋庆、盛茜 :《78 岁李燕杰身患绝症仍淡然　20 年前与张海迪齐名》，2008 年 2 月 19 日《成都商报》）

***

后来，还有一位被称为“当代牧马人”的曲啸，他的演讲也风靡了大江南北，电视直播时，万人空巷。曲啸的一些经历与1982年公映的电影《牧马人》中的男主人公许灵均很相似。

1957年，他即将大学毕业时被错误地打成“右派”，妻子带着孩子离他而去。1961年，他右派“摘帽”后，四处找不到工作，于是就去兴安岭下当了一名牧马人。1965年，当他被安排到盘锦县新安农场小学教书，生活刚刚稳定下来不久，到了1968年，又被打成“现行反革命”，判处有期徒刑20年。直到1979年，在服刑11年后，经过多方努力，才无罪释放。

曲啸受尽苦难，却不肯向命运低头。在监狱里，他收集罪犯的第一手资料，出狱后写出了一部名为《犯罪心理学》的专著，在国内引起了很大反响。

随后，他更是通宵达旦地工作，备课、写论文、撰写书稿、外出讲课，很快在教学和科研上都取得了突出成绩。1982年他被评为教授，并被任命为营口教育学院副院长。随后，他走上了演讲台。

曲啸的第一场演讲是在1983年。当时演讲的会场突然停电，但他那热情饱满的浑厚嗓音穿透了黑暗，在每位听众的心中回响着。整个演讲持续了两个多小时，听众的掌声达几十次。演讲结束时，全场起立欢呼，曲啸的演讲获得了巨大的成功。

每每听到“人生的价值在于奉献，而不在于索取”，“生命的价值，不能用存在时间长短衡量，也不能用创造的财富多少来衡量”，除此之外，还有著名的“娘打孩子论”，听众莫不认真记录，每到煽情之处，热泪盈眶。

1988年1月13日，深圳蛇口举行了一场“青年教育专家与蛇口青年座谈会”，来自北京等地的3位闻名全国的青年教育专家李燕杰、曲啸、彭清一，和蛇口近70名青年出席了这次座谈会。会上，蛇口青年就人生价值观念等问题，与专家展开了激烈论战。这次争论持续了半年多，从而引发了轰动全国的“蛇口风波”。

虽然对这次争论褒贬不一，但它的意义已经超出了风波本身。争论的焦点：一是关于“淘金者”的争论。有一位专家在发言中提到，有个别人来深圳的目的，就是为了在别人创造的财富中捞一把，这就是极少数淘金者，特区不欢迎这样的淘金者。而蛇口青年认为，“淘金者”赚钱，没有触犯法律，无所谓过错，“淘金者”来蛇口的直接动机是赚钱，但客观上也为蛇口建设出了力，“淘金者”并没有什么不好。

二是对个体户办公益事业的看法问题。青年教育专家认为“有许多个体户把收入的很大部分献给了国家，办了公益事业”，这种精神与做法应大力提倡。而蛇口青年则认为，一些个体户这种举动并非出自自愿，而是对“左”的思想心有余悸的表现，个体户在赚钱的同时，已经为国家作了贡献。个体户只有理直气壮地将劳动所得揣入腰包，才能使更多的人相信党的政策的连续性和稳定性，而不是鼓吹无端占用他人的劳动的“左”的残余。青年教育专家对此大为不悦。

这场风波所争论的问题，实际上已经超出了加强与改造思想政治工作的范围，它所反映的是我们这个民族从传统向现代的演进中，道德观念、人伦准则、行为规范和价值体系所发生的激烈变迁。

也许，从这里你可以了解，为什么这场风波引起了全国和世界如此重大的关注。

《庚申年》猴票开启集邮时代

首套生肖邮票发行于改革开放后的第一个春节（1980年2月15日），票品：《庚申年》猴票编号T46。该套邮票绘画者是大名鼎鼎的画家黄永玉，画之精湛加邮票设计、制作均采用了当时之先进工艺。又占了我国生肖文化这一得天独厚的天时、地利、人和的条件，加之它的艺术价值和经济价值所产生的轰动效应。

这套邮票问世虽然比发行生肖邮票最早的日本晚了10多年，但居然一举夺得了世界公认的猴“一世”美誉。

《庚申年》在生肖邮票中有两个之最：一是发行量最小，二是升幅最大。自1980年发行20余年来，由面值8分一路飙升，最高时突破2000元，创造了中国邮市投资的经典神话，同时也成为牵动邮市神经的一面大旗。

同年，被迫停刊14年的《集邮》杂志恢复出版发行。据统计，1980年全国各地集邮协会在册会员有一万多人。

金猴四方连

许多人闯入邮市淘金，产生了不少百万富翁、千万富翁。

上海太原路邮市，几年都是被视为“非法邮市”，但几经取缔始终封而不死，打而不垮。直到1988年北京月坛邮市建立之后，上海因势利导，将太原路这一“街头游击队”招安。

一位姓郑的集邮者，在南昌八一公园邮票市场，看中了500版的《韩熙载夜宴图》，对方开价40元一版，他还价36元。一时难定，他便说声“我去撒泡尿就来”打个马虎眼，趁机打探一下实际行情。仅仅5分钟后他匆匆返回，那批版票已另有新主。

这一天落市时，《韩熙载夜宴图》已高达58元一版。这11000元的暴利，竟为“一泡尿”白白失去。

大西洋底来的蛤蟆镜

蛤蟆镜，墨镜的一种，大镜片，浅颜色，挡风养目，防晒遮阳，80年代在城市青年中风靡一时，成为时髦男女的专宠。为什么叫蛤蟆镜？也许是因为镜片大，颜色浅，戴在人的脸上像蛤蟆的两只大眼睛，故而得名。

1980年，中央电视台播出了从美国引进的科幻电视剧《大西洋底来的人》，神秘的西方世界，科幻的故事情节，随处可见的新奇事物，让这部美剧在神州大地轰动一时。剧中主人公麦克·哈里斯经常戴着一副蛤蟆镜。麦克身材彪悍，表情严肃，戴着浅而透明的大墨镜，的确是威风凛凛，风度翩翩。一时间，麦克的形象受到了不少青年的热烈追捧，用句现在流行的话说，成了麦克的“粉丝”。

人家的身高体型是爹妈给的，这辈子是没指望了，可是模仿心中的偶像，爱屋及乌地弄一副麦克的墨镜戴上，却不是一件难事。于是，不少时髦青年想方设法买一副麦克式的墨镜。

一时间，不管脸盘大小，脸型是方、是圆还是瓜子脸，都架上了麦克戴的那种浅墨镜，大街上到处晃着蛤蟆一样的大眼镜。

演员尤勇回忆："麦克镜"成为中国流行史上的一个重要标志。这种眼镜俗称叫"蛤蟆镜"，当年这可是最流行的装备，不过那时候中国根本没有那样的东西。我买的也是仿造的假货，不过这在当年也已经很前卫了。

那时候人们戴的蛤蟆镜，有一个突出的特点，上面贴的商标不揭下来，以显示那是正宗的"舶来品"，招摇过市，因为商标上那两行外国字母多少能满足他们小小的虚荣心。

其实，当年的蛤蟆镜极少有真正进口的，基本上都是一些厂家仿造的。相对于老式的墨镜而言，蛤蟆镜的确是样式新颖，美观漂亮。

手拿大哥大，腰别BP机

1985年3月5日《工人日报》报道，从1984年10月开始，上海出现了"私人电话热"，10月至12月平均每日申请安装私人电话数猛增到1500余户。

整个90年代，私人电话渐渐进入中国普通人的家庭。2001年6月24日下午，上海电信公司线务员卞金凯拆除了新桥传呼电话服务站的通信设备，因为居民几乎家家装了电话，传呼电话没人打了，只得功成身退。

1987年，摩托罗拉（Motorola）公司推出了一款像砖头一样大小的手机，学名叫800兆移动电话。

民间管它叫"大哥大"。

"大哥大"一下子成了绝对的身份象征，拥有者差不多全是各界显要人士：包工头、大老板或者是当年第一批下海淘金的中国股民。那时候拿这么个物件，在马路边上大声喊话，会引来羡慕的眼光；那时拥有者一到公共场所，一坐下来，必然是什么话也不说、什么事也不做，先把这大家伙放在桌上，胜过千言万语，绝对的显摆!

黄宏和宋丹丹后来讽刺的"移动电话要移动着接"，是生活的真实写照。

"大哥大"的出身其实很粗俗。黑社会叫小头头为"大哥"，叫大龙头为"大哥大"，香港警匪片里的黑社会老大拿着一个砖头似的玩意，冲着它恶声喝着，很神气很牛气。

当时人们月收入从百元至几百元不等，但"大哥大"每台售价却要3万多元，加上入网费，每台价值4万多元，黑市价更高达5万元；通话费也十分昂贵，一般人买不起，更用不起"大哥大"这种奢侈品。价格贵货源也少，基本上都是从香港过关的进口货，没相当过硬的关系，即使有钱也不一定能买得到。

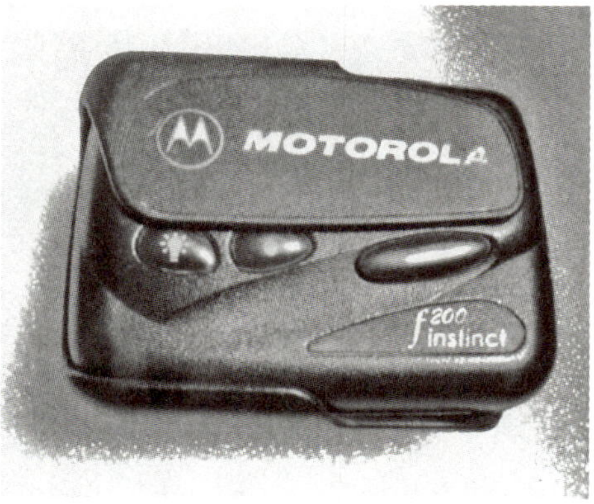

摩托罗拉牌 BP 机，此为汉显式样，是相对比较好的

所以在当时，“手拿大哥大，腰别BP机”——大凡街上有人是这副装扮，不用说，这要么就是刚发迹的“万元户”，要么就是有权势的大人物，让人又羡慕又敬畏、崇拜不已。

“大哥大”出现不久，传呼机作为它的“兄弟”，进入人们的生活。从数字升级到了汉显，它的普及率逐渐地提高。

也有人叫它BP机。那时，一部呼机加上入网费等要花费2000多元，而且买呼机还要托人。

后来有篇《苏厂长的一天》报道说，上海三枪集团董事长苏寿南的司机沈建华，腰上挂着两只BP机，原来，其中一只BP机是小沈为了保证每天6点钟能准时接苏寿南上班，而设置的定时呼叫机。

“有事您呼我!”曾经是最时尚的告别语。

国内恢复黄金制品销售：老百姓可以买金首饰了

1981年开始，我国国内发行国库券，当年发行40亿到50亿元。

1982年8月9日，中国人民银行发出通知，在国内恢复销售黄金制品。

1982年9月28日，《新民晚报》记者潘新华和同事刘开明起了一个大早，来到上海南京西路大光明电影院东边的“上海工艺美术品服务部”。

商店开门之后，潘新华看了一下柜台里面，只有三样黄金饰品：戒指、项链、鸡心挂片，都是14K金的，每克30元。

那天，是黄金饰品开始销售的日子。正在潘新华端详那些黄金饰品时，顾客已在店

“帮我拿个主意”——正在菜市口百货商场挑选首饰的大娘

里排起了队。打头的是一对母子，母亲是羊毛衫厂的工人，儿子是特地陪她来的。老人买了一枚37.1元的14K金戒指，“家里日子现在过得很不错，人人都有工作，所以决定买枚金戒指。”儿子解释说：“这都是妈妈用自己的钱买的。”当时商店的经理叶鸿年告诉潘新华，“今天我们卖的是14K的金饰品，11月3号我们会卖成色更好的。”1982年11月3日那天，潘新华再去这家商店时，品种果然增加了很多，金饰品中出现了纯度更高的18K。他记得，当时18K金饰品中，最便宜的是49.2元，比一级工42元的月工资还要高。戒指里面增加了老上海喜欢的闪光戒、花细戒，项链也多了方丝链、马鞭链等品种。

事实上，1964年央行为金银加工业停止供金之后，到1982年长达18年的时间中，老百姓购买金饰品的渠道是断绝的。（参考2008年12月28日《新京报》）

80年代的抢购风潮

1981年12月18日，国务院决定从即日起，降低涤棉布的价格，提高烟、酒的价格，烟酒提价引起了人们心理上的不适应。

1983年1月，中共中央、国务院决定，从1月20日起，较大幅度地降低化学纤维织品的价格，适当提高棉纺织品的价格。同时，国务院还决定降低部分轻工业品和电子工业品的价格。降价商品有手表、闹钟、布胶鞋、胶卷、彩色电视机和部分电风扇等。

1月17日有关通知传达的当天，百货大楼各棉纺织品柜台前就排起长队，毛巾、童装等柜台前也围满了顾客。这一天，排队抢购的顾客直到晚上11点后才陆续离去。

1983年11月，商业部发出通告，从12月1日起，全国临时免收布票、絮棉票，对棉布、絮棉敞开供应。出于一种担心，顾客抢购棉布等纺织品的情况再度发生。

据当时在北京市百货大楼当营业员的王涛回忆：

***

“春花吸尘器刚上市那年，参加缝纫机展销、买骆驼电扇的顾客从晚上8点就开始排队，大家都自己发号维持秩序，早上8点大楼一开门，顾客就一拥而入。还有大楼搞玉兔杯灯具展销时，买东西的顾客排大队，还没到中午东西就卖光了，一天进了好几次货。”（**王军光：《见证30年变革之王府井北京百货大楼：当抢购成为回忆》，2008年10月7日《北京青年报》**）

***

整个80年代期间，像1983年这样的抢购风潮随时随处都会发生。因为那时商品相对匮乏，而人民生活又亟待改善。作为全国最著名的百货商店，百货大楼更是处于抢购风潮的风口浪尖。皮鞋、皮帽、羽绒服、西服、冰箱、电扇、录音机、电视机、化纤面料、泡泡纱和毛线等，可谓举不胜举。开始几年，凡属新产品、新款式、新花色、新品种都会引起抢购。后来几年逐渐有所缓和，改为只抢购名牌产品。

为了保护顾客安全，那时候许多柜台都装上了钢管护栏。每天商店一开门，顾客就会像赛跑一样奔向各个柜台，真可谓“商场如战场”。

***

这一天，淮海中路一家规模大的食品商店门口又一次排起了长蛇阵。时光悠悠，一晃已经两三个小时过去了，但啤酒却杳如黄鹤，不见踪影。人们在无遮无掩的烈日烤晒下，大汗淋漓，长叹短吁，几乎绝了希望。突然，哪一个眼尖的叫了起来：“来了！来了！”长蛇阵顿时发生了骚动：熟人们互相呼叫着加塞了，年轻力壮的后来者抢了先，老头、老太被挤得晃悠悠，小朋友们在夹缝中急得哇哇叫。（**莫枚、秦月：《啤酒之谜》，1986年7月6日《生活周刊》**）

***

1988年，中国的改革进入攻坚的“价格闯关”：少数重要商品和劳务价格由国家管理，绝大多数商品价格放开，由市场调节。抢购！抢购！1988年留在人们印象中的，是抢购二字，风潮席卷全国。

价格“闯关行动”从上海开始。1988年3月，上海调整280种商品的零售价，这些商品大都属于小商品或日常生活必需品，价格涨幅在20%～30%。各地物价很快出现失控的局面，并最终演化成发生在夏天的一场抢购风潮。

据当时的报纸记载："人们像昏了头一样，见东西就买，既抢购保值商品，也抢购基本消费品，连滞销的也不放过。"

受过系统经济学培训的社科院经济所的袁钢明，也加入了抢购大军。"我到前门大栅栏的一家电器商店，所有电器都已经被抢光了，就剩下一台没有门的冰箱，售货员对我说，要买赶紧买，不买一会儿就没了。"

二轻工业学校当老师的王桂香也从商店抢购了100盒火柴，和足够用一年的盐和酱油。（刘薇：《5次物价上涨与政府应对》，2008年3月7日《京华时报》）

7月28日，国家决定对13种名烟名酒的市场价格放开，从这天起，全国各大中城市百货公司和烟酒门市出现了抢购名烟名酒的风潮。北京、天津、上海的商店在开市后的几个小时内，准备供应一天的烟酒全部被抢购一空。当天下午，北京30多个销售点协调行动，价格上浮，全国各大城市也分别在29、30日两次调整价格，才使抢购烟酒的局面渐趋稳定。

进入8月份，社会上盛传9月1日全面涨价的"小道新闻"，从8月中旬开始，各地先后出现抢购先兆，在上海，8月17日、18日，抢购的迹象已渐明显，火柴、肥皂、洗衣粉、毛巾、被单、铝锅等成为热门货。从8月19日起出现全国性抢购狂潮。

以上海为例：皮夹克、鸭绒被、驼毛被、羊毛毯、毛巾毯、毛线、床罩、棉毛衫裤、汗衫背心、洗衣机、吸尘器、油烟脱排机、高档录音机、录像机、金饰品等均在被抢购之列。银行门前提款的人拥挤不堪，上海银行告急。上海华联商厦每两分钟即售出一台洗衣机，一天售出500台，8月27日这天现金销售达230万元，创历史最高纪录。

8月28日，上海抢购狂潮进入最高潮，上海市政府不得不采取紧急措施，实行凭票

1988年抢购风潮。这个小伙子的递进来的人民币，全部购买了金项链

供应食盐、凭票供应火柴、购买铝锅以旧换新凭结婚证、户口申请购买。

8月29日至31日，因物价未全面上涨，抢购风才自然平息。

到了90年代之后，这种状况却彻底成为了历史。

电视村

1983年1月17日，在汕头市人民广场举行的审判大会上，原中共广东汕头地委政法委副主任、海丰县委书记王仲，被依法判处死刑。他是改革开放后第一个因腐败被枪毙的县委书记，其腐败行为带有明显的时代特征。他较早收受的贿赂是一台17英寸黑白电视机。

70年代末期电视开始走进家庭，黑白电视时代，频道有限。当时的电视机货源还是比较紧张，但电视节目一天比一天好看，使得不少家庭很想拥有一台电视机。

1980年2月，中央电视台开始播出的9集《敌营十八年》具有一种标志性的意义。这是中国第一部电视连续剧，也是第一部采用情节剧模式制作的最早产生广泛影响的通俗电视连续剧。

1980年,《加里森敢死队》在中国播出不久，看的人越来越多。电视剧播出的时段，连小偷都会歇业，因为街上几乎没有人。它让国人见识了，好人和坏人并不见得泾渭分明。

1983年除夕，中央电视台第一次向全国播出了该台的春节联欢晚会，从此，每年除夕，许多中国人都会：包饺子、放鞭炮、看春节联欢晚会。

1980年10月22日，中国第一条彩色电视机生产线在天津无线电厂建成。这条彩电生产线是从日本胜利公司引进的，可生产14英寸和21英寸彩色电视机，按设计要

早期的日立彩色电视机

求年产彩电15万台。彩电难买，贯穿了整个80年代始末。渐渐地，一些“电视村”出现了。

1984年1月3日《工人日报》报道，我国大城市80%的家庭有了电视机，仅河北省，现在就出现了360多个电视村，在山东、黑龙江等地已破天荒地建起了一些彩电村。

1984年8月26日《人民日报》报道，1983年底全国电视机拥有量为3500万台，其中农村拥有量近800万台。

1985年8月13日新华社报道，我国农村已有3000个电视村。

80年代的聘礼：“新三件”“海陆空”

***

刘索拉曾说：80年代的热情特别的旺盛和真诚，像是一个饥渴的人找到了真正的爱情，干柴烈火。（参考查建英：《八十年代访谈录》第398-399页，三联书店，2006年）

***

80年代开始，可以说“谈恋爱”三个字了。

在此之前，对于“他们在谈恋爱”这句话的表述方式一般是“处朋友”“搞对象”。

80年代婚礼越来越隆重，嫁妆也发生着翻天覆地的变化：手表、自行车、缝纫机这些“老三件”早被淘汰，“新三件”也是不停地发生变化：黑白电视机、电冰箱和洗衣机。

上海春申集藏社经理申健回忆：

***

1988年，申健筹办婚事。按照老上海的规矩要准备“三大件”：缝纫机、自行车和彩电。经过充分沟通，第一件由女方准备，第二件找了辆五成新的“凤凰”自行车凑和，而搞定一台彩色电视机，却成了他完婚的一大难题。

几经转折，申健终于找到“有路子的人”，觥筹交错间对方拍胸脯保证“解决”。可是，就在婚期只剩3天的时候，对方打来电话告知：对不起，没有弄到。顿时，申健沮丧万分。下班途中路过徐家汇新华书店时，看到“买书中彩电”的广告，于是咬牙拿出全月三分之二的工资买书。天遂人愿，果真中了奖——

一张凯歌电视票。"顿时感觉浑身来劲，当天就把电视机用我的'老凤凰'给运了回来。晚上，目不转睛看电视到深夜，直到出现满屏雪花。"申健笑着说。（**张俊才：《票证沧桑》，2008年11月17日第42期《中国经济周刊》**）

***

当时组合家具风靡大江南北，电视柜、大衣柜、装饰柜、书柜合称"四大柜"，结婚时组合家具几乎成为必备品。

这是上海，一般的地方，要求低多了。那时候，一般的家庭，只有五斗衣柜，尽管那时衣服很少，可大家混用着，常常出错。母亲是这样劝慰儿女的："等我们生活好了，给你们一人一只橱。"一些姑娘结婚时，无法效仿"高价姑娘"，唯一的要求就是想打一口有穿衣镜的三门衣柜。

80年代有一个特色名词："海陆空"——这是精明的上海姑娘为自己选择对象定出的理想标准——海是指有海外关系，陆是落的谐音，意思是最好是刚落实政策的家庭，空是指有空房子。它充分反映了当时的女青年在择偶标准上的过于务实。

那时，女方，特别是一些丈母娘，向男方索要彩礼太高，许多地方特别是上海，"高价姑娘"遭到舆论的批评。

1981年，上海灯泡三厂14位青年女工发出"树立正确恋爱观，不做高价姑娘"的倡议：恋爱结婚不讲排场，不追求"海陆空"和"全鸡（机）全鸭"（指彩色电视机、收

80年代的婚纱照

录机、洗衣机，鸭绒被头、鸭绒枕头等），不炫耀陪嫁；对男友只要求有上进心，人品端正，物质条件可在成家后自己去创造。她们的倡议得到上海电池厂、上海电池二厂24位姑娘和其他行业姑娘们的响应，得到社会各方面的支持。接着又涌现了一批丈母娘移风易俗、不要毛脚女婿带礼物上门的动人事例，《人民日报》转发了《上海的十位丈母娘》一文，引起社会的反响。

1985年1月20日的《生活周刊》，刊登了记者张梅君的文章《新娘需求四大趋势》，四大趋势是：

***

一、被子薄而精。新婚燕尔，一般的只备有四条被子，最多的是六条，但其中均有丝棉、鸭绒或骆驼毛被子各一条。

二、服装少而巧。新娘的礼服款式新颖，色彩鲜艳。有五彩缀金缎棉袄，有驼色呢大衣，还有古色古香镶有红黑边的大襟衣。衣服都有收腰，线条清楚。

三、用具细而美。气压式水壶、咖啡茶具，成了新娘的必备品。

四、蜜月远游乐。经济上有条件的去广州、福州。条件欠缺点的去北京、杭州。

***

“度蜜月”和“旅行结婚”

1980年2月20日，国家劳动总局、财政部发布了《关于国营企业职工请婚丧假和路程假问题的通知》，规定晚婚者，婚假可延长至15天。于是婚后“度蜜月”和“旅行结婚”开始风靡，有旅行就一定有照片，有照片就有时尚和时代的烙印。

1980年10月，天津市公用局共青团和工会组织为登记结婚的青年举办了集体旅游结婚的方式，当时很新颖，受到欢迎。

网友“williow”的父母于1983年结婚，他们的蜜月旅行去了苏州，爸爸戴着“大大的墨镜”，妈妈穿的是“真丝上衣、小百褶裙”。而“睡猫猫”的父母则在广州旅行结婚，爸爸骑在深蓝色Honda摩托上，背后是一座在建的几十层高楼。摩托加高楼，成为南方改革开放的缩影，而这样的年轻人在当时则是广州街上“回头率”很高的一对新人。（参考胡斐：《30年细节史之霓裳风暴：具中国特色的时尚路线》，2008年11月14日《新周刊》）

80年代，旅行结婚也在年轻人当中悄然兴起，不过尝试的人并不多。在刘华夫妇看来，在那个年代旅行结婚是一种很实惠的办法，既能照顾到实际的经济状况，又很有面子，“那时候旅游本身就是一个挺奢侈挺新潮的事儿，说自己旅行结婚还能引来不少人羡慕，毕竟那时候不兴度蜜月什么的。”

除了省钱之外，他们选择旅行结婚还为了圆自己一直以来的梦。“我和爱人都是天津人，从出生到工作一直都在这个地方，亲戚也基本都在天津，所以平时很少有机会去外地。我在结婚前，唯一坐火车去过的地方就是北京。所以结婚时，我就想，反正这辈子只结一次婚，不如趁这个机会去远一点的地方，因为除了结婚，也没有什么理由可以出去玩。”刘华回忆道。

刘华他们首选的旅游地是杭州：“我们说好选一个南方的城市，因为都没去过南方，后来决定去杭州，主要是想看看西湖。”

1984年5月1日，没有迎亲队伍，没有鞭炮，穿着一套红色呢子裙的刘华和爱人登上了火车，开始了新婚之旅，“那时的火车很慢，到杭州要坐20多个小时，我们舍不得买卧铺，坐硬座去的，不过因为结婚和旅行的兴奋，所以一点都没觉得辛苦。”

刘华与杨建随身携带的行李也很简单，几件换洗的衣服、路上要吃的干粮、几百块钱和杨建从亲戚那里借来的一个照相机。到了杭州，为了尽量少花钱，新婚的刘华和杨建找了一家便宜的招待所，那里男女分开两个大房间，一个大通铺，每人每晚6元钱。

刘华小两口在杭州玩了3天，那时旅游的人并没有现在这么多，5月的西子湖畔虽杨柳依依，却很静谧雅致，两人在西湖边坐了大半天，“谈恋爱的时候我们也经常出去，坐在海河边聊天，可是那次坐在西湖边是我们聊得最开心的一次，因为刚结婚嘛，我们就在那里憧憬以后的生活，什么时候生孩子，怎么努力工作涨工资，怎么让日子越过越好，一次旅行结婚，让我们的感情增进了不少。”

杭州一行，刘华夫妇除了各自买了一套新衣服外，还给双方老人买了礼物，又买了一些杭州当地的特产给亲戚朋友，一次旅行结婚，他们共花费了380元。“旅行结婚比置办酒席省钱多了，虽然我结婚时没有仪式，没有婚礼，可是我不后悔。那次旅行结婚，既长了见识又增进了我们夫妻的感情，这些年生活好了，我们夫妇没少出去旅游，‘新马泰’都去过，可是在我心里，还是那次去杭州短短的3天最有意思，快30年了，那次旅行结婚，其实是我们向幸福出发的一次旅行。”刘华说。（2013年5月7日《天津日报》）

20世纪80年代，人们的结婚模式大多是“吃与闹”。而我们到了“男大当婚，女大当嫁”时，却不愿再重复那套传统的结婚仪式，心中满怀着对首都向往，高唱着“我爱北京天安门”向北进发，开始了我们魂牵梦萦的蜜月之旅。其实80年代的旅行结婚线路大多是选择都市行。1982年8月，我们刚刚毕业离开大学校园，稍作修整就踏上了首都之旅。临行前，带着单位证明，带着大学毕业证书，带着结婚证，我们登上了京广线列

80 年代旅行结婚的照片

车。这是我们第一次进北京，也是第一次没有任何任务出门。

更让我们腰杆坚挺的是，口袋里我们装了400元钱。双方父母各给了我们200元，这原本是准备操持婚礼用的。要知道，那时候人们的月工资才30多元，这相当于一个人一年的总收入。我们像两个辛勤的农人，每天日出而作，日落而息，以天安门为起点，将可以游览的景点都跑了个遍。那年月，票子似乎特别经花，每天抽出10元，基本上是连玩带吃，门票还有车票，都可以搞定。在记忆中，景点不像后来有这么多的园中园，买了一次票还得买一次票。门票5角就算贵了，一般是5分，最多才一角。我们在人们刚刚触摸"旅行结婚"概念的时候，赶了一下时髦。(《回忆80年代我的蜜月旅行——游京城》，2004年12月22日《长城在线》)

计划生育

1980年，中共中央发表了《关于控制我国人口增长问题致全体共产党员、共青团员的公开信》，提出"争取在本世纪内把我国人口总数控制在12亿以内"的目标，并郑重向全国发出了"一对夫妇只生一个孩子"的号召。

1982年，正是因很早提出控制人口被错误批判的马寅初先生去世的这一年，9月召开的中共十二大，把计划生育定为中国的基本国策，同时对计划生育的意义、方针政策、目标等作了详细的说明。11月召开的五届人大常委会第五次会议通过的新宪法，更明确地规定："国家推行计划生育""夫妻双方都有实行计划生育的义务"。

独生子女，成为这个年代的特产。计划生育的基本国策"一对夫妇只生一个孩子"的具体规定在80年代的城市执行得尤其严格。因此这一时期大量的独生子女出现了，曾经被人们疑虑和非议、实际上也已经成为当今社会中坚力量的"80后"都是这时期的产物。

为四个现代化努力学习和工作是那个年代晚婚青年们共同的理由——结婚越晚越光荣，你要是终身不嫁不娶，只有你家里人急，组织和政府绝对不会催你。

当时宣传计划生育的口号，今天看来令人哑然失笑：

“以计划生育为荣、以重男轻女为耻。”

“以做爱带套为荣、以不管不顾为耻。”

“一人结扎，全家光荣。”

“该扎不扎，见了就抓。”

“女扎要得病，男扎还能行！”

“见证怀孕，持证生育！”

“普及一胎，控制二胎。”

“一胎生，二胎扎。”

计划生育好，只生一个孩子好

计划生育宣传到农家

1988年3月10日上午8时56分，中国大陆首例试管婴儿在北京医科大学附属第三医院平安降生。这是中国生殖医学研究的一项重大突破，是继避孕套之后，性爱与生殖脱离的又一成功。

离婚自由：《婚姻法》规定感情破裂可以离婚

1980年，“感情破裂”作为法定离婚理由，写入新的《婚姻法》。这是新中国的第二部《婚姻法》，它将离婚自由的权力以法律形式明确肯定下来，也使一向稳定的婚姻局面被打破了，中国人传统的从一而终的婚姻观念，从进入80年代开始，就发生了根本性的动摇。从此，“感情不合”成了各地办理离婚时最常用的理由，而恩格斯“没有爱情的婚姻是不道德的”成了被引用最多的伟人语录。

新的《婚姻法》第25条规定：“人民法院审理离婚案件，应当进行调解，如感情确已破裂，调解无效，应准予离婚。”

1950年《婚姻法》是新中国成立后颁布的第一部法律，也是新中国成立后颁布的第一部婚姻法。1950年《婚姻法》除有协议离婚程序和诉讼离婚程序外，并无关于判决离婚的法定理由的规定。

为解决离婚标准问题，最高人民法院在1950年至1980年均发布了相应的司法解释。透过司法解释，我们可感知到，离婚的原因主要集中为夫妻双方不通音讯、夫妻一方下落不明、夫妻一方患病、当事人未达法定婚龄。离婚的原则界线则依最高院1963年8月28日发布的《关于贯彻执行民事政策几个问题的意见》来处理。意见中指出：离与不离，首先应从“婚姻基础（自由结合还是包办）、婚后感情和离婚原因”，来查清夫妻关系是否还可以维持；其次，要充分考虑子女的利益和社会的影响。这样的离婚标准，当时被法官们称为“三看一参”：一看婚姻基础，二看婚后感情，三看离婚原因，四还要注意子女利益和社会影响。在这次的离婚标准中，“感情”已经出现，但很弱。

尽管后来国家还对《婚姻法》作过多次修改，但1980年颁布的《婚姻法》，连同“感情确已破裂”几个字，已经载入中国改革开放的历史。它的意义在于：不能把不准离婚作为一个惩罚手段来使用。后来不少人把1981年离婚率的上升归因于1980年的《婚姻法》。根据《上海民政志》记载，1980年，上海人离婚的数量是883对；1981年，离婚的

80 年代集体婚礼

有1304对。曾经参与1980年《婚姻法》修订的人民大学法学院教授、婚姻家庭法学研究所所长杨大文，不同意这个观点，他说："那是因为过去离婚实在太严了，而1981年后的有一部分离婚是解决历史上遗留的问题。"

1982年11月，25名妇女联名写给当时的中共中央总书记胡耀邦的一封信，信的部分内容如下：

***

胡总书记：

一些人蓄意制造"感情破裂""坚决离婚"的幌子下，乱搞两性关系，给多年的家庭、一方或子女带来终身不幸。法院在受理我们案子期间，对有过失的一方不揭露其错误，对其恶劣行为不严厉批评，不谴责，反压制我们这些弱者，强迫我们离婚，我们不同程度地体会了在法律面前的不同待遇。法律对人民没有起到教育作用，相反助长了资产阶级思想、道德败坏的泛滥，我们想不通，中央领导一再强调在新形势下加强共产主义道德品质教育的重大意义，可法院同志却强调说："我们是执法单位，婚姻法没规定讲道德，有意见找立法单位提去。"

***

1983年，由36名妇女组成的“秦香莲上访团”联合到全国妇联上访，状告她们的丈夫是“陈世美”。这些女性都是知识分子，她们在过去的岁月里自觉地支持了丈夫的事业，可这些丈夫翻身后竟纷纷借助新《婚姻法》中的“感情破裂”一条，提出离婚，不要糟糠之妻了。在这一轰动事件中，中国人第一次听到一个新词汇：“第三者插足。”官司最终打到中央，在中央领导人的过问下，36个“陈世美”没有一个在当时离成婚的。但在10年之内，他们全部都离婚了。

飞雪连天射白鹿，笑书神侠倚碧鸳

1985年，香港版的《射雕英雄传》风行内地，上下两册大开本的书你传我、我传你地看，电视剧播放时，因为当时电视机还没有普及，大家很早就拿着凳子抢位子，看不着的人叠人地伸长脖子站着看。连刚学会走路的小孩嘴里都叨念着东邪、西毒、南帝、北丐、中神通、黄蓉、郭靖、降龙十八掌、九阴真经……从此，神州都知道有个金庸大侠。

金庸曾把所创作的小说名称的首字联成一副对联：飞雪连天射白鹿，笑书神侠倚碧鸳。现在已经广为流传并多次被香港和中国内地拍成电视剧与电影，也是“金迷”的必读书目。2018年10月，94岁的金庸先生去世，留下了他的名句：侠之大者，为国为民。

与金庸大侠同时代的梁羽生、古龙、温瑞安的武侠小说也打动了不少人，“新武侠小说”风行了好多年。

《第三次浪潮》激情预言

跨国企业将盛行；电脑发明使SOHO（在家工作）成为可能；人们将摆脱朝九晚五工作的桎梏；核心家庭的瓦解；DIY（自己动手做）运动的兴起……

这是1983年，美国未来学家阿尔温·托夫勒所著《第三次浪潮》中描绘的景象。时过境迁，如今我们才发现托夫勒的预言竟大多已成为了现实，以至于今天，我们仍然可以感受托夫勒惊人的激情预言。

当时，托夫勒和《第三次浪潮》给打开国门之初的中国人心灵造成的冲击，可谓连

改编自金庸小说的最经典的 83 版电视连续剧《射雕英雄传》男女主角——黄蓉（翁美玲饰）和郭靖（黄日华饰）

绵不绝。托夫勒在这本书中将人类社会划分为三个阶段：第一次浪潮为农业阶段，从约1万年前开始；第二阶段为工业阶段，从17世纪末开始；第三阶段为信息化（或者服务业）阶段，从20世纪50年代后期开始。

第三次浪潮是人类思想的又一次大变革，这就是我们所说的“信息时代”，信息技术和社会需求成为它发展的强大动力，整个世界融为一体，人们将打破国界，寻求合作。

托夫勒也许并没有给我们带来直接财富，但他给了人们一个梦想，多年以后，当年阅读托夫勒的年轻人已成为中国经济建设的中流砥柱，托夫勒的思想或多或少仍在指引着他们“创造未来”。

一年后的1984年，建议邓小平恢复高考的温元凯，推出《中国大趋势》一书，风靡全国，被称为“中国的‘托夫勒’”。

高加林与刘巧珍拨动了多少人的人生

80年代刺痛人心的，还有一个叫“高加林”的人。

农民的儿子高加林参加了高考，但是名落孙山。正在高加林情绪低落消沉之时，一个美丽善良但没有文化的本村姑娘——刘巧珍向他表达了火热、纯真的爱情。巧珍的爱情一时填补了高加林的苦恼和空虚，修复了他受损的心灵。在爱情的力量的鼓舞下，巧珍勇敢地与高加林一起，同愚昧的封建思想做斗争，做了很多“出格”的事。

一个偶然机会，再次改变了高加林的人生道路。高加林“农转非”，当上记者之后，抛弃了深深爱着他的美丽善良的巧珍。

这是1982年第三期的《收获》上，刊登的一篇曾经轰动一时的、著名作家路遥的中篇小说《人生》所叙述的故事。

1984年，由吴天明、路遥编剧的同名电影搬上了银幕。一时间，《人生》家喻户晓。《人生》的轰动便由文坛走向大学校园、工厂农村，甚至于世界。

高加林成了那个时候年轻人谈论最多的人。

“渴望撕下农民身份标签的高加林，是一种思想或者道德的沦丧吗?”

“高加林是中国的‘于连’吗?”

“高加林与刘巧珍的爱情悲剧根源在哪里?”

“高加林该不该抛弃刘巧珍?”

更多延伸出去的命题，旋风般地在全社会、港台甚至跨出国界，在日本、法国、苏联、英国等不同肤色不同语言的国度里，掀起了一场此起彼伏的大讨论。数百家国内报

电影《人生》剧照

刊、电台、电视，纷纷扬扬，争先恐后地开辟各类专栏或专题节目，为不同文化层次、不同生活经历、不同生活领域的人们，提供“读后感、观后感”之类的讨论场所。

作为一部引发80年代“人生”大讨论的作品，《人生》无疑有着深刻的时代印记。它的悲剧建立在一种广泛的社会背景上，“城乡差别”“户籍制度”“官文化”“关系学”“门当户对”……就是那场争鸣的关键词。

那个时代过来的人，至今记得影片开头的一段字幕：

***

“人生的道路虽然漫长，但紧要处常常只有几步，特别是当人年轻的时候。没有一个人的生活道路是笔直的、没有岔道的。有些岔道口，譬如政治上的岔道口，事业上的岔道口，个人生活上的岔道口，你走错一步，可以影响人的一个时期，也可以影响一生。”

***

当时，这段话将一批年轻人深深地震撼，并激励着他们奋力前行。在后来的日子里，很多人惊奇地看到了这段话在自己身上应验的魔力。

后来，路遥创作了《平凡的世界》。曾写出小说《白鹿原》的著名作家陈忠实评价说：《平凡的世界》是茅盾文学奖皇冠上的明珠，激励千万青年的不朽经典，最受老师和学生喜爱的新课标必读书。1992年11月，路遥英年早逝，年仅42岁。

马中骐：学位证书编号为001号的博士

1981年1月1日，全国范围内开始实施学位制。国务院规定，我国设学士、硕士、博士3级学位，即大学本科毕业生可授予学士、攻读硕士学位研究生毕业可授予硕士、硕士生继续攻读博士学位，毕业后授予博士。1983年5月27日下午，新中国首届博士硕士学位授予大会在北京人民大会堂举行。

他们一共18位，时人称为“十八勇士”。那一天，马中骐获得的博士学位证书，编号是“001”。为了表示对首批研究生的重视，主办者特地把学位授予大会的地点定在人民大会堂。那一天是马中骐第一次走进人民大会堂。他作为学生代表，在主席台发了言。为了这次大会，马中骐特意修饰了一下自己。单位为他准备了200元钱的着装费，而当时他的月工资还不到100元。“我当时思想上还没太放开，觉得还是应该穿中国式的衣服。”马中骐选择的是具有时代特色的蓝色军便装。“那时候也没有博士服、博士帽。”在博士学位授予仪式上穿博士服戴博士帽是80年代中期的事，是由中央工艺美院的老师设计的。马中骐的博士学位证书，是由著名科学家、中科院物理学部主任钱三强签发的。

获得博士学位时，马中骐已经43岁。18人中，40岁以上的有9人，年纪最小的王建磐也有34岁了。（参考郭少峰：《研究生复招：从“特权阶级”到“学术勇士”》，2008年5月27日《新京报》）

1985年，在李政道的倡导、邓小平的决策之下，中国博士后制度冲破计划经济体制的藩篱，成为引领中国人事教育体制改革之先锋，开辟出高层次人才流动的“绿色通道”。1985年国务院批准试行博士后制度，同年底，我国第一批博士后流动站建立，截至2015年，我国已累计招收培养了14万余名博士后人员，他们成为我国科技人才队伍中一支年轻而有生气的重要力量，在科研、经济建设等领域发挥了重要作用。

“万元户”

“万元户”，一个80年代初很流行的词，也是许多农民羡慕的称谓。顾名思义，“万元户”就是收入达万元的户，或是家里有万元积蓄的户。在当时的农村，谁家能称得上“万元户”，就是家庭拥有巨额财富的代名词，是先富起来的代名词。

1980年4月18日，新华社播发一篇通讯《雁滩的春天》，报道了1979年末兰州市雁滩公社滩尖子大队一队社员李德祥家里有六个壮劳力，当年从队里分了一万元钱，社员们把他家叫“万元户”，李德祥成为我国首个公开报道的“万元户”。

1980年11月17日，新华社发表了记者李锦拍摄的一幅照片，报道了临清县八岔路公社赵塔头村一队社员赵汝兰，当年一家种棉花纯收入10239元，这是媒体首次报道山东“万元户”的消息，赵汝兰也成了山东首位见诸报端的“万元户”。这则摄影报道先后被国内外51家新闻媒体采用，“万元户”一词也随之流行起来。赵汝兰老人已于2004年去世，他的老伴王立芬回忆：“那时候他爹领着几个孩子，一天到晚扑在棉花田里。年底卖了棉花，家里一下子成了‘万元户’。从那时起，不但全家人的吃穿不愁了，而且当年就用卖棉花的钱，先后添置了5辆自行车、3台缝纫机、两块手表、1台座钟和两部收音机。”

赵汝兰的大儿子赵光泽回忆，“当上面有人来问我们家当年的收入时，我父亲又‘害怕’了，吞吞吐吐只说没收几个钱。”（参考《成了“万元户”都不敢跟人说》，2008年10月16日《齐鲁晚报》）

“万元户”，掀开了中国人致富的潮流。

***

> 湖北房县有个靠承包集体果园致富的农户，近两年，不仅大队干部以各种名义上门吃喝，连各种会议、上级来人、大队放电影、演戏……都要他家管饭。这些人大都吃完嘴一抹，不给钱也不给粮。搞得这户社员叫苦不迭，表示不愿意再承包果园了。
>
> “红眼病”是长期形成的“越穷越革命”的“左”的思潮和绝对平均主义在农村的表现。群众说，“红眼病”不治，致富积极性调动不起来，致富的门路就打不开。(《先富的苦恼：干部揩油群众眼红》，1983年1月20日《人民日报》)

***

但有些地方却没有这类“红眼病”。据曾任广东省南海县委书记的梁广大回忆，80年代初期，南海富起来了。有一年春节，县里开着一溜车队，敲锣打鼓进入那些先富起来的村，下车后干部们抬着6头重达百斤的烧猪，还有自己酿造的10坛酒请社员吃饭。

1982年，谁也不敢露富的时候，上海嘉定一位农民陆荣根，公开宣称：“我承包养鸡，去年收入超过一万五。”他成为上海郊区第一个主动亮相的“万元户”。

个体户：我自己就是单位

70年代末，大批知青返城，造成城镇就业压力剧增。“待业”和待业青年产生。1979年，北京大栅栏街道办事处供销组长尹盛喜，带领20名待业青年，靠借贷的1000元，在前门摆茶摊，卖“两分钱”大碗茶起家。后来他们越做越大，在北京、深圳和海南都建立了公司。两分钱的大碗茶几乎成为改革开放和艰苦创业的代名词。

美国前驻华公使傅立民回忆，1979年夏天，他在北京街头买了一碗汤面，卖面的人说自己是“个体户”，这是他第一次听到这个词，那位个体户解释说：“我自己就是单位。”这一幕让他感叹，“中国马上就要开始腾飞了”。

1980年6月21日，北京市工商局通知：

原来不准经营个体、工商业的待业青年和退休职工，现允许经营。个体户经营范围：除原来允许的修鞋、修自行车、理发、缝纫等行业外，还可经营房屋修缮、擦皮鞋、三轮运输、代写书信、报贩、茶水摊等。对于技术性强、社会需要的行业如服装加工、弹棉花等，允许退休职工带一两个待业青年，组成合作小组进行生产和加工。

***

上海第一家由待业青年陈贵根自筹资金开办的“味美馆”饭馆，自7月12日营业以来，顾客盈门，生意兴隆，不少外宾和华侨也前去参观、用饭。

静安区工商局的同志认为，批准他们开店时，以为是一家小点心铺，卖些面条、馄饨之类，不料他们竟大干起来，看来有些问题需要研究解决。（《人民日报》1980年8月10日第2版）

***

1988 年 9 月，武汉街头的服装个体户售货员在柜台上忙里偷闲吃面条

章华妹，浙南人家普通女子的名字。

1979年11月底，19岁的章华妹在父亲的支持下，在7个兄妹中“先吃螃蟹”，以150元做本钱，在自家门前摆出一张小桌子，出售低廉日用品。那时候，她这样做是不合法的，一旦“打办”（即“打击投机倒把办公室”）人员前来，有可能将她的商品全部没收。但是，章华妹没有工作，这个货摊承载着她的全部收人，月收入约一百元，在当年相当不错了。

“打办”的人没怎么来，因为改革开放的春风正渐次吹来。紧接着，改革的花蕾就要绽放了，“打办”成了工商管理所，依据政策，通知章华妹申领营业执照。（参考钱江：《大陆个体户第一人章华妹》，2008年12月8日《人民日报海外版》）

章华妹没有多少犹豫就提出了申请。1980年12月11日，鼓楼工商所向她颁发了由温州市工商行政管理局盖章的营业执照——工商证字第10101号。这是改革开放后中国大陆第一份个体工商业营业执照。章华妹后来回忆：那时做小生意不仅别人看不起，还要担心被抓。因此，摊子不敢铺得很大，这是为了一旦“打击投机倒把办公室”的人一来，好立即收摊关门。可以说是偷着做生意，整天都提心吊胆。“打办”的人抓住我们这些摆小摊的要罚款，还要没收所有货物。还有就是怕工商局管市场的人，他们一来，大家吓得要死。

1983年8月，时任中共中央总书记胡耀邦接见集体企业与个体劳动者代表大会时谈道：“现在社会上有一种陈腐观念妨碍我们前进。例如，谁光彩，谁不光彩。我认为社会上有一群从事个体劳动的同志们，他们扔掉铁饭碗，自食其力，为国分忧，他们是光彩的。什么是光彩？为人民服务最光彩，为国家分忧很光彩，自食其力最光彩；什么不光彩？好逸恶劳不光彩，违法乱纪最不光彩。我请同志们传个话回去，说中央的同志讲了，党中央重视干个体自食其力的人，他们都是光彩的。”

上世纪80年代初，安徽个体户年广九炒卖的“傻子瓜子”受到市场追捧，生意快速扩张。1981年9月，年氏父子从雇用4个帮手开始，短短两年内便发展成一个年营业额720万元、用工140人的私营企业。“傻子”当上了老板，争议也从芜湖一路到了北京。

1992年初，邓小平在南巡讲话中谈到：“农村改革初期，安徽出了个‘傻子瓜子’问题。当时许多人不舒服，说他赚了一百万，主张动他。我说不能动，一动人们就会说政策变了，得不偿失。”在1980年和1984年，邓小平也曾在重要场合提到“傻子瓜子”品牌创始人年广久。年广九这个改革开放30多年来个私经济的代表人物，他的命运起伏，也暗合着我国个私经济的发展进程。

疯狂的君子兰

1983年，长春。一株小小的植物，却被追捧为“绿色金条”。

80年代初期，长春市场上君子兰的价格一路狂涨。

2007年8月3日中央电视台一期节目追忆了这一疯狂。

1984年夏天，长春的一家报纸上刊发了一则公安局干警们庆功的消息，他们刚刚破获一起重大抢劫案，四名来自鞍山的歹徒全副武装，抢劫的目标却是一盆小小的花卉——君子兰。有人因为抢花把人杀死，有人被判刑，也有人被枪毙。

吸引这些人走上犯罪道路的花卉名叫君子兰。买卖君子兰成就了长春一批人的致富梦想，他们不仅轻松地把摩托车、洗衣机等大件物品买回家，而且还能拥有极为少见的国外进口电器。后来发展到一盆君子兰甚至可以换辆高档汽车。

据当时花卉养殖者郭凤仪回忆，有人找到他说，你这是世界上最好的一株花吧？我说当然是了。他说，我拿世界上最高档的豪华轿车，皇冠车换你这个（花），你换不换？我说不换。

当时省委书记也没有一辆皇冠车。

“皇冠换凤冠”的故事让郭凤仪声名远扬，也使更多的人意识到蕴含在君子兰里的商机。然而，“皇冠换凤冠”这件事也很快给郭凤仪招来了麻烦。

一个工程师说，我一个工程师，一个月才挣几十元钱，你那个花苗子，当时最贵是25元，你一个籽就8元，我这一年也挣不了这盆花钱。他就写了信告到中央去了。

检举人认为，郭凤仪高价卖花是在操纵物价，应该列入投机倒把加以惩处。最后也不了了之。这次检举非但没有给郭凤仪造成任何损失，反而帮他做了免费的广告。郭凤仪的君子兰名气更大了。

养殖君子兰很快成为一种潮流，因为它可以带来立竿见影的经济效益。于是，越来越多的长春市民开始投身到这个火热的事业中。君子兰价格走势持续升高，最高时一度达到20万元一株。长春市先后出现了三个君子兰交易市场。

1984年，长春市人民代表大会通过决议，把君子兰定为市花，决定发展阳台经济。《长春日报》刊发了市政府出台的《有关君子兰交易的若干规定》，其中明确了交易君子兰的税收细则。为一种花草的买卖专门以政府名义做出规定，这在国内尚没有先例。长春市政府打算像荷兰发展郁金香那样发展君子兰产业，要让它出口、创汇。

君子兰一度取代了烟酒，成为行贿的手段。

长春，跌到疯狂旋转的君子兰漩涡里，一切无不打上君子兰的烙印：市报的副刊取名君子兰，挂历十三张全用君子兰彩照，电视台用君子兰作本地节目的片头。

君子兰的热潮波及到全国，不仅东北三省出现了许多君子兰交易市场，就连云南也掀起了君子兰热。与君子兰类似的动植物养殖开始出现：南京的锦鲤在短短半年间，从一尾不足一元上涨到几百元；云南、贵州等地的普洱砖茶价格也翻了近百倍。疯狂的已不止是君子兰。

1985年夏天，《吉林日报》在一个月间相继发表了《给君子兰泼冷水》的系列文章。媒体上传来了批评的声音。

随即，《人民日报》刊登了一篇题为《君子兰价值与价格笔谈》的文章，写道：长春人因为喜欢君子兰就花几百元来买吗？市民的人均收入多少？我们国家的人均收入有多少？难道有人能说君子兰比自行车、电视机更为他们所需要？

君子兰跌了，越跌的时候越跟进，越跌得快，开始由五万跌到三万、两万，最后跌到两角。

停薪留职

停薪留职是80年代初富有“中国特色”的事物。

所谓停薪留职，是指企业富余的固定职工，保留其身份，离开单位，从事政策上允许的个体经营。

《劳动人事部、国家经济委员会关于企业职工要求“停薪留职”问题的通知》的规定，停薪留职的时间一般不超过二年。停薪留职期间，不升级，不享受各种津贴、补贴和劳保福利待遇；因病、残而基本丧失劳动能力的，可按退职办法处理。停薪留职人员在从事其他收入的工作时，原则上应按月向原单位缴纳劳动保险金，其数额不低于本人原工资的20%。

停薪留职，是计划经济“铁饭碗”和市场经济大潮中“下海”之间的一座桥梁。

1983年3月3日，劳动人事部发出通知，要求积极有步骤地推行劳动合同制。劳动人事部指出，在今后一个时期内，将以实行“新人新制度”作为过渡。今后新招收的人员实行劳动合同制，原有固定职工目前仍执行现行的制度，但对现行制度也要逐步加以改革，最终要达到所有职工都实行劳动合同制。

劳动合同制，是我国用工制度方面的一次重大改革。

1986年9月9日，国务院颁布改革劳动制度的四项暂行规定，即《国营企业实行劳动合同制暂行规定》《国营企业招用工人暂行规定》《国营企业辞退违纪职工暂行规定》和《国营企业暂行职工待业保险暂行规定》。

这四个暂行规定，重点是用工、招工制度改革，即国营企业新招收的工人都要实行劳动合同制，取消退休工人“子女顶替”和内部招收职工子女的办法，实行面向社会，公开招工，坚持德、智、体全面考核，择优录用。按照新的规定，在国营企业的新招工人中，可以突破劳动力的“单位所有制”，使劳动者的特长、志愿和劳动岗位的需要较好地结合起来。

这一改革，基本让国人告别了传统意义上的“铁饭碗”。

“我们都下海吧”

有人说1984年是一个骚动而热烈的年份，更有人说1984年是“公司元年”“下海元年”，“我们都下海吧”是流传在年轻人之间最具蛊惑性的试探。

1984年，似乎是一个属于珠江三角洲的年份。

1983年来到深圳的王石，乘小巴去蛇口。从深南路拐进蛇口的丁字路口，望见路北一侧耸立着几个高大的白铁皮金属罐。在蛇口码头边也见到三座类似的金属罐。他好奇地向周围的人打听，得知是饲料厂的玉米储藏仓。位于丁字路口的是泰国正大集团、美国大陆谷物公司与深圳养鸡公司合资的饲料生产企业——正大康地；依托蛇口码头的饲料厂是新加坡远东集团投资的面粉加工以及饲料厂——蛇口远东金钱面粉饲料企业。

经打听王石得知，香港大量地需要玉米，而香港本土并不产玉米，几乎都是从外地进口。王石想为何不从东北直接运到香港呢？于是王石的第一单玉米生意开始了，经过几番周折，它与正大康地公司签订了第一单生意，“空手套白狼”赚了40万元。这是他挖取的第一桶金。有了第一桶金，王石在1984年组建深圳现代科教仪器展销中心。

这就是“万科企业股份有限公司”的前身。

特区和毗邻港澳的地理优势，使几乎所有在20世纪崛起于珠三角的企业，找到了先发、先行的机会。

中关村繁荣初显。柳传志走出中科院，从兜售电子表和旱冰鞋，批发运动裤衩和电冰箱开始“联想”，终于在20年后以12.5亿美元收购了IBM的PC事业部。

柳传志在谈到自己创业心得时，如实地回忆说，在1984年创业之初，他们总共拿到了20多万元投资，但谁都没有想到，不到一个月就被人骗走了14万元，而且还是被一个女子骗走的。这对当时刚下海的柳传志的打击，实在是难以想象的。

一代企业家，用或婉约或极端的方式，开始了破茧成蝶的自我蜕变与不可思议的创业传奇。

浙江海盐衬衫厂步鑫生，辽宁本溪蔬菜公司女工关广梅，河北石家庄造纸厂马胜利（外号“马承包”），都是80年代商品经济的风云人物。

1988年10月，浙江省诸暨大唐镇人民政府正式挂牌，大唐镇党委、政府在钟娄桥头竖起一块醒目的广告牌：“要发财，大唐来。”之前，大唐庵只不过是杭金公路穿村而过，一个公共汽车停靠站成为标志性建筑的弹丸之地。不知何时，在公路边冒出了十几间小茅棚，这里活跃着一群妇女，拎着小篮与税务、“打私办”等执法部门“捉迷藏”似的偷偷地做起袜子生意，她们就是大唐第一代袜子商人，如今大名鼎鼎的企业家洪冬英、金银焕等人，当年都在公路边的提篮小卖的人群之中。用手摇袜机织袜

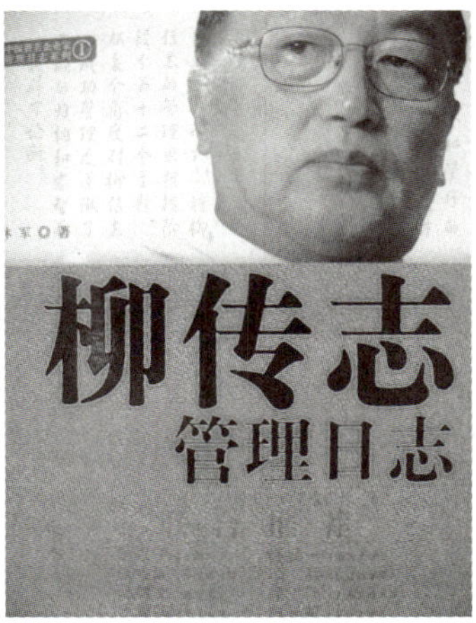

关于柳传志的图书

子，偷偷到路边卖；然后被电动袜机取代，慢慢把生意做大；后来又出现全电脑自动袜机……农民成长为企业家，一步步把诸暨大唐推到了“世界袜都”的殿堂。

从“提篮小卖”到“世界袜都”，大唐只用了短短的30年。目前，大唐镇已发展成为全球最大的袜子生产基地，拥有从原料、机械、织袜到染整、定型、包装、营销、物流全过程的完整产业链，被誉为“国际袜都”。2017年大唐镇年产袜子230亿双，占全国产量的70%、世界产量的30%。

《跟我学》和英语角

从1982年初开始，每星期二、四、六下午6点20分，以及星期日上午8点半，打开电视机的中国观众，都会听到《跟我学》熟悉的片头曲。

此时，英国广播公司制作的教学片《跟我学》，正在世界各国进行推广。曾经担任法语版节目主持人的凯瑟琳·弗劳尔（Katherine Flower），这一次又成为中文版《跟我学》节目的主持人，与中央电视台开展合作。在中国工作期间，凯瑟琳为自己取了一个中文名字：花克琳。她的姓氏“Flower”在中文中是“花”的意思。

当时担任北京外国语学院英语系副主任的胡文仲老师受中央电视台邀请，与花克琳搭档，共同主持《跟我学》节目。

据胡文仲回忆：《跟我学》播出以后，第二天早上我到对面饭馆喝豆浆，就有很多人的眼光就跟着你走，我当时非常奇怪，说怎么回事，忽然想起来，是昨天开播了《跟我学》那个节目，你看它的影响就是这么快。

在电视还不十分普及的年代，很多人第一次在电视上看到外国人说英语。

《跟我学》播出后不久，新加坡《New Nation》杂志上称：在中国，目前最知名的，也很可能是80年代最知名的外国人，不是世界性领导人，不是超级体育明星，也不是热情奔放的艺术家，而是一个说话慢条斯理的红头发伦敦姑娘。

80年代学英语正热的时候，英语角在各地兴起。当时比较出名的，是桂林阳朔的西街。80年代，随着外宾的增多，西街人为了与西方游客做生意、打交道，又自发地学起了英语，而且是男女老少全体参加。

1993年，一位叫欧文的青年独自来到阳朔谋求发展，被这里的外语氛围迷住了，认为是天下办外语学校的最佳场所。经过不懈努力，他办了一所民间的巴可兰商务外语学校。

在西街，大多数经营者懂英语，经常可以看到西街人用流利的英语与西方游客们谈生意或聊天，甚至七十多岁的老太太或十来岁的小孩，都能用英语跟老外们拉呱几句。

跟我学英语风靡一时，学英语现在仍有很好的市场

一些专业权威人士来西街考察以后，都认定西街是目前中国大陆最大的天然“英语角”。

80年代的杭州，因为在湖滨路上有家著名的外文书店，六公园一带兴起了英语角，周日一早这里会聚集起很多说英语的人。夏天，8点多英语角就人声鼎沸。工人、老板、老师、学生，人们操着或流利或生硬的英语相互攀谈。据说它是杭州最大的英语角，人多的时候都能聚集起三四百号人。

当年在杭州的外国人比较少，但英语角的老外很多。人们学习英语的积极性太高，逮到个老外就不放。英语角时不时地会有“高手”出现，高手有两层含义，一种是英语功底确实扎实，口语流利，令人肃然起敬、自愧不如的高手；而另一种就是胆子大，敢说不怕犯错的好学者。据说马云当年也在那里混过。

有人做过粗略的统计，六公园英语角的男女比例约为2：3。

外文书店里也成了室内英语角、中学生英语辩论赛、英语翻译讲座、歌星作家签售的场所。当时书店里的美女确实不少。所以，姑娘爱外文，我们爱姑娘，杭州的年轻男性喜欢往外文书店跑，一可以满足求知欲，二可以饱眼福，三则说不定能一箭双雕。

倒卖外汇券

80年代上海有一种特殊的“自由职业者”——“打桩模子”，按字面翻译，在沪语中是“站在街头的人”的意思。“打桩模子”如同一个桩子伫立街头，他们从事倒卖月饼票、戏票、火车票、足球票、演唱会票，以及回收交通卡、商场现金卡，甚至还有回收购物发票的（这是某些商场承诺用发票计算点数奖励的缘故）。

“打桩模子”的雏形，最早出现在20世纪70年代。80年代是上海“打桩模子”迅速发展的时期，因为各种机会、各种信息都可以赚钱。开始是外汇券，后来直接倒卖外汇，主要是美元和日元。

“外汇有伐？外汇有伐？”那时候，南京东路华侨商店门口，这种“模子”多得很。香烟票、自行车票、电视机票都曾是“打桩模子”的倒卖对象。以后社会上热门什么，“打桩模子”便热烈地追逐什么。

1980年4月1日，中国开始发行外汇券。外汇券有别于人民银行发行的人民币，所以被称为“外汇券”。外汇券有100元、50元、10元、5元、1元、5角、1角7种面值，与人民币等值，背面是具有代表性的中国风景名胜画面，如三峡、长城、天坛等。

在改革开放初期，来华访问的外国人、归国的华侨和港澳台同胞日益增多，而中国的市场供应还非常紧张，国内居民的日常用品（如粮油、肉、布等）还实行定量供应。

为满足来华的外国人及归侨的需要，中国兴建了一批宾馆和商店。然而，当时国内是禁止外币流通的。为了便于他们在这些场所购买物品和支付费用，同时又使他们区别于国内居民，国务院于1980年4月1日授权中国银行发行外汇兑换券。外籍人士须将所持外币在中国银行或指定的外汇代兑点，兑换成外汇券，并在指定范围内与人民币等值使用。离开中国大陆时，他们可以选择将外汇券换回硬通货或留着以备下次来华时使用。很多外国人当时都管外汇券叫“旅游货币”。

当时，外汇券是特权货币，有了外汇券，人们在中国就可以买到进口商品，可以在特殊的地方消费，还可以换美元，这些都是人民币所没有的功能。外汇券只能在特定的地方使用，如宾馆、友谊商店、免税店等。也只有在这些地方，人们才能买到当时被视为奢侈品的高档货——人头马的洋酒、万宝路香烟、瑞士手表。一些有中国特色的手工艺品和丝绸等也能在友谊商店买到。由于看到了外汇券的这些特权，渐渐地，很多中国大陆人也想要拥有外汇券。一些大陆居民从他们的海外亲戚朋友那里得到了一些外汇券。一旦拥有外汇券，他们立刻成为他们的同事、邻居和朋友眼红的对象，因为外汇券就是出入友谊商店的特殊通行证。

外汇券的这种特权引起了很多担忧，甚至是外国人的担忧。1980年9月11日，《人民日报》发表了美国麻省理工学院理查·罗伯逊的来信，“对外国人的优待和对中国公民的歧视这种不平等的待遇使我深感不安。我指的是对非中国公民发行的外汇兑换券。凭这种外汇兑换券，外国人可以在特殊的旅馆住宿，在特殊的餐馆就餐，在特殊的商店购买东西——所有这些特殊的地方一律不接待中国公民。

“这种制度使人想起19世纪时清政府给予外国人的特权。此外，那些专为外国人设立的特殊的等候室等也似乎是不必要的。作为一个外国人，我对这些特殊待遇感到不安，这些特殊待遇会助长并加深优越感和自卑感。我强烈主张对此给予重新考虑。”

自80年代起，越来越多的中国居民开始走出国门，出国留学或探亲，他们需要外汇券来换美元，甚至连学生们考托福的报名费也需要用美元来交。大陆居民试图用各种办法来获得外汇券。对外汇券和美元的强烈需求直接催生了整整一代倒汇者——上海称为“打桩模子”。

1995年1月1日，外汇券最终退出市场。在这15年间，中国实行了非常独特的双货币制度——人民币和外汇券同时在市场上流通。

“托福”考试进入中国

1981年12月，中国内地的第一次托福考试（TOEFL）在北京、上海和广州三地同时开考。

这次考试也创下了内地考试的诸多第一：第一次将美国标准化考试引入中国、第一次使用机读答题卡、英语考试第一次考听力……甚至后来，托福考试模式还为中国高考改革提供了参考。

更有趣的是，考生答题用的铅笔、橡皮、转笔刀都是随着资料一同从美国运来的。当时用美国的铅笔，主要是担心中国铅笔色度不够，影响机器判卷的准确性。黄色铅笔上印着“TOEFL”字样，笔头上顶着一个橡皮擦，这个橡皮头比国内的要好很多，擦过后试卷上不会变黑。每个考场有两名监考老师，开考前要把铅笔削好，每个桌上放两支，如果考试中有铅笔出现了问题，老师随时帮他更换。

除了两名监考老师，每个考场还有一名机务人员，专门负责耳机的维护，开考前10分钟，考生开始试听耳机，出现问题，机务人员随时为其更换。不过托福考试要求也很严格，比如做过的听力试题不能更改，如果被监考老师发现有考生出现更改的行为，就按照违规处理。考试结束后，铅笔也一同收回，留着第二年的考试接着用。

随着托福的引进，1985年中国高考实行标准化改革。命题中增加了客观题，同时保留了部分主观题，这样的改革，既有借鉴托福的内容，也有自己的创新。

据媒体报道，第一次托福考试共有732人参加。如今，2009年，参加托福考试的学生将达到13万人。（以上内容参考吴鹏：《托福考试将客观题带入中国高考》，2008年12月17日《新京报》）

小霸王学习机

小霸王学习机，一个时代的记忆，当年拥有它的都是土豪。

上世纪80年代末，正是学习机出现的年代，最早一批“家用”学习机应该是从台湾销进来的一批LASER-310型计算机。计算机内嵌操作系统，可编写简单的basic、C/C++、Java程序，并能使用普通录音机作为磁带记录仪。在五六年后，计算机发展到286-386，国内才掀起电脑热。一些公司也学着台湾做学习机，还加了摇杆和游戏磁带，内嵌了Logo等图线制作为主的语言，最著名的“你拍一，我拍一，小霸王出了学习机”，那种机器也就是个启蒙用的玩具，演变到后来甚至能直接兼容红白机游戏卡，几乎所有孩子都把它当成游戏机了。

20世纪八十年代末九十年代初，小霸王公司推出了一系列游戏机、学习机产品。FC机身以红色和白色为主，俗称“红白机”。该产品通过九门功课同步学，名师视频学习和拍照答题结合一体，专业解决小学生和中学生学习难题。

原中山市小霸王公司有着25年的发家历史，他们以专攻教育类电子产品的开发、研究和销售为主，可惜的是公司成立后的两年内，却一直处于亏损状态。或许是因为教育类的产品不受市场待见，直到段永平的加入，小霸王才真的重获新生。

段永平刚入职便直接给小霸王来了一个大刀阔斧的改造。他说：我想做游戏！于是三年之后，这家原本年亏损200万的小厂摇身一变，挤身进产值10亿元的行列。

那个年代是属于红白机的年代。自从第一台游戏机“Family Computer”诞生后，任天堂和世嘉迅速被世人所知晓，并以很快的速度吃下了游戏市场这块蛋糕。据说，当时任天堂光是FC游戏机的利润，就超过了全美国电视台收入总和。

可能是因为当年国内对知识产权的保护意识相对薄弱，盗版小霸王游戏机，堂而皇之地出现在电视台的广告里。而且，还一直作为合法产品在商场销售，甚至提供售后服务。1994年，公司不惜花重金聘请国际武打巨星（成龙）拍摄广告，推出小霸王第二代电脑学习机。脍炙人口的“望子成龙小霸王”的广告语，也是出自这里。

原本平步青云蒸蒸日上的小霸王，因段永平的离开，从神坛跌落。

提到小霸王学习机，很多80后都会唤起童年的回忆，很多的80后都是伴随着小霸王学习机长大的，虽然现在小霸王已经很少出现了，但是Vivo跟Oppo两大国产手机却是焦点话题，可能很多人都知道Vivo跟Oppo是一个老板，但是其实幕后老板都是小霸王学习机的创始人——段永平。

小霸王学习机

上世纪80年代中期，有一则广告语响彻大江南北：“燕舞、燕舞，一曲歌来一片情”“燕舞888，质量顶呱呱”“到处莺歌燕舞，带来知音无数”，使得燕舞牌收录机火遍全国。当年，燕舞集团花费400多万，在中央电视台做了3年广告，新闻联播之后播放，在娱乐节目匮乏的年代，效果是出奇的惊人。可惜的是，盛极必衰，燕舞收录机在火了10多年的时间之后，在90年代中期，被新出现的VCD、DVD挤下神坛。1996年正式破产。而随着广告火起来的那个摩登青年苗海忠，被大家亲切地称为“燕舞小子”。他走上演艺之路后，1992年在一次劝架过程中因为过失杀人被判入狱4年零6个月。

夏时制：把时针向前拨快1小时

夏时制这样的舶来品，在1986年的中国开始实施。有着“闻鸡起舞”光荣传统的中国人，经过好长时间的不习惯后，也领略到了节约能源的意义。

1986年5月4日起至9月14日止，全国实行夏时制。中共中央办公厅和国务院办公厅通知动员全国人民为节约能源而早睡早起。

时间转换的具体办法是在夏时制开始那天的凌晨2时，把时针向前拨快1小时，夏时制结束那天的凌晨2时，再把时针从2时拨回1小时。

实行夏时制，的确给人们带来了许多好处。例如英国1970年在总结它的好处时提到：每年节约燃料价值约一亿英镑；交通事故减少百分之三至百分之四。实行夏时制使人们早睡早起，多接触阳光，对健康也有益。

夏令时实行从1986年到1991年。1992年起，夏令时暂停实行。

时间就是金钱，效率就是生命

时间就是金钱，效率就是生命。这句著名的口号，在1984年经邓小平首肯后，成为当年最响亮的口号，也是当年最能体现改革开放精神的口号。

这一口号的提出者，是时任蛇口管委会主任的袁庚。

袁庚回忆说，其实这句口号还有后两句，袁庚称当时很胆怯未敢说出来，但口头传达了下去，就是“安全就是法律，顾客就是皇帝”。

口号提出来后，袁庚感受到了外部强大的压力，因为有人说这口号是资本主义的东西。1984年1月26日，邓小平视察蛇口。在“海上世界”游船上，袁庚斗胆向邓小平提起这个敏感的话题。邓小平随之作了肯定的答复：“对。”袁庚总算吃了一颗定心丸。

1984年2月24日，邓小平在与中央领导谈话时，有这样一段寓意深刻的话：“深圳的建设速度相当快……他们的口号是‘时间就是金钱，效率就是生命’。”

得到小平同志的肯定和赞许，“时间就是金钱，效率就是生命”的口号从此传遍中华大地，逐步成为人们的共识和行为准则，被誉为“冲破思想禁锢的第一声春雷”。（参考2008年3月3日《深圳特区报》）

1984年国庆，首都北京举行了盛大的阅兵式和群众游行。深圳有两辆彩车参加了游行，蛇口工业区彩车上“时间就是金钱，效率就是生命”的口号，从天安门广场响遍大江南北，成为全国人民务实创新搞改革，争分夺秒图发展的强大精神动力。

居民身份证

1984年4月6日，国务院发布了《中华人民共和国居民身份证试行条例》，规定：凡居住在中华人民共和国境内的中国公民，除未满16岁者和现役军人、武装警察，以及正在服刑的犯人和被劳动教养的人员，均应申领居民身份证。

居民身份证登记项目包括姓名、性别、民族、出生日期、住址和有效期。在办理涉及公民政治、经济和社会生活等权益事务时，公民可以此作为身份证明。

在实行居民身份证制度之前，有效证明公民身份的是《户口登记簿》。改革开放后，老百姓在政治、经济和社会生活中的各种交往大量增加，要求证明公民身份的事项日益增多，如参加选民登记，升学，就业，办理公证，到邮局提取汇款、邮件，到信托商店

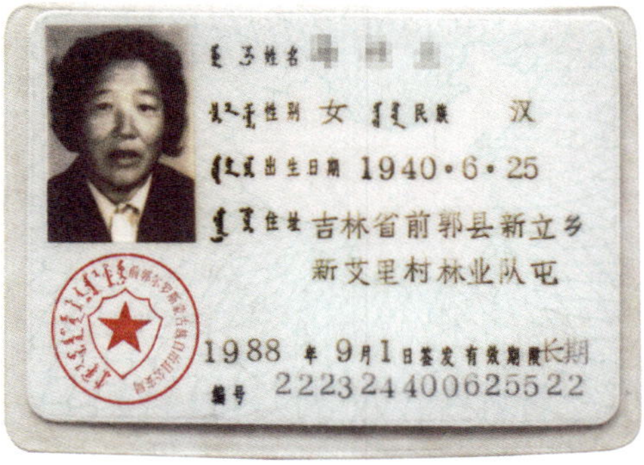

中国第一代身份证

寄卖物品，购买车票、船票、机票，外出探亲访友、旅游、投宿旅店等，都需要出示身份证明。

当时，证明个人身份，机关、团体、企业、事业单位的工人、工作人员可以用工作证，城镇居民可以用《户口簿》，还可以开具介绍信。但工作证、介绍信只能在特定范围内使用，并不具有证明公民身份的一般法律效力，还容易伪造、顶替，被不法分子所利用。现行的一户一本的《户口簿》只限于当地使用，不便携带外出。

居民身份证便于随身携带，在办理需要证明身份的事宜时，只要出示自己的居民身份证就可以了。不仅方便了群众，有关部门在开展工作时也可以简化手续，提高效率。

2004年3月29日起，中国大陆正式开始为居民换发内置非接触式IC卡智能芯片的第二代居民身份证，二代身份证表面采用防伪膜和印刷防伪技术，使用个人彩色照片，并可用机器读取数字芯片内的信息。

为什么那么多人的身份证照片看起来都很丑，甚至与本人不符呢？主要是由于身份证的照片是不能有任何的改动的，这就表示身份证上的照片就是你真实的模样，会有许多人拿到身份证之后就有点接受不了自己的样子，毕竟爱美之心人人有之。

1979年12月6日，邓小平在会见日本首相大平正芳时，提出了后来在中国家喻户晓的概念：小康。80年代，人们的生活急速变化更新，衣食住行都有了质的飞跃，因为他们有了一个目标：小康。90年代的目标，是继续奔小康。

20世纪90年代

港澳回归

生猛海鲜

网吧

自助餐

休闲装

星巴克

婚纱照

呼啦圈

跨世纪

大片

麻辣烫

超市

外来妹

刘慧芳

新马泰

菜篮子工程

军大衣

王朔

小灵通

丁克

余秋雨

郑明明

贺岁片

哈日哈韩

健美裤

面的

买房

广东流行音乐

大话西游

春晚

老鼠会

别理我烦着呢

90年代，粮票退出历史舞台。这对于国人来说，是一件很大的事，买粮吃饭，不需要凭票证了。这一现象的背后，是“社会主义市场经济”的提出和被认可。人们认识到，市场和计划，无所谓姓“社”姓“资”，都是资源配置的手段而已，都可以为改善人们的生活服务。向纵深推进的改革举措，深刻影响着人们的衣食住行。90年代，住房改革有了实质性启动，人们习惯买商品房了。股市，更是吸引了众多狂热的股民追逐财富。

华西村

炒股

双休日

还珠格格

松糕鞋

CD

QQ

打假

四大天王

《文化苦旅》

“白骨精”

后现代主义

《公关小姐》带热“一步裙”

90年代初，多数女性都有好几条一步裙。所谓一步裙，顾名思义，就是穿上之后你的腿只能张开差不多一步那么大。这种裙子短而紧，对身材要求颇高，后来发展成办公室OL的职业装扮。

当时中国电视剧市场刚开始兴起，而广东最先播出的电视剧《公关小姐》在全国都掀起了收视热潮，剧中女主角的着装就成了观众竞相模仿的对象。“一步裙”也随之风生水起，在内地很多城市满大街都是穿着又宽又大的短袖上衣，窄小的“一步裙”的女人。

和《公关小姐》一样，电视剧《情义无价》，也催热了“一步裙”。

随着电视连续剧《公关小姐》的热播，一个新的女性职业受到关注。中国的现代公共关系是舶来品，是改革开放的产物。

服装专卖店

专卖商业模式自从进入服饰零售，其主流模式名称已经发生了几次大的变化，而这种变化的背后是服装企业的快速发展。80年代中后期专卖开始在服装零售行业出现，基本上都叫“服装专卖”，90年代初期是“西装专卖”“衬衣专卖”“裤行”“女装专卖”“运动服装专卖”等等，90年代中后期变为了“雅戈尔专卖”“杉杉专卖”“开开专卖”“李宁专卖”等品牌专卖店。

90年代中后期，专卖店开始在大城市流行，一些外贸店也以便宜的价格卖出口货吸引女性顾客，一时间，消费方式开始多样化，掌管财政、主导家庭消费的女性成了购物和装扮的主力军。统治了中国消费市场几十年的国营百货商店的服装柜台，变成了旅游纪念品商店。就连学生们也开始纷纷追求所谓的品牌服饰，一些挂靠了国外名头的休闲服诸如“真维斯”“班尼路”等各个品牌，开始抢占各大城市的商业中心地段和步行街。

昂贵的专卖店和便宜的外贸店，成为90年代中国年轻女性们选购服装分化的两极。

1991年11月10日《文汇报》报道，初秋上海纷纷推出男式太子裤、女式时装裤，一时间，穿着太子裤、时装裤成为一种时尚，一种气派，一种享受。

不管是做生意的个体户、官员还是企业老板，都流行丝光棉或涤纶短袖上衣，下摆收进西裤里，腰间皮带上别着一个硕大的皮质手机套，胳肢窝里夹一个真皮公文

电子软件批发市场里的服务员，都穿着经典的一步裙

穿着各色服装的人们在北京市朝阳区东大桥横穿马路

包，有人总结“实在不知道这种众人效仿的穿着方式是从哪里流行起来的，实在没有任何可圈可点的地方”。女人们的穿着也同样没了新鲜感，电影《股疯》里，潘虹向刘青云炫耀自己的真丝衬衫，自我称赞“非常漂亮”，后者不屑地说：“这身衣服，连我妈都不会穿。”

2009年走红了的小沈阳，居然也调侃了一下专卖店：出名了仍要慢慢发展，看看我穿的这身衣服，啥，你说我这大红配大绿不好看？别瞧不起人，我的衣服都是从专卖店买的。

健美裤

90年代初，全国风靡一种黑色的“健美裤”，也叫真丝裤。1992年1月23日《文汇报》报道：让冬季也能展示腿部的魅力，一种内裤外穿的踏脚裤开始流行于今冬街市，街道上男男女女大都穿着这种款式别致，无论站立走动都显得十分挺拔的踏脚裤。踏脚裤让当时的女人们共同发烧，凡女性莫不人腿一裤，再后来，集贸市场卖菜的大妈、嫂子与小姑娘也都“踏脚而裤”。健美裤在经历一段辉煌的流行后，悄然退出了历史舞台。

电影《股疯》剧照

90 年代流行的踏脚裤

文化衫上写着王朔语录

20世纪80年代末90年代初，文化衫曾是他们的集体记忆。

仿佛一夜之间，城里的小青年们都穿上了无领无袖的白色T恤。与一般T恤不同的是，T恤上写着当时流行于社会的口号，不是政治口号，而是反叛式、调侃式、消解崇高式的各种发泄型口号。

这些口号，受王朔式的语言影响特别大。“别理我，烦着呢”“我是流氓我怕谁”“跟着感觉走”“我吃苹果你吃皮”等，还有“挣钱真累”“没钱苦”，人们在衣服上书写自己的情绪。

90年代初，王朔式的语言占据了文化衫的主流。

1989年初，王朔、莫言、海岩、苏童、刘恒、魏人和史铁生等人组成“海马影视创作室”，扯起“议价”旗号“按质论价”出售文艺产品，媒介称此为“海马现象”。创作室终于不负重望，《渴望》没给他们丢脸。

1990年，中国第一部室内剧《渴望》诞生，一时万人空巷。《渴望》全剧54集只花了102万元，相当于不到两万元1集。该剧导演郑晓龙透露，公安部当时统计，由于《渴望》的播出，犯罪率都下降了，为此，公安部还专门举行了一次庆功会，把《渴望》剧组请去了进行表彰。武汉市有个区停电，《渴望》看不着了，市领导的电话都被

穿着文化衫参加 50 周年国庆联欢的群众

群众打爆了。(参考2008年3月10日《北京日报》)

人们记得当时一句话:"举国皆哀刘慧芳,举国皆骂王沪生,万众皆叹宋大成。"

随即,王朔及其代表的"痞子文化",逐渐进入人们视野。

1984年,王朔在《当代》发表了处女作《空中小姐》,1989年发表了《一半是火焰,一半是海水》,引起了反响。之后,王朔发表了一系列小说:《过把瘾就死》《动物凶猛》《玩主》《我是你爸爸》等。

此时的王朔,几乎每一个小说的名字,都会迅速成为民间流行的语言。不妨看几条王朔"语录":

***

> "大家喜欢刘慧芳那样的人物,吃多大的苦都得自己扛着,多虚伪的价值观,我不伺候了!"
>
> "我女性朋友太多了!过几天我就准备让安妮宝贝到我家住。"
>
> "《满城尽带黄金甲》我没看。地主才认为金子是最好的,就跟镶了一口大金牙似的,土鳖!"

***

王朔渐渐从文化异类,走向那个时代的流行文化中心。他还总结了所谓的四大俗:"四大天王、成龙电影、琼瑶电视剧和金庸小说,可说是四大俗。"他甚至喊出了"我是流氓我怕谁""无知者无畏"的宣言。

《渴望》剧照

休闲装最时兴

90年代衣着，开始"返璞归真"，越是接近自然的、越少刻意雕琢的服饰，越是受到人们的欢迎。面料趋于薄、轻、软，棉、麻、丝、毛等天然面料及其混纺织物，受到人们的青睐，服饰的色彩、花型、款式也均由联想自然、表现自然而来。

整个90年代，休闲装也许是最为时兴的。

原中国服装工业总公司总经理于宗尧回忆，90年代整个发展中，中国的西装发展得比较快。一直到现在，真正发展出来的就是西装，包括女职业装。从西装大量发展之后，发展出来休闲装。日常生活用休闲装这个概念比较准确。

***

一种具有魅力的"休闲西装"首先在上海滩悄然流行。"休闲西装"的款样和轮廓仍属于西装，但却融汇进了休闲便装的成分。它的款式是长领口开襟，中下襟一般只有1粒精致钮扣，下端呈小方圆形，腰端处较宽松，线条虽简单但十分流畅；其质地大多采用中高档薄纺布料。(《四川纺织科技》1994年4期)

***

休闲西装

2008年8月29日央视国际新闻报道：

***

今天首先上榜的人物是美邦服饰的掌门人周成建。随着昨天美特斯邦威服饰股份有限公司A股在深交所挂牌上市，周成建和女儿胡佳佳的财富因此暴增至161.4亿元，登顶内地服装首富宝座。说起来，20多年以前，周成建只是温州一家服装市场的裁缝，那时候他白天卖服装，晚上做服装，一天劳动16小时以上。

20世纪90年代，当休闲西装开始席卷温州市场的时候，周成建凭着敏锐的嗅觉和决断力紧跟市场行情，完成了最初的资本原始积累。1995年，当国外少数几个休闲服饰品牌刚刚在温州露面之后，周成建又察觉到了其中的市场潜力，他退出了主流西服的竞争，专门生产休闲服装，还打出了自己的品牌美特斯邦威。

在昨天上市仪式上，周成建向深交所赠送了一座小型镀金缝纫机，他说：我最早是一个村庄的裁缝，现在有幸成为中国的裁缝，希望以后还能成为全球的裁缝。

***

郭富城那一头经典的中分

当童装开始衣不称身，
还开始懂分假与真。
行街用大量发胶，
中间分界。
那些歌星也这般，
为何话我不像。
初中光阴已别去，
成年时和夏季伴随。

这是一首叫《我们的九十年代》歌曲中所唱的。歌词描写的是20世纪90年代广州中学生在泌冲的学农经历，在街头偷偷拉手的滋味，用无尾座变速车搭载小女友的情景。

里面特别提到中间分界的发型，代表人物正是香港歌星郭富城。

90年代，以谭咏麟、张国荣、梅艳芳牵头，后来被称为“四大天王”的张学友、刘德华、郭富城、黎明为代表的港台歌手演唱的歌曲，流行大陆，年轻人争相传唱。“四大天王”中，郭富城的脸型应该是最为完美的一个了，他也是最受小女生痴迷的一个，日记本里，宿舍的墙上，甚至课桌里头贴满了他的相片。而郭富城的那一头经典的中分，掀起当时的中分头狂潮，成为最为流行的发式。当然郭富城当时的发型一直在变，有的是五五分，有的四六分。

与郭富城中分头流行的同时，台湾歌星林志颖那一头漂亮的三七偏头，迅速在青少年中流行。

1997年，郑伊健以一头酷气十足的长发在《古惑仔》里亮相后，少男少女们才发现，男人留长发原来也如此的帅。如今留这种发式的男明星们已经非常少，现实生活中却经常能见，也许很多人还在怀念当年做“古惑仔”的感觉吧。

90 年代，以刘德华、郭富城、林志颖等为代表的港台明星影响着那时的青少年，他们纷纷通过各种方式效仿明星，而其中最容易模仿的便是发型了

“你眉毛粗了、你眼睛黑了……”

90年代初，郑明明化妆护肤品开始风靡全中国。为此郑明明还获得“国际美容教母”称号。1995年，当时美容领军人物郑明明推出新著《美容形象热线》。当时广大消费者的美容知识还未进入系统阶段，“热线问答”是最有针对性、最能贴近实际问题的解惑形式。

有人戏称1995年为“美容元年”，似乎从这一年开始，专业线美容院市场就已出现多元化服务的趋势。即使在一家只有五六十平方米的小美容院里，你也可以惊奇地发现：你既可以做脸，也可以减肥，还有两把椅子和两位美发师是专门为你做美发服务的！

1996年开始，欧莱雅进入中国，带来了各种色彩鲜艳的染发膏，让国人知道原来头发还可以染成别的颜色。当时最流行的染发色彩是酒红色。眉毛粗了、眼睛黑了、脸蛋红了，人们开始流行文眉和文眼线，甚至为了美白去美容院“换肤”。人人眉毛像大刀，眼线像黑虫，连脸蛋也像喝了酒似的泛红。为此，一些人甚至改编了王菲的《你快乐所以我快乐》的歌词，“你眉毛粗了、你眼睛黑了……”

1998年10月，王菲新专辑《唱游》发行，王菲在CD封面上“晒伤妆”十分醒目。这种妆容在当年的时尚杂志中出现频率十分高，美容编辑纷纷开设专题，手把手教读者化晒伤妆。

当时的文眉、文唇等新项目兴起后，由于技术不够成熟，毁容事件时有发生。但还是挡不住人们为了美而情不自禁的冲动。

“哈日”潮流

90年代初期，“哈日”已显端倪，少男少女沦为了日本潮流的粉丝。

日本电视剧《东京爱情故事》里的赤名莉香灿烂、率真，坚强微笑转身泪眼婆娑的形象深得人心。赤名莉香的爱情做派迎合了现代女性的行为幻想。《东京爱情故事》推广的不仅是赤名莉香形象，她身上的半长风衣在当时也成为都市白领的效仿对象。而此后走红的老狼、高晓松、黄磊，虽然长相美丑不一，但在头几年，他们无一例外地留着《东京爱情故事》三上健一式的中分披肩长发。

“哈日”潮的表现形式被这样概括：“在70年代后出生的人中风行开来。他们出门玩

根据宫崎骏漫画《千与千寻》改编的同名电影海报

滑板，穿Hip-Hop的衣裳，扎花里胡哨的头巾，喜欢《樱桃小丸子》《机器猫》《美少女战士》《灌篮高手》《流星花园》等卡通片，看《情书》《爱情白皮书》等日剧，他们穿着松糕鞋和有短流苏的裙子，顶着一头纤维烫发，《HOW》杂志为哈日族提供了精神食粮。他们热爱酒井法子、安室奈美惠、宇多光和木村拓哉。”（参考于萍：《悠长假期》与“哈日”风潮，《三联生活周刊》总316期）

“哈日”风潮正盛时，同是一盒饭，大陆也有人开始跟着叫“便当”，感觉也似乎显得高级了许多。量贩（日语“大量批发”之意）一词也开始流行，随着卡拉OK厅、练歌房纷纷赶时髦改名为量贩式KTV，再加上五花八门量贩式商店也来凑热闹，“量贩”这个很日本的词突然满大街都是。最流行的还数料理，成了一种心理暗示，向消费者标榜其高品质。

“哈日”风潮延续到新千年，热度不减。2003年，《千与千寻》获奥斯卡最佳动画片奖，也让国人对动画着迷。同年，日本电视剧《白色巨塔》，可以称得上是一部不朽的电视剧，中国产生了一批崇拜这部剧的“白迷”。

1995年，喜爱日本卡通的年轻一代开始喜欢充分展示上身线条的紧身T恤，也开始把裙子改短，迷你风逐渐露出了苗头。

“韩流”来临：WE ARE THE FUTURE

HOT组合一句响彻云霄的呐喊“We are the future”，震撼了青少年，席卷全亚洲，韩风一夜吹起。满大街都是穿着阔裤子、染着金发耍酷的年轻人。之后哈韩的风潮一直持续到90年代末。

韩国的一些发色、服饰，顺应了青少年，顺应了新时尚。

“哈韩哈日族”们染着五颜六色的头发，穿着长得拖地的长裤，许多人对他们都是侧目而视，大人们会说：“真是搞不懂，为什么他们能迷恋日本、韩国的偶像到这个程度。”甚至更有人把他们视为颓废的一代，好吃懒做，什么也不在乎，什么也不关心。

但哈韩族却宣称，热爱韩国音乐的原因是他们的歌声能催人奋发，而不像国内港台的流行音乐都是靡靡之音。

1995年初，第一家萨拉伯尔开业，被称为北京最正宗、也是最贵的韩国料理。到萨拉伯尔进餐，已成为顾客身份、地位和口味的象征。

不说话时，是所有男孩之梦中情人，秀色可餐；一旦开口，颐指气使、野蛮霸道，让人望而生怯。——“野蛮女友”，是2002年度最红的“情人”形象。全智贤版野蛮女友横空出世，像一股狂风席卷全亚洲，影响了许多年轻人。

2005年，韩剧《大长今》除了表现出一种健康积极、悬壶济世的心态，还向人们展示了韩国独特的服饰和饮食文化。不少男人在看《大长今》的时候，都感慨自己没有娶到像李英爱一样会做饭的老婆。

“韩流”不单指着装，更准确地说是由韩国音乐和韩国影视而形成的一股冲击波。一时，“韩乐”“韩剧”演化出人们对“韩版”美女或美男子的推崇。表现在服装上，早期为染黄头发，穿黑色肥腿裤或油亮面料一块一块颜色的长裤，上为圆领文化衫或肥肥阔阔的夹克，衣服肘部和牛仔裤膝盖要撕成一个边缘不规则的孔洞。最有意思的是，双肩背皮包或衣服前襟挂满了旅游纪念章或服装标牌……这里其实包含有不少西方青年的朋克情趣，但一经韩国影星演绎，便更易被中国小青年所吸收。后来发展为衣冠楚楚、绅士风度、帅气、洋气又略带亚洲人的含蓄，韩国艺术潮流与天气预报中的用语“寒流”谐音，故迅即流行开来。

90年代，Hip-Hop文化登陆亚洲，劲爆日本、韩国和我国台湾等地，伴随“韩流”入侵，很快形成一股年轻人竞相追捧的旋风，学习Hip-Hop舞（街舞），一度成为年轻人潮流的标志，也使Hip-Hop这一文化名词很多时候被狭义地指代街舞，成了音乐名词。

粮票退出历史舞台

1993年5月，北京最后停止使用粮票，粮票全面退出历史舞台。这是计划经济向市场经济转轨过程中的标志性事件，深刻地影响了人们的生活和习惯。

粮票本来是一种无价证券，但在改革开放后的十多年中，却有“第二货币”之称，甚至在某些年份中比人民币还坚挺。用它可以在所有的农贸市场以及商业街、商业点“买”到主副食品、水果蔬菜、日用百货、服装鞋帽、花鸟虫鱼、各式家具等几乎所有商品，可以用来支付修理钟表、皮鞋、提包等的费用，甚至还可以用来雇短工，请保姆。

总之，人类赋予货币的职能，大都在粮票身上得到了体现。粮票成为除人民币之外使用最广泛、价值最稳定的“中国第一票”。

继广东省（1992年4月1日）全面放开粮价之后，浙江（1993年1月1日）、江苏、安徽、福建、江西省和上海市（1993年4月）也宣布全省（市）粮食购销价格全面放开，取消粮票，5月1日，北京市也采取了类似措施。到1993年底，全国95%以上的市县都完成了放开粮价的改革。

90年代以来，粮食供求走向市场，粮票消亡成为历史的必然。几年后，粮票等票据出现在各地收藏市场，成为一种热门的收藏品。

2005年1月20日，《贵阳晚报》刊登了一件关于粮票的往事：

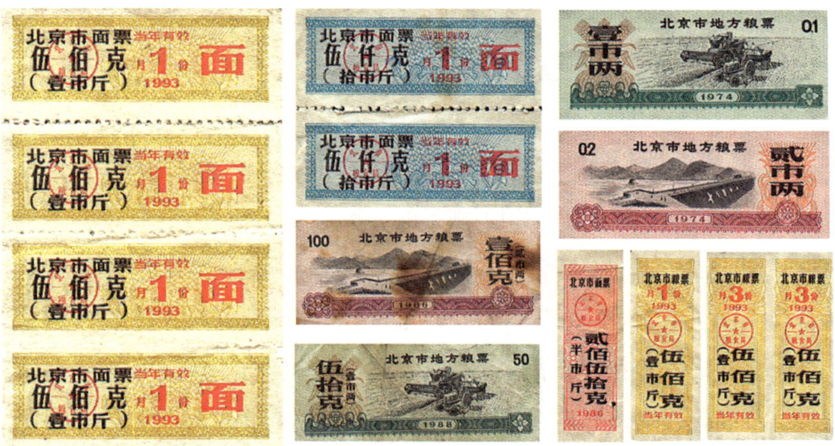

在新中国历史上扮演着重要角色的粮票已悄然退出

***

1971 年秋天，一位饥饿的年轻军人吴雁鸣（后来是上海第二军医大学教学督导、研究生导师、教授），在执行任务的路途中，其乘坐的火车在当天上午突然停靠在贵阳火车站。这时，列车员通知，火车要到下午才能启动。经过几十个小时的旅途，滴米未进的吴非常饥饿，但他身上没有购买食品的全国通用粮票，而当时的粮食供应非常紧张，没有粮票，根本没办法购到食物。出车站后，吴雁鸣壮着胆子走向街角店铺里的一位老人，希望能借点粮票充饥。老人犹豫了半天，拒绝了。正在孤立无援时，吴的身后突然出现两个年轻人，一男一女。两人气喘吁吁地说："你刚才借粮票时，我们听到了，你是军人，我们相信你。我们也没有粮票，只好跑到附近的朋友家借得这些粮票，你拿着吧，别饿坏了……"粮票的面额是"一斤二两"！（*参考黄震：《33 年后，老军人来兑现承诺》*）

***

"菜篮子工程"

80年代末期，随着人民生活水平的提高，蔬菜、肉类、禽蛋、奶类、水产品、水果等主要鲜活农产品的供需矛盾愈发突出。

为缓解我国副食品供应偏紧的矛盾，农业部于1988年提出建设"菜篮子工程"。一期工程建立了中央和地方的肉、蛋、奶、水产和蔬菜生产基地及良种繁育、饲料加工等服务体系，以保证居民一年四季都有新鲜蔬菜吃。

"菜篮子工程"立竿见影，90年代以来，仿佛不经意间，老百姓的餐桌上发生着变化：广大北方居民冬日餐桌上当家的"萝卜、白菜、土豆"这"三件宝"成了渐行渐远的历史，农贸市场映入眼帘的是"鸡、鸭、鱼、虾、猪、牛、羊"应有尽有的新鲜禽肉和"赤、橙、黄、绿、青、蓝、紫"色彩缤纷的新鲜蔬菜。

到90年代中期之前，"菜篮子工程"重点解决了市场供应短缺问题。"菜篮子"产品持续快速增长，从根本上扭转了我国副食品供应长期短缺的局面。除奶类和水果外，其余"菜篮子"产品的人均占有量均已达到或超过世界人均水平。

1997年底，全国农副产品批发市场发展到约4000家。全国已初步形成了以中心批发市场为核心，连接生产基地和零售市场的稳定的"菜篮子"市场体系。"菜篮子工程"丰富了中国人的餐桌，提升了中国人的营养结构。

菜篮子工程

麻辣烫

90年代，人们一有了点钱，就毫不客气地下馆子了。

他们最初的选择，是比较实惠的川菜馆。川菜馆刚刚进入人们视线时，很低调，小店居多，装修纯朴古拙，甚至开始阶段还稍显简陋，但装修多用串串红辣椒、茅草、绿竹等极富四川地域特色的材料和元素，具有较强的感染力与亲和力。菜品定价经济又实惠，深受务实的大众消费者的喜爱和认同。人们终于吃上了四川火锅，知道了什么是“麻辣烫”，什么是鸭血，什么是毛肚，什么是黄喉，什么是火辣辣的四川风情……

还有那所谓的鸳鸯火锅，必须成双入对。圆圆的锅子中央，那S形的挡板将普普通通的火锅呈现了出奇妙的太极世界，锅底汤被分成了乾坤、阴阳，一分为二，一红一白，一辣一淡，一文一武。红如残阳白似雪，火辣辣伴着清香。吃过鸳鸯火锅的“老外”们说得更加形象：“红汤如同迪斯科，白汤好似华尔兹”。

1992年，陈林决定下海。他和朋友凑钱，在车公庄开了一家餐馆，主打川菜和家常菜。为了保证口味地道，他特意托朋友在四川找了一位川菜大厨。

1995年，心力交瘁的陈林将餐馆转让。陈林至今对此非常遗憾，他说只要再坚持两三年，就可以迎来川菜的复苏。更重要的是，普通市民也真正开始掏钱下馆子了。（《北京第一家个体饭馆店主讲述改革开放》，2008年11月25日《京华时报》）

吃粤菜成为消费时尚

80年代末到90年代初，粤菜酒楼开遍全国，家家打出“生猛海鲜”的招牌，吃粤菜突然之间成为时尚的生活方式。

粤菜的兴起并非偶然。以生猛海鲜领军的粤菜巧借改革开放前沿地带“珠三角”刮起的一阵阵强劲的“南风”，乘势北上，浩浩荡荡，迅速抢夺地盘，尤其是抢滩原属于传统鲁菜占领的首都北京，一时间粤菜、潮州菜在北方大行其道，吃广式早茶，喝老火靓汤，品蛇胆蛇血酒，送广式月饼等成为北方的消费时尚。

“生猛海鲜天天空运”的广告几乎随处可见，众饭店也仿佛一夜之间个个建起了大鱼缸。业内人士称，港式粤菜的进驻改变了上海餐饮市场素以冰鲜原料为主料的局面，进入了追求鲜活原料的新时代，人们也忙着往粤菜馆赶，要尝一尝“新鲜”。

粤菜作为时尚消费，还是惹得那些爱面子、讲排场的北方大佬们不惜挥金如土，以品尝“澳龙”（澳洲龙虾）、“澳带”（澳洲带子）、“墨鲍”（墨西哥鲍鱼）、“泰燕”（泰国燕窝）、“马翅”（马达加斯加鱼翅）等为荣耀，也许这样一来，既可饱一番口福，又多些谈资，何乐而不为？光是一人喝一盅汤就比叫满一桌子的川菜贵，刀刀见血，做东的人不带上万儿八千的，看菜牌的时候就得把第一页翻过去，直接从第二页点菜。人们记得，北京吃粤菜最负盛名的酒楼叫“顺风”，还有香港美食城、大三元等粤菜酒楼炙手可热。

在上海，乍浦路、黄河路（南京西路和北京西路之间）的河湖海鲜酒楼兴起于90年代，当时因为人气太旺，一度将这两条街炒成了寸土寸金之地。相对而言，乍浦路更像暴发户去的地方，黄河路则平易近人一些。在这些酒楼可以吃到本地人爱吃的黄泥螺、毛蚶、醉虾、温蟹之类，都是温热黄酒的最佳伴侣。这些上海的生猛美食开始可能需要你咬牙跺脚咽下去，但很快就能品出它们与众不同的鲜美。

自助餐让好多人“扶墙进，扶墙出”

90年代，自助餐开始流行。人们在餐饮消费方面增加了更多的选择。

饿怕了的国人，面对自助餐，显然有些惊慌失措。进去先观察地形，打量清楚，一定不要拿又便宜又容易饱的东西，结果，桌子上摆满了菜，狼吞虎咽般吃了半小时，感觉有点饱了，这时候桌上还有很多菜，锅里也很多。突然看到门口边一个提示，说如果拿到桌上的菜吃不完，剩下的要按重量来收钱。

一般“战斗”结束，最后从座位站起来时，人感觉很痛苦，身体不能完全站直，只能微弯，从座位起来后，想坐回去，腰已经弯不下去了。一位作家曾说过，吃得太饱的感觉和饿得太狠的感觉是一样的。人们这才感受到原来吃得过饱是多么的痛苦。

“扶墙进（饿得双腿发软），扶墙出（撑得直不起腰）”这一最具代表性的口号让不少人感同身受。其实，抱着“吃够本”心态去吃自助餐的大有人在，后来随着生活水平的进一步提高，人们才注意到，只吃贵的，不吃对的；一顿把本吃回来；饭前饿着，省着肚子；少喝水，甚至不喝。其实这些吃自助餐的习惯，都不利于健康。

***

市民张存刚一想起第一次享受自助餐的经历就禁不住笑出声来：自己过生日，一家人高高兴兴地去吃自助餐，既为了饱口福，又为了庆祝生日。可是每位 30 元的价格实在不低，大家都想着得对得起那些钱，可是没管肚子的感受，一顿饭吃下来，全家人肚子几乎都鼓了，溜达了一大圈才消下食去。可见当时的老百姓下饭馆要的还是经济实惠。（《中国老百姓 30 年的饭桌变化》，2008 年 11 月 22 日《现代快报》）

***

王海打假

1995年3月26日，王海首次出现在北京的隆福大厦，开始向假冒伪劣产品宣战。10月，王海进京尝试购假索赔，一周之内获赔8000元。

王海的出现，是因为1995年开始实施的《中华人民共和国消费者权益保护法》第49条规定，消费者被欺诈可获双倍赔偿。

王海乃山东一农民，每走一步，都有惊有险、有败有胜。王海买假算不算生活消费需要？他算不算消费者？商家卖货无须验真，而王海一个人到哪去取那假证明呢？国有资产流失到王海兜里如何说得清？除此之外，王海打假的成果越大，越反衬出工商管理部门和消协机构的管制不力。

王海虽然被称为“打假英雄”，但他的处境一直相当艰难。

在有些地方，王海和“王海”的追随者面临败诉。1997年，为将“打假”行为扩大化，王海又成立了专门“打假”的“大海公司”，从消费者行列迈到经营者行列中，使

“打假”行动更具争议。1999年10月8日的《中国质量万里行周刊》上的一篇文章，在讨论“知假买假该不该”中心议题时，下面有王海的一段发言，标题是《打假应走向产业化》，里面有这样一段文字：现在我不再提倡个人打假和知假买假。我认为个人打假在唤醒了民众的维权意识之后，已基本完成了其历史使命，不必再持之以恒地搞下去了。打假是一个任重道远的事情，凭单兵作战很难成气候，其结果必然要走向正规化、专业化、产业化，即采取公司运作制。

中消协秘书长助理武高汉日前说：“王海现象的发生是中国民主和法制进步的一种表现，王海现象的大讨论也推动了中国民主的进程和法制的进程。但是从我个人来讲，从中国消费者协会来讲，都更喜欢4年前的王海，不喜欢今天的王海。因为4年前的王海是以自己的身份来参与打假，而今天的王海是以经营者的身份来参与打假，尽管他也在为打击伪劣商品做着贡献，但我已经不关心他了。”（参考《昔日的“打假英雄”王海如今四面楚歌》，2000年3月13日《南方都市报》）

打假，连同每年的3·15晚会，老百姓都很关注，假货确实害人不浅，消费者的利益，还需要多加保护。

商品房兴起：“买房了吗”成问候语

90年代初的北京，还没有兴起商品房，大多数老百姓住的仍是单位分的福利房。那时的朝外大街也只有蓝岛大厦等几幢现代建筑。

90年代初，北京开始建设方庄小区。方庄是北京第一个整体规划的住宅区域，位于东南二环，属于丰台区。方庄小区楼层高低错落，很有味道，曾经被称为北京的“富人区”。

1993年前后，尚处于福利分房阶段的北京市民最爱逛的就是换房大会。

1991年10月17日，国务院住房制度改革领导小组《关于全面推进城镇住房制度改革的意见》的发布，意味着中国老百姓延续了几十年的住房政策将发生根本性的变化。意见提出，从改革公房低租金制度着手，将现行公房的实物福利分配制度逐步转变为货币工资分配制度，由住户通过商品交换（买房或租房），取得住房的所有权或使用权，使住房这种特殊商品进入消费品市场，实现住房资金投入产出的良性循环。

1998年7月，国务院发出关于进一步深化城镇住房制度改革加快住房建设的通知，要求1998年下半年开始停止住房实物分配，逐步实行住房分配货币化。停止住房实物分配后，新建经济适用住房原则上只售不租。

1998年，一觉醒来，商品房便已呈燎原之势。住房单位不管了，得自己花钱买；钱不够，银行求着借款给你。

那一年，北京的房展会办得比庙会还热闹，人们像赶集似的奔赴于各路房展会，生怕错过一条购房信息。“买房了吗?”人们相互之间的问候也变了味，好像饭可以不吃，但房子却不能不买。

那一年，北京一下子推出了19个经济适用房项目，回龙观、天通苑的兴建让很多普通北京市民圆了住房梦。人们也逐渐习惯了买经济适用房需彻夜排队拿号的现实。

1999年，北京160万套公房上市。

1999年，北京允许已购公房上市。当年前来咨询的市民几乎踏破了各区县房地产交易管理所的大门。

***

10 年前，廖凯大学毕业，进入北京一所三类高校当老师。单位的福利房已需要购买，当时 800 元 / 平方米，但廖凯嫌它又小又破，便去房展会看房。

那时，北京的商品房自亚运村开始已经发展了近 10 年。廖凯第一次去的展会是在广渠门白桥大街，硬件设施很差，交通也不方便。但房展会还是人山人海，人们像赶集似的从四面八方奔来。都说北京的庙会最热闹，但在廖凯眼里，1998 年的房展会是人数最多的。相识的人们见了面互相打招呼：“买房了吗？”不相识的也会对着某个展位聊几句。

仿佛一夜之间，按揭、贷款、月供、负翁这些词语，就变得耳熟能详了。廖凯也不明白什么是经济适用房，更不知道如何选房、挑房，不知道如何签合同、办按揭，于是就拼命地穿梭于各种宣讲会，索取每份有关或无关的资料，乐此不疲地拎着大大小小的纸袋子，回去再仔细研究。

回来后廖凯觉得，太远了，当时也没有 13 号线，5 号线什么的。最后廖凯赶着福利房的末班车，以内部认购价 5000 元 / 平方米，购买了三环边的一套公房。（**张晓玲：《10 年前房展比庙会热闹》，2008 年 6 月 15 日《新京报》**）

***

“黄虫”面的：开启北京出租车的历史

1984年4月，北京市推出“小公共汽车”运营路线，“小公共”驶上路，因其车站间隔大、车速快、不拥挤、可以按乘客要求灵活停车，受到青睐。

“黄虫”面的，能挤10个人，只要你手一招，一辆黄色面的停在跟前。这是90年代北京街头常见的景象。被戏称为“黄虫”的面的，却开启了北京出租车的历史，伴随着北京市民走东逛西好几年。

10块钱10公里，有时候两家七八口子甚至10个人都能挤得下；里面更能放下自行车、电视机等大件物品。

到了1994年，北京市开始逐步淘汰“面的”，1998年，北京市政府更是发动了大规模的“扫黄”运动，以“砸面”回收的方式，完成了北京市出租车的第一次更新。

代替“黄虫”出现的是红色夏利。当时有人就戏称其为“祖国江山一片红”。可是，夏利的缺点也很快暴露出来，没有空调的夏利到了夏天日子就不好过，出租车的更换问题又提上日程。

1999年北京市调整了出租汽车的价格，满街的“黄虫面的”时代宣告彻底结束，市场这时又引入了富康和捷达，北京出租车市场算是完成了第一次大变脸。（参考于建：《北京市民出行30年变迁：那时地铁站分甲乙丙三级》，2008年11月12日《北京晚报》）

朱铁志曾撰文描绘面的司机：有些小面的司机是很聪明的人，什么德行的主儿没见过？客人上车还没开腔儿，人家从你的神情举止、衣着打扮，早把你那点儿身份看了个底儿透。而见人说人话，见鬼说鬼话，见着邪性的不说话，更是小面的司机的基本功。

出门打的越来越方便，越来越常态

国家鼓励个人购买汽车

1995年12月19日《新民晚报》一篇文章报道，近年来申城街头崛起一支流动大军：各种各样的助动车——进口的、组装的、国产的，甚至自己改装的——日益频繁地穿行在机动车和自行车中间，其“军威”几乎压倒了自行车。

文章说，助动车唯一的好处是骑车人可以省点力气，但造成的空气污染不可小视。

***

1992 年上海礼仪小姐比赛中，后来得到冠军的张蒙晰，在最后一项“自由发挥”，谈的题目是“上海改革开放进程中最需要做的……”张蒙晰说最该改善交通：“一次挤车时鞋子被挤掉了，觉得自己……”说到这里，她忽然愣住了，很自然地停了一两秒钟，继续说：“……非常难过。”就是这个停顿，令所有人都笑了，随即响起一片掌声，过于紧张而紧绷的气氛，终于在这刻“放松”了下来。

***

1998年6月30日，美国总统克林顿和上海市市长徐匡迪走进上海人民广播电台FM990《市民与社会》节目。一位市民胡先生问徐匡迪：听说我们上海现在鼓励私人买轿车，我担心这么做会不会加剧城市交通拥挤，会不会加重城市环境污染?

徐市长回答道：我们的基本政策，是优先发展公共交通，比如说地铁、公共汽车这些公共交通。当然我想纠正你一下，就是我们并没有鼓励私人买轿车，我们只是放松了对私人买轿车的限制。

国家统计局1991年底统计数字显示，私人汽车已有96万辆。

邓小平南方谈话后，挂靠单位凭票限量购车有所松动。1992年，法拉利在亚运村会展中心进行了一次展卖，最后一天，曾经的北京首富李晓华以13.888万美元把这辆法拉利买了下来，成为全国第一个法拉利车主。

1993年2月，财政部决定取消购买轿车的控购审批。旅行车、越野车和工具车也不再办理控购审批手续。在当时，汽车是控制购买的7种专控商品中最先不再需要审批的。

紧接着，1994年是中国汽车史上值得纪念的一年。在这一年7月4日，国家出台了《汽车产业发展政策》。在其中阐明：“国家鼓励个人购买汽车……任何地方和部门不得用行政和经济手段干预个人购买和使用正当来源的汽车。”虽然没有落实的细则，但是对突破私家车禁区具有重大观念上的意义。说明国家开始对汽车产业的发展方向进行了重新定位，其中重要的是把汽车和家庭联系起来。

为了进一步探讨汽车进入家庭的可行性，国家有关部门举行了一次名为“Family Car”的研讨会，并在1994年专门举办了一次家庭汽车展。

1995年以后，合资生产的桑塔纳、捷达、富康；引进技术生产的天津夏利、长安奥拓以及易货贸易进口的小型车，价格在13万元到15万元之间。私人购买量在北京、深圳、广州、温州等沿海经济发达城市日益增多。

而一部分“先富起来”的人士，则成为关税高达220%的天价高档豪华车的买主，拥有劳斯莱斯、法拉利成为他们的财富标签。（以上内容参考杨开然、关囡、石文夫：《改革开放30年汽车流变：从奢侈品到代步工具》，2008年11月28日《京华时报》）

1998年前后，上海通用和广州本田成立，在同步引进国际先进制造技术的同时，开始学习国外先进的市场整合营销模式。广州本田、上海通用、一汽大众奥迪先后建立起集销售、维修、零部件、信息为一体的4S品牌专卖店。买车人第一次尝到了做“上帝”的滋味。

婚纱影楼：拍婚纱照是一种时髦的标志

80年代，随着物质生活水平的不断提高，“婚纱照”开始萌动。新娘身穿照相馆提供的婚纱，新郎身穿西服，二人规规矩矩地站着，拍一张全身婚纱照。跟70年代相比，已经有很大的跨越了，不再是呆呆坐在那里，拍一张2寸大头照。

然而，80年代的婚纱照千篇一律。新娘身穿洁白的婚纱，戴洁白的面纱，手拿塑料花，画了不自然的妆，嘴唇鲜红；新郎穿着西服，打了领带，也画过眉毛和嘴唇。与70年代相同的是，两个人的表情和姿势仍旧拘谨，反映的还是他们的本色。

到了90年代，可以拍摄“婚纱照”的照相馆很快形成燎原之势。颇为讲究的是，这时的婚纱照还被装订成册。新娘要穿各种各样的婚纱，摆千姿百媚的姿态，一拍就是很多张。不知是那个时候的化妆技术太前卫还是太落后，因为拿着照片如果不仔细分辨，连最亲的人也不会认出照片上的人是谁。

有网友回忆，90年代初，婚纱照才刚流行，化妆技术实在不敢恭维。记得她和先生去影楼拍结婚照时，化妆师往她脸上一阵涂抹后，脸就跟下了霜似的，无比别扭。而最让她无法面对的是腮边的胭脂，看上去分明就是个蹩脚的媒婆。同时，那个时代的新人远不像现在的年轻人，在镜头面前所表出的拘谨和害羞使婚纱照显得过于呆板紧绷。一句话，就是咋看咋不自在。

有些夫妇已经结婚很多年了，在90年代去赶个热潮补拍婚纱照的也很多。

90年代，随着中国经济不断对外开放，西方文化和港台时尚迅速进入中国，向年轻一代传递着最新的潮流信息。拍婚纱照也开始成为一种时髦标志。专业的婚纱影楼也开始在泉州出现。

***

泉州最初出现影楼是在 1993 年，即位于中山路的华光摄影店，主要是从事一些简单的婚纱拍照，其化妆和婚纱礼服也是如此，远没现代的水准。一年后，泉州出现了第一家比较正规的影楼，那便是位于市区九一路的伊利莎，其真正将影楼的时尚观念初次导入泉州，为意欲拍婚纱照的市民提供了一个良好的场所，泉州的新人们也是第一次发现自己原来如此迷人和靓丽，特别是伊利莎当时颇具创造性地推出了一辆老爷车做婚车，新人们可以兜风拍外景，也可接送新娘，展现古典之浪漫，享受高贵和风情万种。所以，尽管当时拍这种婚纱照价格比较高，但市民的热情好像并不受此影响，时尚影楼的出现曾颇具轰动效应。

1997 年，几家台湾影楼相继登陆泉州。台湾影楼的到来，是对传统婚纱摄影的挑战，也是泉州婚纱摄影行业新旧交替的一个分水岭。规模虽然不大，但这些台湾婚纱影楼却让泉州人大开眼界。精美的婚纱款式、前卫的化妆造型以及新鲜的拍摄手法，都是泉州人前所未见的，从而掀起一股拍婚纱照的热潮。许多结婚多年的夫妻，也要补拍一套婚纱照作为纪念。也就是从那时起，“婚纱摄影”“婚纱影楼”这些新名词闯入了泉州人的生活之中。

新人钟情影楼，刮起了影楼争霸风。于是乎，短短几年，泉州的各大主要街道上影楼林立，并呈不断攀升趋势，且其规模一家比一家大。而这个时期里，前进、良友、罗克等老照相馆却已风光不再。（**摘自：泉州网／泉州晚报**）

***

呼啦圈

1990年亚运会，呼啦圈是火得没边没际，几乎每家房门后都会挂一两个呼啦圈，以便随时“转”起来。

呼啦圈，成为国人健身史上最普及的运动之一。当时的呼啦圈很简单，瘦瘦一根塑料管围成一个圈，讲究的管子里还会灌些小珠子，这样摇起来会呼呼地响。一群人摇的

呼啦圈风行中国。图为玩呼啦圈的小女孩

时候，便会听见很壮观的“呼啦声”。当时，许多晚会上都有呼啦圈表演，单人转、组队转、一人身上套多个转。1994年春节晚会，创造了旋转98个呼啦圈吉尼斯世界纪录的上海3岁少女欧阳贝妮登台亮相，引起轰动。几个月后，另一名上海少女在中央电视台一档节目中表演了旋转144个呼啦圈，创造了新的中国纪录。而当时连续旋转呼啦圈时间最长的是78分钟，由上海10岁的小女孩张亚茹创造。

1992年，《解放日报》评论员“司马心”曾写文《“呼啦”的“怪圈”》，讽刺了那些把呼啦圈说成是我们民族特色的“土产”，考证了这玩意儿实际上在20世纪五六十年代在美国流行之初，就曾被当时我们报纸斥责为“资产阶级的颓废”。当然，文章也承认，呼啦圈，风靡了京城之后，现在又来风靡上海，“融健身与娱乐于一身”，当然是件好东西。

网吧和网瘾

1996年5月，第一家网吧威盖特在上海出现，这种高科技休闲方式很快被爱追潮流的年轻人接受。不过，家长通常都痛恨网吧：他们的孩子逃学到网吧玩游戏；网吧暴力事件也时有发生。

2009年5月14日，中国青少年研究中心公布了一项针对“青少年网络伤害问题研究”课题的调查，青少年每天平均上网时长为5.3小时，有近半数的青少年接触过黄色网站。

2010年2月1日，中国青少年网络协会第三次发布《中国青少年网瘾报告》。虽然此前卫生部已经否认了“网瘾”概念，该协会还是以“网瘾”来命名自己的调查报告，还给出了全国有“网瘾”的青少年人数为2400万这样惊心动魄的数字。

网吧一瞥

在这份报告里，有两个重要的词语。第一个是“青少年”，值得特别提示的是，被称为“青少年”的，不是未成年人，而是指29岁以下的人，也就是说即便你工作多年，结婚生子，也被列入这个范围。

第二个词，也是最核心的词——“网瘾”，报告中根本没有给出定义，但对“网瘾”的界定更为宽泛了。如果你“觉得在网上比在现实生活中更快乐或更能实现自我”，也算网瘾。

2010年4月，新疆兵团芳草湖农场一个13岁少年，由于连续长时间上网，结果疲劳猝死。死者父母遂向法院起诉，要求网吧老板赔偿损失。公安局物证鉴定所对小强的尸体进行解剖检验，死者死亡的诱因“可能与过度劳累以及饥饿有关”。芳草湖垦区人民法院审理后认为，网吧违反国家规定，让未成年人进入网吧消费且超时营业，对少年的死亡应承担40%责任，少年的父母作为监护人，未尽到监护义务，应承担60%责任。一审判决两网吧赔偿少年父母丧葬费、死亡赔偿金共计6.6万元。

2012年年初，中国台湾一名23岁的男子连续上网23小时后突然暴毙网吧，据警方推测，该男子是死于心脏病突发。

这虽然是两个极端的例子，但不得不承认的是，大家对网络的依赖都太重了。

“小灵通”信号不是太好

1998年元月中国第一部“小灵通”在浙江余杭问世。“小灵通”又叫无线市话，它使传统意义上的固定电话不再固定在某个位置，可在无线网络覆盖范围内实现自由移动

机卡分离的小灵通手机

通话，并且可以在不同的基站控制范围内漫游，作为本地电话网的补充和延伸，计费方式和通话方式与固定电话一样，同时又可以随身携带，在市区范围内移动通话使用，方便了广大百姓，这种小巧、价廉、环保的无线市话被形象地称为“小灵通”。

消费者体会到了“小灵通”给人们带来的种种惊喜：有线价格，无线享受；超低辐射，绿色环保；精灵玲珑，流行时尚；待机时间长；可以收发电子邮件、浏览互联网、收发短信息，阅读新闻，下载各种图片和铃声等。

当然，“小灵通”有时信号较差，局部地方通话不畅，特别是不能像手机一样全国漫游，就只能做“固话的补充和延伸”，在功能上始终和手机存在差距。当时有的人索性装扮成“双枪将”，就是既带着手机又带着小灵通。

2009年2月，中国移动宣布，政府主管部门近期明确要求所有小灵通频段无线接入系统应在2011年底前完成清频退网工作。目前，在市场上发展了十几年的小灵通已然逐渐淡出人们的视野。

QQ和MSN

1997年，腾讯公司将新软件命名为OICQ（Open ICQ）。可以使用OICQ和其他OICQ用户进行交流，信息收发及时方便，功能全面，具有即时信息收发、网络寻呼、聊天室、传输文件、手机短消息服务等功能，对传统的无线寻呼和移动通讯进行增值服务。

2000年4月，腾讯公司决定全面更换 OICQ的名称，改称“腾讯QQ”。那个敦厚的企鹅，许多人都离不开了。

1995年8月，IT界的眼球全部被Windows 95的发布抢走。在很多人眼里，MSN还仅仅只是一款流行的即时通讯软件。

越来越多的人用上了MSN。白领在办公室，哪怕是前桌贴后桌，也不大愿意说话，或不方便说话，只是低着个头不停地敲MSN。

MSN签名都很有个性。80后代表作家韩寒有许多名言，其中“怀才就像怀孕，时间长了才能看出来”是2007年度的经典MSN签名。

***

“MSN 名字前面请加（L）CHINA，让全世界看到华人的团结。请转发您的MSN 朋友。注意（）是在英文书写状态下。”2008 年 4 月 16 日早上，几乎每个上 MSN 的网友都收到这条流行的信息。

刹那间，MSN 的好友列表上变成了红彤彤的一片，网友惊呼“MSN 上一片红”，一时间，华人网民纷纷通过这种方式来抵制“藏独”，表达对法国部分官员反华言论的不满，表达爱国热情。

超过 230 万 MSN 用户红心签名。

***

网络最大的魅力，就是它的距离感让许多人在和陌生人交往时反而放松了心情，陌生人相互添加对方为好友，进行聊天。腾讯总裁马化腾曾说，让他最自豪的一件事是现在的腾讯公司时常会收到用户寄来的喜糖，说是通过QQ，让他们认识并结了婚。

这类即时聊天工具还可以通过成立特殊的群落，发起慈善募捐活动，救助孤残老人和儿童，一呼百应。比如后来风靡一时的“曲阳女婴失踪案”，QQ网友全国寻人，体现了QQ在现实社会空间里所发挥的强大串联功能。

QQ同时还衍生出一些令人意想不到的用处，警察可以用QQ作为诱饵，从网上找到犯罪嫌疑人的蛛丝马迹；老师可以通过QQ和自己的学生聊天，从而消除师生之间的隔膜；网络高手可以接受家长的要求，用QQ劝回离家出走多天的孩子；甚至盲人图书馆也可以利用QQ语音聊天，帮助盲人读书。

QQ和MSN这类即时会话功能的工具，彻底地改变了人际关系与人际交往，甚至是人们的行为方式。

实行双休日：中国开始每周五天工作制

有一首叫《我想去桂林》的歌曲，唱出了当时人们的休闲愿望：

***

我想去桂林呀我想去桂林
可是有时间的时候我却没有钱
我想去桂林呀我想去桂林
可是有了钱的时候我却没时间

***

忙碌了几千年的中国人，终于享受到国家提供的休闲时间了。1995年3月25日，国务院第174号令决定，我国境内的国家机关、社会团体、企事业单位以及其他组织的职工，从5月1日起实行每周五天工作制。中国，成为世界上第145个实行5天工作制的国家。新中国自建立到20世纪90年代初，一直实行每周六天、每天8小时工作制，全年工作时数约为2448小时。

改革开放和经济社会持续发展，国家开始考虑国民的休养生息。小康，意味着更多的收入，更高的生活质量，更多的闲暇时间，以及在这基础上的闲情逸致。1994年5月1日，开始尝试每周5天半工作制，即隔周多休一天；1995年5月起实行每周5天工作制，双休日正式走进人们生活，在提高人们生活质量的同时，也成为提升社会文明程度的一个标志。

从此，民众生活方式发生了历史巨变。以前一周只有一个星期天可以休息，但又免不了像冯巩相声上说的，谁星期日不去帮着丈母娘扛煤气瓶、当义务勤杂工？星期天被叫

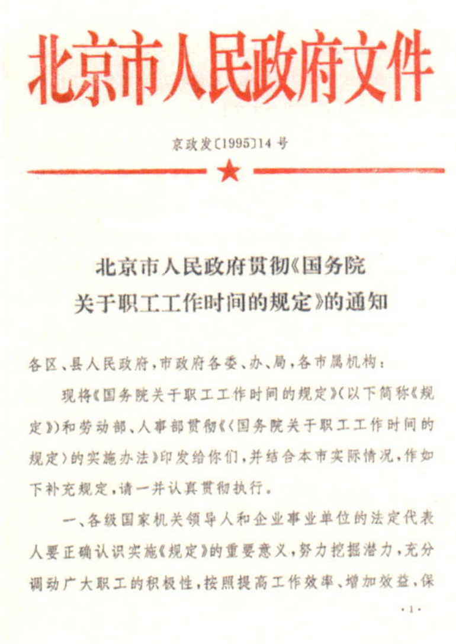

北京市人民政府文件

京政发〔1995〕14号

北京市人民政府贯彻《国务院关于职工工作时间的规定》的通知

各区、县人民政府，市政府各委、办、局，各市属机构：

现将《国务院关于职工工作时间的规定》（以下简称《规定》）和劳动部、人事部贯彻《〈国务院关于职工工作时间的规定〉的实施办法》印发给你们，并结合本市实际情况，作如下补充规定，请一并认真贯彻执行。

一、各级国家机关领导人和企业事业单位的法定代表人要正确认识实施《规定》的重要意义，努力挖掘潜力，充分调动广大职工的积极性，按照提高工作效率、增加效益，保

·1·

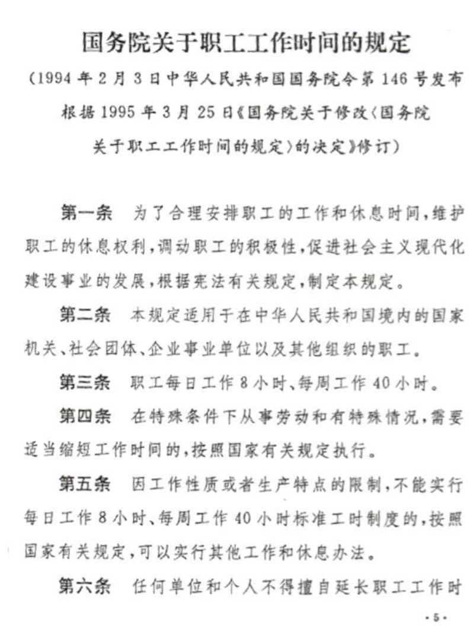

国务院关于职工工作时间的规定

（1994年2月3日中华人民共和国国务院令第146号发布 根据1995年3月25日《国务院关于修改〈国务院关于职工工作时间的规定〉的决定》修订）

第一条 为了合理安排职工的工作和休息时间，维护职工的休息权利，调动职工的积极性，促进社会主义现代化建设事业的发展，根据宪法有关规定，制定本规定。

第二条 本规定适用于在中华人民共和国境内的国家机关、社会团体、企业事业单位以及其他组织的职工。

第三条 职工每日工作8小时、每周工作40小时。

第四条 在特殊条件下从事劳动和有特殊情况，需要适当缩短工作时间的，按照国家有关规定执行。

第五条 因工作性质或者生产特点的限制，不能实行每日工作8小时、每周工作40小时标准工时制度的，按照国家有关规定，可以实行其他工作和休息办法。

第六条 任何单位和个人不得擅自延长职工工作时

·5·

1995年4月10日，北京市人民政府贯彻《国务院关于职工工作时间的规定》的通知

做“战斗的星期天”，一天里打扫、购物、探亲访友从早忙到晚，感觉比平日上班还要累。

实行双休日后，平均一年增加了52个休息日，很多生活杂事可以集中处理，“战斗的星期天”开始变为“周五聚友狂欢、周六操持家务、周日休息恢复”。国民得到的实惠，远不是能用多出一两天时间可以计算出的。

“白骨精”：白领、骨干、精英

1995年1月26～27日，上海《青年报》刊出《大陆首次白领公众调查》。

“白领”，引起人们关注。

2002年4月14日，上海《青年报》介绍上海社科院调查研究报告《发展中的上海“白领”》。这是“白领”第一次写进一年一度的上海发展蓝皮书。蓝皮书还认为，“白领”问题正引起人们日益重视，并且正逐渐被社会各方面了解和接受。

高收入、高职位的特征使他们占据着社会经济领域的主角地位，在推动城市政治、经济、社会发展中越来越发挥着不可替代的重要作用。

一般认为，“白领”是领先潮流的一族，白领的生活方式对于整个社会的生活方式的选择具有强烈的示范效应。

调查显示，“白领”的经济收入要高于一般的社会成员。98.5%的“白领”家庭有金融资产，将近六成的“白领”将自己定位于“中等消费阶层”，虽然收入最高，“白领”的消费意识还是比较理性的。注重“商品的质地、实用程度”的占到了55.8%。

调查也表明，上海“白领”正试图过一种高品位、高格调的闲暇生活。看电视（70.5%）、上网（61.8%）、看报纸杂志（57.3%）、听音乐（56.3%）和读书（53.1%）等是受“白领”欢迎的休闲方式。

“如果我姓白，如果我有一个孩子，我就给他（她）取名叫白骨精。”刚刚毕业的大学生卧薪尝胆地当着“影帝”或“影后”（掌管影印机）就是为了早日成为白骨精。

白骨精不是初出茅庐的小妖精，他们是社会的中流砥柱和中坚力量：白领、骨干、精英。白骨精们具备高学历、高素质，白领是他们的最低形态——过着锦衣玉食的生活，用各种最新款数码产品武装自己。

90年代，小资流行。小资，原本为“小资产阶级”的简称，英文Bourgeoisie是指资产阶级，音译“布尔乔亚”，小布尔乔亚即小资产阶级。小资特指向往西方思想生活，追求内心体验、物质和精神享受的年轻人。也引申为小资情调，应该是一种追求生活品位的人。

小资离中产的距离最微妙——讲究的是中产的生活水准，但钱不够，打肿脸也要充胖子；鄙夷着中产的古板，但创意不够，只好跟人家一样每天按部就班去公司。但他们最有可能是未来的中产。小资一般为都市白领，在社会中有一定的地位和财富，又与“中产阶级”相差一定距离——主要在经济方面。

小资在生活情趣上喜欢咖啡、家居、红酒、茶、笔记本电脑等；喜欢旅游；服装方面不求最贵，但求自我风格；重要特征是至少精通英语；精神高于肉体，理想高于现实，个性高于共性；喜欢AA制；言必称张爱玲。

出国游就去“新马泰”

在“港澳游”之后不久，“新马泰”成为向中国游客开放的第一批境外目的地。

“新马泰”，是旅游专用词汇，是新加坡、马来西亚、泰国的总称。因为这3个国家地理位置相近，所以人们在提到这几个旅游地点时，将它们合称为“新马泰”。

当年去“新马泰”的第一个团，是中旅公司组织的，费用需1万多元，以公费考察为主。“新马泰”早期推出的旅游产品，是“泰新马港澳”15日游，以长线为主，纯观光线路。参团的游客基本上都是第一次出国的人。

当时，这些国家对中国旅游者不太了解，泰国导游都不太愿意接大陆游客，需要通过抽签来决定接团的导游人选。然而，过了一两年以后，抽签程序照旧，但是情况发生了逆转，导游们都在争抢带大陆团队的机会。因为在出国游中，泰国是花费比较便宜的，在泰国人眼中，来的中国人都很大方爽气，个个看起来都像大款。经过东南亚金融危机后，人民币就显得更值钱了。

“休闲”一词进入国务院文件，较早可追溯到1992年国务院试办国家旅游度假区的文件中。

休闲是一种生活方式和服务业态，也是新兴的经济形态和现代服务业。国民休闲一般是指较广泛和普遍意义的休闲，近乎于大众休闲、甚至全民休闲。

90年代“休闲旅游”的盛行，不仅是对于紧张生活压力的自我释放，同时也意味着中国人对于生存利益的重视。人们通过休闲获得自我感觉上的满足，甚至是一种纯粹自我欣赏的快感。如果说“旅游”作为生活的休闲形态，是建立在经济富裕的基础上的话，那么，当“风光名胜游览”“双休日郊游”“新马泰国际旅行”等名目繁多的旅游形式蔓延为90年代中国大众的文化时髦之后，它们便具有了“让生活美丽”的审美性质，由富裕生活带来的娱乐享受，正从人的身体的每一个细胞往外流淌。

90年代初，出现了一种新兴的旅游休闲形式——“农家乐”，也就是农民向城市现代人提供的一种回归自然从而获得身心放松、愉悦精神的休闲旅游方式。

一般来说，农家乐的业主利用当地的农产品进行加工，满足客人的需要，成本较低，因此消费就不高。而且农家乐周围一般都是美丽的自然或田园风光，可以满足舒缓现代人的精神，因此受到很多城市人的欢迎。

农家乐最初发源于四川成都，具体位置有都江堰市的青城山，郫县、温江等地。后来发展到整个成都平原，四川盆地，直至全国。作为一种新兴的旅游度假休闲方式，“农家乐”在为农民增收的同时，也满足了都市人回归自然的需求，受到都市人的青睐和欢迎。

丁克

丁克，DINK（Double Income No Kid），英文意思是：双份收入，没有孩子。

“丁克”家庭形成于80年代，流行于欧美发达国家，90年代在中国的大城市有了市场。

***

结了婚却不要孩子的丁克家庭已经达到上海家庭总数的12.4%。上海市妇联日前对本市家庭状况的一项调查显示：随着单身族、晚婚族、单亲家庭、空巢家庭的出现，传统的三代同堂的大家庭越来越少，上海家庭结构日益呈现多样化格局。专家分析：上海人家庭文化观念的变化是产生这一现象的重要原因。

据统计，上海平均每户常住人口已经由20年前的4.06人下降到3人，三口之家、两口之家已占家庭总数的八成多。传统的家庭，更加侧重生育、消费、抚育子女、赡养老人等功能，而在上海年轻人中，生育的观念逐渐淡化，更多的小夫妻喜欢尽情享受两人世界。（王枫：《上海“丁克家庭”占12.4%》，2002年11月6日《劳动报》）

***

根据零点调查公司2002年年2月进行的一项社会调查，目前中国的大中城市已出现60万个自愿不育的“丁克家庭”，而且近七成被调查的人认为“丁克家庭”将会增多。

伴随着工业化和现代化，新一代中国家庭正面临尴尬的选择。针对学历为硕士以上的中国高学历阶层的一项较新调查发现他们对生育的意义仍然持肯定态度。可这项调查同时也显示，“牵扯精力”（25.4%）、“影响工作”（16.7%）、“经济能力有限”（18.6%）以及“影响两人世界”（13.6%）等原因，使生孩子变得越来越令人畏惧。

2007年10月12日《新闻晨报》报道，提起“丁克家庭”，可谓家喻户晓。近来，“丁宠家庭”又引起人们关注。

“丁宠”指的是一些“丁克”，一方面不愿养育子女，另一方面想享受为人父母的温馨与乐趣，于是就养宠物，他们把这些宠物当成自己的“孩子”。

部分心理学家提醒，公民要正确衡量自身对宠物的态度，避免患上宠物依赖症。

大片VS贺岁片

90年代中后期，我国引进外国“大片”，都取得了很好的票房业绩。

特别是1998年，《泰坦尼克号》登陆大陆，竟一下子拿走了3.2亿元人民币的票房，占该年度全国电影票房总收入14.4亿的五分之一。

在全球票房排行榜中，《泰坦尼克号》以21.87亿美元位居第二，排在第一的《阿凡达》，全球票房27.54亿美元。1999年，中国电影观众降至4.5亿人次，平均每个国人3年看一场电影——这就是当时中国电影业的现状。

1995年岁末，香港贺岁片《红番区》出现在大陆的各大影院，大陆观众第一次知道了还有一种电影被称为“贺岁片”。1997年12月24日，一部据称国内第一部贺岁片、名叫《甲方乙方》的电影，在精心的市场前期宣传之后投向市场，该片从策划制作、市场营销方面成功借鉴了大片的一整套模式，在北京地区，该片仅北京票房就达到1100万元。

1998贺岁片《甲方乙方》最早向国内观众展示贺岁电影的魅力，也让更多的人认识

贺岁片《甲方乙方》

贺岁片《红番区》

了冯小刚。从另外一个角度也可以说这是大片进入中国第四个年头里，国内学生的一部成功“习作”。

在从票房来看，冯小刚的贺岁四片《甲方乙方》《不见不散》《没完没了》《大腕》，其票房收入不但稳居当年国产贺岁片的头把交椅，而且是当年国产影片票房收入的佼佼者，甚至还击败了进口美国大片在中国内地的票房。

但贺岁片追求的通俗，稍不注意就会流于庸俗、低俗甚至恶俗，贺岁片《手机》引发的争议，折射了大众对贺岁片的态度。

没人肯租房给“亚当夏娃”性用品商店

1993年3月23日，一家名为“亚当夏娃保健中心”的商店在北京赵登禹路143号悄然开业。这是中国第一家性用品商店。

开这家店的年轻人文经风，之前干过左撇子用品专卖店、减肥用品专卖店，却都失败了。在当时谈性色变的社会环境下，他冒出个新点子——开一家性用品商店。

当时，人家一问租房的用途，全当文经风是“流氓”，没人肯租给他。那年头，安全套都是计划生育委员会统一发放。值得庆幸的是，经过一席长谈，计生委的领导说：“和谐性生活是优生优育的基础，我们将全力支持你们闯这个禁区。”申请营业执照时，性用品还没被列入国家规定的经营范围，这种商品该属哪一类？为此，工商局内部进行了一番激烈争论，后来不知出自谁的主意，性用品被放到了日用百货、保健食品的科目中，顺利取得营业执照。接下来是招聘员工。文经风去人才招聘会竖起保健中心的牌子，在几十个投简历的人中确定了3个面试人选。面试的最后关头，一个姑娘率先问起公司的经营范围，文经风老老实实说了，人家说：“这不是卖春药的吗？”站起来就走，另两个人跟着也走了。招牌上是鲜红的“北京亚当夏娃保健中心”十个大字，仅从门脸上，看不出是干什么的。30平方米的店堂，像是一间门诊室：妇科大夫兼职的导购，穿着白大褂，四周靠墙的柜台里陈列着来自计生委的安全套和很少几样壮阳药品等，旁边陈列着说明书。来这里的年轻人多是买药具，而中年人则最关心性和谐问题。90%登门者是中老年男性，女性则往往通过拨打该中心的热线进行咨询。“亚当夏娃”吃“禁果”之后，1995年一年，北京就多出上百家性用品商店。

1997—1998年，Viagra在美国上市后，火了。全球迅速掀起了一股“伟哥热”。一些国家积极办理有关手续，使“伟哥”能在本国合法上市。有一些国家由于没有该药出售，人们不得不托关系从国外带进或走私“伟哥”。当时在美国“伟哥”的黑市价格为

7～11美元一片，泰国为45美元，意大利为200美元。消息传到中国，引起不小震动。台湾省叫它“威尔刚”，而内地和香港称呼它“伟哥”。

李宗盛作了一首歌，名字叫《最近比较烦》，里面唱道：“最近比较烦我比你烦也比你烦，我梦见和饭岛爱一起晚餐，梦中的餐厅灯光太昏暗，我遍寻不着那蓝色的小药丸。”这一小药片引起了全球如此巨大的轰动，连其发明者都始料未及。“伟哥”带来新希望的同时，副作用也引起了人们的关注。辉瑞公司在“伟哥”上市前对1000名患者进行的临床试验中就有8人死亡。而FDA认为这些人的死因与服用“伟哥”并无直接关系。

2000年7月1日，“伟哥”正式登陆中国，当时中国多家媒体对此进行了报道：7月1日广州传出“伟哥”登陆的消息后，各大医院反应热烈。广州市东山区第一人民医院在广州的医院中进货最快，6月29日就拿到了第一批“伟哥”50盒（一盒一粒），全部是99元一粒的50毫克品种。次日下午售出第一粒，患者是一名52岁的广州人。当时，他不肯到门诊挂号，直接说要购买“伟哥”，药师向他解释购买伟哥必须经过主治医生检查后，开了处方才能买。经医生为他量过血压，询问以往有没有过心脏病史等，一切正常后，为他开了一粒“万艾可”，并嘱咐他在血压不稳定的时候不要用。事后，该男士还解释说，自己其实没有功能障碍，就是喜欢试不同的壮阳药。拿到药片后，该男士将药盒、说明书统统扔了，只把蓝色的药片揣进了兜里，还对药房药师说，以后给病人拿这药，不要把药名说得那么大声，别人听到了会不好意思的。7月2日，成都人民商场东大门号称“中国伟哥”的“嘉泰神宝”胶囊赠送再现火爆场面。上午9时刚过，赠送活动还没有开始，领药的人们已排起了长队。（《江南时报》2000年7月4日第四版）

北京市第一家性用品商店

《子夜》中的股票交易所回来了

1990年11月26日，上海证券交易所正式成立。

这是中华人民共和国成立以来在大陆开业的第一家证券交易所。

此前的中国人，只是从茅盾的小说《子夜》及据此改编的电影中依稀对股票交易所有一点印象。

上海证券交易所开市那天，来自上海、山东、江西、安徽、浙江、海南、辽宁等省市的25家证券经营机构成为交易所会员，分专业经纪商、专业自营商、监管经纪商和自营商几种。交易所采用现货交易方式，不搞期货交易，开业初期以债券包括国债、企业债券和金融债券交易为主，同时进行股票交易，以后逐步过渡到债券和股票交易并重。

12月19日上午，交易所举行开业典礼，当时的上海市市长朱镕基出席了开业典礼。上海证券交易所理事长李祥瑞授权总经理尉文渊在交易大厅敲响正式开市的第一锤，半小时后前市收市时已成交49笔，面额为5879008元。

同一天，申银证券开设了上海第一个大户室，出现了中国第一代个人证券投资大户。

1991年7月3日，深圳证券交易所正式开业，实现了股票的集中交易。

这是继上海证券交易所之后中国第二家交易所。

杨怀定，1988年3月23日辞职，不久成了众人皆知的“杨百万”。此前，他在拥有6000名职工的上海铁合金厂当工人，文化程度是初中，辞职前每月工资60元。1990年股票暴涨，杨百万以每100股850元的价格抛掉手中的电真空。年底，上海证券交易所成

炒股炒成“杨百万”

立，开业的第一天，电真空每100股以374元开盘，他又买回10万股，一直到每100股涨到2300元时又抛掉。

刚开始做国债时，由于买卖量比较大，就有不少人背后称他“杨百万”，实际上，做了股票后，“杨百万”才名副其实。

“杨百万”说：“‘杨百万’也不是我自己叫的，是朱镕基在一个文件上这样叫我的。哪怕有一个亿，我还是‘杨百万’。”

他孙子大名“杨线”（阳线），小名“涨停板”。他说，活着一天就看一天盘，他甚至开玩笑说，死了以后，骨灰也要撒到上海证券交易市场的大门口。

“我们要公平，我们要股票”

1992年8月9日星期日和8月10日星期一这两天，中国人民银行深圳分行、深圳市工商行政管理局、深圳市公安局、深圳市监察局将出售中国股民盼望已久的新股认购抽签表。这几个单位告示股民：发行国内公众股5亿股，发售新股认购抽签表500万张，认购表中签率10%即50万张表有效，可以购买股票1000股，发售时间为8时至18时，每张抽签表收费100元等。

消息传出，7日下午便有人开始排队。到了8日人与物的长龙便将深圳街道分割零碎，许多人倾家出动，带着小凳子、床、席子、纸箱、报纸、砖头等排在了前不见头后不见尾的长龙之中。

同时，全国各地的股民与准股民一手提着装满钞票的密码箱，一手提着装满身份证的旅行袋，纷纷南下深圳，汇成一股势不可挡的人流。在抽签表即将发售的前几天，广州至深圳的火车票被炒到400元一张，超过正常价格的10倍以上，汽车票甚至炒到了上千元一张，全国各地的股民蜂拥而至。据估计外地来深圳的股民至少70万人，深圳市的大小酒店、旅馆、招待所全部爆满，仍容纳不下潮水般而来的人流，致使许多人不得不露宿街头。

购表者包括男女老少、本地外地工农商学等共120万人。成捆的身份证特快邮递至深圳，排队者前心贴后背紧紧地挤在一起长达10小时，还有数万外地股民不断涌进深圳。至8月9日晚9时止，500万张新股认购抽签表全部发行完毕。尽管下午4时下起了倾盆大雨，但站队的人们仍不愿散去。中国人民银行深圳分行等单位发布《认购抽签表发售公告》宣称：“属于1992年发行规模的中签表，今年认购不完的，1993年继续有效。”

中签者满身臭汗却眉开眼笑，未中者满身臭汗又垂头丧气。营私舞弊暗中套购认购

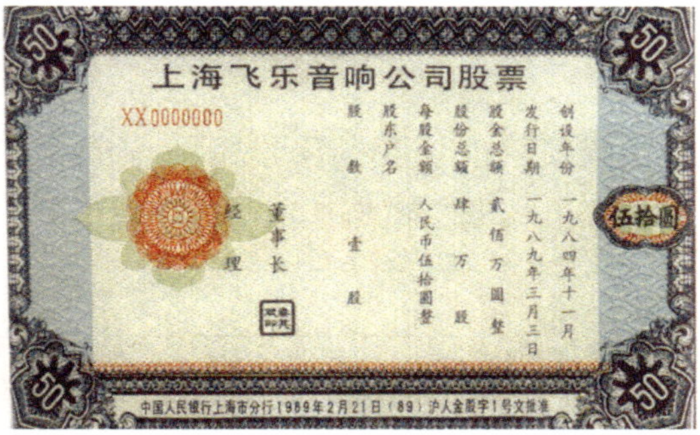

飞乐音响股票样票

表的行为被许多群众发现，人们怨声载道，怒不可遏。

发售网点前炒卖认购表很猖獗，100元一张的表炒卖到300～500元，香港新闻媒体当场捕捉到炒卖镜头并迅速播放。愤怒的人们写下了“下午到市政府评理”的字句。激进的人们打出了“反对贪污、要求公正”“反对欺骗、要求公平”“严惩不贷营私舞弊者”“吃多少，吐多少”等标语，游行示威也开始了。

10日傍晚，排了两天两夜买不到表，又发现有人舞弊的几千股民开始聚集、围观，继而打着“坚决反对作弊”“反对贪污”“我们要公平，我们要股票”的横幅，沿着深南中路向市政府方向游行。

晚上8点左右情况恶化，数万人围在市政府周围，并阻塞了深南中路，造成交通中断。随着事态进一步发展，少数人开始行使暴力，砸汽车、砸摩托、攻击执勤干警，在红荔路交通银行附近烧毁了两辆汽车、四辆摩托，推翻四辆汽车。在武警去维持秩序时，有多名干警被打伤，混乱中出现了伤亡。事件一直持续到次日清晨，围观者两三万人。深圳最主要的交通干线深南中路以及深圳市政府门口的大道被堵塞，有关部门不得不动用催泪弹和高压水龙驱散人群。

8月10日晚，深圳市长助理出面会见请愿者，并宣布了市政府5项通告，决定再发放50万张认购表。还宣称：政府将彻底查清舞弊者，欢迎大家举报。人们仍不散去。午夜12时，警察与示威者开始发生冲突。

8月11日下午2时，新增发的50万张新股认购抽签表兑换券开始发售，次日全部售完，秩序良好。

8月10日至8月12日，某家新闻单位接到举报电话几十个，接待来访群众十几批。有一家银行分行承认：共有1.5万张表，实际公开售出只有4000张，其余全部走了后门。

8月30日，郑良玉市长向市人大常委会汇报工作，心情沉重，承认政府组织工作没有做好。早些时候，这位锐意改革、开拓进取、创深圳特区佳绩的郑市长对8月10日风波痛心疾首，甚至在一次市局级以上干部会上泣不成声，多次痛哭。（参考张劲夫：《股

上海市民争相购买飞乐音响股票

122 北京证券交易营业大厅

份制和证券市场的由来》,《百年潮》2001年第2期）

事后，郑良玉离职。深圳市政府就“8·10”事件正式公布了调查和处理结果。

“8·10”事件，折射出中国证券市场创立初期的露骨但却低水平的腐败，也直接催生了中国证监会的出世。人们从“8·10”事件中，初步见证了全民炒股的开始。

超市革命

1994年3月26日，马来西亚零售商百盛进入中国，超市出现了。

第二年，家乐福和普尔斯马特等蜂拥而至，将超市演变成国人最喜欢的购物场所，先是柜台式超市，然后仓储式的大超市也来了。

1996年3月12日《新民晚报》一篇文章报道，在长不过百来米的中原路上，竟一字排下华联、三角地、锦江、振原、联农、星地、黎明、为民等17家超市。而在浦东，超市的竞争可以说是已到了白热化的地步：在华联超市德州店附近，云集了百佳、豫园、八仙、金钟、恒大平价、长春、家家乐等多家超市……

与传统购物方式不同，超市对人们产生了极大的冲击：琳琅满目的商品近在咫尺，相当有视觉效果，令人充满购买欲望；不必再看售货员的嘴脸，自选自取的方式给了顾客最大的选择权，如果你改变主意可以把商品随时放回原地；在超市流行的初期，偷窃现象时有发生，要抵御不把触手可及的商品偷偷放进自己口袋里的诱惑的确很难，这考验了我们的道德。

90年代有一期《南方周末》曾在头版报道：

***

高扬低价旗帜的易初莲花超市在上海开张的第一天，16000平方米的销售空间人满为患，拥挤躁动的人群在琳琅满目的商品城邦中近乎眩晕般狂欢，然而当晚关门盘点时，满地狼藉的鸡骨以及啤酒、饮料的空罐却让外方副总裁美国人凯文先生目瞪口呆。据称，当天“销售”出600多只鸡，收银处只有200多只收款记录，而其余400只都给顾客当场“消化”掉了。

***

而且，几乎所有的超市都面临着防不胜防的偷窃的折磨。

将小商品塞在口袋里带走，在超市里只能算最低级最笨的偷窃行为。比易初莲花超市早些开业的另一大型仓储式超市麦德龙，早就出现了穿拖鞋进去、穿新皮鞋出来的人，有的女子甚至带了三个胸罩，结果在警报器前花容尽失手足无措；而在易初莲花超市开业一个月时间内抓获的400多名偷窃者中，手段更是让人咋舌：有的人穿着T恤短裤进去、却穿着衬衫长裤出来，有的人连穿八双袜子，有的人则连套5条新短裤，有一女子甚至将小商品塞满胸罩……

在超市已经遍地开花的今天，逛超市成了很多闲来无事的人的首选，很多男性一直不喜欢去商场，但他们都会喜欢逛超市。这有助于调节夫妻和男女朋友关系。

冷柜里的酸奶

华润超市粮油货架

20世纪·90年代

艰辛外来妹

1982年，郑艳萍等几百名年轻姑娘，进入深圳最早的港商独资企业凯达玩具厂，成为中国第一代打工妹。“我要向你们鞠躬!”2007年，郑艳萍和“凯达姐妹”们登门探望当年创办蛇口工业区的袁庚，这位90岁的老人摘下帽子，向她们深深鞠了一躬。

90年代初，流行的俗语是“东西南北中，发财到广东”，粤语成了最受政府官员与妙龄少女追捧的方言。“孔雀东南飞”成了每年大学生毕业分配与人才流动的首选。

据统计，1992年以来，外省到广东的打工者每年都在1000万人以上，到90年代后期，已达1500万，加上广东本省流向珠三角和城镇地区的，在2600万人以上。在不少外来人员眼里，广东意味着梦想、机遇与成功。

“我不想说，我很亲切……”随着这首旋律，90年代初，电视连续剧《外来妹》轰动全国。

但实际生活中，打工妹的生活境遇，比《外来妹》上要艰辛得多。

1993年第8期《民主与法制》刊登梅建华、皮广州撰写的长篇通讯《打工妹之死》，揭露广东省南海市沙头镇中外合资企业丽宝床上用品公司打工妹舒景芳，于2月10日突然七窍流血而倒地，在被送往医院的途中死亡。

厂方说死因是“胃出血”。后在死者家属的交涉下，重新尸体解剖，毫无疑问地证实死者系机器的连杆在劳动中打击左颞，并对头部挤压，使颅底骨折，中枢严重损伤导致死亡。

面对事实，李老板威胁：“在这儿死一个打工的算得了什么！花5万元能处理的后事，我宁可花10万元疏通关系去打官司!”

打工仔的待遇，引起社会关注，也随着社会的进步逐步改善。2002年3月11日《中国青年报》报道，珠海市委决定，在该市外来务工青年中公开选聘一名团市委副书记。

《外来妹》剧照

下岗

1990—1996年，上海纺织、仪电等系统109万人下岗。如果按三口之家计算，有三百万人，当时上海将近四分之一的人口陷入困境。

职工下岗，是计划经济的就业制度，面临经济转型、产业调整后出现的问题。

当年在上海，纺织业是所有的就业岗位当中，尤其是年轻女性首选的行当。一旦进入纺织业，就觉得端上了一个人人羡慕的铁饭碗。但到了90年代初，上海纺织已经是一个大包袱了，所以上海在全国范围内率先转型、主动转型，壮士断腕。

上海的第一大支柱产业被动摇了，本身就很痛苦；而怎么把人员分流好，怎么去把这个行业调整好，更是一大考验。

上航当时一位副总原来是纺织系统的，正好上航要招收一批员工，他建议请纺织女工来应聘，从而有了“空嫂”这一设想。

1995年从纺织女工正式转岗上航当“空嫂”的吴尔愉回忆：“当时都是车间的一枝花、厂花才去考空姐的。考的时候规定：下身的比例要高于上身比例两公分以上。我去面试的时候，五个考官里面有三位考官是同意了，还有两位考官没同意，说我长得太黑。在这批里面，我们空嫂18个姐妹里面，我是最矮的那个，可想而知当时招人的要求多么高。”

吴尔愉从纺织女工正式转岗上航当“空嫂”，那时候在上海纺织系统的感觉就像是送女儿一样。23年来，她一直飞在一线，每年都在万米高空度过自己7月1日的生日。她31岁参加的首批“空嫂”招聘，是中华人民共和国民航业第一次突破“空姐”年龄限制。她42岁时公司出炉的《吴尔愉服务法》，是中国民航界第一本以个人姓名命名的服务法。而今，她又成为上航第一位55岁再继续飞的“空奶奶”“空外婆”，还获得过全国劳动模范、全国“五一”劳动奖章。

为了妥善化解100万的下岗职工这一矛盾，上海在全国率先探索建立再就业服务中心。下岗职工进入中心后，由中心保障其基本生活，并组织开展职业培训和职业介绍，再帮助他们到劳动力市场实现再就业，引导他们向区县分流、由第二产业向第三产业转移、生产自救或自谋职业。下岗职工的基本生活费、门诊医疗费、社会保险费由中心承担，资金则由政府、社会、控股（集团）公司三方共同筹集。

2001年，在总结再就业工程经验的基础上，上海市委、市政府又在全国率先推出“4050工程”，重点安排40岁左右女性和50岁左右男性就业困难群体的再就业，并把原来政府大包大揽的“救济式”投入改为政府支持和市场化、社会化运作相结合，开辟出了城市就业的新渠道。

华西村"吴仁宝开了一个会，赚了一个亿"

1992年3月1日凌晨3点钟，也即邓小平南巡讲话公布的第二天，江阴华西村领头人吴仁宝紧急召集党委开会，下达了压倒一切的中心任务："借钱吃足"（钱借得越多越好、原材料吃得越多越好）。吴仁宝判断中国经济将面临新一轮的大发展，华西村要集中血本，抢占市场。

吴仁宝的"豪赌"大获全胜，3月11日，邓小平讲话正式传达后，全国掀起经济建设的高潮，原材料价格一路上扬，一吨6000多元的铝锭，3个月就涨到了1.8万多元。外界盛传"吴仁宝开了一个会，赚了一个亿"。

在华西村停放的若干高级轿车中，一辆赭色的老式凯迪拉克引人注目，那是20多年前禹作敏送给吴仁宝的礼物。1985年10月，吴仁宝到大邱庄考察，吴仁宝的低调谦虚，和飞扬跋扈的禹作敏相比，如同一名本分的学生。两人曾有这样的聊天："我们要头脑清醒，要有自知之明，摆正自己的位置，敢于革自己的命，一步一步向现代企业家转变。"吴仁宝说着拉了拉禹作敏的手，"这些话也是对我自己说的，我们共勉吧！"

1999年华西村在国内A股市场上市，创"村庄上市"的先例。2007年华西村总资产超过160亿元，销售收入450亿元，上缴利税超过8亿元。随后，周围20个村相继并入华西，如今，"大华西村"的版图已扩展到30平方千米，人口达到3万多人，"天下第一村"名副其实。（以上内容参考冯海青、谷岳飞：《华西村改革开放三十年》，2008年4月28日《扬子晚报》）

根据1995年数字统计，中国十大富裕村排名为：

（1）天津市靖海区大邱庄；（2）上海市马桥乡旗忠村；（3）浙江省萧山市瓜汤镇航民村；（4）辽宁省大连市辛寨子镇华鑫村；（5）江苏省江阴市华士镇华西村；（6）山东省牟平市宁海镇牟里村；（7）江苏省无锡市郊区扬名乡金星村；（8）广东省中山市小榄镇永宁村；（9）江苏省锡山市前洲镇西塘村；（10）山东省牟平市宁海镇西关村。

《文化苦旅》掀起散文热

1992年，《文化苦旅》一书先后在大陆和台湾出版，引起文坛内外重大反响，形成《文化苦旅》热。

作者余秋雨散文中的气势、见识、语言都远远超出当时"积贫积弱"的散文作品，

《文化苦旅》封面，作者余秋雨引领的现代散文热让更多的人开始关注和审视散文这个体裁

当时，他的散文被称为“中国现当代散文史上的又一座高峰”，他本人也被盛誉为“可能是本世纪最后一位大师级的散文作家，同时也是开一代散文新风的第一位诗人”。余秋雨开创了“文化大散文”风气之先。20世纪90年代中后期各大城市的书摊上，到处堆积着盗版的《文化苦旅》和《山居笔记》。余秋雨传播了散文，传播了他散文里面的文化和历史知识，更重要的是他的散文以独特的方式间接地培养了一大批散文爱好者、一大批文化追随者，从而在全国范围内掀起了一股散文热。

《还珠格格》

1998年，“格格”一词在祖国大陆和台湾风行，男女老少，都坐在电视面前，等着被三个“疯疯癫癫”的女孩弄得一会儿哭一会儿笑。

电视剧《还珠格格》1998年陆续在台湾、祖国大陆播出，在北京电视台平均收视率为44%，上海地区为55%，而《还珠格格2》在湖南经视还创造了65%的最高收视率，直到如今都没有被打破。

戏红人更红，这股前无古人的“还珠格格旋风”，更是捧红了赵薇、范冰冰、林心如。赵薇一夜成为内地人气最高女明星，内地第一个风靡整个东南亚的青春偶像，甚至

《还珠格格》剧照
据说，这部片子因为有了小燕子赵薇的成名，成为中国偶像和粉丝时代的开端

内地第一批专业粉丝都从追“小燕子”开始起步；“紫薇”林心如从台湾地区二线电视明星一跃成为台湾地区一线女星；戏份很少的丫鬟“金锁”范冰冰也由此开始了自己的明星生涯。

小燕子的口头禅，在社会风行：

***

累死事小，饿死事大，要头一颗，要命一条。
祝大家长命百岁，脑袋不掉。
化力气为浆糊。
出了半口气，报了半箭之仇。
山路走完了有水，柳树落了有花（山穷水尽疑无路，柳暗花明又一村）。
从哪儿拿，还哪儿去（取之于民，还之于民）。
老天爷撒的网，逃也逃不掉（天网恢恢，疏而不漏）。

***

《还珠格格》扩大了琼瑶剧观众群年龄范围，天真浪漫的“小燕子”让全国上下的青少年开始了“格格”狂潮，“小燕子、紫薇、五阿哥、皇阿玛、容嬷嬷”等关键词被遍地传播，从挂历到扇子，从贴纸到文具盒，《还珠格格》无孔不入。

《大话西游》

1995年拍摄的“大话西游”系列，在香港并没有为周星驰赢得多少声誉，但转战内地后，却造成空前而漫长的轰动。周星驰的“无厘头”风格——要么一本正经地去干件无聊事，要么嬉皮游戏地去做件正经事；语言幽默，甚至低俗；动作夸张，甚至下流，但，就这样抓住了千百万年轻人的心。北大教授在课堂上对学生说，《大话西游》展现了电影后现代主义的风格。而2001年5月2日晚上，周星驰第一次登上北京大学讲堂，与3000余名北大学子进行了半小时的交流。百年礼堂里的2000张座位票，在一小时内卖光了，创了北大百年礼堂纪录。

《大话西游》中的“后现代主义”对白，许多大学生、年轻人都能背下来，特别是下面的经典对白：

***

曾经有一份真诚的爱情放在我面前，我没有珍惜，等到失去的时候才后悔莫及，人世间对我最好的就是你了，你用刀劈死我吧，不用想了，如果上天能再给我一个机会，我会对那个女孩子讲三个字：我爱你！如果一定要给这份爱加上一个期限，我希望是一万年！

***

90年代，邓小平南方谈话“东方风来满眼春”，市场经济的力量开始释放，给人们生活带来巨大变化，物质产品极大丰富，再也没有了80年代的抢购。人们开始关注房市、股市，财富积累凝聚人心，文化生活丰富多彩。

90年代，中国人民告别了改革开放的总设计师邓小平，也迎来了香港和澳门的回归。人民有信心：准备迎接21世纪。

橄榄型社会

4G

白色污染

动车

唐装

信用卡

黄金周

北京奥运

高铁

21 世纪 新千年

姚明

钉子户

秀水街

居住证

WTO

蜗居

我们都是汶川人

劳动合同法

取消农业税

刘翔

想唱就唱

微博微信

上海世博会

谁动了我的奶酪

选秀

非典

博客

中产阶级

短信

富爸爸

进入21世纪，一切变得很快，个性化要求更加突出。衣食住行方面，不怕做不到，就怕想不到。信用卡改变了人们的付款方式，房奴、月光族颠覆了人们的消费方式，短消息改变了人们的联系方式。更重要的是，物权法等各种法律法规的出台或完善，更加维护个人的正当权益。北京奥运会让人自豪；经历了非典、汶川地震的中国人，也学会直面灾难，继续追求美好的生活。

个税起征点

佛女孩

MP3

支付宝

钟南山

淘宝

带薪休假

成功学

房价上涨

中国式离婚

APEC峰会捧红了唐装

2001年10月，在上海举办的APEC峰会上，20位国家领导人集体亮相，齐刷刷地穿着大红色和宝蓝色的中式对襟唐装。

以后一段时间，中国唐装迅速流行。

余莺是APEC会议各国元首所穿唐装的主要设计者之一，她说当初他们设计好服装后，大家一起讨论给这套服装起名，最后决定把这种服装命名为“唐装”。这主要是因为国外都称华人居住的地方为“唐人街”，那“唐人”穿的衣服自然就应该叫“唐装”了。另外，国外的一些华人也有称中式服装为“唐装”的，“所以唐装的取名也颇有国际化的味道!”余莺半开玩笑地说。她说，唐装应当是中式服装的通称。（参考2002年2月3日《北京青年报》）

2004年以后，从大学生中出现“汉服热”，即身穿汉代人的深衣或袍子举行活动，他们认为这才是真正的中华民族典型服装，或说是有特色的传统服装。“汉服风”虽然未得到主流认可，却也依然在年轻学子们之间蔓延。人们对此也是各执己见。

王家卫的影片《花样年华》上映，片中张曼玉身着旗袍的造型性感、优雅，使旗袍弥漫街头。据有心人统计，片中张曼玉总共换了30件旗袍。

中式对襟唐装

北有秀水街，南有襄阳路

新千年以来，喜欢服装的人，大概没有人不知道上海襄阳路市场的。

曾被称为“上海小香港”的华亭路市场，出售的是香港外贸货或能人仿制的新潮服装。在那里买到的东西，说不定全上海只有一件。在那个零售业尚未发达，大多数人不知一线品牌为何物的年代，它的迁入使襄阳路很快成了时尚的发祥地，带来了大量的客流。从那时起，襄阳路开始进入辉煌时期。

襄阳路市场起步于2000年，当时，邻近的华亭路服饰市场正式拆除后，一些商贩便迁址于该市场营业。刚开始市场很冷清，为了吸引人气，部分不法商贩便销售假冒路易威登、爱马仕、香奈儿、普拉达等知名商标的商品。果然，以假乱真，“假冒而不伪劣”的世界顶级品牌，使得承受不起名牌商品价格的中外消费人群纷纷涌入。在该市场，常常可以看到一些背着大包小包的外国主顾，其购物数量之多，可以用“批发”来形容。在一些人的心目中，襄阳路市场已经成为“平民的时尚地标”。

另外，受上海繁华的淮海路商圈辐射，襄阳路市场近年来的吸引力不断上升，营业额也直线上升。这里，日均客流5万人次、879家商铺一年营业收入近5亿元、上缴税收2000多万元。一个将近8平方米的铺面，年租金竟高达20万元。

2006年6月30日晚9时30分，著名的襄阳路市场关闭，曲终人散。

在北京，秀水街是改革开放的“标志性建筑”，号称“20世纪的清明上河图”。1982年开始，一些原始摊主在秀水东街一带摆摊，贩卖衣物和小百货。到1985年，一条小小的秀水街已被贩卖各种商品的小贩占满。1995—2001年，秀水街从丝绸专营，开始向假货泛滥过渡。随着秀水街许多老摊主的退出，来自全国各地的商人到秀水这块风水宝地安营扎寨，他们中更多的是精明的南方人，专卖名牌仿制品服饰、皮带、眼镜等。2006

上海襄阳路礼品市场

闻名中外的北京秀水街

年以来，秀水街接连吃官司。路易威登、香奈尔等5家欧洲名牌制造商联合起诉在市场售假的商户和北京秀水街服装市场有限公司，法院最终裁定品牌制造商胜诉并各获赔2万元。此后，众多国际名牌“摩拳擦掌”，酝酿对中国零售商提起侵权诉讼。

襄阳路关闭，秀水街转型，在体现中国维护知识产权的决心的同时，也树立了国内所有同类市场的两个标本。

***

“有一天，我们回头看，会觉得北京秀水街和上海襄阳路是值得回味的两个地方。”汪自力说，它们从无到有，从温饱到繁荣，从走到留……

作为一个城市的“平民时尚地标”，20多年光景里，它浓缩了太多的片断：普通百姓衣着变化、城市个体户发展、维护知识产权道路……（参考张仲超:《上海“襄阳路”寿终正寝北京“秀水街”摩拳接棒？》，2006年7月11日《市场周报》）

***

居住证

2001年，石家庄一位普通的修鞋匠，只花了3元的工本费，就将户口从农村迁到了石家庄市区。这在以前，可能是天方夜谭的故事。随着市场经济的推进，附着在户口上的特殊功能越来越淡化了。市场经济需要通过市场的手段，配置市场要素，于是城乡之间、城市与城市之间的户口“藩篱”开始解冻。

从2003年6月30日起，申请《北京市工作居住证》门槛的降低，让众多企盼成为北京人的外地进京人看到了希望。7月1日上午两个小时里，北京市人事局的网站就有5万的访问量。在这之前，除了北京人之外，全国各地的人都只能在北京“暂住”。

2002年6月15日，上海在全国首先推出了居住证制度。2004年10月1日开始，上海市居住证使用对象扩大到“在本市居住的非本市户籍的境内人员”。根据上海市居住证条例来看，外来人口能够享受上海市民的一些待遇，比如引进的人才的子女可以参加高考，还有失业保险金、综合保险、社会保险等很多福利。

深圳市在2006年年底前正式开始办理“居住证”。据介绍，深圳“居住证”重在淡化户籍概念，将就医、上学、工作、生活等全部纳入该“居住证”的管理范围。在深圳换工作时，“居住证”号码不变，当持证人离开深圳时，该证将“休眠”，一旦持证人回到深圳，该证将被“激活”，继续记录持证人在深圳的有关活动信息。

北京市公安局印发的暂住证

从3G时代走向4G时代

2000年2月27日《北京晚报》报道，数码照相机、数码摄像机、数码随身听、数字音像制品，越来越受年轻的“数字青年一族”们喜爱。只有普通磁带大小的MP3网上音乐播放器（俗称数码随身听）可存有CD音质的10余首流行音乐，音乐可免费从网上下载，这让许多20出头的青年购机热情高涨。

2000年11月6日《人民日报》报道，西门子最近推出首部内置MP3并可换多媒体卡的西门子6688智能型GSM新手机。该手机由于内置了MP3，可以插上耳机欣赏音乐，还可以用特备的同步适配器接上电脑，便可与电脑交换文件。

新千年，已经说不清是“几大件”了，电子产品更新得太快，让人目不暇接。

2002年2月12日《北京日报》报道，脖子上挂戴一个小巧玲珑的移动存储盘，成了新的流行时尚。

***

一天早上，移动总裁内急，去公共厕所方便。

“干什么的？”看公厕的大爷喊。

“我是移动总裁，我内急。”

“我不管什么总裁，你不知道进厕所要收费吗？交钱。”大爷说。

“啊，知道，知道，多少钱？”

“进去5毛，出来3毛。”

“出来也要收费？”

“瞪什么眼？我这里实行双向收费。”

***

这个是讽刺手机双向收费的段子。手机越来越便宜了，但双向收费还是让许多消费者耿耿于怀。

好在有了短信。香港歌星陈慧琳曾经唱过：

***

还是留着你寄来的短消息
总是眷惜舍不得删去
因为这是如今和你
唯一留下来的关系

***

2000年5月17日，中国移动通信有限责任公司正式开通了短信（SMS）服务，发出了中国第一条短信。当年，中国的短信发送量是10多亿条。

1992年，当世界上第一条短信在英国沃尔丰的GSM网络上通过PC向移动电话发送成功的时候，谁也不会想到，当初这项由电信运营商为解决手机话费过高而推出的低廉文本信息的服务，这个看似非常小孩玩意的一个通讯交流的东西，竟会在多年后对人们的经济文化生活，甚至对政治都产生了如此大的影响。

中国移动对外公布的官方数字显示，2002年春节七天假日期间，中国移动公司共发送约八亿条短信。

2002年对普通的城市市民来说，似乎另一件事更关系他们个人的生活，这年之初中国模拟移动通信网全面关闭，中国移动通信从此全面进入“数字时代”；4月9日，中国联通CDMA网亦开始正式运营，不到5个月，CDMA用户就达到80万，那一年所有中国手机生产商都过着滋润的日子，如摩托罗拉和诺基亚这样的国际品牌新机不断上架，它们的生产线大多设在中国，而联想、夏新、波导等国产品牌也开始在市场上攻城拔寨。

2009年1月7日14点30分，工业和信息化部为中国移动、中国电信和中国联通发放3张第三代移动通信（3G）牌照，此举标志着中国正式进入3G时代。

六天后的1月13日，工信部印发无［2009］11号文件，小灵通占用的频段安排给TD使用，小灵通退网。

2013年12月4日下午，工业和信息化部向中国联通、中国电信、中国移动正式发放了第四代移动通信业务牌照（即4G牌照），中国移动、中国电信、中国联通三家均获得TD-LTE牌照，此举标志着中国电信产业正式进入了4G时代。

2018年12月7日，工业和信息化部发放5G系统试验频率使用许可。

5G网络的主要目标是让终端用户始终处于联网状态。5G网络将来支持的设备远远不止是智能手机——它还要支持智能手表、健身腕带、智能家庭设备如鸟巢式室内恒温器等。

5G网络的传输速率可达10Gbps，这意味着手机用户在不到一秒时间内即可完成一部高清电影的下载。

“财产性收入”构建“橄榄形社会”

1995年11月29日《人民日报》报道，“在家上班”现象可被视为当代社会潮流之一，它伴随着信息高速公路的理想而生，体现了更高的效益和更多的节约。2001年6月21日《北京日报》报道，他们或从事网页设计、出书绘画，或参与企业形象绘画……一切工作只需要在家就可完成。如今，京城悄然出现许多个人“工作室”。他们被时髦地称为SOHO一族，一群很少坐班的人。

SOHO，是英文Small Office Home Officer的头一个字母的拼写，就是“单独办公、家里办公”的意思。SOHO是人对自由职业者的另一种称谓，同时也代表一种自由、弹性而新型的工作方式。

BOBO族，波希米亚和布尔乔亚的结合体。做一个BOBO很难，他既要有中产的收入和体面的工作，又要有浪迹天涯的“浪人”情结，并常付诸实践。不过——有钱了谁还睡地铺？一到目的地就直奔五星级酒店去了。

中产们还没完全在中国站稳脚，另一个生活概念——IF一族（国际自由人，International Freeman）又诞生了。IF一族是那些在世界范围内根据自己的个性自由地选择工作、居住和旅游度假地的一群人，最大的特点是有能力、有闲钱也有兴趣自由出入于各国大门，至少通晓一到两门国际语言，有特殊的时尚脸谱，他们常常拥有不同的装扮格调，融有东西方时尚元素，让外人看了很眼馋。

“中产”，它激活了中国人对于未来生活的梦想，以及对自我身份新的认同倾向，所有关于理想生活方式的大胆定位，都可以在“中产”概念中找到创意之源。

2007年10月，中共十七大报告中，首次提出“创造条件让更多群众拥有财产性收入”，此语一出，引发了多方关注。十七大代表、中国证监会主席尚福林说：“报告一到手中，就发现了这个新提法，引起了我很大兴趣！”“财产性收入必然会涉及各种投资，除了实业投资等，还包括投资金融产品，涵盖了储蓄、债券、保险和股票等。”

“财产性收入”的提法，也暗合了十七大报告中提出的“中等收入者占多数”，有人诠注为“橄榄形社会”。

***

如果一个社会的阶层结构，也像橄榄的外形一样，那可是稳定和谐的理想形态。那中间鼓起的中产阶层，成了占绝对多数的社会主体，这个主流群体，可以凭借其富足体面的生存状态和温良优雅的文明教养，主导着社会秩序的公正和谐，营造着社会气象的安康祥和。这强大的中间阶层，既可以抑制富豪阶层的过分强势，又可以扶助贫弱群体的民生困顿，有效调节社会族群的差异，缓冲分化、消泯鸿沟。这种社会形态，明显优越于貌似稳固的哑铃形和金字塔形。哑铃形社会两头大中间小，贫富差距悬殊，分化对立严重，金字塔形社会等级森严，层层压迫，少数奴役多数，这两种形态的社会，隐藏着矛盾的因子，埋伏着动乱的祸根，与橄榄形社会恰成表面相反的鲜明对照。（薛盛威：《真味橄榄》，2006年8月11日《温州日报》）

***

2007年有句话特别流行："跑不过刘翔，但要跑过CPI。"

这一年，"猪八戒"带领CPI一路狂奔，让我们认识了消费物价指数，小麦、大豆、玉米、花生、蔬菜、禽蛋全都跟着它疯涨。当时一个段子说，沙师弟一语道破天机，"二师兄的肉今年比师父的肉都值钱了"。

把钱存在银行的利息回报，相对于CPI的数据，收益只能是负值。

许多人开始理财，并重视一句广告语：你不理财，财就不会理你。

人们纷纷投资于股票、基金、期货、外汇、黄金等多个领域。中国社会致富的主旋律正在悄悄改变：以往，人们习惯了通过诚实劳动、量入为出、勤俭节约慢慢地积累财富；现在不少人却突然发现，原来除了劳动力这个要素外，其他要素——比如资本——对财富的增长也起着很大的作用。借助资本的"魔方"，财富的积累速度要超过单纯依靠劳动的收入增长速度。

"哈佛女孩"打动了望子成龙的父母

1999年4月，一则被广泛转载的新闻报道引起了无数读者的关注——成都女孩刘亦婷被包括哈佛大学在内的四所美国名牌大学同时录取，并免收每年的学习和生活费用。

《哈佛女孩刘亦婷——素质培养纪实》2000年8月由作家出版社出版，一下子打动了全国众多望子成龙的父母。全书正文从妈妈刘卫华在孕期研读早期教育理论的心得体会写起，完整地记述了哈佛女孩刘亦婷0～18岁的成长过程。书中使用了18年间积累的大批原始资料，使本书真人实录的效果更为强烈。本书的叙述方式也别具一格，作者用拉家常式的亲切口吻夹叙夹议，形成了一种独特的感染力。

当然也有人提出了质疑。教出“哈佛女孩”的就是素质教育吗？只有进“哈佛”才能证明我们是优秀的吗？孩子一定要符合父母的期望吗？

后来还出现了“虎妈”和“狼爸”。

“虎妈”，美国耶鲁大学的华裔教授，原名蔡美儿，出版了一本名叫《虎妈战歌》的书在美国引起轰动。该书介绍了她如何以中国式教育方法管教两个女儿，她给两个孩子立下了10条家规：不准在外面过夜；不准参加玩伴聚会；不准在学校里卖弄琴艺；不准抱怨不能在学校里演奏；不准经常看电视或玩电脑游戏；不准选择自己喜欢的课外活动；不准任何一门功课的学习成绩低于“A”；不准在体育和文艺方面拔尖，其他科目平平；不准演奏其他乐器而不是钢琴和小提琴；不准在某一天没有练习钢琴或小提琴。虎妈的教育方法轰动了美国教育界，并引起美国关于中美教育方法的大讨论。虎妈的故事登上了《时代》周刊封面。

“狼爸”，名为萧百佑，香港商人，自称“中国狼爸”，用“打”的教育方式，将三个孩子送进北大。萧百佑也跻身成功父母行列，出版教子经《所以，北大兄妹》，介绍自己的教育经验。

谁动了我的奶酪

2001年，中信出版社出版了美国作家斯宾塞·约翰逊写的一本书：《谁动了我的奶酪》。此后，“谁动了我的奶酪”，成了许多人的口头禅。

这本书全球销量已经超过了2000万册。它通过一则看似简单的寓言故事，提示人们在今天这样一个变革时代，如何应对变化、取得成功的绝妙方法。运用这种方法，你就可以获得生命中最想得到的东西，也就是书中所说的“奶酪”。故事中的“奶酪”是对我们在现实生活中所追求目标的一种比喻，它可以是一份工作，可以是金钱，可以是甜蜜的爱情，也可以是美好的生活……

2003年，一本叫《富爸爸，穷爸爸》的书告诉读者，要分清资产与负债，从容面对个人财富的变化，不要做金钱的奴隶，要让金钱为我们工作，从而最终达到财务自由的最高境界。这是一本根本转变中国人传统价值观、金钱观、人生观的书。

《谁动了我的奶酪》封面。本书是2001年度畅销书

***

"泰山不拒细壤，故能成其高；江海不择细流，故能就其深。"所以，大礼不辞小让，细节决定成败。在中国，想做大事的人很多，但愿意把小事做细的人很少；我们不缺少雄韬伟略的战略家，缺少的是精益求精的执行者；决不缺少各类管理规章制度，缺少的是规章条款不折不扣的执行。我们必须改变心浮气躁、浅尝辄止的毛病，提倡注重细节、把小事做细……

***

2004年1月，《细节决定成败》一书出版，作者汪中求提出"精细化管理时代——细节决定成败"的观点，被誉为"扎在当今社会浮躁穴位上的一根针"。随后，细节决定成败，成为当年流行语。

新婚姻法与时俱进

2001年4月，第九届全国人民代表大会常务委员会第二十一次会议修改了《中华人民共和国婚姻法》，涉及几个热点问题。

一是没有规定婚内强奸。当时认为，强奸是一个刑法问题，应该属于刑法的调整范畴，而婚姻法属于民法的一部分，调整的是民事法律关系，自然无法规定婚内强奸的有关条款。

二是“夫妻应当互相忠实”是否等同于“性的互相忠实”？新婚姻法增加了一条，夫妻应当互相忠实，这与配偶权是相关联的。配偶权就是由配偶身份所产生的权利与义务的综合，其中包括人身方面和财产方面的。

互相忠实是配偶权的一个方面，单纯将配偶权理解为性权利是非常片面的。互相忠实要男女双方忠于爱情，所以也包括性生活在内。不忠实就表明了对爱的背叛，对性生活的不专一。在很多国家的婚姻法中都有这条规定。爱情是婚姻是否存在的条件，如果不忠实，不再爱对方，那么就只有离婚了。互相忠实是一个基本要求。

三是，新婚姻法是否遏制“包二奶”现象？

新修改的婚姻法在禁止重婚的同时，又增加了“禁止有配偶者与他人同居”。这实际上就是在禁止“包二奶”，这种情况比较复杂，有的甚至与“二奶”举行婚礼，这种以夫妻名义居住在一起的实际上就构成了重婚罪，就要以刑法的名义追究其刑事责任。而不以夫妻名义居住在一起的，就是与他人同居。这种现象需要遏制。所以这次修改的婚姻法就禁止这种行为，不许有配偶者与他人同居，说明这种行为是违法的。在后面新增的法律责任这一章里面也有相应的规定，即如果有配偶者与他人同居，法律明确规定要负赔偿责任，也即无过错一方可以要求对方赔偿损失。而重婚则既需承担民事责任，也需要承担刑事责任。

新的婚姻法，实际上聚焦的是财产制度、家庭暴力、离婚条件，对婚姻中的难点也做出与时俱进的规定。

2004年很火的一部电视剧《中国式离婚》，现代中国人婚姻城堡里种种不可言说的隐痛，一下子集中暴露出来了。

《中华人民共和国婚姻法》注释本

超级女声：想唱就唱，唱得响亮

2005年的超级女声，带火了“PK”这个词。有人把它解释为传统游戏和网络游戏中的Player Kill，意思是去杀死电脑游戏中的其他玩家。也有人把它解释为运动中的Point Kick，意思是足球中的点球。

2005年超级女声，使这个词飞扬起来。2005年12月30日上海《青年报》，刊登了记者闵慧、陈莉的文章：《李宇春从女孩到女王只要1秒》。

***

这是关于当年最热词PK的策划，P，是People，平民，女孩；K，是King，是王者。

李宇春是一个奇迹，她让数百万中国人的情感在2005年夏天幸福地崩溃；李宇春，2005年一瞬间从普通女孩变成巨星大腕！她曾经有352万短信支持率，她知名度遍布海内外，她如今已是登上《时代》周刊封面的亚洲英雄人物！爱上李宇春，只需要1秒钟。

一个时代的娱乐精神因为“想唱就唱”这句话而改变了，以前是明星娱乐平民，现在平民娱乐平民。明星不再显得高不可攀，因为她就存在于我们中间。

海选、PK、总决选、玉米、盒饭、凉粉……这一系列源于“超级女声”的词语，开始成为互联网上点击率最高的热门词汇。在这个强大而纷繁的语言平台上，需要一位领军人物来统一江湖。这个时候，李宇春被发现了。

这是一个狂欢的里程，所有参与者，皆为王者。

***

限塑令直指“白色污染”

薄薄一个塑料袋，造价低、商家免费给，重量几乎为零，叠起来方便携带，展开来却特别能盛东西，能装稀能装稠还能保鲜，人们亲切称之为“方便兜儿”。

“方便兜儿”用完就成了垃圾，而这种垃圾极难处理，让人无可奈何。大量丢弃的“方便兜儿”和塑料薄膜等塑料包装制品形成的危害和隐患越来越严重，这类废弃物多

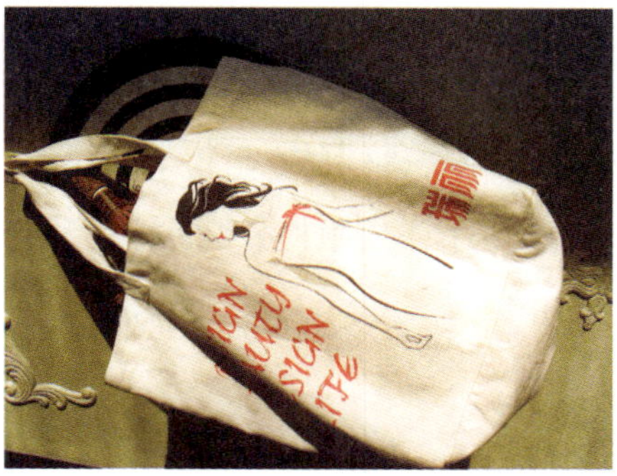

《瑞丽》杂志环保袋

为白色，故被称为“白色污染”。

“白色污染”不容忽视，有识之士不断呼吁，中国终于对“方便兜儿”大声说“不”。2007年12月31日，国务院办公厅下发了《关于限制生产销售使用塑料购物袋的通知》。

这份被群众称为“限塑令”的通知明确规定：“从2008年6月1日起，在全国范围内禁止生产、销售、使用厚度小于0.025毫米的塑料购物袋”“所有超市、商场、集贸市场等商品零售场所实行塑料购物袋有偿使用制度，一律不得免费提供塑料购物袋”。

2008年8月4日新华社报道，“限塑令”实施两个月，北京超市塑料袋减供八成。两个月来，“拎着环保袋、挎着菜篮子、提着尼龙绳编成的简易网兜”，已经从一件新鲜、时髦的事情过渡到了生活中最常见的、最寻常的事情了。

9亿农民彻底告别延续了2600年的交“公粮”

皇粮国税，据说起源于商鞅变法。而对9亿农民而言，2006年最好的消息莫过于彻底告别延续了2600年的农业税。

农业税税种的取消，让农民吃上了“定心丸”。只要在农村生活过的人，对交“公粮”的往事不会陌生。

“公粮”就是农民要交给国家的，用收获的粮食来代替的农业税。交“公粮”是那时农民“双抢”过后的头等大事。

“公粮”要晒好多天的太阳，农民把稻子晒得放在牙上一咬很脆很干为止，最后还得把晒好的稻子里面的空壳、稗子等风干净。就算这样还担心着到粮站交的时候能否过关呢。

儿童陪着父母一起去交“公粮”，一般是等着父母交好“公粮”后买西瓜吃。

农民们倒并不太关心称多称少，他们关心的是自己的“公粮”合格不合格。递烟归递烟，但丁是丁、卯是卯，“公粮”还是要验的，有个“粮官”手里拿个铁杆，往粮袋子里一插，再抽出来一看，合格不合格结果就出来了。“粮官”真牛啊！合格的是千恩万谢地过称，不合格的只能照“粮官”吩咐把公粮再拉到大操场去晒。

***

那个掌握着验收大权的管理员，屁股上挂着一串钥匙，走路哗啦哗啦直响。我那时十分羡慕他的权威，只想长大了也像他一样能有一大串钥匙。

记得有一年秋后我们去交玉米，一大早把几百斤粮食送到粮站，那个管理员看也没看一眼，先让我们把全部粮食倒出来晾晒。站台上已经晾满了玉米，有几家晾了两三天还没通过验收，人们眼巴巴地跟着管理员转来转去，就等他开启金口。我家的晾出后，整天不停地翻晒，直到下午，管理员走过来只是象征性地看了一下，又让我们继续晒，我和父亲只好守在那里，一直捱到天黑还是没有验收。第二天，又晾了多半天，父母再三求告，他就是不说收，无奈之下，父亲私下里悄悄塞给他一盒大前门香烟，才打通他这道关卡，通过了验收。（寇克英：《曾记当年交公粮》，2008 年 7 月 29 日《甘肃日报》）

***

高铁：最高时速486.1公里

2007年春运，沪宁、沪杭线上首次出现了中国人自己的高速列车“动车组”。

4月18日，中国第六次铁路大提速展开，最大亮点是主要干线开行时速高达200公里及以上的“动车组”，部分区段运行时速甚至达到250公里。中国列车从此进入高速时代。人们得意地把动车组称作中国的“子弹头”。

从昨晨5时38分起，随着时速200公里的动车组 D460次列车从上海出发，全国铁路第六次大提速正式“起跑”。9时45分，记者登上了 D414次列车，11时43分准点到达南京，全程体验了动车组的快速、便捷和时尚。

本次列车全程上座率达到90% 以上。记者在餐车里遇见了几位广告公司的上海年轻人，此次去南京公干，他们愉快地占据了一个桌子打牌。他们一致认为，乘坐动车组最大的感受就是快，没打几圈牌就快到南京了！其中一位王小姐告诉记者，一般从上海到南京

图为 157 动车组。动车组标志着我国铁路客运装备的技术达到了世界先进水平，我国也由此成为世界上少数几个能够自主研制时速 300 公里动车组的国家

的快车要开4小时左右，她也乘过到南京的庞巴迪列车，很快，只要2小时17分，但是动车组更快，只需要1小时58分，快了19分钟。（张艳：《体验动车组感觉如同乘飞机》，2007年4月19日《文汇报》）

2010年12月3日，中国自主研发的“和谐号”CRH380高速动车组列车在京沪高铁枣庄至蚌埠段试验运行最高时速达486.1公里。这是中国铁路创造的世界纪录，更是世界铁路发展史上值得书写的重要章节。

2011年6月，京沪高铁开通，拉近了北京和上海之间的距离，上海到北京最快运行时间由原来9小时54分一下子缩短到5小时内，1300多公里一日内可轻松来回。

2017年6月25日，中国标准动车组被正式命名为“复兴号”，于26日在京沪高铁正式双向首发。

根据2016年新修编的《中长期铁路网规划》，到2020年，中国国内高铁规模达到3万公里，覆盖80%以上的大城市。到2025年，高速铁路达到3.8万公里左右，网络覆盖进一步扩大，路网结构更加优化，更好发挥铁路对经济社会发展的保障作用。

“黄金周”

1999年9月，国务院改革出台新的法定休假制度，每年国庆节、春节和“五一”法定节日加上调休，全国放假7天。从此，每年三个“黄金周”掀起的旅游消费热，影响了国家的经济生活，也带动了百姓的生活变化，尽管有人对“黄金周”利弊一直存在争议，尽管“黄金周”还需要完善。

“黄金周”一到，老百姓玩得舒心，商家赚个“金满盆”。2000年“五一”长假，“假日经济”出现“井喷”，各商场的收银机吱吱响个不停，电视新闻充斥着各地旅游景点全线爆满的消息。火热的购物消费，火热的旅游消费，让每个人都真切地感受到“假日经济”的势头和力量。一周内旅游收入达到181亿元。

2007年12月7日，国务院常务会议原则通过《国务院关于修改〈全国年节及纪念日放假办法〉的决定（草案）》。国家法定节假日总天数由10天增加到11天，已经实行了7年的“五一黄金周”于2008年取消，清明、端午、中秋将成为新的法定假日。《职工带薪休假规定》也同步出台。

2008年11月下旬，国家旅游局相关负责人透露，2009年全国将推广“国民休闲计划”。计划旨在采取具体措施倡导奖励旅游（企业对优秀员工的工作奖励）、福利旅游（对低收入群体，企业可把奖励旅游、福利旅游支出列入其经营成本）、修学旅游（对学生群体）、银发旅游（对离退休人员）等，引导国民休闲旅游沿着正常、安全、持续的方向发展。

***

“我们来举手看看，看在座各位有多少人去年休了带薪假。”市政协委员、市旅游局局长道书明昨天在政协分组讨论现场做起调查，看到会场无人举手，道书明话题一转，强调全球金融危机大环境下更要大力推进带薪休假。他表示：“上海应该在全国率先制订带薪休假制度的执行细则，确保市民有时间去休假和消费，领导干部要带头执行。我建议请俞书记带头去休假，韩市长带头去商场消费。”（《上海旅游局长建议俞书记韩市长带头休假购物》，2009年3月11日《新闻晨报》）

***

2012年7月，国务院下发《重大节假日免收小型客车通行费实施方案》。《方案》规定，免费通行时间为春节、清明节、劳动节、国庆节等四个国家法定节假日，以及当年国务院办公厅文件确定的上述法定节假日连休日；免费通行车辆为行驶收费公路的7座以下（含7座）载客车辆，包括允许在普通收费公路行驶的摩托车。国家让利于民。

但问题来了：节假日的路上，堵！有网友身临其境、突出奇想，认为这是一个相亲的好机会。理由很充分：你若未嫁，你若未娶，赶紧上高速！都堵着呢，慢慢挑：从车型看财力、从车道看人品、从加塞看脾气、从憋尿时间看肾功能哦！

提高个税起征点

中国的第一部《中华人民共和国个人所得税法》于1980年9月颁布，这一税法将月收入800元作为个税起征点，而当时大家的平均月工资不过60元。

那时，个税真正针对的是挣大钱的歌星和影星，当然还有外企的外国高管。对工薪阶层而言，真正感到要交个税是在1994年。1993年10月，《关于修改〈中华人民共和国个人所得税法〉的决定》的修正案通过，规定不分内、外，所有中国居民和有来源于中国所得的非居民均应依法缴纳个人所得税。1994年1月1日，实施细则颁布实行。从那时起，很多人发现他们的工资条上多了一项：税。

全国人大于2005年8月修改了个人所得税法，将个税起征点提高到1600元。2007年12月，个人所得税法再一次被修改，从2008年开始个税起征点提高到2000元。2007年2月7日，篮球明星易建联的照片上了全国数十家报纸的头版。不过在照片上，这位23岁、身高2.11米的超级明星并没有表演他擅长的三分球，而是在广东东莞的地税局排队申报个税，跟他在一起的还有他的队友和教练。“缴税是高收入人群的义务……我非常

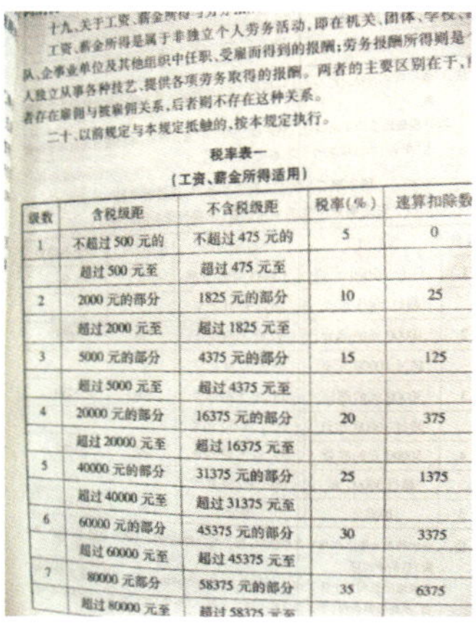
工资、薪金所得是属于非独立个人劳务活动，即在机关、团体、学校、部队、企事业单位及其他组织中任职、受雇而得到的报酬；劳务报酬所得则是个人独立从事各种技艺、提供各项劳务取得的报酬。两者的主要区别在于，前者存在雇佣与被雇佣关系，后者则不存在这种关系。

二十、以前规定与本规定抵触的，按本规定执行。

税率表一

（工资、薪金所得适用）

级数	含税级距	不含税级距	税率（%）	速算扣除数
1	不超过500元的	不超过475元的	5	0
	超过500元至	超过475元至		
2	2000元的部分	1825元的部分	10	25
	超过2000元至	超过1825元至		
3	5000元的部分	4375元的部分	15	125
	超过5000元至	超过4375元至		
4	20000元的部分	16375元的部分	20	375
	超过20000元至	超过16375元至		
5	40000元的部分	31375元的部分	25	1375
	超过40000元至	超过31375元至		
6	60000元的部分	45375元的部分	30	3375
	超过60000元至	超过45375元至		
7	80000元部分	58375元的部分	35	6375
	超过80000元至	超过58375元至		

《中华人民共和国个人所得税法》关于个人所得税起征点的规定

清楚自己去年的收入”，他在接受记者的采访时说。

2007年是中国开始要求年收入在12万以上的人群主动申报个税的第一年，全国有163万人像易建联一样申报了个税。然而这个数字还只是以前估计的四分之一——专家们预计全国有600万~700万人年收入达到了12万。

很多人都认为，税务机关应该加强对名人和富人的征税，因为这一阶层的逃税现象非常普遍。他们抓到的第一条大鱼是著名歌星毛阿敏。1989年，她因逃税被罚款60万元。这一丑闻是当时正值事业巅峰的毛阿敏所遭受的第一个重大打击。但是在1996年，她又一次被抓住。这一次，她被发现逃税100万元。这第二次丑闻迫使这位在国内有数百万歌迷的明星远走他乡，来逃避对她的种种指责。2000年，她回到中国，但是再也没能恢复自己过去的辉煌。而演员刘晓庆似乎比她更惨。2002年6月，这位著名的电影明星因逃税1458万被逮捕，并在监狱里待了1年多。（参考刘伟玲：《个税走进百姓生活》）

现在公民都知道了一位美国名人的名言：只有死亡和纳税是逃不掉的。

2018年国庆长假的第三天，范冰冰偷逃税“阴阳合同”一案终于尘埃落定。从税务机关调查核实的情况看，范冰冰在电影《大轰炸》摄制过程中，以拆分合同的方式偷逃个人所得税618万元，少缴营业税及附加112万元。此外，还查出范冰冰及其担任法定代表人的企业少缴税款2.48亿元，其中偷逃税款1.34亿元。税务机关依法对范冰冰及其担任法定代表人的企业作出相应的追缴和处罚决定。范冰冰所需补缴的税款、滞纳金以及罚款加在一起总计8.83亿元。3日中午，范冰冰通过微博刊登致歉信就偷逃税道歉，表示“将按照税务部门的最终处罚决定，尽全力克服一切困难，筹措资金，补缴税款，缴纳罚款”。

2011年6月30日，通过全国人大常委会表决，通过了关于修改个人所得税法的决定，在充分考虑民意的基础上，将工资薪金所得应缴个税的免征额从2000元上调至3500元。

从2018年10月1日开始，新个税法实施，让利于民的亮点很多：

（1）起征点确定为每月5000元。新个税法规定：居民个人的综合所得，以每一纳税年度的收入额减除费用60000元以及专项扣除、专项附加扣除和依法确定的其他扣除后的余额，为应纳税所得额。

（2）减税向中低收入倾斜。新个税法规定，个税的部分税率级距进一步优化调整，扩大3%、10%、20%三档低税率的级距，缩小25%税率的级距，30%、35%、45%三档较高税率级距不变。

（3）多项支出可抵税。今后计算个税，在扣除基本减除费用标准和“三险一金”等专项扣除外，还增加了专项附加扣除项目，包括：子女教育、继续教育、大病医疗、住房贷款利息或者住房租金、赡养老人等支出。具体范围、标准和实施步骤由国务院确定，并报全国人大常委会备案。

改革后，个税负担明显减轻，可支配收入相应增加。

信用卡

2003年之所以被称为“中国信用卡元年”，直接起因是非典袭来时，人们发现，信用卡比现金卫生方便，结果引发信用卡“井喷式”增长。当年贷记卡发行量超过历年总和。到年底，贷记卡总数达到480万张，比2002年增长两倍还多。银行卡跨行交易超过3800亿元，比2002年翻了一番。长城卡、牡丹卡、龙卡、金穗卡、葵花卡……年轻人钱包里的信用卡，在2003年之后，变得让人眼花缭乱。1985年，中国银行发行中国第一张信用卡时，怎么也不会想到信用卡普及得这么快。

当信用卡刚走进国门时，遇到的是百姓疑惑的目光和心情：改革开放刚开始，居民储蓄不多；长期以来信奉“量入为出”的理财观，习惯了“一手交钱一手交货”；银行卡特约商户比例低，分布不均匀，刷卡很不方便。2004年以前，发卡银行普遍收年费，后来刷卡超过一定次数就免年费，再后来不仅免年费，还送礼品，刷卡还有积分。而且信用卡的增值服务也越来越丰富。现在，有的信用卡发行机构已经做到让客户不限定商品品种和商户地点通过分期付款的方式购买商品。

在互联网金融的推动下，互联网支付、电话支付、移动支付等创新支付业务层出不穷，银行在支付中的绝对主导作用受到了巨大的冲击，也使信用卡业务面临新的挑战。

信用卡改变了人们传统的交易方式

看王治郅、姚明，看中国人的NBA

2001年2月，NBA总裁大卫·斯特恩在华盛顿全明星赛场表示，中国选手姚明、王治郅和巴特尔非常有才华，有天赋，只要训练得当，两三年后就能成为NBA球队的始发阵容。“我一直期待着他们的加盟。”

3月29日上午，中国篮协欢送王治郅赴美签约仪式在京举行。下午6点5分，王治郅乘坐加航CP3030航班飞往美国，开始了亚洲人的NBA寻梦之旅。

4月4日美国时间上午11点（北京时间5日凌晨），中国篮球选手王治郅和达拉斯小牛队正式的签约仪式，在达拉斯的兰德里体育中心举行。小牛队老板库班代表小牛队和王治郅签订了两年的工作合同。王治郅正式成为第一个迈进NBA殿堂的亚洲人。

***

2002年，美国当地时间10月23日星期三晚8点30分，NBA休斯顿火箭队在客场挑战圣安东尼奥马刺队。在离第二节比赛结束还剩9分40秒时，2002年状元秀、身高2.26米的中国中锋姚明替换下队友史蒂夫·古德里奇，首次代表火箭队登场，这也是姚明首次亮相NBA赛场。马刺队球员蒂姆·邓肯给了姚明一个难忘的欢迎。在踏上马刺队主场SBC中心几秒钟后，姚明在火箭队内线得到球并向篮下移动，但正当姚明举起右臂投篮时，上赛季联赛MVP邓肯飞身过来重重把姚明撞倒在地。这时马刺队主场球迷大吼以支持姚明。姚明身上起了肿块，不过他平静地站起来走到罚球线上，2次罚球都轻松命中，得到了他在NBA赛场上的前2分。

***

姚明于10月22日来到了休斯顿。在参加了22日火箭队全场训练和练习赛后，火箭队教练组决定让姚明在周三晚火箭马刺的比赛中上演其在NBA的处女赛。在23日火箭队进行和马刺队季前赛前的练习时，火箭队主帅鲁迪·汤姆贾诺维奇在中场附近和姚明在一起，他偶尔大步走动，挥动手臂谈了很多话。姚明专心致志地听取每一句话，首先听汤姆贾诺维奇讲话，然后听火箭队为他正式配备的翻译科林·潘恩。潘恩说：“汤姆贾诺维奇给姚明讲了几点，不过大部分时候他都表示了对姚明能力的信心，并告诉姚明，姚明将成为NBA的一名伟大的球星。”

2011年7月20日，上海浦东嘉里酒店，姚明在新闻发布会上说：我今天要宣布一个个人的决定，作为篮球运动员，我将结束自己的运动生涯，正式退役。

WTO

2001年11月10日，在卡塔尔首都多哈举行的世界贸易组织（WTO）第四届部长级会议，一致通过了中国加入世贸组织议定书。12月11日，中国正式成为世贸组织成员。这是中国改革开放中具有重要意义的事件，也是中国经济融入全球、真正参与国际竞争的标志性事件。

许多对加入WTO有疑虑的人高喊“狼来了”，要“与狼共舞”。现在越来越多的人已经明白，“与狼共舞”的关键，是善于合作，取得共赢。中国加入WTO五年过渡期结束后，到2006年年底，许多人已经感觉到生活改变了，是看得见、摸得着的改变。

物美价廉、空前丰富的产品种类以及高质量的服务，是“入世”给老百姓带来的第一大实惠。2001年下半年，国家出台政策取消市话初装费、移动电话入网费、农村电话初装费以及附加在电话上征收的其他政府性基金项目。通信市场垄断不断被打破，资费标准不断下调，群众得到了实惠。加入WTO前，摩托罗拉V998手机刚上市卖7000元左右，加入WTO 几个月后，这款手机价格直降至1800元。一些几年前还把拥有手机当成奋斗目标的人自己想想都感觉好笑。

无论是国有银行间的竞争，国有银行与股份制银行间的竞争，还是国内银行与境外银行金融业务的角逐，最终都将促使银行业务更趋完善，市民得到更好的服务。加入WTO刺激了中国汽车的大降价，使许多中国人的汽车梦变成了现实。2001年12月11日，

随着中国社会经济的发展，中国逐渐成为世界汽车消费第一大国，中国人拥有汽车的速度让全世界震惊

中国正式加入世界贸易组织。3天后，面向百姓消费的小型轿车天津夏利宣布大幅度降价。同月，以3万元价格为主打的自主品牌吉利在千辛万苦之后，终于拿到了轿车的“准生证”。同是这一年，上海通用的“十万元家轿”赛欧问世。之后，中国百姓对于轿车压抑多年的需求急剧释放。国产轿车产销连续6年实现两位数的“井喷”式增长，从2001年的82万辆，增加到2007年的532万辆。增幅最高的年份超过50%。那时候，就算入世谈判对中国汽车的5年缓冲期已经届满，关税已经降到位，但国产车反而占据到中国轿车市场95%的份额。中国的汽车市场连续三年超过德国、日本，成为全球汽车产量排名仅次于美国的汽车生产大国。中国轿车业也从引进合资走向自主创新阶段，吉利、华晨、奇瑞、上汽、长城、比亚迪等自主品牌近年来依靠研发物美价廉的百姓车型，在国内市场的竞争中站住了脚跟。上海大众、一汽大众、广州本田等合资企业成功地推出本土开发的车型。国家也在积极鼓励倡导节能环保安全车型、高效率小型轿车的研发。在中国汽车保有量中，私人购买占绝对主导地位。私家车带来方便，当然也给环境保护带来了一定的压力。

2000年，曾经是第一批购买私家轿车的著名画家黄永玉，在北京建好他的居所万荷堂后，竟然心血来潮地从德国买了一架马车。有时候，他自己驾着马车在通州辛庄万荷堂外面的公路上玩，不再稀罕乘坐司机驾驶的轿车。

《中华人民共和国物权法》出台

与2007年牛市相对应，“史上最牛”一词，风行全年。十几米深的大坑中央耸立着一栋房屋，仿佛海上孤岛，房屋顶上插的是一面五星红旗。吴苹，重庆九龙坡区杨家坪轻轨站旁一二层民宅屋主，因与开发商未能就拆迁补偿达成协议，她的这幢219平方米的房屋始终屹立在一片开发工地之中，并被冠以“史上最牛钉子户”之名，在网上广为流传。

4月1日拆迁双方在法院调解下达成协议，4月2日晚10点钉子被拔了。2007年3月16日，十届全国人大五次会议高票通过物权法。出席闭幕大会的2889名代表中的2799人投下赞成票。物权法规定：“国家、集体、私人的物权和其他权利人的物权受法律保护，任何单位和个人不得侵犯。”

《物权法》实施之后，在法庭上常常出现手持《中华人民共和国物权法》出庭的应诉者。北京市首起《物权法》案件是业主起诉物业服务公司，要求返还停车服务费。原告小文诉称，2007年9月14日，自己与北京昊远隆基物业管理有限公司订立了停车泊位服务协议，协议规定，物业服务公司在小文居住的小区内为小文的机动车提供停车位，每月150元，车卡成本费20元，停车期限自2007年9月14日起至2007年10月13日止。协议签订后，小文向北京昊远隆基物业管理有限公司支付了服务费，但是，小文却没有得到对方提供的停车泊位。无奈之下，小文只得将自己的机动车停放在小区内的道路或空闲场地内。《物权法》实施后，小文搬出了《物权法》作为依据，将物业服务公司诉至房山区法院，要求对方返还她缴纳的服务费。

国外有句谚语：私人的茅草屋，“风能进，雨能进，国王不能进”。物权法是对中国改革开放以来诸多既有制度的确认，又有利于让人们尽享改革发展的成果，进一步激发人们创造财富的积极性。

华为事件与新《劳动合同法》

2007年下半年开始的华为事件，突显了在新的《劳动合同法》实施前，社会各方的热烈反响。

从9月底开始，华为共计7000多名工作满8年的老员工，相继向公司提交请辞自愿离职。

这次大规模的辞职是由华为公司组织安排的，辞职员工随后即可以竞聘上岗，职位和待遇基本不变，唯一的变化就是再次签署的劳动合同和工龄。全部辞职老员工均可以获得华为公司支付的赔偿，据了解总计高达10亿元。

2008年1月1日实施的《劳动合同法》，此前即已引起各方的强烈争议。此次华为“先辞职再竞岗”，被外界解读为直接以规避《劳动合同法》相关条文为目的。

不管争论如何，新《劳动合同法》对劳动者权益的保护，力度超过以往任何时候，意义是非常明显的。

《劳动合同法》争论的焦点集中在：《劳动合同法》对劳动者的保护是否过度，而对企业利益保护是否不足，《劳动合同法》是否是企业利润下滑、经济衰退的主要原因之一，签订无固定期限劳动合同对大中小企业采取一刀切的做法是否合适等。比如，该法第十四条规定：连续订立二次固定期限劳动合同，且劳动者没有本法第三十九条和第四十条第一项、第二项规定的情形，续订劳动合同的，应当订立无固定期限劳动合同，许多企业认为，签无固定期限合同，小微企业难以做到。

在低薪酬体系下，劳动力逐渐由过剩走向短缺，不涨工钱，就招不到工，用工荒和招工难问题越来越引人关注。有人认为，中国已经到了所谓的“刘易斯拐点”，就是指一国劳动力从过剩转向短缺的转折点。这个理论认为，工业化过程伴随着农村富余劳动力向非农产业的逐步转移，富余劳动力会逐渐减少，最终消失。虽然对此还有争论，但是有一点却毋庸置疑：廉价的中国劳动力不再“廉价”，中国的人口红利时代正在逐步走向结束。

一方面是用工荒和招工难，另一方面就业压力大。2004年以后，出现了“海龟”（海归）变“海带”（海待）的说法。早些年，留学归国的人才有个很好听的名字——叫作“海龟”（海归）。从一定程度上来说，这个名词代表了身份、荣耀和高薪。时过境迁，当“海龟”越来越多，海滩上渐渐饱和时，一部分“海龟”就变成了“海带”（海待）。

2009年诞生了一个网络流行词——蚁族，青年学者廉思主编的《蚁族——大学毕业生聚居村实录》一书出版后，“蚁族”一词就频繁地在各种媒体上亮相。它指的是高学历低收入的群体。这些人一般聚居在大城市的边缘地区和近郊农村，他们和蚂蚁有着相似的特点：高智、弱小、群居。根据对北京、上海、广州、武汉和西安等城市研究调查，各个城市的“蚁族”聚居人群数量都相当惊人。

一些白领们旗帜鲜明地喊出了“逃离北上广”的口号，并在一线城市的白领中迅速传播。在北京、上海、广州这三大城市，因高房价、就业难、生存压力大等诸多原因，许多白领纷纷想要逃离，转到二三线城市或回老家发展。

2009年7月，网民“酱里合酱”在多个论坛发帖，自称“在不明真相的情况下被就业”，曝光大学就业率注水。“被就业”引起有关部门反思。

“被……”也一度成为热词。

非典

2003年初，非典型肺炎疫情在包括中国、新加坡、美国、加拿大在内的全球32个国家和地区蔓延，截至6月18日，全球非典患者累计8465人（含疑似病例），其中801人死亡，仅东南亚地区的损失就达600多亿美元。4月30日小汤山医院启用，北京市SARS病人都进入此医院治疗。经过各国政府和人民的共同努力，全球的非典疫情在6月底基本得到控制。2003年上半年的中国，大家都戴着口罩。公共场所，只要听到谁咳嗽一声，马上所有的目光全对准他。

中央电视台把感动中国的2003年十大年度人物，给了钟南山。颁奖辞这样写道：

2003 年非典期间身着防护服、默默耕耘在一线的白衣天使们

***

面对突如其来的 SARS 疫情，他冷静、无畏，他以医者的妙手仁心挽救生命，以科学家实事求是的科学态度应对灾难。他说："在我们这个岗位上，做好防治疾病的工作，就是最大的政治。"这掷地有声的话语，表现出他的人生准则和职业操守。他以令人景仰的学术勇气、高尚的医德和深入的科学探索给予了人们战胜疫情的力量。

***

从2003年年初，广东等地开始爆发不明肺炎的时候起，钟南山就在密切注视着疫情的发展情况。在疫情最严重时，他主动请缨："把最危重的病人转到呼研所来"，他以66岁的高龄，一次连续38小时救治患者。

2003年5月1日上海《青年报》，刊登了一篇评论：《生活的脚步不会被阻隔——"萨斯"，改变了人们的生活》。

在这"萨斯"时期，一些原本被叮嘱"少喝酒、多吃菜，够不着、站起来，天亮之前要回来"的人，也在天黑之前回到妻子儿女身边，体味着"家庭"两个字的含义。一些原本联系不多的朋友，相互间也开始了"非典型"问候，彼此都感慨"平安即是福"真是一句真理。一些恋人依然相拥相吻，只不过略带时尚的口罩，使他们有时只能四目相望。面对"萨斯"病毒，人们不得不去体验那些担忧甚至恐惧，但也会勇敢、尽责、守望相助；特别是，人们会更加注意平时不太珍惜的东西。

SARS病毒可以暂时改变人们的生活，但它改变不了人们对生活的反思、执着和热爱。人们在与病毒的较量中，会植入一种生活观念与逻辑：尽管我们现在生活得很幸福，但我们应该记住我们来自苦难，而且我们应该清楚地意识到，在未来的日子里，我们可能还会遭遇苦难与不幸。灾难，会提醒人们内敛地生活、珍惜地生活，并勇敢地生活下去。

2008年5月12日14时28分，我们都是汶川人

2008年，注定是不平常的一年。北京时间5月12日14时28分，在四川省汶川县（北纬31度，东经103.4度），发生7.8级地震。后来修正为8.0级。

一幅幅现场画面，惨不忍睹！灾难中感人的事，太多太多。

5月16日下午4时，日本国际紧急救援队首批31名队员赶到青川县城，开始在中医院宿舍大楼展开搜救行动。救援人员利用携带的生命探测仪、煤气泄漏检测仪等仪器在废墟中仔细搜索。确定遗体的位置后，众多日本队员带上手套，手工将砖块一块一块地搬走，小心翼翼。17日上午7时，母女俩现身了：宋雪梅还将女儿紧紧在楼在怀里，倒在卧室到家门口的地方。救援人员分析，地震时，母女二人正在卧室里，母亲抱起女儿正往大门口冲，倒塌的楼房将二人埋住，母亲双手护住怀里的女儿。怀里的女儿一点都没受伤，母亲的双臂伤痕累累。

宋雪梅28岁，女儿生下来才75天。

17日上午7时30分，母女俩的遗体放在一个担架上，蒙上一块白布，日本搜救队员

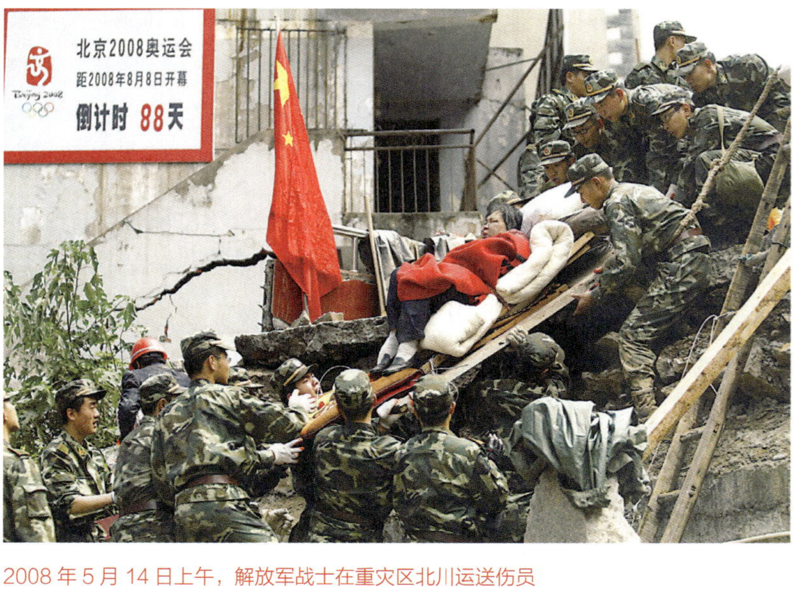

2008 年 5 月 14 日上午，解放军战士在重灾区北川运送伤员

2008 年 5 月 14 日早 7 时，战士们在北川县城救出了一个被埋两天两夜的婴儿，他的父母在地震中全部遇难

2008 年 5 月 14 日凌晨 3 时，绵阳九州体育馆内一位失去亲人的灾民在独自哭泣

站列两旁，低头为死者默哀。一些日本队员不停地擦拭眼泪。“这名母亲太伟大了，她一直都是紧紧搂着女儿，到生命的最后一刻。”（参考《日本搜救员为遇难母女流泪默哀》，2008年5月18日《青年报》）

5月13日23时50分，救护车的鸣笛声响彻汉旺镇——中国地震应急搜救中心的救援人员在德阳市东汽中学的坍塌教学楼里连续救出了4个学生。

英雄教师谭千秋，用生命保护了这四个学生。“我们发现他的时候，他双臂张开着趴在课桌上，身下死死地护着四个学生，四个学生都活了！”一位救援人员向记者描述着当时的场景。（据新华社5月14日电）

操场上，学生家长按当地习俗为谭老师燃起了一串鞭炮……

一个个救援、自救、互救的动人故事，像擂鼓敲击着心房；那废墟中闪耀着的人性光辉，向世界展示着中华民族无与伦比的坚韧和顽强。

多难兴邦，中国人民在灾难面前没有被击垮，他们守望相助，凝聚成一个人。他们喊出：我们都是汶川人。

世界的目光，关注着中国发生的灾难。来自日本、俄罗斯、韩国、新加坡以及我国香港和台湾地区的六支救援队伍，纷纷抵达灾区开展救援行动。

为表达全国各族人民对四川汶川大地震遇难同胞的深切哀悼，国务院5月18日发布公告，决定2008年5月19日至21日为全国哀悼日。在此期间，全国和各驻外机构下半旗致哀，停止公共娱乐活动，外交部和我国驻外使领馆设立吊唁簿。

5月19日14时28分起，全国人民默哀3分钟，汽车、火车、舰船鸣笛，防空警报鸣响。

国旗半垂，汽笛长鸣；山河齐哀，举国同悲。5月19日，在四川汶川大地震发生7天时，全国各地深切哀悼四川汶川大地震遇难同胞。

5月19日，是全国哀悼日第一天。从北国林海到南疆渔村，从天山牧场到江南水乡，辽阔的中华大地，沉浸在无比悲痛之中。

世界普遍认为：设立全国哀悼日“表达举国之沉痛哀思，祈愿所有不幸的生命得到安息，这一破天荒的做法，尊重所有生命与逝者，让政权与国家更多地体现关怀与人道，是中共的一大突破，也是胡温‘以人为本’的又一具体体现”。（2008年5月19日新华社电）

英国《每日电讯报》刊登的一幅照片，记录下中国抗震救灾过程中的一个感人瞬间：痛失爱妻的一名男子，用绳子将妻子的遗体绑在自己背后，骑着摩托车送她去太平间。在极大的悲痛中，他努力要给予遇难的妻子最后的尊严。

泰戈尔说：“让生者有那不朽的爱，让死者有那不朽的名。”对于汶川地震中数万遇难者，我们谨以自己不朽的爱，赋予他们不朽的名。

“鸟巢”盛宴

2008年8月8日晚20时整，“鸟巢”造型的国家体育场华灯灿烂，流光溢彩。

举世瞩目的北京第二十九届奥林匹克运动会开幕式隆重举行。

23时36分，国家主席胡锦涛宣布：北京第二十九届奥林匹克运动会开幕！

一支小提琴奏出天籁之音，中国歌手刘欢和“天后”莎拉·布莱曼演唱的奥运主题歌《我和你》，在独奏中静静流淌：“我和你，心连心，同住地球村。为梦想，千里行，相会在北京……”北京奥运会开幕式以恢弘的大手笔、新奇的想象力和高科技创新形式，为世界40多亿电视观众，奉献了一场“用世界语言讲述中国故事”的视听盛宴。

令人难忘的有如下震撼场景。

***

震撼1：缶阵

一道耀眼的天光，激活了场内古老的日晷，2008个方鼓闪亮银光，看台上彩光闪烁。巨大的矩阵击缶迎宾，在观众激情呐喊和炮声中，场上闪出最后10秒倒计时。焰火升腾、群情激昂，北京奥运会开幕式，在高亢鼓乐和震天欢呼声中拉开帷幕。

震撼2：空中“大脚印”

开幕式首次突破主体育场时空，以新奇的想象力，将象征奥运历史足迹的29个“巨人脚印”，用焰火接力的造形，烙印在北京夜空。

震撼3：历史长卷

147米长、27米宽的巨大LED屏幕，是展现中国五千年历史的长卷，开幕式的演出从此开始。“太古遗音”、四大发明、汉字和戏曲，中国灿烂的文化神奇地展示出来。

震撼4：太极圆阵

2008名中国演员上演的太极拳阵，千人化一、齐如刀刻，动如奔雷，静若止水，声威震天，变化莫测。巨大的圆阵象征着天人合一，场面之壮观，令人叹为观止。

震撼5：点燃圣火！

圣火到了！全场灯光熄灭，七名奥运冠军火炬手绕场一周，孙晋芳将火炬交给主火炬手，果然是昔日“体操王子”李宁！李宁举起火炬，在钢索牵引下飞向天空。他迈着太空步，在鸟巢边缘绕场一圈，身后呈现出本次火炬途经的所有国家和地区。他最终高举火炬，点燃北京奥运会的主火炬。

***

北京奥运会鸟巢（国家体育场）内令世人惊叹的、点燃国人热情和豪情的奥运火炬台

北京奥运会鸟巢（国家体育场）田径比赛现场

感人的一幕，当数中国代表团入场。中国队持旗手、著名篮球运动员姚明拉着四川省汶川县映秀镇渔子溪小学二年级学生林浩的手，走在队伍最前列。在汶川特大地震发生的那一刻，9岁的小林浩临危不惧，冲进废墟营救同学，被评为抗震救灾英雄少年。中国人民面对灾难展现出的坚忍不拔、顽强不屈，让全场中外观众倍受感动。观众席上掌声雷动、欢呼不断，“中国加油”的呐喊声响彻体育场上空。

8月24日，燃烧了16天的奥运圣火，在国家体育场缓缓熄灭。放飞梦想的“鸟巢”，用不舍的温情点亮告别的夜晚，为第二十九届夏季奥林匹克运动会画上圆满的句号。

16天里，204个国家和地区，1万多名运动员，45亿观众，北京奥运会成为有史以来参赛国家和地区最多的一届奥运会。

正如8月25日《人民日报》社论所说，光荣属于伟大的奥林匹克！

2009年8月8日，为纪念2008年北京奥运会，国家把8月8日设为全民健身日。

“城市，让生活更美好”

中国2010年上海世界博览会5月1日至10月31日举行。

上海世博会是继北京奥运会后中国举办的又一国际盛会，是第一次在发展中国家举办的综合类世界博览会，主题是“城市，让生活更美好”。

在184天时间里，来自246个国家、国际组织的参展方，通过展示、论坛、表演等形式，共同谱写了一曲人类文明和谐共生的激情乐章。上海世博会参观人数达到7308万人次，单日最高客流超过103万人，创造了世博会历史上的新纪录，表明民众对文化生活的需求正在进一步提高，也显示了中国人更开阔的全球视野。

一个印象是热，一个印象是人多排队。本次世博会出现了世博会历史上难得一见的情景：在世博园入口处、在场馆前，成千上万的游客冒着酷暑排队等候参观。在少数热门馆前，来自各地的游客为了进入场馆参观，能够耐心排队数小时。在一个拥有十多亿人口的国家，人们对排队并不陌生，但2010年世博会上的排队现象却有与以往迥异的意义。

于是有了这样的调侃：

***

> 商务部针对近期粮食及副食品价格快速上涨的趋势，正在研究恢复票证制度，理由是：经过上海世博会的排队演练，全国人民已经适应了5~9小时的排队等候状态，同时，我国的排队管理体系已经日臻成熟与完善，赶超了国际先进水平。

***

如果说过去人们为抢购而排队，还是为了求温饱和改善生活，那么上海世界博览会上人们为了争睹异国文化风情而排起的长队却多了一份“风雅”。

微博和微信

2010年被人们称为“微博元年”。微博被更多的网友使用。微博只需要用户用140个字发表信息，文字、图片、视频、链接都可以嵌入其中；短小、便捷的特点使每个人都可以通过它交到新朋友、获取新信息，平等地发表观点，也被戏称为“围脖”。

2010年，这种新的工具迅速被更多的网友掌握和应用，并显示出了强劲的生命力。从社会热点事件到众多“草根明星”出炉，微博成为民众参与社会舆论的一件利器。

微博是中国社会进步的结果，而不是原因。其实让微博火爆的并不仅仅是一项新技术，而是互联网时代民众参与权和表达权的逐步深入人心。目前，政府部门也开始探索通过微博来实现与民众的交流，这也在很大程度上促进了政府的转型。

***

> 新华社消息：国庆阅兵增加了微信方阵。下面请听解说词：现在走过来的是微信方阵，他们身穿睡衣，蓬头垢面，肩扛枕头，左手拿手机，右手攥着充电器，身后背着一锅心灵鸡汤，胸前挂着养生秘方，每人都自吟着情感小句。一个个神情诡异，手指红肿。主席问候大家“同志们辛苦了”。微信方阵响亮地回答“主席，城门楼子 wifi 密码是多少”。

***

微博之后，是微信的横空出世。

微信（WeChat）是腾讯公司于2011年年初推出的一款快速发送文字和照片、支持多人语音对讲的手机聊天软件。用户可以通过手机或平板快速发送语音、视频、图片和文字。微信提供公众平台、朋友圈、消息推送等功能，用户可以通过“摇一摇”“搜索号码”“附近的人”、扫二维码方式添加好友和关注公众平台，同时微信将内容分享给好友以及将用户看到的精彩内容分享到微信朋友圈。其官方网站上的宣传语为：“微信，是一个生活方式。”

有人戏言：Twitter是永不打烊的小酒馆；微博是人声鼎沸的夜总会；而微信，简直就是警察局对面的钟点房。

进入2010年代，网络深深介入了平民生活，那些原本默默无闻的普通人，却因各种匪夷所思的理由迅速蹿红。2010年2月，春寒料峭，一名街头乞丐短短一星期之内爆红网络：头发蓬乱、衣衫褴褛，因表情阴郁被亿万网友冠以“犀利哥”之称。也是在2010年，众姐之中，“凤姐”当属最红，独领风骚。这个身高1.46米、自称博览群书的姑娘，以“非清华北大硕士不嫁”等一系列超级雷人言论红透网络，挑战公众心理底线与社会容忍度。2010年，因为哥，也因为姐，成就了“神马都是浮云”。

2010年11月10日《人民日报》头版头条发表了一篇文章：《江苏给力“文化强省”》。流行潮语“给力”的使用，国内外媒体立即敏锐地捕捉到这一创新，将之视为中国社会活力迸发、社会语言进入官方话语体系的标志性动作。

2011年8月，台湾一档综艺节目《大学生了没》中，表演者“Miss Lin”以夸张另类的造型、一口做作的英语、扭捏妖娆的姿态和极度夸张搞笑的表演震撼了所有观众，其口头禅“整个场面我要Hold住”在网络疯传，“Hold住”一词随即走红网络，成为2011年度一个具有轰动效应的网络热词，并引发网民的造句热潮。

2012年，泉州有一女孩疑似被肢解后坠落高楼，警方判断为自杀。一名网友以“元芳，你怎么看”进行嘲讽，暗指案情背后或有蹊跷。该句式于是迅速流行，这句话刚火的时候，两日内被人问了200多万次。“元芳体”来源于《神探狄仁杰》系列电视剧，剧中狄大人常对副手李元芳说：“元芳，此事你怎么看?”而李元芳的回答也固定化，“大人，我觉得此事有蹊跷。”网络改变中国，开放、互动、快速、海量、方便的特点，让互联网渐成中国社会活力的浩瀚展示平台。蕴藏于社会的无限文化创造力、公共事务参与热情、监督和社会正义号召力，借助互联网而极大释放。

PM2.5

2011年冬，全国很多地区出现雾霾天气，引发大众对悬浮在空气中的微小颗粒物有了更多关注，PM2.5这样的专业名词成为网友关注的焦点。

PM2.5是指大气中直径小于或等于2.5微米的颗粒物，是导致雾霾天气和空气污染的重要因素。与较粗的大气颗粒物相比，PM2.5粒径小，富含大量的有毒、有害物质且在大气中的停留时间长、输送距离远，对人体健康和大气环境质量的影响更大。

环境保护部（现为生态环境部）在2011年11月发布《环境空气PM10和PM2.5的测定重量法》，首次对PM2.5的测定进行了规范，这意味着距离PM2.5最终进入我国空气质量监测标准更近了一步。

2013年初，中国多地出现雾霾天气，尤其是长三角、珠三角和京津冀鲁地区等区域大气污染程度十分严重。入冬之后，大范围雾霾天气已扩散至哈尔滨、上海、杭州、南京、海口等25个省区市，从东北到海南无一幸免。

2014年3月13日上午，人民大会堂，国务院总理李克强会见中外记者。

中央人民广播电台和央广网记者：现在我们看到老百姓对雾霾的抱怨越来越多。我们也注意到，您在政府工作报告中对此用了“宣战”这个词，这在以往是没有的。请问总理，“宣战”到底意味着什么?

李克强：我说要向雾霾等污染宣战，这是因为这是社会关注的焦点问题。许多人早晨一起来，就打开手机查看PM 2.5的数值，这已经成为重大的民生问题。

我们说要向雾霾等污染宣战，可不是说向老天爷宣战，而是要向我们自身粗放的生产和生活方式来宣战。我们去年出台了国务院治理大气污染的十条措施，在161个城市进行PM 2 .5数值的监测，这在发展中国家是最多的。这不仅是要让人民群众提高自身防护的意识，更是给政府增加责任。今年我们主动加压，加大降耗力度，也就是确定能源消耗强度要下降3 .9%，而去年实际完成是下降3.7%，这意味着要减少2.2亿吨煤炭消耗。

对包括雾霾在内的污染宣战，就要铁腕治污加铁规治污，对那些违法偷排、伤天害人的行为，政府绝不手软，要坚决予以惩处。对那些熟视无睹、监管不到位的监管者要严肃追查责任。

当然，雾霾的形成有复杂的原因，治理也是一个长期的过程。但是我们不能等风盼雨，还是要主动出击，希望全社会，政府、企业、社会成员，大家一起努力，持续不懈地奋斗，来打这场攻坚战。

新千年，国家和人民经历了非典、汶川大地震以及从2008年开始蔓延的国际金融风暴的考验，也经历了房价上涨后蜗居的焦虑，但更多的收获了2008北京奥运会、2010上海世博会的喜悦。中国从3G时代走向4G时代，2010年12月中国自主研发的“和谐号”CRH380高速动车组列车在京沪高铁枣庄至蚌埠段试验运行最高时速达486.1公里，高铁时代到来了。

美好生活

开放二胎

新常态

杭州 G20

GDP

微信

中国梦

一带一路

自媒体

老虎苍蝇一起打

21世纪新时代

屠呦呦

莫言

乔布斯

人类命运共同体

你懂的

战狼2

脱贫

高考改革

供给侧

中国航母

抢红包

雾霾

锦鲤

甄嬛体

舌尖上的中国

智能手机

打车软件

小确幸

改革开放 40 年

APP

党的十八大以来，中国特色社会主义进入新时代。中国经济进入新常态，围绕“人民对美好生活的向往”，供给侧结构性改革、脱贫攻坚战、环境治理，二孩政策，房子是用来住的、不是用来炒的，等等，无一不是为了增强人民群众的获得感、幸福感、安全感。中国梦的核心是实现中华民族的伟大复兴，基本内涵是实现国家富强、民族振兴、人民幸福。中国梦归根到底是人民的梦。

共享单车

王者荣耀

互联网 +

中国国际进口博览会

买买买

外卖

双 11

房价调控

伟大复兴

获得感

人民对美好生活的向往

党的十八大一结束，刚当选为中共中央总书记的习近平率十八届中央政治局常委与中外记者见面。他说，我们的人民热爱生活，期盼有更好的教育、更稳定的工作、更满意的收入、更可靠的社会保障、更高水平的医疗卫生服务、更舒适的居住条件、更优美的环境，期盼着孩子们能成长得更好、工作得更好、生活得更好。人民对美好生活的向往，就是我们的奋斗目标。

党的十九大报告指出，“中国特色社会主义进入新时代，我国社会主要矛盾已经转化为人民日益增长的美好生活需要和不平衡不充分的发展之间的矛盾”。

这是对于我国已经延续了30多年关于社会主要矛盾表述的首次变化。1956年中共八大指出：在社会主义制度已经建立的情况下，国内的主要矛盾是先进的社会制度同落后的社会生产力的矛盾。“文革”结束后，中国实现了从“以阶级斗争为纲”到以经济建设为中心的转变，1981年党的十一届六中全会通过的决议将“人民日益增长的物质文化需要同落后的社会生产之间的矛盾”概括为国内社会主要矛盾。改革开放促进了我国生产力的快速发展，国家综合国力大幅度提升，人民生活水平得到极大的改善。时过境迁，中国特色社会主义在几十年发展中面貌已经大变样了，今天的中国与改革开放刚起步时的中国不可同日而语。虽然我国依然处于社会主义初级阶段，最大发展中国家的地位没有改变，但20世纪80年代初揭示的社会主要矛盾事实上发生了变化。一方面，我国已经走出物质匮乏的时代，生产资料和生活资源丰富，商品供给充裕，文化日益繁荣，人民生活的需要不再是不能满足的紧张而是如何提高质量的问题；另一方面，随着经济和科技的蓬勃发展，用“落后的社会生产”表示我国的现状也完全不符合事实。党的十九大适时地将我国社会主要矛盾修改为“人民日益增长的美好生活需要和不平衡不充分的发展之间的矛盾”，充分体现了我们党实事求是的精神。

从历史比较视野审视社会主要矛盾的变化，形成中国特色社会主义进入新时代的重大政治判断，在改革开放近40年进程中具有里程碑的意义。从新时代的角度看我国社会主要矛盾转化的揭示，它既标志着我国发展进入新的历史方位，又回应了中国特色社会主义新时代人民对美好生活的向往需要。

党的十九大关于我国社会主要矛盾的新结论表明，人民向往美好生活的需要发生了结构性的变化，人民期盼的好日子、生活需要已经不再停留在物质层面的满足，人民希望过上的好日子是高质量的美好生活。老百姓不仅要求更高水准的物质文化生活，而且要求美好生活包含民主、法治、公平、正义、安全、环境等方面的内容。人民向往美好生活需要的结构性变化，决定了党治国理政必须着眼满足人民愿望的整体性。

美好生活，成为从十八大到十九大的关键词之一。

2018年8月8日出版的人民日报刊发“宣言”署名文章，题目是《风雨无阻创造美好生活》。文章说：

***

几度风雨几度春秋。在中国共产党领导下，中国人民战风斗雨，一次次攻坚克难、一步步勇毅前行，书写了光照时代的历史篇章，创造了属于自己的美好生活。

犹记新中国成立之初，中国国民生产总值只有区区100多亿美元，重工业几乎为零，轻工业只是少数纺织业。毛主席曾经感慨，我们除了能造桌子椅子，能造茶壶茶碗，连一辆汽车、一架飞机、一辆坦克、一辆拖拉机都不能造。正是在这一穷二白、满目疮痍的烂摊子上，我们顶住了帝国主义经济、军事的全面封锁，抗击了战火烧到鸭绿江边的严重威胁，战胜了三年自然灾害的极度困难……建立起独立的、比较完整的工业体系和国民经济体系，甩掉了“贫油国”的帽子，生产了自己的解放牌汽车、东方红拖拉机，研制出震惊世界的“两弹一星”……中国人民自力更生、艰苦奋斗，不仅在政治上、而且在经济上挺起了腰杆，国家的面貌、人们的生活发生了根本性的改变。

犹记改革开放之初，粮票、油票、肉票、布票、副食本、工业券等是老百姓的生活必需，甚至买糖果糕点、火柴肥皂都要票证；几代人同居一室十分普遍，土坯房、茅草房，筒子楼、大杂院是城乡居民生活的深刻印记；自行车、手表、缝纫机、收音机“三转一响”成为人们生活的奢侈品；法国戴高乐机场一小时起降60架飞机，而北京首都国际机场一小时仅能起降2架；日本东京的大型商店商品多达50万种，而北京的王府井百货大楼仅有2.2万种……正是在这种物资匮乏、生活贫困、国民经济濒临崩溃边缘的情况下，我们果敢作出以经济建设为中心、实行改革开放的战略抉择，冲破思想观念的桎梏，破除体制机制的障碍，走出了一条中国特色社会主义道路。我们经历了价格闯关的艰辛，经历了西方国家制裁的艰难，经历了亚洲金融风暴、国际金融危机的冲击，经历了特大洪水、特大地震、非典疫情等的考验……在大海中练就游泳、在磨砺中愈加坚强，我国经济实力、科技实力、国防实力和综合国力实现了历史性跨越，中国人民的生活告别了“票证时代”、走过了“温饱阶段”、迎来了“全面小康”。

栉风沐雨，春华秋实。今天，中国以世界第二大经济体的实力，托举起覆盖13亿多人的全球最大社会保障网，创造了每年减贫1300多万人的脱贫奇迹，书写下幼有所育、学有所教、劳有所得、病有所医、老有所养、住有所居、弱有所扶的民生篇章，亿万人民携手冲刺全面小康的百年梦想……这一项项巨大成就、一串串亮丽数字的背后，挺立的是中国人民顶风冒雨的钢铁脊梁，浸透的是中国人民风雨兼程的辛勤汗水，凝结的是中国人民对美好生活的追求与梦想。

有经济学家判断，中国经济最大的潜力就是每个人都过上美好生活的愿望。每一个人奋力向前的奔跑，让中国社会始终葆有勃勃生机、旺盛活力，让中国发展始终拥有坚实基础、不竭动力。

有风有雨是常态，风雨无阻是心态，风雨兼程是状态。今天的中国，正经历成长的风雨。“莫听穿林打叶声，何妨吟啸且徐行”，无论什么样的风雨，都无法阻挡中国人民奔向美好生活的脚步。

***

锦鲤，本是一种高档观赏鱼，极富观赏价值，深受人们喜爱。

2018年国庆期间，支付宝官方微博开展了一个抽奖活动，从转发此条抽奖微博者中抽奖，抽中的人为“中国锦鲤”，吸引300多万次转发。10月7日支付宝揭晓了抽奖结果，幸运的“中国锦鲤”获得了“中国锦鲤全球免单大礼包”。“锦鲤”立马走红，网络上掀起了转发配有“锦鲤转运”“锦鲤祈愿”“锦鲤保佑”“锦鲤还愿”等文字的锦鲤图像的热潮。“锦鲤”于是成为“好运”的象征。后来，随着热度增长，“锦鲤”开始泛指在小概率事件中运气极佳的人。

“锦鲤”的走红及其意义的泛化，隐含了人们对美好生活的向往。

老虎苍蝇一起打

十八大以来，党和国家工作中最大的亮点、最得人心的是什么？最具共识的回答一定是：反腐败！民心是最大的政治，正义是最强的力量。党风廉政建设和反腐败斗争取得的成果，得到广大人民群众真正的拥护。

中纪委网站发布的一份“年终盘点”总结2017年以来的反腐成效指出：群众对反腐败工作的满意度，五年间由75%增至93.9%。

老虎苍蝇一起打，形象地反映出反腐败这场艰巨的斗争。“老虎苍蝇一起打”的说法在国外也有着较高的普及度，它还被视为对中国反腐行动的形象概括。如今“Cracking Down on Both Tigers and Flies”的表述成为常见译法，对“老虎”和“苍蝇”

这两个词语的直译也保留了中文的原汁原味。

2013年1月22日，习近平总书记在中国共产党十八届中央纪委二次全会上发表重要讲话时首次提出：“从严治党，惩治这一手决不能放松。要坚持‘老虎’‘苍蝇’一起打，既坚决查处领导干部违纪违法案件，又切实解决发生在群众身边的不正之风和腐败问题”。也是在这次会议上，时任中纪委书记王岐山对反腐路径做出了具体部署：“坚持标本兼治，当前要以治标为主，为治本赢得时间。”

“老虎”，一般指职务级别较高的，特别是副部级以上的违纪违法分子；“苍蝇”，一般指职务级别较低的违纪违法分子。“老虎”“苍蝇”一起打，具体来讲就是既坚决查处大案要案，严肃查办发生在领导机关和领导干部中的滥用职权、贪污贿赂、腐化堕落、失职渎职案件；又要着力解决发生在群众身边的腐败问题，严肃查处损害群众利益的各类案件，切实维护人民合法权益。坚持“老虎”“苍蝇”一起打，严肃查处一些党员干部包括高级干部严重违纪问题，向全党全社会表明，不论什么人，不论职务多高，只要触犯了党纪国法，都要受到严肃追究和严厉惩处。“打虎”步伐一刻不停。一个又一个贪腐高官的落马，不断传递出强烈信号：党内从来没有“丹书铁券”，谁也当不成“铁帽子王”！

“你懂的”本来表达了网友们所有“心照不宣”的最佳表达。2014年全国政协十二届二次会议新闻发言人吕新华回答《南华早报》记者提问周永康传闻时说：“我们所说的不论是什么人不论其职位有多高，只要是触犯了党纪国法，都要受到严肃的追查和严厉的惩处，绝不是一句空话。我只能回答成这样了，你懂的。”发言人睿智而幽默的回答引发了一阵笑声。于是“你懂的”走出网络，在全社会流行。

书店里有关反腐、全面从严治党的书籍

21世纪·新时代

7月，“你懂的”答案正式揭晓。中共中央决定对周永康立案审查，12月，中共中央政治局决定开除周永康党籍，对其涉嫌受贿犯罪问题及线索移送司法机关依法处理；最高人民检察院依法对周永康涉嫌犯罪立案侦查并予以逮捕。3月，中共中央决定对徐才厚涉嫌违纪问题进行组织调查，6月，徐才厚被开除党籍，10月，其涉嫌受贿犯罪案件被移送审查起诉。12月，令计划因涉嫌严重违纪，接受组织调查。6月，苏荣因涉嫌严重违纪违法，接受组织调查。

党的十八大以来，我们党坚持“老虎”“苍蝇”一起打，既查处了周永康、薄熙来、郭伯雄、徐才厚、令计划、苏荣等高级干部严重违纪违法案件，也查处了一批发生在群众身边的不正之风和腐败问题，反腐败斗争压倒性态势已经形成，不敢腐的目标初步实现，不能腐的制度日益完善，不想腐的堤坝正在构筑，党内政治生活呈现新的气象。

十八届中央纪委向党的十九大的工作报告中指出：十八大以来，经党中央批准立案审查的省军级以上党员干部及其他中管干部440人。其中，十八届中央委员、候补委员43人，中央纪委委员9人。全国纪检监察机关共接受信访举报1218.6万件（次），处置问题线索267.4万件，立案154.5万件，处分153.7万人，其中厅局级干部8900余人，县处级干部6.3万人，涉嫌犯罪被移送司法机关处理5.8万人。

十八大以来，中央纪委监察部网站备受关注。在这个中国最高纪检监察机构联通外界的网站上，每一次“纪律审查”板块的信息发布，都引发海量点击和如潮热议。

不论涉及什么人、不论职务有多高，都一查到底、决不姑息。对领导干部违纪违法案件的坚决查处，形成了强大震慑，既让腐败分子闻风丧胆，也使广大党员干部明规矩、知敬畏。曾经，“上百份文件管不住一张嘴”，而今，八项规定刹住了许多人认为不可能刹住的歪风，各种群众反映强烈的消极腐败现象销声匿迹，党风政风和整个社会风气都焕然一新。

2012年12月4日，党的十八大后不久，中共中央政治局召开会议审议通过关于改进工作作风、密切联系群众的八项规定，在全面从严治党历史进程中写下了浓墨重彩的一笔。八项规定出台的时候，许多人对它的贯彻执行效果有一个大大的问号——短短600多字的一个小文件能够发挥多大作用呢？更有一些群众担心，会不会是“一阵风”？一些党员干部也对八项规定不以为然，认为“风头不久就会过”。如今，六年过去了，时间给出了答案。数据显示，截至2018年10月底，各级纪检监察机关共查处违反中央八项规定精神问题254808起，处理党员干部349552人，给予党纪政务处分206428人。

从遏制舌尖上的消费，到刹住会所里的歪风，从剔除月饼里的奢侈，到整治车轮上的铺张……八项规定利剑所向，以一个个具体问题突破，带动作风整体转变，刹住了一些过去被认为不可能刹住的歪风邪气，使党风政风焕然一新。社会上奢靡浪费现象明显减少，崇廉尚俭、简约质朴正在成为社会新风尚。

人们由衷赞叹“八项规定改变中国”。

国内“打虎”“拍蝇”，国际“天网”“猎狐”。随着一批潜逃海外多年的贪腐分子归案，中国反腐用有力的行动证明，海外不是法外，出逃不是出路，海外决不是腐败分子的“避罪天堂”，不管腐败分子跑到哪里、跑出去多久，都要一追到底、绳之以法。随着反腐败斗争成效凸显，中国反腐开始占据国际道义制高点，不仅赢得国际社会尊重，也推动构建国际反腐新秩序。中国正成为国际社会反腐败的一面旗帜。

腐败是人类社会的顽疾，反腐败是当今世界性难题。十八大以来的实践证明，坚定不移惩治腐败，是我们党有力量的表现，反腐败不会亡党，只会使我们党更加坚强有力。举世瞩目的反腐败成就靠什么取得？中国共产党为什么能做到？

和“老虎苍蝇一起打”一起流行的反腐败话语，还有习近平总书记讲的“打铁必须自身硬”“把权力关进制度的笼子里”。

2014年12月13日，习近平总书记在江苏调研期间，专程来到世业镇永茂圩村考察。在总书记考察结束、与村民告别时，有着53年党龄的崔荣海握着总书记的手激动地说：“总书记，您好！你是腐败分子的克星，全国人民的福星！”习近平对着人群说：“绝不辜负全国人民的期望。”

党中央坚定不移推进全面从严治党，坚定不移推进党风廉政建设和反腐败斗争，极大凝聚了党心民心，人民群众给予高度评价。2015年国家统计局开展的民意调查显示，91.5%的群众对党风廉政建设和反腐败工作成效表示满意，比2012年提高16.5个百分点；90.7%的群众对遏制腐败现象表示有信心，比2012年提高11.4个百分点；90.6%的群众认为当前违纪违法案件高发势头得到遏制，比2012年提高5.2个百分点，均创新高。中国社科院一个问卷调查显示，93.7%的领导干部、92.8%的普通干部、87.9%的企业人员、86.9%的城乡居民对中国反腐败表示有信心或比较有信心。

这再次印证党风廉政建设和反腐败斗争顺党心、合民意，有着广泛和坚实的政治基础和群众基础。正如2016年1月习近平在中纪委十八届六次全会上指出的：民心是最大的政治，正义是最强的力量。正所谓：“天下何以治？得民心而已！天下何以乱？失民心而已！”只要我们管党治党不放松、正风肃纪不停步、反腐惩恶不手软，就一定能赢得这场输不起也决不能输的斗争！

2014年的全国两会，人大代表、著名作家凌解放（笔名二月河）曾用“蛟龙愤怒、鱼鳖惊慌、春雷震撼、四野震动”这16个字评价了当前的反腐力度。

时任中央纪律检查委员会书记的王岐山参加河南代表团审议时，二月河作为人大代表发言，从历史维度对“反腐倡廉”建言献策。“有人主张高薪养廉，我不同意，历史上工资最高的时候是宋朝，‘公务员工资’是汉代的6倍、清代的10倍，但宋朝是中国历史上最腐败的朝代。”二月河说。

王岐山则回应："二月河的意思我听懂了。他写的'帝王系列'我认真看了。看了他的书，就能读懂他。知音是什么，知音是通过听音乐就能听懂作曲人想要表达什么。"

二月河在被记者问及"对当下的反腐败怎么看"时，坦率地说：

***

> 贪官污吏在那个地方拼命地捞，捞的都是我们老百姓的钱，那老百姓当然是不满意的。我很拥护中央的决策，我们中央的决心很大，已经为老百姓所认知，大家也从心底拥护中央，因为腐败违反了人们最基本公正的道德底线。自古而今，没有因反腐而导致国家或者民族产生危机的，原因就在于，反腐植根于人民群众最基本的心理诉求。我们党的反腐力度，读遍二十四史，没有像现在这么强的。这种力度绝对是不见史册的，但反过来说，腐败程度也是严重的。没有见过杀鸡给猴看，猴子不怕，甚至杀猴子给猴子看，猴子也不怕。我笑谈说腐败是中外两种文化的恶劣基因掺和到一起产生的杂交品种。

***

十九大期间，习近平总书记参加贵州省代表团讨论时说："在全面从严治党这个问题上，我们不能有差不多了，该松口气、歇歇脚的想法，不能有打好一仗就一劳永逸的想法，不能有初见成效就见好就收的想法。"

最终目标，是形成不敢腐的惩戒机制、不能腐的防范机制、不易腐的保障机制。因为"一个政党，一个政权，其前途和命运最终取决于人心向背。我们必须下最大气力解决好消极腐败问题，确保党始终同人民心连心、同呼吸、共命运。"

新常态

国际金融危机之后，随着中国经济增长速度的回落，有很多疑虑的声音、很多怀疑的声音，甚至有的是有意诋毁的声音、唱衰的声音。对中国经济到底应该怎么看呢？

以习近平同志为核心的党中央作出了一个重大判断：我国经济发展进入新常态。2014年5月，习近平在河南考察时说，中国发展仍处于重要战略机遇期，要增强信心，从当前中国经济发展的阶段性特征出发，适应新常态，保持战略上的平常心态。这是中央领导人首次以"新常态"描述新周期中的中国经济。

新常态，进入人们的语汇，进入老百姓的生活。

新常态确实带来了很深刻的变化：第一个变化，是速度方面，从过去将近两位数的高速增长，变成中高速，速度放缓了；第二个变化，是发展方式，从过去速度规模型，转到现在的质量跟效率型；第三个变化，是经济结构调整，从过去增量扩能为主，现在转变为调整存量、做优增量并举；第四个变化，是发展动力，过去主要靠资源的投入跟低成本劳动力等要素的投入为主，现在转向了创新驱动。

新常态也有两个没有变：一是，我们国家经济发展进入新常态，并没有改变我们国家发展仍处于可以大有作为的战略机遇期这个重要判断，改变的只是战略机遇期的内涵和条件；二是，没有改变我国经济总体向好的基本面，改变的是经济发展方式跟经济结构。

习近平总书记说，新常态不是一个事件，不能用好或坏来判断。新常态也不是一个筐，不要什么都往里装，不要滥用新常态概念，搞出什么文化新常态、旅游新常态，等等。也不能把新常态作为避风港，不要把不好做或难做好的工作都归结于新常态，似乎推给新常态就有不去解决的理由了。

理论家解释说，经济新常态意味着GDP增长方式的革新，意味着一切向钱看增长方式的改变，也意味着新自由主义、市场原教旨主义经济学的失败。而老百姓则认为，新常态经济是惠民生使人民幸福的经济，而不仅仅是GDP、人均GDP增长与经济规模最大化；满足人民日益增长的物质文化生活的需要是新常态经济的生产目的，因此新常态经济学是幸福经济学。

新常态的几大特征，都与老百姓的生活息息相关：

（1）模仿型排浪式消费阶段基本结束，个性化、多样化消费渐成主流；

（2）基础设施互联互通和一些新技术、新产品、新业态、新商业模式的投资机会大量涌现；

（3）我国低成本比较优势发生了转化，高水平引进来、大规模走出去正在同步发生；

（4）新兴产业、服务业、小微企业作用更加凸显，生产小型化、智能化、专业化将成为产业组织新特征；

（5）人口老龄化日趋发展，农业富余人口减少，要素规模驱动力减弱，经济增长将更多依靠人力资本质量和技术进步；

（6）市场竞争逐步转向质量型、差异化为主的竞争；

（7）环境承载能力已达到或接近上限，必须推动形成绿色低碳循环发展新方式；

（8）经济风险总体可控，但化解以高杠杆和泡沫化为主要特征的各类风险将持续一段时间；

（9）既要全面化解产能过剩，也要通过发挥市场机制作用探索未来产业发展方向。

供给侧

供给侧的全称，是供给侧结构性改革。

《咬文嚼字》把供给侧结构性改革作为2016年十大流行关键词之一。这从一个角度说明，供给侧结构性改革确实是社会广泛关注的一个热点问题。

我们国家发展面临的突出矛盾和问题，应该说供给侧和需求侧都有，但是矛盾的主要方面在供给侧。我们国家市场很大，人口很多，需求也很旺盛。但是，我们有一个很突出的问题，这就是供需不对位。低端供给大量过剩，但是适合需要的高端供给却不够。

中国消费者到海外购物，去海淘、去扫货，去买马桶盖等现象中，就可以看得很清楚。过去，我们知道中国人到海外购物，主要是买一些高端的东西，比如说名牌首饰、名牌衣服，包括药品、化妆品等。现在情况变了，随着老百姓生活水平提高，现在不少人到国外去买电饭煲，说日本的电饭煲煮饭好吃，去买马桶盖，说用起来很方便。

有人说，吃过日本（原产）电饭煲的饭，再吃一般电饭煲的饭，差别就和听完Esoteric后听天龙差不多。日本电饭煲档次差别极大，低档的不用说了，中高档的基本售价在3万～10万日元，进口到中国的，汇率折算后，价格再乘以1.5。

日本电饭煲价格不菲，但中国消费者却“买买买”，说明什么问题呢？说明今天中国不是需求不足，或没有需求，而是需求变化了，我们供给的产品却没有变，我们的服务、我们的质量没跟上。所以供需出现错位，满足不了老百姓的需求，老百姓只能到国外市场去，带来了大量的“需求外溢”，消费能力严重外流。这个数量也很大，据说2015年中国消费者到国外旅游消费超过1万亿人民币，那么大的一个市场结果流到国外去了。另据日本观光厅统计，2015年访日中国游客翻了一番，达到约500万人；中国游客总消费额达1.41万亿日元（约合792亿元人民币）。

国人出国“扫货”的热情只增不减，无形之中给国内的企业和市场带来了很大的压力。2016年4月，马桶盖和电饭煲出现在了国务院的文件中，国务院办公厅印发了《贯彻实施质量发展纲要2016年行动计划》，要求以空气净化器、电饭煲、智能马桶盖、智能手机、玩具、儿童及婴幼儿服装、厨具、家具等消费者普遍关注的消费品为重点，开展改善消费品供给专项行动，组织实施消费品质量提升工程，增品种、提品质、创品牌。

不仅生活领域、消费领域这样，其实在生产领域也是这样，比如说钢铁产能，一方面我们钢铁产能大量过剩，另一方面我们特殊高质量的钢又需要大量进口。

要解决这样的结构性问题，办法只能是推进供给侧结构性改革。所以，习近平总书记说得很清楚，供给侧结构性改革重点是解放和发展社会生产力，用改革的办法推进结构改革，要减少无效的和低端的供给，扩大有效和中高端的供给，增强供给结构对需求结构变化的适应性和灵活性，提高全要素生产率。当前供给侧结构性改革的工作重点，概括地说，就是大家经常说的“三去一降一补”，就是去产能、去库存、去杠杆、降成本、补短板。

推进供给侧结构性改革是一场硬仗。比如，我们要去产能，不管是钢铁产能还是煤炭产能，按照国务院的统一部署，未来三到五年（2019—2021年）时间，煤炭行业要退出产能5亿吨左右、减量重组5亿吨左右。这将涉及多少人的安置呢？这将涉及煤炭行业职工130万人的安置。钢铁方面也是这样，按照国务院的统一部署，未来要用五年的时间，再压减粗钢产能1亿吨到1.5亿吨。这将涉及多少人的安置呢？这将涉及钢铁行业50万职工的安置。因此，煤炭行业和钢铁行业加起来，有180万职工的安置问题。这么大的产能要退出，这么多的职工要安置，如何坚决守住金融风险、社会民生底线，有效防范化解风险，这对我们各级党和政府来说，都是一个很大的考验，都是一个很大的挑战。

破茧成蝶都有伤痛，供给侧结构性改革出现的短期阵痛是我们必须承受的伤痛，因为只有承受了短期阵痛才能换来中国经济的浴火重生，才有中国经济更加美好的明天。

供给侧结构性改革须用“创新、协调、绿色、开放、共享”五大发展理念来引领。

获得感

“小确幸”一词，意思是心中隐约期待的小事刚刚好发生在你身上时微小而确实的幸福与满足，出自村上春树的随笔，由翻译家林少华直译而进入现代汉语。小确幸的感觉在于小，每一枚小确幸持续的时间为3秒至一整天不等。

***

> 小确幸就是这样一些东西：摸摸口袋，发现居然有钱；电话响了，拿起听筒发现是刚才想念的人；你打算买的东西恰好降价了；完美地磕开了一个鸡蛋；吃妈妈做的炒鸡蛋；排队时，你所在的队动得最快；自己一直想买的东西，但是很贵，一天你偶然在小摊便宜地买到了；当你运动完后，喝的冰镇透了的饮料——“唔，是的，就是它”……它们是生活中小小的幸运与快乐，是流淌在生活的每个瞬间且稍纵即逝的美好，是内心的宽容与满足，是对人生的感恩和珍惜。

***

2015年2月，习近平总书记在中央全面深化改革领导小组第十次会议上指出，要科学统筹各项改革任务，推出一批能叫得响、立得住、群众认可的硬招实招，把改革方案的含金量充分展示出来，让人民群众有更多“获得感”。“获得感”一词由此迅速流行，且使用范围出现固化趋势，多用以指人民群众共享改革成果的幸福感。

“获得感”不仅是物质层面的，也有精神层面的，既有看得见的，也有看不见的。

“获得感”首先是要感受到改革带来的物质生活水平的提高。比如，人民群众有房住，收入增加，能接受优质教育，能看得起病，养老有保障等，这些都是看得见摸得着的“获得感”。

在精神层面，要让每个人有梦想、有追求，同时活得更有尊严、更体面，能够享受公平公正的同等权利。

“获得感”有别于“幸福感”，它强调一种实实在在的“得到”。如果不讲“获得”而一味强调幸福，就容易流于空泛。另一方面，“获得感”的提出，使人民得到的利好有了进行指标衡量的可能，而幸福是不可衡量的。所以，在当下的中国，“获得感”更加贴近民生、体贴民意。这种“获得感”，一般来说能够转化为幸福感。

2015年1月，国务院发布《国务院关于机关事业单位工作人员养老保险制度改革的决定》，决定从2014年10月1日起对机关事业单位工作人员养老保险制度进行改革，机关事业单位实行社会统筹与个人账户相结合的基本养老保险制度，由单位和个人共同缴费。《决定》明确，建立基本养老金正常调整机制。根据职工工资增长和物价变动等情况，统筹安排机关事业单位和企业退休人员的基本养老金调整，逐步建立兼顾各类人员的养老保险待遇正常调整机制，分享经济社会发展成果，保障退休人员基本生活。决定指出，规定机关事业单位工作人员需缴纳基本养老保险费的比例为本人缴费工资的8%，单位缴纳比例为本单位工资总额的20%。

这标志着存在了近20年的养老金“双轨制”的终结，近4000万机关事业单位人员将和企业职工一样缴纳养老金。

随着改革开放的不断深入，养老金“双轨制”的弊端也越来越明显，它的不合理性、不合法性问题突出。退休金“双轨制”是对做出同等贡献的企业职工的严重不公，使得机关、事业单位人员与企业职工退休待遇差距较大，引发公平性质疑。

养老金“双轨制”的终结，是对社会越来越关注收入分配、再分配是否公平公正的一个正面回应。

党的十九大报告提出，“使人民获得感、幸福感、安全感更加充实、更有保障、更可持续”。这“三感”是人民向往美好生活的整体性展示，它深刻反映了党中央在新的历史起点上对怎样更好地满足人民期待作出的时代回应。

脱贫攻坚战

国际上常用基尼系数定量测定社会居民收入分配的差异程度。认为基尼系数低于0.2表示收入过于公平；而0.4是社会分配不平均的警戒线，故基尼系数应保持在0.2～0.4之间，低于0.2，社会动力不足；高于0.4，社会不安定。

国家统计局发布2014年全国居民收入基尼系数为0.469，低于2013年的0.473，2015年全国居民收入基尼系数为0.462，继续呈现下行趋势，但仍高于国际警戒线0.4。

2013年初，《关于深化收入分配制度改革的若干意见》出台。意见指出，收入分配领域仍存在一些亟待解决的突出问题，主要是城乡区域发展差距和居民收入分配差距依然较大，收入分配秩序不规范，隐性收入、非法收入问题比较突出，部分群众生活比较困难，宏观收入分配格局有待优化。

意见提出，立足基本国情，坚持以经济建设为中心，在发展中调整收入分配结构，着力创造公开、公平、公正的体制环境，坚持按劳分配为主体、多种分配方式并存，坚持初次分配和再分配调节并重，继续完善劳动、资本、技术、管理等要素按贡献参与分配的初次分配机制，加快健全以税收、社会保障、转移支付为主要手段的再分配调节机制，以增加城乡居民收入、缩小收入分配差距、规范收入分配秩序为重点，努力实现居民收入增长和经济发展同步，劳动报酬增长和劳动生产率提高同步，逐步形成合理有序的收入分配格局，促进经济持续健康发展和社会和谐稳定。

意见提出主要目标是：

——城乡居民收入实现倍增。到2020年实现城乡居民人均实际收入比2010年翻一番，力争中低收入者收入增长更快一些，人民生活水平全面提高。

——收入分配差距逐步缩小。城乡、区域和居民之间收入差距较大的问题得到有效缓解，扶贫对象大幅减少，中等收入群体持续扩大，"橄榄型"分配结构逐步形成。

——收入分配秩序明显改善。合法收入得到有力保护，过高收入得到合理调节，隐性收入得到有效规范，非法收入予以坚决取缔。

——收入分配格局趋于合理。居民收入在国民收入分配中的比重、劳动报酬在初次分配中的比重逐步提高，社会保障和就业等民生支出占财政支出比重明显提升。

"提低、扩中、控高"被公认为是中国收入分配改革的基本思路。专家指出，要通过改革，消除初次分配领域的不公，对中低收入者减税，控制高收入，并消除社会保障上的待遇差异，最终形成"橄榄形"的收入分配格局。

扶贫问题也引起了党和国家的高度关注。在2015年11月中央扶贫开发工作会议上，习近平强调，确保到2020年所有贫困地区和贫困人口一道迈入全面小康社会，

“十三五”期间脱贫攻坚的目标是，到2020年稳定实现农村贫困人口不愁吃、不愁穿，农村贫困人口义务教育、基本医疗、住房安全有保障；同时实现贫困地区农民人均可支配收入增长幅度高于全国平均水平、基本公共服务主要领域指标接近全国平均水平。

改革开放四十年来，我国贫困人口数量从1978年末的7.7亿人，下降到2017年末的3046万人，累计减贫7.4亿人，年均减贫人口规模接近1900万，贫困发生率也从97.5%下降到3.1%，对全球减贫的贡献率超七成。中国的减贫成就举世瞩目。

特别是党的十八大以来，中国脱贫攻坚战取得决定性进展。6000多万贫困人口稳定脱贫，贫困发生率从10.2%下降到4%以下。党的十九大提出坚决打赢脱贫攻坚战，确保到2020年我国现行标准下农村人口实现脱贫，贫困县全部摘帽。

对于中国减贫的成绩，国际社会给予了充分肯定。

诺贝尔经济学奖得主迪顿表示：中国减贫取得的成就得益于中国的对外开放。

英国海外发展研究院的苏慕亚查多帕塔耶认为，中国减贫事业的发展具备两大优势：经济保持较快增速，减贫举措能够获得足够资金；政治体制稳定，有利于国家持续、稳定地制定和落实减贫政策。

布鲁斯金学会的杜大伟认为，中国减贫取得成就的原因在于：快速的经济增长、良好的基础教育等。

联合国人权高专办发展权处处长巴特·额尔德尼肯定：中国在减贫方面领先世界。

解决区域性整体贫困，做到脱真贫、真脱贫。这是党中央对我国脱贫攻坚的最新要求。2015年11月，中共中央国务院作出《关于打赢脱贫攻坚战的决定》，提出了更高的脱贫目标，即“到2020年，稳定实现农村贫困人口不愁吃、不愁穿，义务教育、基本医疗和住房安全有保障。实现贫困地区农民人均可支配收入增长幅度高于全国平均水平，基本公共服务主要领域指标接近全国平均水平。确保我国现行标准下农村贫困人口实现脱贫，贫困县全部摘帽，解决区域性整体贫困。”

2018年6月中共中央、国务院《关于打赢脱贫攻坚战三年行动的指导意见》提出任务目标：到2020年，巩固脱贫成果，通过发展生产脱贫一批，易地搬迁脱贫一批，生态补偿脱贫一批，发展教育脱贫一批，社会保障兜底一批，因地制宜综合施策，确保现行标准下农村贫困人口实现脱贫，消除绝对贫困；确保贫困县全部摘帽，解决区域性整体贫困。实现贫困地区农民人均可支配收入增长幅度高于全国平均水平。实现贫困地区基本公共服务主要领域指标接近全国平均水平，主要有：贫困地区具备条件的乡镇和建制村通硬化路，贫困村全部实现通动力电，全面解决贫困人口住房和饮水安全问题，贫困村达到人居环境干净整洁的基本要求，切实解决义务教育学生因贫失学辍学问题，基本养老保险和基本医疗保险、大病保险实现贫困人口全覆盖，最低生活保障实现应保尽保。集中连片特困地区和革命老区、民族地区、边疆地区发展环境明显改善，深度贫困地区如期完成全面脱贫任务。

习近平指出，坚决打赢脱贫攻坚战，让贫困人口和贫困地区同全国一道进入全面小康社会是我们党的庄严承诺。脱贫攻坚事关巩固党的执政基础，事关国家长治久安，事关社会主义现代化大局，事关我国国际形象，是促进全体人民共享改革发展成果、实现共同富裕的重大举措，是体现中国特色社会主义制度优越性的重要标志，也是经济发展新常态下扩大国内需求、促进经济增长的重要途径，在全党和全国工作的工作布局中占有重要地位。

中国国际进口博览会

世界上第一个以“进口”为主题的国家级展会，2018首届中国国际进口博览会于11月5日至10日在上海举行。

首届进博会包括展会和论坛。展会由国家贸易投资综合展和企业商业展组成。国家展主要展示各国形象和发展成就，只展示不成交；企业展分为七大展区，既有货物贸易，也有服务贸易。来自五大洲的172个国家、地区和国际组织参会，参展企业3617家，80多万人进馆洽谈采购、参观体验，成交额达578亿美元。虹桥国际经贸论坛由主论坛、三场平行论坛及国际财经媒体和智库论坛组成，4500多名各界嘉宾出席。首届进博会广受国内外关注，吸引了近4000名中外记者与会报道。

美国的通用电气、高通，英国的捷豹路虎、阿斯利康，日本的富士、欧姆龙，德国的雄克，韩国的三星电子……超过2000家来自世界各地的参展商正摩拳擦掌准备一展身手，在帮助中国企业转型升级方面获得商机，同时分享中国扩大开放带来的新机遇。

在服装服饰及日用消费品展区，服装、家居用品、礼品、珠宝首饰、家具、美容美发护理产品、鞋、智能家电、生活科技、健康运动产品等多领域的品牌、企业、产品在这里应有尽有，可进行场景控制的智能开关、可调节氛围的智能照明解决方案，可实现“一熨成型、即熨即穿”的智能连接熨烫系统，还有来自澳大利亚的羊驼毛饰品，甚至由Jimmy Choo设计、价值3000万元人民币“鞋王”也亲临现场。

在消费电子及家电展区，汇集了移动设备、智能家居、智能家电、虚拟现实与增强现实、电子游戏、健康运动产品、音频产品、视频与高清设备、生活科技、显示技术、在线与家庭娱乐、产品与系统解决方案等，德国知名Lafer品牌及系列产品，Miradur系列防刮伤面板炉具、可连接WiFi的智能炉具以及一款智能烹饪机一一登场。

在智能及高端装备展区，共有160多家企业参展，其中汇集了诸多世界500强、行业细分龙头企业——如来自德国瓦德里希科堡机床有限责任公司“金牛座”龙门铣床就在这里，这个“大家伙”高约8米，总重可达200吨，占地面积约200平方米，不得不被分装在29个集装箱运抵上海。

医疗器械及医药保健展区吸引了来自全球51个国家和地区的近300家企业参展，展区细分为药品、医疗器械、保健品、医疗美容等区域，只有硬币大小的心脏起搏器，重量仅2克，比传统起搏器小90%；全球首台婴儿专用核磁共振仪的亚洲首展也被放在了这里，精度更高的同时也对体型、重量进行了控制，更方便在新生儿重症监护室里使用；而来自日本的氢气机可以直接将水裂解为氢气和氧气，未来还能直接进家庭，用于治疗环境因素引起的呼吸类急性炎症、鼻炎等。

汽车展区共有来自17个国家和地区的约70家企业参展，其中超过30家是世界500强和行业龙头企业，品牌汽车、摩托车、汽车零部件，甚至自动驾驶技术、氢燃料电池技术等等一一登场，特斯拉带着Model S、Model X、Model3前来参展，斯洛伐克的Aero Mobil公司竟然还带来了“会飞的汽车”，还有“开着车乘地铁”——小伙伴们花3万块钱买个“车厢”，就可以依托整个系统方案中的一个个“托盘”完成出行。

上述几个展区展出的都是“有形”的实物展品，而服务贸易展区展出的则主要是新兴技术、服务外包、文化教育、创意设计、旅游服务、物流服务和综合服务等七大类“无形展品”。

国家主席习近平在首届中国国际进口博览会开幕式上的主旨演讲指出：中国国际进口博览会，是迄今为止世界上第一个以进口为主题的国家级展会，是国际贸易发展史上一大创举。举办中国国际进口博览会，是中国着眼于推动新一轮高水平对外开放作出的重大决策，是中国主动向世界开放市场的重大举措。这体现了中国支持多边贸易体制、推动发展自由贸易的一贯立场，是中国推动建设开放型世界经济、支持经济全球化的实际行动。这届进口博览会以“新时代，共享未来”为主题，就是要欢迎各国朋友，把握新时代中国发展机遇，深化国际经贸合作，实现共同繁荣进步。

莫言和屠呦呦

2012年10月，中国作家莫言，采撷到一枚丰硕、鲜亮的果子——2012年诺贝尔文学奖，莫言成为有史以来首位获得诺贝尔文学奖的中国籍作家。

莫言——中国首位获得诺贝尔文学奖的中国作家

莫言获奖的消息让国人无比振奋和自豪。应该说，诺贝尔文学奖是中国文学界的一个梦想，也是全体中国人的梦想。莫言获奖为当代中国文学提供了新的信心，这毕竟是对作家世界性的最高承认方式，对中国作家是一个极大的鼓励。莫言书写出他所能达到的最好的文学，一定意义上展示了当代中国文学的气象。莫言获奖，可谓汉语文学凭借自身的艺术水准和文化承载力获得世界承认的一个重要标志，能够把世界目光引向中国作家，成就了中国文学和世界文学进行密切交流的契机。委员会授奖词称，“他的魔幻现实作品融合了民间传说、历史与当下”。

莫言比全球媒体早20分钟得知自己的获奖消息。瑞典文学院的常务秘书给他打了电话，通知他获奖。当时，他正在山东高密的家中吃晚饭，感到“有点吃惊”。

得奖后的莫言，迅速地成为名人名言榜上的超级大网红。诸如“我只敬佩两种人：年轻时陪男人过苦日子的女人；富裕时陪女人过好日子的男人”，这样的话安在莫言的头上总没错。可莫言老师偏偏是个喜欢上网的主儿，隔三差五就转发这些网友送给自己的句子进行辟谣，“不是俺写的”。

少年时代的莫言酷爱读书。当时农村没有电，家中只有一盏小煤油灯。每天晚上，他和同为书迷的二哥就一脚踏在门槛上，凑着火苗像黄豆那么小的煤油灯看书。几年之后，那个门槛竟然被弟兄俩踏凹下去一块。为了看书，那时的莫言想尽了一切办法，甚至帮人家推磨、割麦子以换取阅读人家藏书的权利。后来实在没书看了，就看新华字典，读得熟到以至于能把新华字典的错误都找出来。“我们读鲁迅的书，或者读大师们的经典作品，可以翻来覆去地读，这个故事我已经读了好几遍了，但是当你某一天把你读过的这本书拿出来再读，你依然会被那里边的语言之美所打动，依然会为这个小说里边所描写的人物的命运所牵动、所感动，我想这是语言之美，语言的魅力，这是永远不会消亡的。”莫言说。获得诺贝尔文学奖后，莫言还将得到约合750万元人民币的奖金。依中国法律规定，这笔奖金可以免征个税。当被问及巨额奖金怎么用时，莫言笑言：

“准备在北京买套大房子。”不过，很快有人提醒他说：“也买不了多大的房子。5万多元一平方米，750万元也就是120平方米。”

2012年中央电视台推出《走基层百姓心声》特别调查节目，当记者把话筒递向打工者问，“你幸福吗?”打工者愣了下神，回复说：“我姓曾”。引发网友疯狂转发。人们再度思考什么是幸福，它有影儿吗？在被央视记者董倩追问“你幸福吗”时，莫言干脆地回答说：“我不知道，我从来不考虑这个问题。”“我现在压力很大，忧虑重重，能幸福吗?”莫言说，“我要说不幸福，那也太装了吧。刚得诺贝尔奖能说不幸福吗?”

2015年诺贝尔生理学或医学奖由爱尔兰医学家威廉·坎贝尔、日本科学家大村智、中国药学家屠呦呦分享。屠呦呦获得诺贝尔生理学或医学奖，理由是她发现了如何将青蒿素从青蒿中更高效率地提取出来，这种药品可以有效降低疟疾患者的死亡率。

屠呦呦是第一位获得诺贝尔科学奖项的中国本土科学家、第一位获得诺贝尔生理医学奖的华人科学家，是中国医学界迄今为止获得的最高奖项，也是中医药成果获得的最高奖项。此次获奖还打破了多个纪录：她是我国大陆第一个自然科学领域的诺奖获得者；她不但是土生土长的中国人，并且是少有的没有出国留过学、不会说英语的科学家；她的研究也从未发表过SCI论文（国际期刊）。

疟疾是世界性传染病，每年感染数亿人，并导致几百万人死亡。上个世纪60年代，引发疟疾的寄生虫——疟原虫对当时常用的奎宁类药物已经产生了抗药性，影响严重。1967年5月23日，在毛泽东、周恩来等中国领导人的亲自指示下，中国政府启动“523项目”，旨在找到具有新结构、克服抗药性的新型抗疟药物。在当时极端艰苦的科研条件下，中国7个省市、60多家科研机构、超过500名科研人员协力攻关。屠呦呦所在的团队于1969年参加“523项目”。1971年，屠呦呦受到中医药典籍启发，提出用乙醚低温提取青蒿有效成分，并且报告了青蒿提取物的抗疟效果。次年，“523项目”研究人员成功提取了高效抗疟成分青蒿素。

青蒿素及其衍生物青蒿琥酯、蒿甲醚能迅速消灭人体内疟原虫，对脑疟等恶性疟疾有很好的治疗效果。青蒿素类药物可口服、可通过肌肉注射或静脉注射，甚至可制成栓剂，使用简单便捷。但为了防范疟原虫对青蒿素产生抗药性，目前普遍采用青蒿素与其他药物联合使用的复方疗法。

作为“中国神药”，青蒿素在世界各地抗击疟疾显示了奇效。2004年5月，世卫组织正式将青蒿素复方药物列为治疗疟疾的首选药物，英国权威医学刊物《柳叶刀》的统计显示，青蒿素复方药物对恶性疟疾的治愈率达到97%，据此，世卫组织当年就要求在疟疾高发的非洲地区采购和分发100万剂青蒿素复方药物，同时不再采购无效药。

“中国神药”给世界抗疟事业带来了曙光。世界卫生组织说，坦桑尼亚、赞比亚等非洲国家近年来疟疾死亡率显著下降，一个重要原因就是广泛分发青蒿素复方药物。仅在赞比亚，由于综合运用杀蚊措施和青蒿素类药物疗法，2008年疟疾致死病例比2000年下降了66%。

据世卫组织统计，截至2009年年底，已有11个非洲国家的青蒿素类药物覆盖率达到100%，另有5个非洲国家覆盖率为50%至100%。而在2005年，仅有5个非洲国家的青蒿素类药物覆盖率为50%至100%。

诺贝尔生理学或医学奖评选委员会主席齐拉特评价说："中国女科学家屠呦呦从中药中分离出青蒿素应用于疟疾治疗，这表明中国传统的中草药也能给科学家们带来新的启发。"她表示，经过现代技术的提纯和与现代医学相结合，中草药在疾病治疗方面所取得的成就是很了不起的。

屠呦呦于1930年12月出生，药学家，中国中医研究院终身研究员兼首席研究员，青蒿素研究开发中心主任。1980年聘为硕士生导师，2001年聘为博士生导师。多年从事中药和中西药结合研究，突出贡献是创制新型抗疟药青蒿素和双氢青蒿素。

屠呦呦说，为了发现青蒿素，自己和疟原虫"斗"了一辈子。经过那么多次失败，她曾经怀疑自己的路子是不是走对了，但她不想放弃。遍查典籍，多方分析，直到有一天，东晋葛洪《肘后备急方》中的几句话引起了屠呦呦的注意："青蒿一握，以水二升渍，绞取汁，尽服之。"

"呦呦鹿鸣，食野之蒿"。这句来自《诗经》的名句正是屠呦呦名字的由来。宋代朱熹曾注称，蒿即青蒿。这种坚韧扎根于山野间的平凡野草，似与她有着平生不解的缘分。

舌尖上的中国

"圣武和茂荣是兄弟俩，每年9月，他们都会来到湖北的嘉鱼县，来采挖一种自然的美味。"这淡淡的解说词，来自2012年央视美食纪录片《舌尖上的中国》。随后，"舌尖上的……"火了。片中可以看到大量美食的高清特写镜头：松茸在炭烤时变焦黄卷边儿的过程，豆腐发酵时的变化，包子在蒸笼中膨大冒烟的画面；而年糕的糯软、炒河粉的油亮、黄馍馍的膨松、淮扬菜的精美，都通过镜头近距离地呈现在观众的眼前，在视觉上就令人垂涎欲滴。

片中出现的人物，全都是辛勤耕作的普通劳动者：凌晨起来找松茸的人，做了一辈子虾酱的人、在淤泥中挖藕的人、70多岁还下水打鱼的人、手工包粽子的人……有一集中藏民卓玛说："我肯定要起得早，不然别人就比我先到，就比我先找到……"老黄说："辛苦就赚来钱，不干，懒的人没人给他钱……"没有刻意修饰，一个个很淳朴的为生计奔波的普通劳动者形象就自然展现在眼前。

《舌尖上的中国》实际上是“舌尖上的故乡”，在第四集《时间的味道》中，金顺姬说泡菜让她想起了家乡的味道。影片选取了包括港澳台在内的60多个拍摄点，实际上就是60多个地方的外出游子的故乡，人们从影片中看着故乡的人、故乡的美味，寻找着心灵的慰藉，有些影片中没有出现过的地方的人也会被片中浓浓的乡情所感染。“让我想念妈妈做的饭了……”一位网友在微博上的发言得到热烈响应，大家纷纷表示，看这个纪录片，让自己回味起妈妈的味道、儿时的味道、故乡的味道。

2013年12月28日中午，习近平总书记来到北京市西城区庆丰包子铺月坛店，排队买包子，还自己买单、端盘子、取包子。习近平所用午餐：二两猪肉大葱馅儿的包子，共6个，一碗炒肝，一份芥菜，共消费21元。不少市民专程慕名而来，点用“主席套餐”，并合影留念。习近平排队吃包子的消息引发京城百姓热议，“赞”声不断，市民争相“吃包子”也让该店铺生意红火。

甄嬛体

2014年，一部韩剧《来自星星的你》在中国火得不像话。这部融合了外星人、悬疑、爱情等多种元素的偶像剧让国内观众耳目一新，再度引发大规模的追看热潮。“初雪，炸鸡和啤酒在哪里?”剧中类似这样的台词已被大量转发和引用。炸鸡和啤酒这一非常不利于健康的搭配，也火了。

随着《甄嬛传》收视率飙升，甄嬛体也成为时下最流行的说话方式，一片“本宫”声。

有人如下讽刺：

***

【甄嬛体】“咦，你今儿买的蛋糕是极好的，厚重的芝士配上浓郁的慕斯，是最好不过的了。我愿多品几口，虽会体态渐腴，倒也不负恩泽。”

“说人话。”“蛋糕真好吃，我还要再吃一块。”

【甄嬛体】“今儿吃的这江南新贡的米磨的细面，配上新鲜的黄瓜丝，味道竟是极好的，只可惜本宫最近身体微恙，无福消受，就留与妹妹享用吧。”

“说人话。”“凉面味道不错，但老娘胃口不好，剩下半份便宜你了。”

***

二孩政策

明星亲子真人秀节目《爸爸去哪儿》2013年10月开播以来，爸爸，成为2013年年末的最热词汇。在人们的心里，成功不再是评价男人的最重要标准，好爸爸才是。2010年的民调显示，71%的美国人认为做父亲是一个男人最重要的角色，90%以上、和孩子住一起的父亲会经常和孩子聊天，听孩子讲他一天的见闻。而在中国，尽管很多人还是认为父亲的教育是非常重要的，可是在社会上，或多或少还是以“事业的成就”作为成功最大的标志。

孩子，踏上旅途，成为大人；大人，踏上旅途，成为父亲。养育就是一个给予和获得馈赠的过程。所以，《爸爸去哪儿》的全民热播当然不是偶然，缺什么就要补什么，父亲教育的严重缺失，是时候该更正与改进了。

“单独二孩”指夫妻双方一人为独生子女，第一胎非多胞胎，即可生二胎。2013年11月15日，中国共产党十八届三中全会通过的《中共中央关于全面深化改革若干重大问题的决定》中提到“坚持计划生育的基本国策，启动实施一方是独生子女的夫妇可生育两个孩子的政策”。“单独二孩”成为社会热议的话题。《决定》还提出户籍改革，破除城乡壁垒大小城市门槛“高低有别”。全面放开建制镇和小城市落户限制，有序放开中等城市落户限制，合理确定大城市落户条件，严格控制特大城市人口规模。

20世纪80年代初，计划生育被确定为基本国策，此后严格推行，期间略微调整，如开放“双独二胎”（夫妻双方都是独生子女，可以生育第二个孩子）。

中国社会科学院发布的《经济蓝皮书：2015年中国经济形势分析与预测》认为，中国目前的总和生育率只有1.4，远低于更替水平2.1，已经非常接近国际上公认的1.3的“低生育率陷阱”。虽然也有专家表示中国已经进入“低生育率陷阱”没有根据，但不可否认的是：人口是一个国家竞争力的基本要素。没了人口红利，在竞争力上就少了一枚盾牌。据统计，2012年我国劳动年龄人口开始减少，比上年减少345万人；2023年以后，年均减少约800万人。劳动年龄人口减少，人口老龄化速度加快，老龄化“银发危机”逼近中国，从人口结构上看，现在中国的老年人口比例在不断上升，据民政部此前印发的《2014年社会服务发展统计公报》显示，截至2014年底，全国60岁及以上老年人口21242万人，占总人口的15.5%。中国已成为人口老龄化发展速度最快的国家之一。另据联合国统计，到本世纪中期，中国将有近5亿人口超过60岁，而这个数字将超过美国人口总数。此外，“失独”家庭社会之殇、男女出生比例失衡等问题，也需要调整生育限制政策。

“单独二孩”政策，真是“幸福来得太突然”，有人称“真是既幸福又纠结”。在中国2000万“单独”家庭中，究竟有多少愿意生育二胎？如果有两个孩子，他们互相照顾，将来养老的压力也能分担。然而，在当下的生活高成本时代，生养一个孩子的费用与高涨的物价一起攀升着。有人以大中城市的物价水平作为标准来算一笔账，从孩子降生到大学毕业，至少要50万元。这还没有包括孩子的医疗费用，以及可能产生的择校费、转学费，更不要说未来的留学费、结婚买房费了。将孩子生下来，就要对孩子负责，要么就不要生，这是许多人生养孩子时的一个初衷。在很多为人父母的心目中，对孩子负责包括为孩子提供优质的生活与优质的教育。这种出发点一方面体现了人们生育观念的进步，同时也折射生养孩子的不易。的确，如果只负责将生下的孩子养活带大，对孩子的成长却随随便便听之任之，那不仅是对孩子不负责，也是对家庭和国家的不负责。

生或不生，是个问题。“单独二孩”政策实施后，效果并不尽如人意。国家卫计委宣传司司长此前透露的数字显示，截至2014年12月，全国仅有不足100万对单独夫妇提出再生育申请，而此前的官方预计是每年增加200万人左右。单独二孩政策2014年初开始在全国陆续实施，2015年理应是生育的高峰期。然而，2015年我国出生人口没有如相关部门所预期的那样增加100万人左右，反而减少了32万人。出生人口不升反降，表明逐渐放开的生育政策确实“遇冷”了。

作为刚刚步入中等收入行列的发展中大国，合理的人口结构水平应该是0～14岁人口占总人口比重20%～23%的正常水平。要实现0～14岁人口所占比重由现在的16.5%的严重少子化水平，向20%以上的正常水平回升，需要新增6000万人以上。

2015年10月，党的十八届五中全会提出：坚持计划生育基本国策，积极开展应对人口老龄化行动，“全面实施一对夫妇可生育两个孩子政策”。中国从1980年开始，推行了35年的城镇人口独生子女政策真正宣告终结。全面二孩政策于2016年1月1日起正式实施。这是满足人民生育意愿、优化人口结构、促进经济发展的一项重大公共政策改革。

不管有多纠结、有多少顾虑，不管培养小孩有多大压力、有多么不容易，全面放开二胎政策，是一项得民心的政策。有一则笑话虽然很调皮，但反映了人们的乐观心态：

全面放开二胎以后，某学生在学校犯错误了，老师让其把家长叫来，学生说家长不在家，舅舅可以吗？老师说行。第二天，该学生背上刚满周岁的小舅奔向学校。

微信红包

2014年1月26日，微信红包还在内测时，一张网络流传的截图显示马化腾正邀请一

"恭喜发财，大吉大利"的微信红包

些企业老板测试"抢红包"功能。在这张截图上，马化腾发了一个随机红包链接，50个随机红包，人均有20元。

两天后的1月28日下午，"新年红包"的图标第一次出现在了微信"我的银行卡"界面中，6亿多用户可以直接进入微信红包的页面开始发红包。

微信红包是互联网金融产品创新的一个突出代表。近几年，我国互联网金融新产品发展迅猛，诸如P2P信贷、网络小额贷款、第三方支付、金融机构线上平台等，给经济社会发展和人们工作生活带来诸多利好。互联网金融使资金供需双方能够直接交易，简化了中间环节，大幅减少交易成本。从目前来看，移动互联网是互联网金融发展的一大趋势，在乘坐公交车、地铁、走路、吃饭甚至睡觉时，人们都离不开手机。于是，各种手机APP应运而生，客户体验也越来越好：淘宝网从单一的手机APP转为阿里系应用间自动跳转，实现淘宝、支付宝钱包、来往三大APP相互衔接；微信5.0以后，腾讯的这种导向更加明显，由单纯的聊天软件，变成了手机游戏、互联网理财、打车工具、线上商城的集成体。随着互联网金融被越来越多的客户熟悉、接纳，其跨界进度在提速，跨界能力在增强，一切改变都很迅猛。

2014年3月，互联网金融首次被写入政府工作报告，监管层也释放出鼓励支持的信号——互联网金融是当前最具创新活力和增长潜力的新兴业态，也是我国深化金融改革、加快金融创新的关键领域。

互联网+

以"互联互通共享共治"为主题的首届世界互联网大会，2014年11月在浙江省乌镇举办。习近平在贺词中指出："当今时代，以信息技术为核心的新一轮科技革命正在孕育兴起，互联网日益成为创新驱动发展的先导力量，深刻改变着人们的生产生活，有力推动着社会发展。互联网真正让世界变成了地球村，让国际社会越来越成为你中有我、我中有你的命运共同体。”李克强出席首届世界互联网大会时指出，互联网是大众创业、万众创新的新工具。

2015年3月全国两会上，全国人大代表马化腾提交了《关于以“互联网+”为驱动，推进我国经济社会创新发展的建议》的议案，呼吁持续以“互联网+”为驱动，鼓励产业创新、促进跨界融合、惠及社会民生，推动我国经济和社会的创新发展。马化腾表示，“互联网+”是指利用互联网的平台、信息通信技术把互联网和包括传统行业在内的各行各业结合起来，从而在新领域创造一种新生态。他希望这种生态战略能够被国家采纳，成为国家战略。

2015年3月5日上午十二届全国人大三次会议上，李克强总理在政府工作报告中首次提出“互联网+”行动计划：“制定‘互联网+’行动计划，推动移动互联网、云计算、大数据、物联网等与现代制造业结合，促进电子商务、工业互联网和互联网金融（ITFIN）健康发展，引导互联网企业拓展国际市场。”同年7月，国务院印发《关于积极推进“互联网+”行动的指导意见》，意见明确了11项重点行动，分别是“互联网+”创业创新；“互联网+”协同制造；“互联网+”现代农业；“互联网+”智慧能源；“互联网+”普惠金融；“互联网+”益民服务；“互联网+”高效物流；“互联网+”电子商务；“互联网+”便捷交通；“互联网+”绿色生态；“互联网+”人工智能。

通俗地说，“互联网+”就是“互联网+各个传统行业”，但这并不是简单的两者相加，而是利用信息通信技术以及互联网平台，让互联网与传统行业进行深度融合，创造新的发展生态。

“互联网+”有六大特征：跨界融合、创新驱动、重塑结构、尊重人性、开放生态和连接一切。

“互联网+”深刻影响着人们的工作和生活。比如，“互联网+通信”有了即时通信，几乎人人都在用即时通信；“互联网+交通”让人们通过使用打车软件、网上购买火车和飞机票、出行导航系统等，改善了人们出行的方式，增加了车辆的使用率；“移动医疗+互联网”将优化传统的诊疗模式，有望从根本上改善现实中存在看病难、看病贵等难题和传统的医疗生态；“互联网+教育”将会使未来的一切教与学活动都围绕互联网进行，老师在互联网上教，学生在互联网上学，信息在互联网上流动，知识在互联网上成型，线下的活动成为线上活动的补充与拓展。

“互联网+”中重要的一点是催生新的经济形态，改变了我们的生产、工作、生活方式。

打车软件

2012年6月6日，北京小桔科技有限公司成立，经过3个月的准备与司机端的推广，9月9日在北京上线。2014年5月，产品正式更名为“滴滴打车”，寓意“滴水之恩，涌泉相报”。

起源于硅谷，优步（UBER）以“互联网+交通大数据”的创新模式实现一键实时叫车服务。2015年10月，优步宣布进驻上海自由贸易试验区，注册资本金达21亿元人民币，11月，“人民优步+”多人拼车正式在上海、杭州、成都、广州、深圳五城推出，顺风车类功能“优步同行”在成都、北京、上海、深圳四城启动。在中国，移动互联网的迅速发展，已经影响改变着我们的日常生活方式，并且这种改变还会继续下去。“衣食住行”类应用的定位不断垂直化发展，在交通领域，移动互联网就正在引领一场深刻的出行变革。滴滴等打车软件的突然盛行显然不是偶然现象，而是体现了市场对于这类应用的迫切需求，其中所蕴含的巨大商机也正被逐渐撬起。

目前打车软件在一、二线城市的覆盖率极高，乘客只需要提供用车时间、出发地和目的地以后，司机即可同步听到语音播报，之后就可以根据路况和自己的位置来判断是否接单。如此不但解决了很多都市人出行路边打车难的问题，相同时间段也给司机师傅带来明显的收入提升，自然会受到乘客与司机的双重拥护。

除了打车类的APP应用外，“行”的领域覆盖面比较广泛，可以分为车票预订类、车票信息类、旅行规划类、地图导航类和公交查询类，通过细分领域精确定位人群，并且提供深度个性化服务，使人们的出行更加多元和顺利。

大多数软件采取自愿加价的方式，通过乘客预约时在手机上点击“我要用车”，自愿选择加价3、5、10、20元，并发送一段语音说明具体的位置和目的地之后，这段用车信息会自动传送到乘客附近的出租车司机手机中，司机可通过手机按键响应乘客的需求。对此，也曾争议四起。无论是出租车司机还是市民，大家都认可打车软件给双方提供了方便、实惠，方便了市民的出行，但在一定程度上也扰乱了市场秩序，损害了乘客的合法权益。

打车软件的出现，改变了出租车传统的拉客习惯，从“静等”“空碰”变成了“预约”和“点单”，降低了出租车空驶率，出租车载客率普遍得到提升，司机收入明显增加。打车软件公司给予的补贴，也让出租车得到双重的赚钱回报。使用打车软件不仅为乘客节约出行时间，而且为乘客提供更加便利的出行模式。同时，使用打车软件的手机付费模式，也很大程度上解决了没有小额现金的尴尬。打车软件给乘客的补贴，也减轻了乘客的出行成本。打车软件不仅优化了社会资源，更增加了信息的透明度和传播渠道。此外，打车软件的安装必须要求司机如实登记车辆真实信息和司机个人信息，这一硬性要求，无情地拒绝了出租车市场“黑车”使用打车软件，在一定程度上有效规避了行业风险。

然而其中所暴露出来的弊端也不容忽视：一方面，打车软件的推广，让行业内产生了“按路程挑客”“空车不做扬招”等不规范现象，更有甚者，在打车高峰期间必须要加价或者加高价才有出租车搭乘。而且，一些如老人、小孩，或者初来乍到的外国游客，因无法使用或者不会打车软件而使得在路边叫车更加困难；另一方面，由于多个打车软件都有对乘客和司机返利的优惠，导致不少司机同时用2个甚至3个手机抢单。司机需要不停关注软件上的叫车信息，一边开车一边抢单，不专心开车造成了极大的安全隐患，也使得乘客忧心忡忡。由于利益空间巨大，一些黑车也利用打车软件牟取非法利益，侵害了消费者的合法权益。

如何让打车软件步入良性的发展轨道，造福公众、造福社会？2015年6月国务院新闻办举行的国务院政策例行吹风会上，工业和信息化部副部长怀进鹏表示，对于打车软件，现在也有很多专车、拼车的应用。首先看“互联网+”推动，一方面要实现整个经济的转型，另一个角度看要更多地惠民。老百姓日常生活当中对这种方式的接受程度和有效性，应该是推动“互联网+”、发展互联网服务业基本价值判断的标准。现在来看，打车软件在积极的角度，对于推动资源共享，不求所有、但求所用，互联网的分享经济和共享经济起了很重要的作用。这种模式从绿色出行，从社会化的发展来看，我觉得是积极、有意义的，因而受到更多用户的欢迎，方便了，经济了，同时效率高了。以前说大城市打车难，现在有更方便的方式，像为你个人定制一样出行，这一点是基本的发展

网约车——滴滴打车界面

方向，是共享所带来的一种新的经济业态，也是我们应该不断去理解和思考的事情。如果从另一个角度来看，因为“互联网+”或者互联网在解决信息不对称、行业壁垒比较多的行业当中，带来一定的冲击性和影响性，特别是对市场的规范、政策的制定，以及保证消费者的安全，政府和市场应该负起责任，让这样的分享经济以更有效的方式让老百姓受益。

“互联网+”有一个专门的行动，就是让老百姓得到实惠。作为打车软件，是发展的一种新业态，在市民出行当中受到了一定程度甚至是较大程度的欢迎，但也存在市场规范和安全问题，要保证出行的安全和出行的质量，以后还会有一些行业将会出现这种新的模式、新的问题。所以面对“互联网+”，需要我们以积极的心态，但也要有规范的监管，以利于市场健康发展，让老百姓更多地受益。

共享单车

2014年，北大毕业生戴威、薛鼎、张巳丁、于信4名合伙人共同创立ofo，致力于解决大学校园的出行问题。2015年5月，超过2000辆共享单车出现在北大校园。

2015年1月，北京摩拜科技有限公司成立，人们通过智能手机就能快速租用和归还一辆摩拜单车，用可负担的价格来完成一次几公里的市内骑行。2017年8月，摩拜单车携手联合国环境署、世界资源研究所等全球性国际组织，共同发起“917世界骑行日”，倡导“骑行改变城市”理念。这也是全球首个骑行文化节日。2017年12月，摩拜单车获颁联合国最高环保奖——“地球卫士奖”。

第三方数据研究机构比达咨询曾经发布《2016中国共享单车市场研究报告》显示，截至2016年底，中国共享单车市场整体用户数量已达到1886万。截至2016年11月，已经有多家共享单车诞生并且都获得了大量的风险投资。

以前出行的人们，常常每天需要去往就近的公交站、地铁站或是公交站和地铁站之间换乘，这“最后一公里”一直是难以解决的伤痛。被称为中国“新四大发明”之一的共享单车，应运而生，解决了这一痛点。廉价、灵活且低碳的出行方式，也吸引了许多人，尤其对于市内拥挤环境中的出行模式是一种革命。

但问题也随之而生：一是在许多大城市里的闹市区，共享单车已车多为患，一片狼藉，无处安放；二是频频出现大面积人为破坏的共享单车，甚至于单车大量被盗，共享单车面临巨大损失；三是共享单车押金难退问题，成为人们热议的焦点；四是对共享单车侵占道路、谁以及用什么样的方式来使用公共基础设施的质疑。

2017年5月7日，中国自行车协会在沪召开共享单车专业委员会成立大会，宣布成立中国自行车协会共享单车专业委员会，这标志着共享单车被正式纳入国家自行车行业协会。根据规则，共享单车专业委员会具有4项工作宗旨：一，引导实体经济与虚拟经济相结合、传统产业与互联网产业相结合；二，引导企业深化供给侧结构性改革；三，建立和完善行业自律机制，维护成员的合法权益；四，协助政府部门加强行业管理，共同促进共享单车有序发展。

王者荣耀

“敌军还有30秒到达战场”“稳住，我们能赢”……如今，越来越多的人拿着手机玩起了一款叫做《王者荣耀》的游戏。

《王者荣耀》是由腾讯游戏天美工作室群开发并运行的一款运营在Android、IOS、NS平台上的MOBA类手机游戏，于2015年11月在Android、IOS平台上正式公测。游戏中的玩法以竞技对战为主，玩家之间进行1V1、3V3、5V5等多种方式的PVP对战，还可以参加游戏的冒险模式，进行PVE的闯关模式，在满足条件后可以参加游戏排位赛等。

堪称“国民手游”的游戏《王者荣耀》究竟有多火爆？极光大数据曾发布《王者荣耀研究报告》披露了关于《王者荣耀》部分重点数据：

2017年5月的王者荣耀用户规模超2亿；一天玩两次，最爱晚上玩，而21：00-23：00是游戏高峰期；年轻化趋势明显，24岁以下的用户超过52%，54%的玩家是女性；群众基础广泛，二三线及以下城市用户占比达90.5%，最爱玩《王者荣耀》的城市Top 5分别为北京、广州、上海、郑州、重庆……

《王者荣耀》已经变成了全球最赚钱的手游。2017年3月数据表明，它是全球苹果用户iOS手游收入榜第一位。

伦敦风险投资公司Atomico在2017年6月1日发布的报告称，中国超越美国成为全球最大游戏市场，去年营收246亿美元。这一成绩很大程度要归功于如《王者荣耀》等手游在苹果Apple Store应用商店营收的推动。

在手游日益火爆的同时，越来越多的未成年人沉迷其中，也引发了新的担忧。来自腾讯的数据显示，《王者荣耀》注册用户数超过2亿，每天的活跃用户超过5000万，其中11岁至20岁的玩家比例高达54%。未成年人作为手游的主力军，他们在游戏的留存、活跃，甚至付费上都有惊人的潜力，但同时，因世界观、人生观尚不成熟，更容易沉迷游戏，深陷其中。

2017年7月2日，腾讯方面发出游戏“限时令”：7月4日起《王者荣耀》12周岁以下（含12周岁）未成年人每天限玩1小时，并计划上线晚上9时以后禁止登陆功能；12周岁以上未成年人每天限玩2小时。超出时间的玩家，将被游戏强制下线。2018年10月25日，腾讯再次升级“《王者荣耀》健康系统”，以北京地区为起点，正式启动《王者荣耀》全部用户的强制公安实名校验，未通过校验的游戏账号将禁止登录。同时，为杜绝未成年人“玩小号”的问题，一个未成年人实名信息仅允许用于微信和QQ平台各一个游戏账号的校验。

腾讯在享受“成瘾类产品”所带来的商业效益时，应该采取怎样的态度来承担用户过度上瘾的责任？是倡导用户建立健康习惯、提高生活品质（包括娱乐和幸福感的提升），还是仅仅提供娱乐、换取商业利益？这关系到的不仅是一款游戏的社会评价，更关系到一家企业的公共形象，一个企业，如果利润中有不道德的成份，注定不会成为真正让人尊敬的企业。

房子是用来住的、不是用来炒的

2015年3月30日，中国人民银行、住建部、银监会联合发布《关于个人住房贷款政策有关问题的通知》，将二套房最低首付比例调整为不低于40%。与此同时，财政部和国家税务总局联合发布消息，称从3月31日起，个人住房转让免征营业税的期限由购房超过5年（含5年）下调为超过2年（含2年）。

之前，谁也没想到政府会用如此大的力度刺激楼市。3月30日的这项政策力度，远超市场预期，市场普遍称此新政为“3.30新政”。

2015年“3.30”新政、持续降息降准以后，一二线城市房价、销量开始加速上涨。2016年2月税费减免政策以后，一二线城市房价启动暴涨模式，部分区域房价甚至接近翻倍。2015—2016年房地产市场出现明显分化，在一二线城市房价暴涨的同时，三四线城市房价稳定并持续去库存，同时金融风险凸显。

2016年7月政治局强调“抑制资产价格泡沫”，2016年10月强调“防风险”，2016年12月中央经济工作会议强调政策从稳增长转向防风险和促改革，强调“促进房地产市场平稳健康发展”，首次提出“长效机制”：要坚持“房子是用来住的、不是用来炒的”的定位，既抑制房地产泡沫，又防止出现大起大落。房地产政策开始从刺激转向收紧，从全面转向局部，一二线热点城市房市冰封，三四线城市进入去库存阶段。

2016年这一波的房价上涨，引发了许多段子：

***

段子 1：这么多年，很多人骗过我，现在看来，惟独房产中介没骗过我，这么多年一直跟我说房价要涨，房价要涨！真爱啊！

段子 2：记者在深圳采访路人：如果你中了 500 万，打算怎么花？路人：先把房贷还了……记者：剩下的呢？路人：剩下的慢慢还……

段子 3：中国出了一道可以问鼎诺贝尔经济学奖的课题：近半上市公司利润不够买京沪深一套豪宅，但卖掉 1% 的股份就够买几套了，请论证楼市、股市哪个泡沫更大？

***

2016年国庆前后，房地产调控政策密集出台。自2016年9月30日晚间至10月6日，当民众假期7天游乐时，北京、天津、苏州、成都、合肥、南京、深圳等多个城市先后发布新房市调控政策，后又有珠海、东莞和福州3个城市重启限购限贷，再加上严格房市管理的惠州，七天的时间，全国加入调控行列的城市达到19个，步调一致，步伐铿锵，史上空前。之后，热点城市南京、杭州、厦门、苏州、郑州等同样在短时期内连续出台加强版限购限贷政策。

2016年9月，一主流媒体发表《失去奋斗　房产再多我们也将无家可归》的评论说：这段时间以来，房价问题备受关注。在杭州，一条限购令，五千追随者，限购实施前一天签约5105套房产；在北京，一家上市公司通过出售两套学区房来续命保壳……全国大中城市这一轮房价风云，制造出新一轮楼市热潮，也在众人心中卷起波澜。纵览世界各国的现代化历史，房地产可以是国民经济的重要组成部分，但绝不是一个国家的核心竞争力。最为重要的是，我们不能因为房价高企而失去对奋斗的信仰，相比于房子，我们更应该相信自己的双手；相比于炒房，我们更应该激发努力奋斗的士气。否则，失去奋斗，拥有再多的房产，我们也将无家可归。

有一跟帖引起了共鸣：《失去房子，再多奋斗也将无家可归》。

新高考改革3+3

高考改革一直备受关注。2013年11月，中国共产党十八届三中全会通过的《中共中央关于全面深化改革若干重大问题的决定》提出，探索统考减少科目，高考打破“一考定终身”。逐步推行普通高校基于统一高考和高中学业水平考试成绩的综合评价多元录取制。2014年9月，国务院发布了《关于深化考试招生制度改革的实施意见》（简称《意见》），明确提出启动高考综合改革试点，改革考试科目设置、考生录取机制，促进学生全面而有个性的发展。

上海市、浙江省作为首批试点地区，分别出台了高考综合改革试点方案，并从当年秋季新入学的高中一年级学生开始实施。

各个省份公布的高考改革方案，“3+3”高考模式、文理不分科成趋势。

高考“3+3”模式指考生总成绩由统一高考的语文、数学、外语3个科目成绩和高中学业水平考试3个科目成绩组成。计入总成绩的高中学业水平考试科目，由考生根据报考高校要求和自身特长，在思想政治、历史、地理、物理、化学、生物等科目中自主选择。

“3+3”模式受质疑主要集中在以下几个方面：有的课打死也不选，有的课一窝蜂都选，打死也不选的，首先是物理，物理遇冷始料未及。

辽宁省人大开展的一项最新调研发现：高额的补课费用，成为普通市民家庭的最大支出。现在的家长恐怕都有同感：“家里没个上学的，根本不知道现在补课有多贵！”校外补课不仅加重了中小学生的校外课业负担，更成为不少家庭日渐沉重的经济负担。

有人说，可能是家长“患”上了“教育焦虑症”，不少网友晒出了陪孩子做作业的场景，现场堪比灾难片。“上一秒母慈子孝、下一秒鸡飞狗跳”，就折射出了这种“教育焦虑症”。但哪个家长真心愿意花大价钱出去补课啊？所谓“学校减负、家长增负，校内减负、校外增负，公办学校减负、社会培训机构增负”，课外补习热愈演愈烈。

面对高额利润，部分培训机构借助自媒体夸大宣传，培训机构对义务教育阶段学生所开展的过度、过量的课外补习，既加剧了学生对于课外负担重的“迷茫症”，也助长了家长盲目择校的“焦虑症”。

中考、高考指挥棒，依然是补课热的最主要动力。整个教育陷入了一个恶性循环，家长辛辛苦苦赚来的钱，都送给了培训机构。要打破这个怪圈，学校的教学质量是关键，教育部门一方面要严厉查处老师上课不认真，考试超出大纲等现象，另一方面要通过设立标准、执法检查等，规范培训机构的办学。

《战狼Ⅱ》

2017年，全球电影票房高达400亿美元，再创历史新高。

全球电影票房Top 20出炉，涌现了新特点：女性主演电影大放光彩；迪士尼的6部电影上榜；华语片霸气杀入全球票房前十；不仅仅只是大制作，小成本电影也霸气登榜。《战狼Ⅱ》排名全球第6，全球票房8.7亿美元，基本都是国内的票房。华语片霸气杀入全球票房前十，碾压了一堆好莱坞大片，“中国式大片”终于狠狠发威了一次。

2018年一季度，中国电影市场票房总收入达到202.17亿元，超过北美同期的28.9亿美元（约合人民币183亿元），首次成为世界第一。而10年前，中国全年电影票房也仅仅只有40多亿元。

值得注意的是，在一季度最卖座的10部电影中，国产片入榜7部并占据了前5名，《红海行动》毫无悬念独占鳌头，延期下架2个月的《红海行动》最终票房36.46亿元，夺得了华语电影票房的第二名。而好莱坞大片仅占两席，分别排在第8位和第10位。

党的十八大以来，习近平总书记反复强调文化自信。他指出，文化是一个国家、一个民族的灵魂。历史和现实都表明，一个抛弃了或者背叛了自己历史文化的民族，不仅不可能发展起来，而且很可能上演一幕幕历史悲剧。文化自信，是更基础、更广泛、更深厚的自信，是更基本、更深沉、更持久的力量。坚定文化自信，是事关国运兴衰、事关文化安全、事关民族精神独立性的大问题。站立在960万平方公里的广袤土地上，吸吮着中华民族漫长奋斗积累的文化养分，拥有13亿中国人民聚合的磅礴之力，我们走自己的路，具有无比广阔的舞台，具有无比深厚的历史底蕴，具有无比强大的前进定力，中国人民应该有这个信心，每一个中国人都应该有这个信心。我们说要坚定中国特色社会主义道路自信、理论自信、制度自信，说到底是要坚定文化自信。文化兴国运兴，文化强民族强。没有高度的文化自信，没有文化的繁荣兴盛，就没有中华民族伟大复兴。

影片《战狼Ⅱ》最后出现了一张中国护照，旁边配了一段这样的文字：“中华人民

《战狼Ⅱ》海报

共和国公民：当你在海外遇到危险时，不要放弃！请记住，在你身后，有一个强大的祖国。”

芯片之痛

2018年4月，美国商务部发布公告称，美国政府在未来7年内禁止中兴通讯向美国企业购买敏感产品。5月，中兴通讯公告称，受拒绝令影响，本公司主要经营活动已无法进行。6月，美国政府与中兴通讯已经达成协议，只要后者再次缴纳10亿美元罚金，并改组董事会，即可解除相关禁令。7月2日，美国商务部发布公告，暂时、部分解除对中兴通讯公司的出口禁售令。7月14日，中兴通讯宣布“解禁了！痛定思痛！再踏征程！”的标语。

中兴事件给中国高科技产业敲响了警钟，没有核心技术，永远受制于人是不行的。

据了解，中国目前最好的芯片是26纳米，世界上普遍是10纳米，已经向7纳米发展了，差距还是很大的，难度也不小，芯片的科技难度仅次于航空发动机，需要举全国之力，优势互补去攻克难关。

中国虽然是全世界最大的电子产品生产国，每年生产出占全球一半以上的手机、电脑和家电，但是这些电子产品里面最核心的部分——芯片，却严重依赖于从国外进口。在中国芯片行业里有一句俗语：“除了水和空气，剩下的全都是从国外买的”，这听起来似乎很夸张，但其实一点也不夸张。2017年中国进口芯片金额高达2600亿美元，花费几乎是排在第二名的原油进口金额的两倍，超过铁矿石、钢、铜和粮食这四大战略物资的进口费用之和。目前我国芯片自给率不到20%，高端芯片的自给率更是几乎为零。

中兴芯片之痛，暴露出中国科技在某些方面的整体差距。正如习近平总书记指出的，关键核心技术受制于人的局面没有得到根本性改变，“不能总是用别人的昨天来装扮自己的明天”，“只有把核心技术掌握在自己手中，才能真正掌握竞争和发展的主动权，才能从根本上保障国家经济安全、国防安全和其他安全。”习近平总书记的告诫可谓刻骨铭心。核心技术靠化缘是要不来的，也是花钱买不来的。中国经济发展的下半场重点是实现高质量发展，实现核心技术的自主创新。这条路很长，但只要用心做，就一定能实现目标。

李克强总理透露过一个“秘密”：“去年（2016年），我们在钢铁产量严重过剩的情况下，仍然进口了一些特殊品类的高质量钢材。我们还不具备生产模具钢的能力，包括圆珠笔头上的‘圆珠’，目前仍然需要进口。这都需要调整结构。”如果不是李克强总理说出来，估计好多人真不知道。可是中国作为一个“制笔大国”，为什么一个“小小”的圆珠笔笔头“球珠”却需要进口呢?

原来，笔头和墨水是圆珠笔的关键，其中笔头分为笔尖上的球珠和球座体。目前，碳化钨球珠在国内外应用最为广泛，我国已经具有很好的基础，不仅可以满足国内生产需要，还大量供出口。但球座体的生产，无论是设备还是原材料，长期以来都掌握在瑞士、日本等国家手中。生产一个小小的圆珠笔头需要二十多道工序，传统工艺需要分开进行处理加工。为了满足出口的需求，国内制笔企业开始大量采用瑞士米克朗公司的一体化生产设备，以提高质量和生产效率。国外生产设备对原材料的要求相对更高，国产不锈钢线材无法适用，必须依靠日本进口易切削不锈钢线材。同时，与之相匹配的墨水也要从德国、日本等国家进口。从而形成了我国当前圆珠笔产量第一，但核心材料和设备却大量依靠进口的“尴尬”局面。

“一带一路”

西汉时，汉武帝派张骞出使西域，开辟了以首都长安（今西安）为起点（东汉时以都城洛阳为起点），经凉州、酒泉、瓜州、敦煌、中亚国家、阿富汗、伊朗、伊拉克、叙利亚等而达地中海，以罗马为终点，全长6440公里。这条丝绸之路，被认为是连结亚欧大陆的古代东西方文明的交汇之路。另一条北线为：珲春—吉林—长春—满洲里—俄罗斯—欧洲。

2000多年前，一条以中国徐闻港、合浦港等港口为起点的海上丝绸之路成就了世界性的贸易网络。唐代，我国东南沿海有一条叫作“广州通海夷道”的海上航路，这便是海上丝绸之路在我国的最早叫法。古代海上丝绸之路以中国东南沿海地区为起点，经过中南半岛和南海诸国，穿过印度洋，进入红海，抵达东非和欧洲，成为中国与外国贸易往来和文化交流的海上大通道，并推动了沿线各国的共同发展。中国输往世界各地的主要货物，从丝绸到瓷器与茶叶，形成一股持续吹向全球的东方文明之风。宋元时期，中国造船技术和航海技术的大幅提升以及指南针在航海中的运用，全面提升了商船远航能力，私人海上贸易也得到发展。这一时期，中国同世界60多个国家有着直接的“海上丝路”商贸往来，引发了西方世界一窥东方文明的大航海时代的热潮。

2013年9月7日，习近平主席提出共建丝绸之路经济带重大倡议。

2013年10月3日，习近平主席提出共建21世纪海上丝绸之路重大倡议。

以2013年金秋为起点，“一带一路”建设，作为承载时代使命的世纪工程，掀开了世界发展进程的新一页。

“一带一路”建设第一个五年，可圈可点，影响力和吸引力日益增加：

到2018年底，151个国家和国际组织同中国签署了“一带一路”合作文件；联合国安理会通过的第2344号决议，呼吁国际社会通过“一带一路”建设加强区域经济合作。2017年5月，中国成功举办首届“一带一路”国际合作高峰论坛，来自29个国家的国家元首、政府首脑与会，来自130多个国家和70多个国际组织的1500多名代表参会，覆盖了五大洲各大区域，达成279项成果。

英国设立专家理事会，第一个宣布支持250亿英镑“一带一路”亚洲项目，英国渣打银行2020年底前要为“一带一路”倡议相关项目提供至少200亿美元融资支持；瑞士政府在外交部设立“一带一路”咨询协调办公室，瑞士银行家协会设立“一带一路”金融联络办公室；德国西门子公司和上百家中国企业携手开拓“一带一路”市场……

这5年，中国同“一带一路”相关国家的货物贸易额累计超过5万亿美元，对外直接投资超过600亿美元，为当地创造20多万个就业岗位。

这5年，合作共赢让民众有了实实在在获得感。因为“一带一路”带来的机遇，企业发展天地拓宽了，民众就业机会增加了，百姓生活消费能力提升了。从吃穿用，到游购行，商场里的货品选择更多、餐桌上的美味更丰富、线上线下的消费更便利。在商贸上，跨境电商等新业态的发展让海淘种类更多，价格更低廉；在交通上，国际航班的选择面更多，价格更优惠，而在不远的将来乘坐高铁去欧洲游玩、看球赛也不再是梦；在旅游上，签证便利化让人们可以来场说走就走的旅行；在教育上，留学变得更轻松，培训更趋国际化；在文化上，沿线各国的电影、歌舞剧给人们带来不同于好莱坞的感受……

“一带一路”建设以其鲜明的全球开放性，给世界经济带来弥足珍贵的动力。不管处于何种政治体制、地域环境、发展阶段、文化背景，都可以加入“一带一路”朋友圈。

俄罗斯总统普京誉之为“一项共赢而有前途的举措”；

匈牙利总理欧尔班视之为“一种建立在互相尊重和共同利益基础上的新型经济全球化”；

捷克总统泽曼评价“一带一路”倡议是“一项创举”，是“现代史上的一项重大倡议”；

希腊总理齐普拉斯说，“一带一路”堪称“具有深远影响的世纪倡议”；

巴基斯坦总理谢里夫说，“一带一路”倡议表现出强大的文化多元性和包容性，为处于全球化边缘的人们提供了发展机遇；

智利总统巴切莱特说，“一带一路”倡议不仅可以帮助亚洲、非洲、欧洲和南美洲实现互联互通，开辟新的市场，促进投资和旅游，也有助于各国加深相互了解，推动建立公平、包容、和平的世界。

英、法、德三国与会代表对“一带一路”倡议表示认同与支持，2018年，中国欧盟发表声明指出，双方将继续推动中国“一带一路”倡议与欧盟倡议对接；

2018年1月，安倍听取执政党高官访华报告时，对中国倡导的“一带一路”给予肯定：“中方的想法已梳理得很好。”2018年10月26日，国家主席习近平在北京钓鱼台国宾馆会见来华进行正式访问的日本首相安倍晋三。习近平强调，共建“一带一路”为中日深化互利合作提供了新平台和试验田。中方欢迎日方更加积极地参与新时代中国发展进程，实现两国更高水平的互利共赢。安倍晋三表示，“一带一路”是有潜力的构想，日方愿同中方在广泛领域加强合作，包括共同开拓第三方市场。

面对滚滚向前的时代大潮，“一带一路”建设乘势而上、顺势而为，造福人民，造福世界。中国同各国在相遇相知、共同发展之路上携手奋斗，一定能够创造出人类命运共同体的光明未来。

2019年4月，第二届“一带一路”国际合作高峰论坛在北京成功举行。论坛的主题是共建“一带一路”、开创美好未来。论坛期间举行了高峰论坛开幕式、领导人圆桌峰会、高级别会议、12场分论坛和1场企业家大会。包括中国在内，38个国家的元首和政府首脑等领导人，以及联合国秘书长和国际货币基金组织总裁共40位领导人出席圆桌峰会。来自150个国家、92个国际组织的6000余名外宾参加了论坛。

与会各方普遍认为“一带一路”是机遇之路。本届论坛期间，有关国家和国际组织同中方签署了100多项多双边合作文件，取得丰硕务实成果，体现互利共赢。作为东道主，中方牵头汇总了各方达成的具体成果，形成了一份283项的成果清单。各国企业带着强烈合作意愿而来，满载着合作成果而归。

国家主席习近平在高峰论坛开幕式发表主旨演讲时宣布，中国将采取一系列重大改革开放举措，如更大规模增加商品和服务进口，将进一步降低关税水平，消除各种非关税壁垒，欢迎来自世界各国的高质量产品，愿意进口更多国外有竞争力的优质农产品、制成品和服务。

人类命运共同体

2018年3月11日，第十三届全国人民代表大会第一次会议通过《宪法修正案》，将《序言》中“发展同各国的外交关系和经济、文化的交流”修改为“发展同各国的外交关系和经济、文化交流，推动构建人类命运共同体”。

人类命运共同体，被写进了国家的根本大法。

2017年12月，“人类命运共同体”当选“汉语盘点2017”年度国际词。2018年12月，命运共同体被《咬文嚼字》公布为2018十大流行语。

2008年国际金融危机等事件发生后，国际社会只能“同舟共济”“共克时艰”。如果国家之间互不合作、以邻为壑、危机外嫁，这些危机完全可能像二十世纪二三十年代的危机一样，引发冲突甚至战争，给人类社会带来严重灾难。经济全球化促使人们对传统的国家利益观进行反思。瞬间万里、天涯咫尺的全球化传导机制把人类居住的星球变成了“地球村”，各国利益的高度交融使不同国家成为一个共同利益链条上的一环。面对越来越多的网络安全、气候变化、环境污染等全球性问题，任何国家都不可能独善其身，任何国家要想自己发展，必须让别人发展；要想自己安全，必须让别人安全；要想自己活得好，必须让别人活得好。继1987年联合国发表《我们共同的未来》报告正式将可持续发展定义为“既能满足当代人需要，又不对后代人满足其需要的能力构成危害的发展”之后，20世纪90年代全球治理概念被国际社会广泛接受。相互依存的国际权力观、共同利益观、可持续发展观和全球治理观，为建设人类命运共同体提供了基本的价值观基础。

推动建设人类命运共同体，也是中华文明“以和为贵”“协和万邦”“四海之内皆兄弟”“穷则独善其身，达则兼济天下”的“天下”情怀和价值判断的发扬光大。2012年中共十八大明确提出要倡导“人类命运共同体”意识。之后，习近平同志在不同场合多次提出“推动建设人类命运共同体”的倡议。2017年10月18日，习近平同志在十九大报告中提出，坚持和平发展道路，推动构建人类命运共同体。

为人类不断作出新的更大的贡献，是中国共产党和中国人民早就做出的庄严承诺。正如习近平同志指出的：

中国人民深知，中国发展得益于国际社会，愿意以自己的发展为国际发展作出贡献。中国对外开放，不是要一家唱独角戏，而是要欢迎各方共同参与；不是要谋求势力范围，而是要支持各国共同发展；不是要营造自己的后花园，而是要建设各国共享的百花园。

向着中国梦奋进

据新华社报道，日本2010年2月14日公布的2010年国内生产总值（GDP）数据显示，换算成美元，2010年日本名义GDP为54742亿美元，比中国少4044亿美元，排在美国、中国之后，退居世界第三。自此，日本终结了数十年仅次于美国“经济奇迹”，中国一跃成为全球第二大经济体。

1999年，中国购买了瓦良格号，于2002年3月4日抵达大连港。2005年4月26日，开始由中国海军继续建造改进。2012年9月25日，航空母舰正式更名辽宁号，交付予中国人民解放军海军。2012年11月25日，中国首艘航母“辽宁舰”成功起降歼-15舰载机后，舰载机指挥员在起降过程中的手势动作引起中国网友的浓厚兴趣。航母起飞指挥员以半蹲姿势，右手侧举，伸出食指和中指，指向飞行甲板前端，代表“允许起飞”信号。起飞指挥员帅气、干净、有力的“起飞手势”成为最大亮点，受到网友的热情追捧和模仿，被誉为“航母style”，也叫“起飞style”。

2014年1月17日，中国辽宁号航母2013年12月在南海巡航的原始画面曝光。

“航母style”换了新姿势，新版“航母style”中，指挥员右膝跪地，左手高举，喜感不输当年。

2013年12月，嫦娥三号探测器在月球表面成功着陆，“玉兔”号月球车驶上月球，标志着中国已成为继苏联、美国之后第三个实现地外天体软着陆的国家。路透社指出，“嫦娥三号”成功落月将为中国赢得民族自豪感和更多声望，“月球探险的梦想再一次点亮了中国梦”。2014年1月1日《新闻联播》，播音员康辉在最后总结道：“人们说2013就是爱你一生，2014是爱你一世，新闻联播和你一起，传承一生一世的爱和正能量！”此番结束语一发，很多网友惊呼：“《新闻联播》也网络啦！”

国家统计局发布的2017年国民经济和社会发展统计公报显示：2017年末全国大陆总人口为139008万人；初步核算，全年国内生产总值827122亿元；全年社会消费品零售总额366262亿元；年末全国民用汽车保有量达到21743万辆，其中私人汽车保有量18695万辆。民用轿车保有量12185万辆，其中私人轿车11416万辆。全年全国居民人均可支配收入25974元。年末全国就业人员77640万人。互联网上网人数7.72亿人，其中手机上网人数7.53亿人，互联网普及率达到55.8%。全年国内居民出境14273万人次，其中因私出境13582万人次。

2012年11月，中共十八大胜利召开。11月15日上午，中国共产党十八届中央委员会第一次全体会议新选出的中央政治局常委与中外记者见面。新当选的中共中央总书记习近平说：我们的责任，就是要团结带领全党全国各族人民，接过历史的接力棒，继续为实现中华民族伟大复兴而努力奋斗，使中华民族更加坚强有力地自立于世界民族之林，为人类作出新的更大的贡献。我们的人民热爱生活，期盼有更好的教育、更稳定的工作、更满意的收入、更可靠的社会保障、更高水平的医疗卫生服务、更舒适的居住条件、更优美的环境，期盼着孩子们能成长得更好、工作得更好、生活得更好。人民对美好生活的向往，就是我们的奋斗目标。

2012年11月29日，习近平和其他中央政治局常委来到国家博物馆，参观《复兴之路》基本陈列。习近平指出："每个人都有理想和追求，都有自己的梦想。现在，大家都在讨论中国梦，我以为，实现中华民族伟大复兴，就是中华民族近代以来最伟大的梦想。这个梦想，凝聚了几代中国人的夙愿，体现了中华民族和中国人民的整体利益，是每一个中华儿女的共同期盼。历史告诉我们，每个人的前途命运都与国家和民族的前途命运紧密相连。国家好，民族好，大家才会好。实现中华民族伟大复兴是一项光荣而艰巨的事业，需要一代又一代中国人共同为之努力。我坚信，到中国共产党成立100年时全面建成小康社会的目标一定能实现，到新中国成立100年时建成富强、民主、文明、和谐的社会主义现代化国家的目标一定能实现，中华民族伟大复兴的梦想一定能实现。"中国梦的核心是实现中华民族的伟大复兴，基本内涵是实现国家富强、民族振兴、人民幸福。

中国梦归根到底是人民的梦，实现中国梦就是实现老百姓的梦。

2017年10月，党的十九大胜利召开。党的十九大指出：经过长期努力，中国特色社会主义进入了新时代，这是我国发展新的历史方位。

中国特色社会主义进入新时代，意味着近代以来久经磨难的中华民族迎来了从站起来、富起来到强起来的伟大飞跃，迎来了实现中华民族伟大复兴的光明前景；意味着科学社会主义在二十一世纪的中国焕发出强大生机活力，在世界上高高举起了中国特色社会主义伟大旗帜；意味着中国特色社会主义道路、理论、制度、文化不断发展，拓展了发展中国家走向现代化的途径，给世界上那些既希望加快发展又希望保持自身独立性的国家和民族提供了全新选择，为解决人类问题贡献了中国智慧和中国方案。

中国梦

这个新时代，是承前启后、继往开来、在新的历史条件下继续夺取中国特色社会主义伟大胜利的时代，是决胜全面建成小康社会、进而全面建设社会主义现代化强国的时代，是全国各族人民团结奋斗、不断创造美好生活、逐步实现全体人民共同富裕的时代，是全体中华儿女勠力同心、奋力实现中华民族伟大复兴中国梦的时代，是我国日益走近世界舞台中央、不断为人类作出更大贡献的时代。

党的十九大综合分析国际国内形势和我国发展条件，对未来从二〇二〇年到本世纪中叶分两个阶段进行了布局：

第一个阶段，从二〇二〇年到二〇三五年，在全面建成小康社会的基础上，再奋斗十五年，基本实现社会主义现代化。到那时，我国经济实力、科技实力将大幅跃升，跻身创新型国家前列；人民平等参与、平等发展权利得到充分保障，法治国家、法治政府、法治社会基本建成，各方面制度更加完善，国家治理体系和治理能力现代化基本实现；社会文明程度达到新的高度，国家文化软实力显著增强，中华文化影响更加广泛深入；人民生活更为宽裕，中等收入群体比例明显提高，城乡区域发展差距和居民生活水平差距显著缩小，基本公共服务均等化基本实现，全体人民共同富裕迈出坚实步伐；现代社会治理格局基本形成，社会充满活力又和谐有序；生态环境根本好转，美丽中国目标基本实现。

第二个阶段，从二〇三五年到本世纪中叶，在基本实现现代化的基础上，再奋斗十五年，把我国建成富强民主文明和谐美丽的社会主义现代化强国。到那时，我国物质文明、政治文明、精神文明、社会文明、生态文明将全面提升，实现国家治理体系和治理能力现代化，成为综合国力和国际影响力领先的国家，全体人民共同富裕基本实现，我国人民将享有更加幸福安康的生活，中华民族将以更加昂扬的姿态屹立于世界民族之林。

党的十九大号召："大道之行，天下为公。站立在九百六十多万平方公里的广袤土地上，吸吮着五千多年中华民族漫长奋斗积累的文化养分，拥有十三亿多中国人民聚合的磅礴之力，我们走中国特色社会主义道路，具有无比广阔的时代舞台，具有无比深厚的历史底蕴，具有无比强大的前进定力。全党全国各族人民要紧密团结在党中央周围，高举中国特色社会主义伟大旗帜，锐意进取，埋头苦干，为实现推进现代化建设、完成祖国统一、维护世界和平与促进共同发展三大历史任务，为决胜全面建成小康社会、夺取新时代中国特色社会主义伟大胜利、实现中华民族伟大复兴的中国梦、实现人民对美好生活的向往继续奋斗！"

2018年12月18日，在庆祝改革开放40周年大会上，习近平同志指出：

***

40 年来，我们始终坚持在发展中保障和改善民生，全面推进幼有所育、学有所教、劳有所得、病有所医、老有所养、住有所居、弱有所扶，不断改善人民生活、增进人民福祉。全国居民人均可支配收入由 171 元增加到 2.6 万元，中等收入群体持续扩大。我国贫困人口累计减少 7.4 亿人，贫困发生率下降 94.4 个百分点，谱写了人类反贫困史上的辉煌篇章。教育事业全面发展，九年义务教育巩固率达 93.8%。我国建成了包括养老、医疗、低保、住房在内的世界最大的社会保障体系，基本养老保险覆盖超过 9 亿人，医疗保险覆盖超过 13 亿人。常住人口城镇化率达到 58.52%，上升 40.6 个百分点。居民预期寿命由 1981 年的 67.8 岁提高到 2017 年的 76.7 岁。我国社会大局保持长期稳定，成为世界上最有安全感的国家之一。粮票、布票、肉票、鱼票、油票、豆腐票、副食本、工业券等百姓生活曾经离不开的票证已经进入了历史博物馆，忍饥挨饿、缺吃少穿、生活困顿这些几千年来困扰我国人民的问题总体上一去不复返了！

（2018 年 12 月 19 日《人民日报》第 2 版）

***

“人民对美好生活的向往，就是我们的奋斗目标。”这是新时代最朴实、最激动人心的语言。中国经济最大的潜力就是每个人都过上美好生活的愿望。每一个人奋力向前的奔跑，让中国社会始终葆有勃勃生机、旺盛活力，让中国发展始终拥有坚实基础、不竭动力。有风有雨是常态，风雨无阻是心态，风雨兼程是状态。今天的中国，正经历成长的风雨。“莫听穿林打叶声，何妨吟啸且徐行”，无论什么样的风雨，都无法阻挡中国人民奔向美好生活的脚步。

主要参考书目

[1] 中华人民共和国经济大事记. 北京：北京出版社，1985.

[2] 中华人民共和国经济大事记. 北京：中国社会科学出版社，1984.

[3] 当代上海大事记. 上海：上海辞书出版社，2007.

[4] 武俊平. 时尚五十年. 呼和浩特：内蒙古人民出版社，1999.

[5] 李庆山，吴伊婷. 激情三十年. 北京：中共党史出版社，2009.

[6] 黄新原. 真情如歌：五十年代的中国往事. 北京：中国青年出版社，2007.

[7] 黄新原. 五十年代生人成长史. 北京：中国青年出版社，2009.

[8] 吴恒权. 网上第一评. 北京：中国盲文出版社，2002.

[9] 祝勇. 六十年代记忆. 北京：中国文联出版社，2002.

[10] 王沛人. 六十年代生人成长史. 北京：中国青年出版社，2008.

[11] 张海惠. 一天又一天：六七十年代北京人生活素描. 北京：中国文史出版社，2007.

[12] 华梅. 中国服装史. 北京：中国纺织出版社，2007.

[13] 查建英. 八十年代访谈录. 上海：三联书店，2006.

[14] 严昌洪. 20世纪中国社会生活变迁史. 北京：人民出版社，2007.

[15] 罗平汉. 大锅饭：公共食堂始末. 南宁：广西人民出版社，2001.

[16] 陈义风. 当代北京四合院史话. 北京：当代中国出版社，2008.

[17] 旷晨，潘良. 我们的1950年代. 北京：中国友谊出版公司，2006.

[18] 旷晨，潘良. 我们的1960年代. 北京：中国友谊出版公司，2006.

[19] 王晓梅. 怀旧七十年代. 北京：中国电影出版社，2005.

[20] 旷晨. 我们的七十年代. 南宁：广西人民出版社，2004.

[21] 王晓梅. 怀旧八十年代. 北京：中国电影出版社，2005.

[22] 旷晨，潘良. 我们的八十年代. 北京：中国友谊出版公司，2006.

[23] 新周刊口述史. 桂林：漓江出版社，2006.

[24] 新周刊99佳作. 桂林：漓江出版社，2000.

[25] 新周刊2000佳作. 桂林：漓江出版社，2001.

[26] 周可编. 新周刊2001大盘点. 沈阳：辽宁人民出版社，2002.

[27] 新周刊2001佳作·文卷. 桂林：漓江出版社，2002.

[28] 新周刊2002佳作·文卷. 桂林：漓江出版社，2003.

[29] 新周刊2003佳作. 桂林：漓江出版社，2004.

[30] 新周刊2004年度佳作. 桂林：漓江出版社，2005.

[31] 新周刊2005年度佳作. 桂林：漓江出版社，2006.

[32] 新周刊2006年度佳作. 桂林：漓江出版社，2007.

[33] 新周刊2007年度佳作. 桂林：漓江出版社，2008.

[34] 新周刊2008年度佳作. 桂林：漓江出版社，2009.

[35] 一本杂志和一个时代的体温：新周刊十年精选. 桂林：漓江出版社，2007.

[36] 张晓黎. 见证中国服装30年. 成都：四川美术出版社，2008.

[37] 十年拾穗：新民晚报新闻作品选. 上海：文汇出版社，1991.

[38] 贾树枚. 辉煌半世纪：庆祝上海解放50周年新闻作品集. 上海：上海交通大学出版社，1999.

[39] 朱宪民. 中国百姓生活的影像. 北京：中国摄影出版社，2007.

[40] 李岚清. 突围：国门初开的岁月. 北京：中央文献出版社，2008.

[41] 石广生. 中国加入世界贸易组织谈判历程. 北京：人民出版社，2011.

[42] 法律出版社法规中心. 中华人民共和国物权法注释本. 北京：法律出版社，2017.

[43] 胡舒立. 新常态改变中国：首席经济学家谈大趋势. 北京：民主与建设出版社，2014.

[44] 国务院扶贫办政策法规司. 脱贫攻坚前沿问题研究. 北京：研究出版社，2018.

[45] 世界互联网发展报告2018. 北京：电子工业出版社，2018年.

[46] 党的十八大以来大事记. 北京：人民出版社、中共党史出版社，2017.

[47] “一带一路”读本. 北京：时事出版社，2018.

[48] 以人民为中心. 北京：人民日报出版社2019.

[49] 习近平谈治国理政 第一卷. 北京：外文出版社，2014.

[50] 习近平谈治国理政 第二卷 . 北京：外文出版社，2017.